Recipes to Coordinate Menu
according to Ingredients

2002

DOBUNSHOIN

Printed in Japan

メニューコーディネートのための
食材別料理集
第三版

*Recipes to Coordinate Menu
according to Ingredients*

宮澤節子・太田美穂・浅野恭代
［編著］

同文書院

■執筆者紹介

編著者
宮澤節子（みやざわせつこ）／主菜
　　名古屋文理大学短期大学部教授
太田美穂（おおたみほ）／副菜・デザート
　　相愛大学教授
浅野恭代（あさのやすよ）／主食・汁物
　　畿央大学教授

理論編執筆者
宮澤節子
芳本信子（名古屋文理大学短期大学部教授）

編集協力
新宅賀洋（甲子園短期大学講師）

調理編執筆者（五十音順）
綾部園子（高崎健康福祉大学教授）
井上　香（元・東大阪大学短期大学部助手）
岡田希和子（名古屋学芸大学講師）
小川実登里（元・国際学院埼玉短期大学助教授）
尾立純子（帝塚山大学准教授）
小野寺定幸（前・愛知学泉短期大学教授）
片岡しのぶ（元・郡山女子大学短期大学部講師）
金澤良枝（東京家政学院短期大学准教授）
川上祐子（中国学園大学教授）
後藤泰子（名古屋学芸大学短期大学部教授）
今野暁子（尚絅学院大学講師）
佐藤玲子（尚絅学院大学教授）
島田豊治（元・近畿大学教授、北陸食育フードカレッジ）
新宅賀洋
末田和代（精華女子短期大学教授）
杉浦博子（愛知学泉短期大学教授）
冨田教代（常磐大学教授）
長倉節子（元・長崎国際大学助教授）
東川尅美（藤女子大学教授）
三浦浩子（前・佐賀女子短期大学准教授）
皆川知子（青森中央短期大学教授）
吉田和子（つくば国際短期大学教授）
芳本信子

料理作成・撮影
主菜――――――宮澤節子
　　　　　　　　芳本信子
副菜・デザート――太田美穂
　　　　　　　　新宅賀洋
主食・汁物―――浅野恭代
　　　　　　　　天野信子（帝塚山大学講師）

はじめに

　20世紀の終盤は食生活の多様化による裕福さや長寿国といわれる日本人の疾病構造の欧米化，生活習慣病の若年化現象が問題となり食生活が直接・間接的に影響していることに着目された。ライフスタイルの多様性に伴っていろいろな形での食事の場が生じた。さらに食品の機能性の研究が進み，生活習慣病の予防法が明らかにされてきた。厚生省(現厚生労働省)は21世紀の健康寿命を考えた施策として「健康日本21」を策定し，食生活指針を専門家の栄養指導や栄養管理の場のみならず，食生活を自己管理できることも念頭において，広く国民に啓蒙できるようにフレキシブルな内容で示した。しかし，栄養知識の乏しい人は個人の嗜好を優先したり，食事の単純化で満ち足りた中での栄養失調や，過剰栄養の状態に陥っている人は少なくない。それには食事の形式・料理の種類をしっかりと幼少期から食養育として体得させることが大切である。特に専門的に献立作成や調理を学ぶ家政・食物栄養系の学生たちが，食事形式をしっかり把握していないまま対象者の異なる条件の献立作成を学習する場に直面し，かなり苦慮しているのが現状である。

　それにはまず食品を料理形態別に知ること，応用のできる組み合わせの自由さを兼ね備えた料理書が必要と考えた。すでに1食分として完成された献立集は対象別に示され便利ではあるが，多様性の求められる21世紀の食事の場には，選択の自由性が求められてよいのではないかと考え，本書はあえて献立として完成されていない状態で編集した。

　その内容は，主食・汁物・主菜(主になるおかず)・副菜(主菜の不足を補うおかず)，さらに必要に応じてデザートも組み合わせられる。基準の条件に合わせて自由に選択し，多様化する食生活に対応できるよう応用性を重視した。1品ずつの料理は特に，技術的に専門性を必要とせず，日常的に家庭で簡単にできることに重点をおいて選んだ。

　よい献立作りは豊かな食生活の始まりである。家政・食物栄養系の学生が種々の教科の中で効果的，総合的な学習に便利なように，理論編に献立作成の意義・方法および献立の展開等について述べ，調理編では紙面の許す限り料理数も多岐に渡り示した。現在職業人として献立作成を必要としている専門家の方，さらに家庭で毎日の食事に悩んでいる主婦の方も条件に合わせて選択のできる本書を健康的で豊かな食生活のパートナーとして，多いに活用していただければ幸いである。

本書出版にあたり，ご賛同頂いた諸先生や企画から出版まで熱心にご尽力頂きました同文書院の皆様，さらに調理から撮影にご協力頂きました大学の助手の方々に感謝申しあげたい。

　紙面の関係上，料理は膨大な種類の中から選択せざるを得なく，バランスや統一性を欠いた部分もあり，今後の検討課題も多いと思われる。本書をご利用頂いた多くの方のご叱責を頂ければ幸いである。

編者代表 **宮澤節子**

本書の特徴及び使い方

特　徴

(1) カラーページとモノクロページを連動して著しています。

カラーページの内容	モノクロページの内容
1) 食品群別に主要な食品名と重量を示した。 2) カラー写真の料理別に1人分の材料と量，エネルギー，たんぱく質，脂質量さらに塩分を示した。	1) カラーページの食品と栄養，機能性さらに調理上のポイント及び集団給食における留意点について記述した。 2) 基本料理の展開について著した。臨床栄養への展開で栄養価の制限，さらに応用メニューには調理方法の展開または食材の利用性への展開例等多様性のある調理例について述べた。

(2) 同じ調理法で食品を変えたい場合に対応できるよう，主材料は栄養指導の場や糖尿病の食品交換表に使用されている「80kcalを1単位」の量を基本として重量を決めた。

(3) 「主食の部」は穀物類(こめ類・めん類・パン類)を主として示した。「主菜の部」は主にたんぱく質の給源を第1とし，魚介類・肉類・その他(たまご・だいずおよびその製品・乳類)を中心に，一皿としての付け合わせも考慮して示した。「副菜の部」は野菜類(緑黄色・その他)・いも類・海藻などを主材料として示した。さらに「汁物，デザート」は副菜的要素ではあるが選択に便利なように独立させて著した。

(4) 主な食材の量の把握に便利なように1単位当たりの大きさを，市販量に対する割合を赤線で囲んで示した。野菜など1単位当たりの量が多い食材の場合は市販量のg数を調理する際の目安として表記した。

(5) 料理別の使用量は標準的な1人分の純摂取量で示し，栄養価の算出は「五訂日本食品標準成分表」によりスープやタレなどすべて食するものとして栄養価を表記した。

(6) 主材料は，1単位の考え方を採用し「五訂日本食品標準成分表」および

「食品交換表第6版」に基づいて算出した80kcal当たりの量を用いた。野菜など1単位当たりの量が多い場合は1食当たりの適量を示した。

(7) 食品のグループ毎に献立の展開方法や，健康上・治療上役立つ情報として，成分の機能性や調理の応用などについて説明を加えた。

(8) 臨床栄養へのヒントは基本の料理の食品重量や食品の部位，調理法を代えることによりエネルギー，たんぱく質，脂質，塩分を減らす例を示した。

(9) カラーページの料理の食品重量の後の単位数は0.1以上を（　）内に付記した。

(10) モノクロページの「献立の組み合わせ例」は，多様性を考え本書に作り方が掲載されていない料理名も含んで示した。

使い方

本書を用いて献立作成する手順。

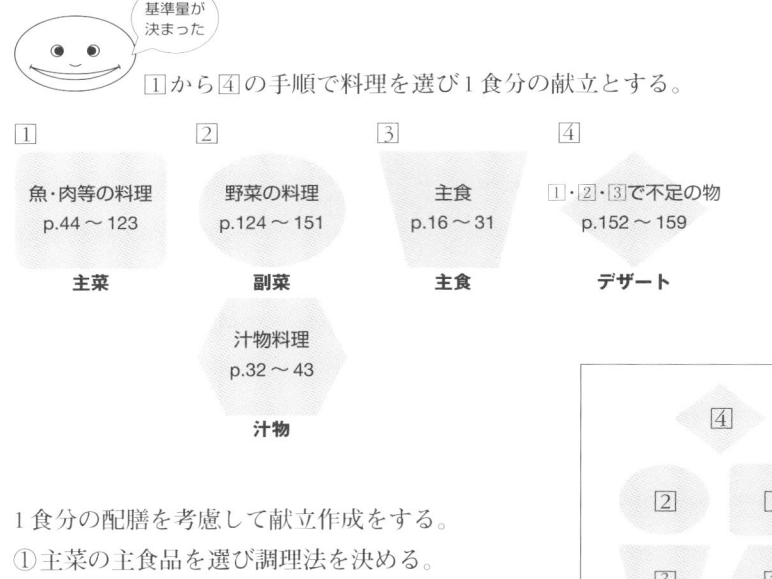

1食分の配膳を考慮して献立作成をする。
①主菜の主食品を選び調理法を決める。
②副菜は主菜の調理法や付け合わせ食品と重複しないように野菜などの料理を選ぶ。
③汁物は①・②に使用されていない食品，重複しない調味法を考えて選ぶ。
④栄養価やボリュームさらに調理法から①・②・③に合う主食を選ぶ。
⑤更に①・②・③で使われていない果物や不足する栄養価のデザートを選ぶ。
⑥3食の献立のバランスを検討し，調整する。

目　次

はじめに …………………………………………………………………… i
本書の特徴及び使い方 …………………………………………………… iii

理論編 —豊かな食生活のための献立作り—

1 │ 献立の意義 ………………………………………………………… 2
2 │ 献立の種類 ………………………………………………………… 3
3 │ 対象別（種類別）献立作成の基準の決め方と留意点 ………… 4
4 │ 献立作成の手順 …………………………………………………… 11

調理編 —基本料理のレシピと応用メニュー—

主食の部 …………………………………………………………… 16

●こめ類・パン類　　　　　　　　　　　　　16　　応用

［食品・栄養・調理の解説］………………………………… 18

	本編	応用
三色おにぎり	16	18
あずきがゆ	16	18
さつまいもご飯	17	19
炊き込みご飯	17	19
三色丼	17	19
塩さけとしその寿司	17	19
ミルクピラフ	20	22
中華風ドライカレー	20	22
中華おこわ	20	22
ピビンバ	20	22
サンドイッチ	21	23
ロールパンサンド	21	23
ハンバーガー	21	23
ピザトースト	21	23

めん類・粉類　24　応用

[食品・栄養・調理の解説] ……………………26

- 五目きしめん……………………24　26
- 鍋焼きうどん……………………24　26
- ざるそば…………………………25　27
- 冷やしそうめん…………………25　27
- 焼きうどん………………………25　27
- 和風きのこスパゲッティ………25　27
- ミートスパゲッティ……………28　30
- マカロニグラタン………………28　30
- ラビオリ…………………………28　30
- 五目中華めん(什錦湯麵)………28　30
- 冷やし中華(涼拌麵)……………29　31
- えびあんかけ焼きそば(什錦炒麵)…29　31
- 焼きビーフン(什錦炒粉)………29　31
- お好み焼き………………………29　31

汁物の部 ……………………32

汁物　32　応用

[食品・栄養・調理の解説] ……………………34

- えびしんじょうの吸い物………32　34
- 菊花豆腐としゅんぎくのすまし汁…32　34
- たいの潮汁………………………33　35
- しめたまごのすまし汁…………33　35
- ささみのすり流し………………33　35
- みそ汁（ミルク入り）…………33　35
- 豚汁………………………………36　38
- のっぺい汁………………………36　38
- かす汁……………………………36　38
- コンソメジュリエンヌ…………36　38
- きのこスープ……………………37　39
- わかめと野菜スープ……………37　39
- ミネストローネ…………………37　39
- コーンポタージュ………………37　39
- クラムチャウダー………………40　42
- ブイヤベース……………………40　42
- チンゲンサイと貝柱のスープ…40　42

		応用
ザーサイと豚肉のスープ（搾菜肉片湯）	40	42
スイートコーンスープ（玉米湯）	41	43
かに入りたまごスープ（桂花蟹羹）	41	43
酢味の薄くず汁（酸辛湯）	41	43
トム・ヤン・クン	41	43

主菜の部 …………44

● 魚介類（たら・たい・ひらめ・かれい・きす等） 44 応用

[食品・栄養・調理の解説] …………46

		応用
たらのけんちん焼き	44	46
たらのフライタルタルソース	44	46
たいの信州蒸し	45	47
たいの重ね蒸し	45	47
たいの中華風サラダ	45	47
わかさぎのエスカベーシュ	45	47
かれいの煮つけ	48	50
かれいのから揚げ	48	50
中華風かれいの蒸し物	48	50
ひらめのピカタ	48	50
ひらめのカルパッチョ	49	51
白身魚のガーリックソテー	49	51
きすの三色揚げ	49	51
きすのフライ	49	51

● 魚介類（さけ・あじ・いさき・まぐろ等） 52 応用

[食品・栄養・調理の解説] …………54

		応用
さけの若草焼き	52	54
さけの包み焼き	52	54
サーモンのオイル焼き	53	55
サーモンのマヨネーズ焼き	53	55
サーモンのクリームソース	53	55
サーモンのホイル焼き	53	55
サーモンとポテトのグラタン	56	58
サーモンのマリネ	56	58
あじの南蛮漬け	56	58
あじの朝鮮焼き	56	58
あじのムニエル	57	59

		応用
あじのはさみ揚げ	57	59
いさきの黄身揚げ	57	59
いさきの中華風あんかけ	57	59
まぐろの山かけ	60	62
ねぎま	60	62
まぐろのしょうがじょうゆがけ	60	62
まぐろのごま衣焼き	60	62
かつおのたたき	61	63
かつおの角煮	61	63
あゆの塩焼き	61	63
ししゃもの南蛮漬け	61	63

魚介類（いわし・うなぎ・さば・さんま等） 64 応用

[食品・栄養・調理の解説] 66

いわしのしょうが煮	64	66
いわしの蒲焼き	64	66
いわしのさつま揚げ	65	67
いわしのハーブ焼き	65	67
いわしのアボカドソース	65	67
うなぎと加茂なすのはさみ揚げ	65	67
うなぎ丼	68	70
しめさば	68	70
さばのみそ煮	68	70
さばのおろし煮	68	70
さばの竜田揚げ	69	71
さばのラビゴットソース	69	71
さんまの塩焼き	69	71
さんまの蒲焼丼	69	71
さんまの巻き揚げ	72	74
さんまのトマトソース焼き	72	74
さわらの香味みそ焼き	72	74
さわらのけんちん焼き	72	74
さわらの青菜蒸し	73	75
白身魚のグリーンソース	73	75
ぶりの照焼き	73	75
ぶりだいこん	73	75

● 魚介類（いか・えび・たこ・かに・貝）　76　応用

[食品・栄養・調理の解説] ……………………………78

料理	頁	応用
えびフライ	76	78
えびとはくさいのクリーム煮	76	78
えびチリソース	77	79
えびのワンタン揚げ	77	79
いかとだいこんの煮物	77	79
いかの天ぷら油淋ソース	77	79
えびとひらめのグラタン	80	82
かにコロッケ	80	82
かきと高野豆腐の揚げ煮	80	82
かきフライ	80	82
かきとほうれんそうのグラタン	81	83
かきと豆腐のオイスターソース煮	81	83
あさりの中華炒め	81	83
たこのトマトソース煮	81	83

● 肉類（牛肉）　84　応用

[食品・栄養・調理の解説] ……………………………86

料理	頁	応用
ビーフステーキ	84	86
松風焼き	84	86
牛肉のじゃがいもソース	85	87
牛肉の煮込み（パンド・ブッフ）	85	87
ビーフストロガノフ	85	87
八幡巻き	85	87
ビーフシチュー	88	90
牛肉のビール煮フランドル風	88	90
ねぎの牛肉巻き揚げ	88	90
牛肉とピーマンの炒め（青椒牛肉絲）	88	90
牛肉マスタード焼き	89	91
すき焼き煮	89	91
肉じゃが	89	91
牛しゃぶサラダ風	89	91

● 肉類（豚肉）　92　応用

[食品・栄養・調理の解説] ……………………………94

料理	頁	応用
豚肉のきのこソース	92	94
梅しそカツロール	92	94

	基本	応用
豚肉のしょうが焼き	93	95
豚肉とキャベツの辛み炒め	93	95
豚肉とたかな漬けの炒め物	93	95
アリゾナステーキ	93	95
豚肉のパイン煮	96	98
焼き豚	96	98
豚バラ肉とだいずの煮込み	96	98
酢豚	96	98
ゆで豚のサラダ風	97	99
豚バラ角煮	97	99
肉団子の錦たまご蒸し銀あんかけ	97	99
肉団子の甘酢煮	97	99

肉類（鶏肉） 100　応用

[食品・栄養・調理の解説] ……102

	基本	応用
若鶏の照り焼き	100	102
鶏肉のみそ焼き	100	102
タンドリーチキン	101	103
鶏肉の中華風照り焼き	101	103
鶏肉ときのこのトマト煮	101	103
鶏のから揚げ香味ソース（香油鶏塊）	101	103
鶏のぶつ切りから揚げ（乾炸鶏塊）	104	106
手羽先の煮込み	104	106
にんにくの芽と鶏肉の炒め物	104	106
鶏ささみ中華風ドレッシング	104	106
鶏ささみの梅焼き	105	107
鶏肉の治部煮	105	107
鶏ひき肉の真珠蒸し（珍珠丸子）	105	107
ハンバーグ	105	107

肉類（レバー・ハム・ソーセージ） 108　応用

[食品・栄養・調理の解説] ……110

	基本	応用
鶏肝佃煮風	108	110
レバーのカレーソテー	108	110
レバーのぶどう酒煮	109	111
レバーのケチャップ煮	109	111
ウインナーソーセージのスープ煮	109	111
ロールキャベツ	109	111

		応用
● **たまご・豆腐・だいず・豆類**	112	
[食品・栄養・調理の解説]……………………114		
厚焼きたまご	112	114
たまごの袋煮	112	114
萩卵のあんかけ	113	115
茶碗蒸し	113	115
スペイン風オムレツ	113	115
かに玉	113	115
にら玉あんかけ	116	118
南禅寺蒸し	116	118
田楽豆腐	116	118
揚げ出し豆腐野菜添え	116	118
白和え	117	119
はす豆腐の黄金焼き	117	119
豆腐の五目あんかけ	117	119
炒り豆腐	117	119
豆腐のクリーム煮	120	122
麻婆豆腐	120	122
豆腐の中華ドレッシングがけ	120	122
チャンプルー	120	122
豆腐のかき油煮	121	123
テンペの酢豚風	121	123
五目煮豆	121	123
ポークビーンズ	121	123

副菜の部……………………124

		応用
● **緑黄色野菜類**	124	
[食品・栄養・調理の解説]……………………126		
かぼちゃのそぼろあんかけ	124	126
野菜の煮込み（ラタトゥユ）	124	126
グリーンアスパラのくず煮	125	127
こまつなのＸＯ醤炒め	125	127
しゅんぎくのごま和え	125	127
ししとうがらしの炒め煮	125	127
チンゲンサイのオイスターソース炒め	128	130
トマトサラダの冷製	128	130
にらレバー炒め	128	130

にんじんとあさりのサラダ	128	130
パプリカマリネ	129	131
ブロッコリーのからしごま和え	129	131
ほうれんそうの青菜づくし	129	131
わけぎといかのぬた	129	131

淡色野菜類　132　応用

[食品・栄養・調理の解説]……134

カリフラワーの甘酢和え	132	134
キャベツのロシア風煮込み	132	134
きゅうりの甘酢漬け（酸辣菜）	133	135
五目きんぴら	133	135
筑前煮	133	135
切り干しだいこんの炒め煮	133	135
ふろふきだいこん	136	138
たまねぎのスープ蒸し	136	138
とうがんのあんかけ	136	138
なすの酢油がけ（涼拌茄子）	136	138
はくさいの重ね煮	137	139
もやしのナムル	137	139
グリーンサラダ	137	139
れんこんの梅肉和え	137	139

きのこ類　140　応用

[食品・栄養・調理の解説]……142

えのきだけのわさび和え	140	142
きのこと鶏肉のオイスターソース炒め	140	142
きのこサラダ	141	143
しめじのマリネ	141	143
なめこのおろし和え	141	143
まいたけの天ぷら	141	143

いも類　144　応用

[食品・栄養・調理の解説]……146

さつまいもとえびのかき揚げ	144	146
ミニコロッケ	144	146
マセドアンサラダ	145	147
さといものごまみそ煮	145	147

オクラのながいもおろし和え	145	147
こんにゃくのピリ辛煮	145	147

● 海藻類　　148　応用

[食品・栄養・調理の解説] ……………………………150

糸寒天の和え物	148	150
こんぶとだいずの煮物	148	150
ひじきの炒め煮	149	151
もずくの酢の物	149	151
わかめの黄身酢和え	149	151
若竹煮	149	151

果物・デザートの部 ……………………………152

● 果物・デザート　　152　応用

[食品・栄養・調理の解説] ……………………………154

アボカドとまぐろのサラダ	152	154
かきなます	152	154
グレープフルーツとえびのカクテル	153	155
フルーツみつ豆	153	155
ヨーグルトサラダ	153	155
りんごとさつまいもの重ね煮	153	155
りんごのコンポート	156	158
杏仁かん（杏仁豆腐）	156	158
カスタードプリン	156	158
ごま風味団子（芝麻元宵）	156	158
長寿しるこ	157	159
にんじんケーキ	157	159
ババロア	157	159
ブラマンジェ	157	159

参考文献 ……………………………160
索　引 ……………………………161

豊かな食生活のための献立作り | 理論編

1 | 献立の意義

　献立は食事計画の第一歩であり主食・主菜・副菜から成り立っている。しかも献立は何時，誰のために，どのようにして，食されるかを決めて食事計画を考えることに意義がある。毎日3食のバランスを取りながら喫食者に満足してもらう献立にするには，材料・調理法・調味法をうまく組み合わせることにより，バラエティに富んだ食事につながり強いては健康的な食生活につながって行くはずである。

　栄養教育の場で「献立作成の演習」は，かなりのウエイトが占められ，容易にできるか否かは教育の質の向上にとっても，大切な条件ともなる。献立の種類は個人を対象にした家庭食から，特定多数を対象とした大量給食の産業給食・病院給食・学校給食，さらに福祉施設など，施設の種類別に内容の吟味が必要で，料理の種類は広いレパートリーが求められる。

　1種類の食品から他の食品との組み合わせや調理法，調理形式，さらに調味料の変化で何種類もの料理が考えられるので，多種多様な献立に対応できることを考え，主食・主菜・副菜・汁物・デザート別に，いろいろな材料で何種類かの料理を考えておけば，決められた条件に沿った組み合わせにより献立を作成したり，少し条件の異なる部分を手直しした展開献立作成も容易となる。

　献立と諸条件の関係を図1に示す。

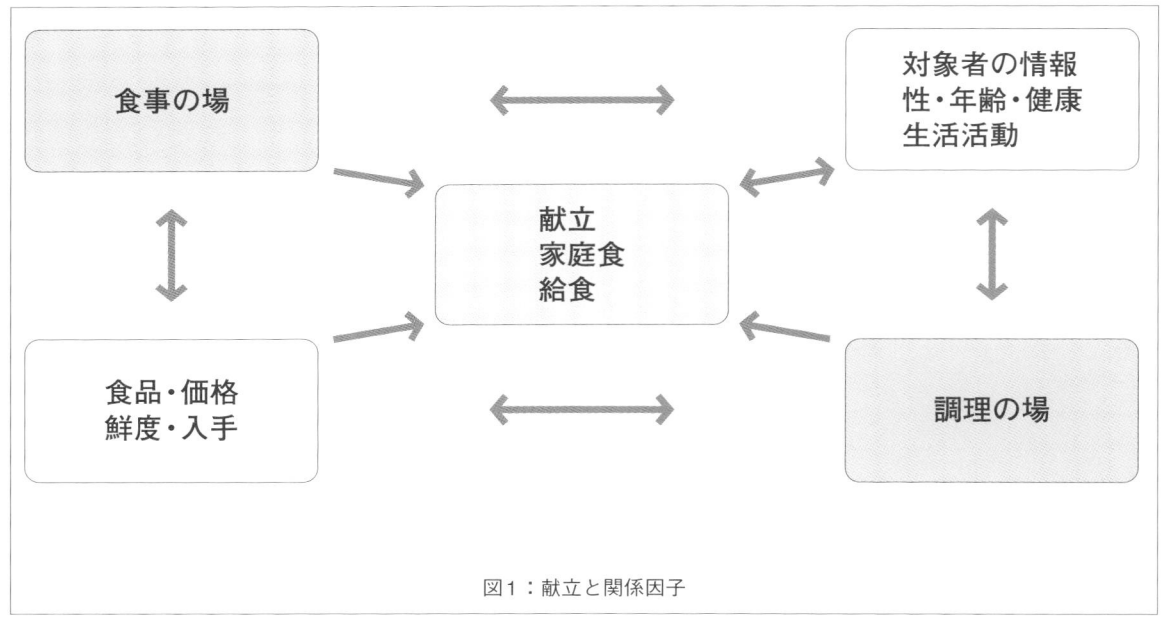

図1：献立と関係因子

2 | 献立の種類

　献立は食事をする対象別に個人と集団に分けられ，さらに健康人を対象とする保健食および病弱者対象の治療食に分類される。個人の場合は年齢やライフスタイルにより，食事の量やバランスは多様に考えることが要求される。自己管理のできる年齢になれば，自分流の食生活や家庭で出される食物が中心になる。しかし食事を作る人は常に何を作ろうか，家族のために健康や嗜好を考えて食品や調理法を選択して献立としている。さらに家庭で自宅療養をしている場合は，簡単に治療食にアレンジする方法も必要となる。

　給食の場合は特定多数の性・年齢・身体活動の平均的栄養基準に個人のアセスメントを加味し，プロによる献立作成が週間・月間単位で作成されている。献立パターンも定食献立やカフェテリア献立等多様である。さらに病院の治療食は，利用者（疾病者）の疾患治癒や回復を目的とする食事を病態別に分類するなど，各疾患の状態に応じた食事計画としての献立作成は重要な業務となっている。

　このように複雑な献立作成を比較的容易に行うためには，主食・主菜・汁物・副菜・デザート別に主な食品別，調理法別の料理を考えておくことにより，対象別に組み合わせを自由にしたり，使用を避ける食品や制限される栄養素を加減するなどの，わずかな手間で変える（展開）ことが必須である（図2に示す）。

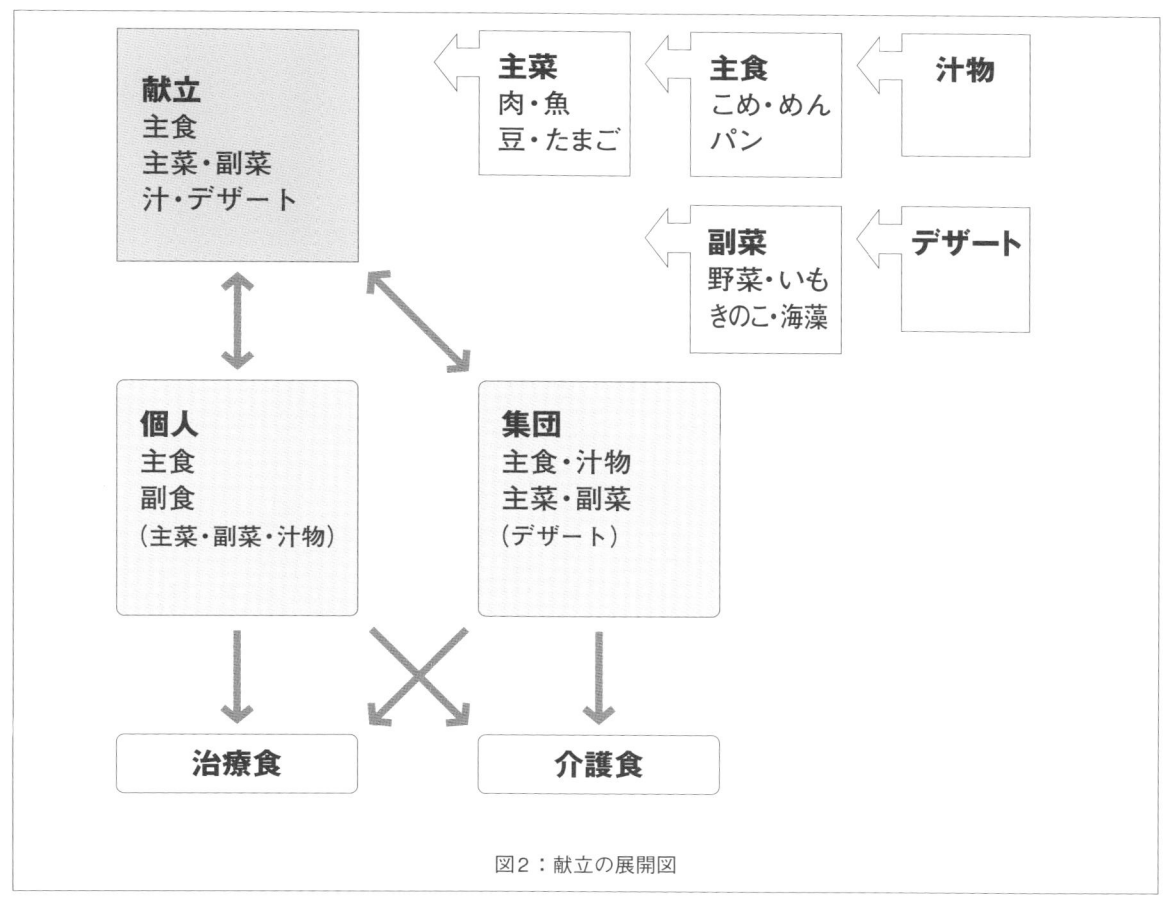

図2：献立の展開図

3 | 対象別（種類別）献立作成の基準の決め方と留意点

個人および多数人（給食施設等）の健康・性・年齢・疾病に対応した食事摂取基準の決め方

1 個人の場合

　個人に必要な食事摂取基準は，その人の栄養状態や身体活動レベルを知ることが必要である。そのために食事調査，身体計測，生化学検査などから得られた情報をもとにした総合的な判定を行って決めることが望ましい。成人女性の場合を例に，その手順を以下に示す。

(1) 生活活動記録を用いて各自の身体活動レベルを知る。
同日に食事調査，生活活動記録調査（表1）を行い，身体活動レベルを決める。

表1：生活活動記録表（例）

（生活活動記録表。6時から12時までの各時間帯の活動内容：起床・洗面・着替え・散歩・子供の身支度・炊事・食事・片付け・洗濯・布団干し・休息（テレビ）・掃除機かけ・ふき掃除・干し・洗濯・休息・買物（散歩）・休息（新聞）・庭掃除・隣の人と話・アイロンかけ・炊事・食事・片付け・休息）

これはあなたの日常の生活時間を把握して，消費エネルギーを知るためのものです。日常生活において実際に動いた内容や時間を記入してください。
あなたの氏名：
性別：
年齢：
身長：
体重：

1) 生活活動ごと（表2を参照）に総時間を集計し，身体活動強度（Af）を決めて，身体活動値を算出する。

　　身体活動強度指数＝Σ Af・T/1,440分
　Af：身体活動強度（Activity factor：基礎代謝量の倍数）
　T：各種身体活動の時間（分）

2) 1日の身体活動の強度×時間を総合計し，24時間（1,440分）で割った値が各自の身体活動レベルである。下記の範囲を参考にして身体活動レベルを決める。

身体活動レベル	Ⅰ	Ⅱ	Ⅲ
身体活動値	1.5	1.75	2.00
	(1.40〜1.60)	(1.60〜1.90)	(1.90〜2.20)

(2) 日本人の食事摂取基準に基づき個人の身体活動レベル別エネルギー必要量を決める（表6）。同様にして三大栄養素，ビタミン，ミネラルを決める。三大栄養素は栄養比率に基づいて決めてもよい（一般に食事全体のエネルギー比率は，たんぱく質，脂肪，炭水化物のエネルギーからの摂取割合（％）がそれぞれ15：25：60程度である）。年齢などの差を考慮した一定の幅を参考として示す。

(3) 活動記録を用いない場合は，身体活動レベルの活動内容（表2）および対象者別推定値（表3）で決定する。

エネルギー必要量が決まったら，次の目安で主要な栄養素を算出する。
　　たんぱく質エネルギー比率　　12〜15%（乳児は10%前後）
　　脂肪エネルギー比率　　　　　20〜25%（乳児は30〜45%）
　　炭水化物エネルギー比率　　　55〜65%（乳児は45%前後）
　　動物性たんぱく質比　　　　　40〜50%（乳児は60〜90%）

そのほかビタミン・ミネラルにおいても，発達の著しい乳児，幼児，小児，さらに妊婦，授乳婦，高齢者に関しては個人の健康状況を考慮し，日本人の食事摂取基準を参考にして決める。

表2　15〜69歳における各身体活動レベルの活動内容

身体活動レベル*	低い（Ⅰ）	ふつう（Ⅱ）	高い（Ⅲ）
	1.50 (1.40〜1.60)	1.75 (1.60〜1.90)	2.00 (1.90〜2.20)
日常生活の内容	生活の大部分が座位で，静的な活動が中心の場合	座位中心の仕事だが，職場内での移動や立位での作業・接客など，あるいは通勤・買物・家事，軽いスポーツなどのいずれかを含む場合	移動や立位の多い仕事への従事者。あるいは，スポーツなど余暇における活発な運動習慣をもっている場合
睡眠（1.0）	8	7〜8	7
座位または立位の静的な活動（1.5：1.1〜1.9）	13〜14	11〜12	10
ゆっくりした歩行や家事など低強度の活動（2.5：2.0〜2.9）	1〜2	3	3〜4
長時間持続可能な運動・労働など中強度の活動（普通歩行を含む）（4.5：3.0〜5.9）	1	2	3
頻繁に休みが必要な運動・労働など高強度の活動（7.0：6.0以上）	0	0	0〜1

（左欄：個々の活動の分類（時間／日）**）

* 代表値。（　）内はおよその範囲。
** （　）内は，Activity factor（Af：各身体活動における単位時間当たりの強度を示す値。基礎代謝の倍数で表す）（代表値：下限〜上限）。

表3　身体活動レベルの推定値

身体活動レベル（PAL：physical activity level）	・健常者（18〜69歳）：3つの身体活動レベルから選択（表2参照） 　「低い：1.50（1.40〜1.60）」 　「ふつう：1.75（1.60〜1.90）」 　「高い：2.00（1.90〜2.20）」 ・健常者（子ども，70歳以上）：3つの身体活動レベルから選択（表4参照） 　「低い」 　「ふつう」 　「高い」 ・入院患者・自宅療養者：以下の3つから選択 　「ほとんど横になっている人：1.20」 　「ベッド近辺で座位時間の多い人：1.30」 　「室内を中心によく動く人：1.40」 ・重労働あるいは高強度のスポーツ活動に従事している人 　個人差が大きいが，一般に2.2（2.0〜2.5）程度
付加量	①妊婦：初期　50kcal，中期　250kcal，末期　500kcal
	②授乳婦：450kcal

表4　身体活動レベル

身体活動レベル	低い	ふつう	高い
1〜2（歳）	—	1.40	—
3〜5（歳）	—	1.50	—
6〜7（歳）	—	1.60	—
8〜9（歳）	—	1.70	1.90
10〜11（歳）	—	1.70	1.90
12〜14（歳）	1.50	1.70	1.90
15〜17（歳）	1.50	1.75	2.00
18〜29（歳）	1.50	1.75	2.00
30〜49（歳）	1.50	1.75	2.00
50〜69（歳）	1.50	1.75	2.00
70以上（歳）	1.30	1.50	1.70

表5　身体活動の分類例

身体活動の分類（Af*の範囲）	身体活動の例
睡眠（1.0）	睡眠
座位または立位の静的な活動（1.1～1.9）	横になる／ゆったり座る（本などを読む，書く，テレビなどを見る）／談話（立位）／料理／食事／身の回り（身支度，洗面，便所）／裁縫（縫い，ミシンかけ）／趣味・娯楽（生花，茶の湯，麻雀，楽器演奏など）／車の運転／机上事務（記帳，ワープロ，OA機器などの使用）
ゆっくりした歩行や家事など低強度の活動（2.0～2.9）	電車やバスなどの乗物の中で立つ／買物や散歩などでゆっくり歩く（45m/分）／洗濯（電気洗濯機）／掃除（電気掃除機）
長時間持続可能な運動・労働など中強度の活動（普通歩行を含む）（3.0～5.9）	家庭菜園作業／ゲートボール／普通歩行（71m/分）／入浴／自転車（普通の速さ）／子どもを背負って歩く／キャッチボール／ゴルフ／ダンス（軽い）／ハイキング（平地）／階段の昇り降り／布団の上げ下ろし／普通歩行（95m/分）／体操（ラジオ・テレビ体操程度）
頻繁に休みが必要な運動・労働など高強度の活動（6.0以上）	筋力トレーニング／エアロビックダンス（活発な）／ボートこぎ／ジョギング（120m/分）／テニス／バドミントン／バレーボール／スキー／バスケットボール／サッカー／スケート／ジョギング（160m/分）／水泳／ランニング（200m/分）

* Activity factor（Af）は，沼尻の報告に示されたエネルギー代謝率（relative metabolic rate）から，次のように求めた。
　Af＝エネルギー代謝率＋1.2
いずれの身体活動でも活動実施中における平均値に基づき，休憩・中断中は除く。

表6　エネルギーの食事摂取基準：推定エネルギー必要量（kcal/日）

性別	男性			女性		
身体活動レベル	Ⅰ	Ⅱ	Ⅲ	Ⅰ	Ⅱ	Ⅲ
0～5（月）母乳栄養児	—	600	—	—	550	—
人工乳栄養児	—	650	—	—	600	—
6～11（月）	—	700	—	—	650	—
1～2（歳）	—	1,050	—	—	950	—
3～5（歳）	—	1,400	—	—	1,250	—
6～7（歳）	—	1,650	—	—	1,450	—
8～9（歳）	—	1,950	2,200	—	1,800	2,000
10～11（歳）	—	2,300	2,550	—	2,150	2,400
12～14（歳）	2,350	2,650	2,950	2,050	2,300	2,600
15～17（歳）	2,350	2,750	3,150	1,900	2,200	2,550
18～29（歳）	2,300	2,650	3,050	1,750	2,050	2,350
30～49（歳）	2,250	2,650	3,050	1,700	2,000	2,300
50～69（歳）	2,050	2,400	2,750	1,650	1,950	2,200
70以上（歳）*	1,600	1,850	2,100	1,350	1,550	1,750
妊婦　初期（付加量）				+50	+50	+50
妊婦　中期（付加量）				+250	+250	+250
妊婦　末期（付加量）				+500	+500	+500
授乳婦（付加量）				+450	+450	+450

*成人では，推定エネルギー必要量＝基礎代謝量（kcal/日）×身体活動レベル　として算定した。18～69歳では，身体活動レベルはそれぞれⅠ＝1.50，Ⅱ＝1.75，Ⅲ＝2.00としたが，70歳以上では，それぞれⅠ＝1.30，Ⅱ＝1.50，Ⅲ＝1.70とした。50～69歳と70歳以上で推定エネルギー必要量に乖離があるように見えるのはこの理由によるところが大きい。

疾病（肥満，高血糖，高血圧，高脂血症など）については次の診断基準を参考にして，適切な食品を献立に組み入れる。

肥満

体脂肪が過剰に蓄積した状態を肥満と言い，筋肉組織が多い過体重とは区別する。肥満は糖尿病，高血圧，動脈硬化症などの原因となる可能性が高いため，正常範囲を保つことが大切である（表7）。肥満の判定にはBMI＝体重(kg)÷身長(m)^{2}が国際的に用いられている。軽度肥満の場合は，所要エネルギーを10％減じる。高度肥満の場合は，所要エネルギーを20％減じる（医師の指導を要する）。

糖尿病

①ブドウ糖75gの経口負荷試験（表8）から著しい高血糖がみられた場合，②グリコヘモグロビンA1C（HbA1C）が6.5％以上の場合，③その他典型的な症状がみられた場合に糖尿病を疑う。

糖尿病の交換表を用いて，糖質・脂肪を控えたエネルギー制限食で個別指導を行い，献立を工夫する。

高血圧

WHO（世界保健機関）とISH（国際高血圧学会）のガイドラインから血圧分類を図3に示す。

肥満に合併して上昇した高血圧の場合は，まず肥満の予防をすることが必要，同時に塩分を1日6g以下に抑える。減塩食については調理編・臨床栄養へのヒント等を参照する。

高脂血症

高脂血症は大きく①高中性脂肪血症と②高コレステロール血症に分けられる。①の場合は糖質も制限，②の場合はコレステロールを制限し，同時に塩分も控える。

高脂血症が長期持続した場合は，脳梗塞，狭心症・心筋梗塞など動脈硬化症の原因となる。その診断基準を表9に示す。

表7：日本肥満学会による肥満の判定法（1999）

BMI	判定	WHO基準
＜18.5	やせ	低体重
18.5≦〜＜25	正常	正常
25≦〜＜30	肥満（1度）	前肥満
30≦〜＜35	肥満（2度）	Ⅰ度
35≦〜＜40	肥満（3度）	Ⅱ度
40≦	肥満（4度）	Ⅲ度
ただし，標準体重（理想体重）はBMI 22とする		

表8：糖負荷試験（75g）による糖尿病の判定

判定区分		グルコース濃度（mg/dl）		
		静脈血漿	毛細血管全血	静脈全血
糖尿病型	空腹時 または（及び）	≧140	≧120	≧120
	2時間値	≧200	≧200	≧180
正常値	空腹時 及び	＜110	＜100	＜100
	1時間値 及び	＜160	＜160	＜140
	2時間値	＜120	＜120	＜110
境界型		糖尿病型にも正常型にも属さないもの		

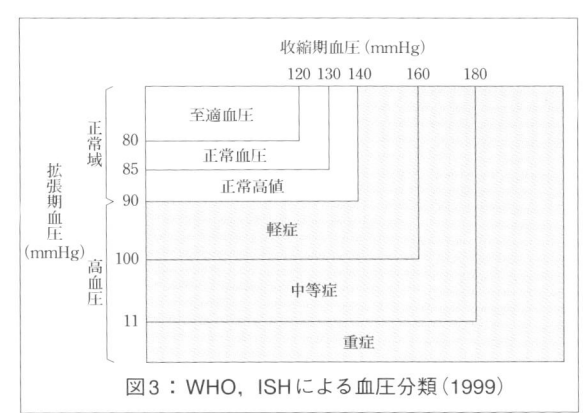

図3：WHO，ISHによる血圧分類（1999）

表9:高脂血症の診断基準(日本動脈硬化学会,2002)

(血清脂質値:空腹時採血)

高コレステロール血症	総コレステロール ≧220 mg/dL
高LDLコレステロール血症	LDLコレステロール ≧140 mg/dL
低HDLコレステロール血症	HDLコレステロール <40 mg/dL
高トリグリセリド血症	トリグリセリド ≧150 mg/dL

・高LDLコレステロール血症(高コレステロール血症)の診断基準は1997年のそれと同様に140mg/dL以上(220mg/dL以上)としたが、適正値は設けなかった。
・個々の患者のもつ危険因子に応じてリスクの重みづけを行い、きめ細かい管理を目指すとともに、リスクを減らすことを目標とした。
・マルチプルリスクファクター症候群の重要性を強調した。
・薬物療法適応基準は設定せず、治療手段はライフスタイルの改善によることを優先させた。

2 多数人(給食施設等)の場合

事業所給食は、利用者の個人対応は困難であるが、多数の個人が集まったと考え食事摂取基準を基本とする荷重(加重)平均値を算出し、さらに身体状況や栄養状態の個人的アセスメントを加味した許容範囲を考慮する。高齢者、障害者の社会福祉施設や児童福祉施設の保育所においても、年齢別、身体活動別の食事摂取基準に各個人のアセスメントを考慮し、必要に応じて栄養マネジメントも視野に入れて対象者別に栄養計画や食事計画を行う。

病院給食は、入院時療養制度に従って一般食と特別食に分類されている。特別食は医師の食事箋に基づき、利用者の個人別食事計画により実施される。一般食は利用者の年齢構成、性身体活動レベルから荷重(加重)平均値を算出し個別アセスメントを加味して栄養計画と食事計画に基づいて実施される。『日本人の食事摂取基準(2005年版)の活用』で示された「適切な食事を提供するために必要なアセスメント」の内容を表10に示す。

多数人を対象とする食事摂取基準は各施設別の対象者に適切な栄養・食事計画を実状に応じて柔軟に対応する。

表10:適切な食事を提供するために必要な身体状況や栄養状態などの把握内容(アセスメント項目)

①把握しておくことが必須であると考えられる内容 　年齢,性別,身体活動レベル(せめて大雑把にでも),身長,体重,(body mass index(BMI)等の体格指数) ②可能であれば把握しておきたい内容 　血液検査値,血圧,栄養素等摂取状況,食習慣等の状況,各種データの経年変化(職域など)

4 献立作成の手順

1 対象者の栄養基準を決める
①個人の場合は年齢，性，身体活動レベル別の食事摂取基準量や消費エネルギーを考慮して1日分または1食分の栄養素を算出して決める。
②特定多数（特定給食）の場合は荷重平均食事摂取基準量を算出して個人別アセスメントを考慮し，1日または1食分のエネルギー基準量を決める。
　①・②とも基準エネルギーからたんぱく質は10〜15％エネルギー比，脂質のエネルギー比20〜30％未満として各々の栄養価の算出をする（炭水化物のエネルギー比は残りの60〜70％となる）。

2 栄養比率を決める
①穀類エネルギー比は50％前後とする。
②動物性たんぱく質比は40％前後とする。
③炭水化物は穀類（50％）のほかに，いも類，砂糖類が主な給源であるから10％程度のエネルギー比分のエネルギーをいも類5：砂糖類1位の割合で配分する。

3 食品構成表を作成する──1及び2の条件を満たす（栄養価は食品類別荷重平均成分表を使用）
①穀類エネルギー比から穀類の重量を求める（食品類別荷重平均成分表を使用）。
②動物性たんぱく質量を算出し，動物性食品群（魚介類・獣鳥肉類・たまご類・乳類）の重量を決める。
③①および②で算出された脂質量と基準脂質量の差を算出し油脂類の重量を決める。
④いも類・砂糖類の重量を決める。およそ7％エネルギー比とし重量を算出する。
⑤野菜類の重量を決める。1日350gとし緑黄色野菜の比率を30％以上として淡色野菜とわけて重量を決める。
⑥果物類は1日150〜200gとする（5％エネルギー比）。
⑦以上⑥までのたんぱく質の栄養価を算出し基準たんぱく質との差を豆類およびだいず製品から摂るように重量を決める。

例：基準2,000kcalの場合
（2,000kcalのたんぱくエネルギー比13％・脂肪エネルギー比23％の場合）

> たんぱく質（2,000×0.13）÷4＝65.0g（うち動物性26.0g）
> 脂肪（2,000×0.23）÷9＝50.1g
> 炭水化物（2,000×0.64）÷4＝320.0g
> ただし，1g当たりエネルギーをたんぱく質4，脂肪9，糖質（炭水化物）4kcalとする

この基準を満たす食品構成表を作成する。食品構成表の参考例を表11に示す。

　表11の食品群の重量を1日の使用量の目安として，料理の中から主菜・副菜の順に選択して献立として週間・旬間のバランスを検討し予定献立とする。

1）基本献立の留意点
①主材料は旬（季節の物）を考えて選択し，同じ食品群の材料が重複しないようにする。
②食品の種類毎に調理法・調味法が異なるものをバラエティーに富むように組み込む。
③ある程度対象者の嗜好や栄養アセスメントを尊重して選ぶ。

表11：食品構成表（案）

主な栄養素	食品群別	重量(g)	エネルギー(kcal)	たんぱく質(g)	脂肪(g)	備考
たんぱく質源	魚介類	50	75	9.4	3.2	約6.3単位
	肉類	50	116	9.1	8.1	
	たまご類	20	32	2.5	2.2	
	だいず製品	70	87	6.4	5.9	
	豆類	30	46	3.3	2.3	
カルシウム源	乳類	200	150	8.2	7.6	
	海藻類	5	－	0.5	0.1	
カロチン	緑黄色野菜類	120	36	2.3	0.2	約1.7単位
ビタミンC	淡色野菜類	230	60	3.2	0.2	
	果物類	150	39	2.6	0.2	
炭水化物源	穀類	280	986	19.0	4.2	約12.3単位
	いも類	70	51	1.1	0.1	約1.6単位
	砂糖類	20	75	0	0	
脂質源	油脂類	18	151	0.1	16.4	約1.9単位
合計			1904	67.7	50.7	計23.8／基準25 調味料等1.2単位
充足率			95.2	104.2	101.0	

④予算内でできるよう経済性を考えて主菜，副菜の組合わせを考慮する。
⑤材料は食品群別に選択するが，同じ材料が重ならずに1日30種類以上になるように，料理を選ぶよう心掛ける。

2）献立展開（応用）の方法

　対象者が病弱者・老人・幼児，学童等に変わる場合は，食事基準を満たす食品構成表が変わるので，次に述べるような調整をして各種栄養基準量に適合する献立へと展開させる。

①対象者の食事で使用禁止または制限食品・調味制限・調理法の制限の有無をチェックする。
②基本となる献立の食品材料の量や種類を好ましい条件に変える。
③基本献立の一部の調理法や調味量を変える。
④基本献立の一部を基本以外の新たな料理と入れ替えをする。
⑤基本献立の中の食品や料理の付加または削除を行う。
⑥基本献立のアレンジに，通常食品では栄養基準に適合しない場合は，特定の栄養補助食品や成分調整食品（特定保健用食品）を取り入れる。

　給食への展開は大量調理の機器使用や調理時間に配慮し，調味料の変更を考えて応用する。

3)「食品交換表」および「五訂日本食品標準成分表」を参考に，個人アセスメントに対応できるよう，1単位(80kcal)当たりの食品重量の目安量と使用量について考慮する。

主食の部——こめ・麺・パン

食品名	重量(g)	食品名	重量(g)	食品名	重量(g)	食品名	重量(g)
精白米	25	うどん（乾）	20	日本そば（生）	30	ロールパン	25
玄米	25	そうめん（乾）	20	日本そば（ゆで）	60	スパゲッティ（乾）	20
ご飯	50	冷や麦（乾）	20	そば（乾）	20	マカロニ	20
全がゆ	110	中華めん（生）	30	食パン	30	ビーフン	20
うどん（生）	30	中華めん（蒸）	40	フランスパン	30	もち	35
（ゆで）	80	中華めん（乾）	20	クロワッサン	20	赤飯	40

主菜の部——魚介類

食品名	重量(g)	食品名	重量(g)	食品名	重量(g)	食品名	重量(g)
あじ	60	きす	100	銀ざけ	40	とり貝	100
たい	60	メルルーサ	100	キングサーモン	40	ほたて	120
かじき	60	すずき	60	さわら	40	貝柱	80
さけ	60	さより	80	えび 車	80	ムール貝	110
たちうお	30	わかさぎ	100	大正	80	さざえ	80
かます	60	こち	80	芝えび	100	しじみ	160
いさき	60	とびうお	80	しゃこ	80	はまぐり	200
いとより	80	さば	40	ブラックタイガー	100	うに	60
きんめだい	60	さんま	30	いか	100	たらこ	60
まだい（養殖）	40	にしん	40	かに	120	いくら	30
めばる	74	ぶり	30	たこ	100	塩かずのこ	80
あなご	40	はまち（養殖）	30	あさり（身）	260	かまぼこ	80
あゆ（養殖）	50	たら	100	あおやぎ	140	つみれ	80
ます	60	まぐろ 赤身	60	かき	140	さつま揚げ	60
むつ	40	トロ	30	赤貝	100	白はんぺん	80
かつお	40	はも	60	平貝	80	焼きちくわ	60
ひらめ	80	このしろ	50	あわび	100	なると	100
かれい	80	銀だら	40	とこぶし	70	魚肉ソーセージ	40

主菜の部──肉類・たまご・だいず製品

食品名	重量(g)	食品名	重量(g)	食品名	重量(g)	食品名	重量(g)
牛肉　（もも）	40	鶏（ささみ）	80	豚レバー	60	納豆	40
（ヒレ）	40	（もも皮なし）	60	鶏レバー	60	ゆでだいず	40
(サーロインロース)	30	（もも皮あり）	40	砂肝	80	湯葉（生）	30
(サーロインロース脂身なし)	45	（骨つき）	70	牛タン	30	（干）	20
（バラ）	20	（胸皮なし）	70	ロースハム	40	豆腐（木綿）	100
（ひき肉）	40	（胸皮あり）	40	プレスハム	60	（絹ごし）	140
合いびき肉	40	（手羽先）	40	ボンレスハム	60	（焼き）	100
豚肉（もも）	60	（手羽元）	40	ウインナー	30	高野豆腐	20
（ヒレ）	60	（チューリップ）	40	フランクフルト	30	油揚げ	20
（ロース）	40	（ひき肉）	40	サラミソーセージ	15	がんもどき	40
（肩ロース）	40	ラム肉（ロース）	30	鶏卵（全卵）	50	生揚げ（厚揚げ）	60
（バラ）	20	あいがも肉	30	（卵白）	160	おから	80
（ひき肉）	40	牛レバー	60	（卵黄）	20		

副菜の部──いも類・野菜類

食品名	重量(g)	食品名	重量(g)
さつまいも	60	かぼちゃ	90
さといも	140	れんこん	120
じゃがいも	110	ごぼう	120
やまいも	70	ミックスベジタブル	100
ながいも	120	スィートコーン	100

その他野菜類は単位当たりの量が多いので1日350g位でそのうち緑黄色野菜を1/3以上の目安とする。1日の献立で120g。

副菜の部──果物類

食品名	重量(g)	食品名	重量(g)	食品名	重量(g)	食品名	重量(g)
キウイ	150	バナナ	100	いちじく	150	日本なし	200
さくらんぼ	150	パパイア	200	いよかん	175	桃	200
パインアップル	155	りんご	150	夏みかん	200	グレープフルーツ	200
西洋なし	150	びわ	200	いちご	250	アボカド	40
ぶどう	150	みかん	200	オレンジ	200	かき	150

その他乳製品・多脂肪性食品など

食品名	重量(g)	食品名	重量(g)	食品名	重量(g)	食品名	重量(g)
牛乳（普通）	120	チーズ（ピザ用）	20	バター・マーガリン	10	ピスタッチオ	15
（ローファット）	160	ナチュラルチーズ	20	マヨネーズ	10	小麦粉	20
（濃厚）	100	生クリーム(高脂肪)	18	ドレッシング	20	パン粉（生）	20
ヨーグルト	120	（普通）	38	ごま	15	（乾）	21
スキムミルク	20	（コーヒー用）	38	ピーナッツ	15	かたくり粉	20
チーズ（プロセス）	20	ベーコン	20	くるみ	10	砂糖（上白）	20
（カッテージ）	80	ドライサラミ	15	アーモンド	15		
（パルメザン）	20	植物油・ラード	9	マカダミアンナッツ	15		

4）食事バランスガイドを活用する

　食事のバランスを考えたり，食事評価をする際には，食事摂取基準の適応栄養素を踏まえたうえで，「1日に何をどれだけ食べたらよいか」を日常の食事（「主食」「主菜」「副菜」「そのほか」）に換算する必要がある。このとき，その目安として「食事バランスガイド」を活用してもよいだろう。

　「食事バランスガイド」は，成人の標準的な身体活動から見た1日に必要なエネルギー量を2200±200kcalとして簡単に数えることができ，それを基準に，摂取すべき量を具体的な料理区分ごとに1皿や1杯を単位としてわかりやすく示されている（図4は，性別，年齢，身体活動レベルによって異なる）ものである。

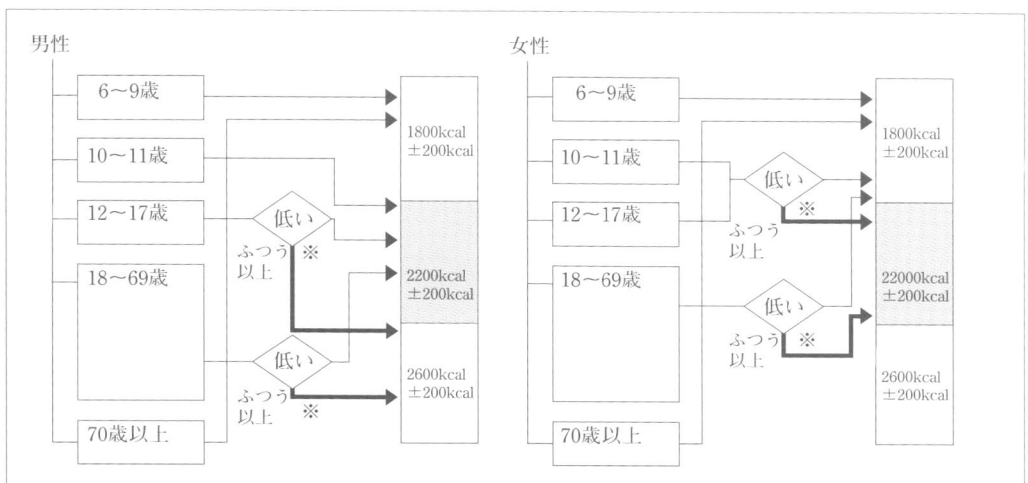

【身体活動レベル】
[低い] 1日のうち座っていることがほとんど
[ふつう] 座り仕事が中心だが，歩行，軽いスポーツなどを行う
※激しいスポーツを行っている場合は，さらに多くのエネルギーを必要とするので，身体活動のレベルに応じて適宜必要量を摂取する。
○肥満(成人でBMI≧25)のある場合には，体重変化を見ながら適宜，エネルギーの量を「1ランク」下げる等の工夫が必要。

図4：性・年齢，身体活動レベルから見た1日に必要なエネルギー量

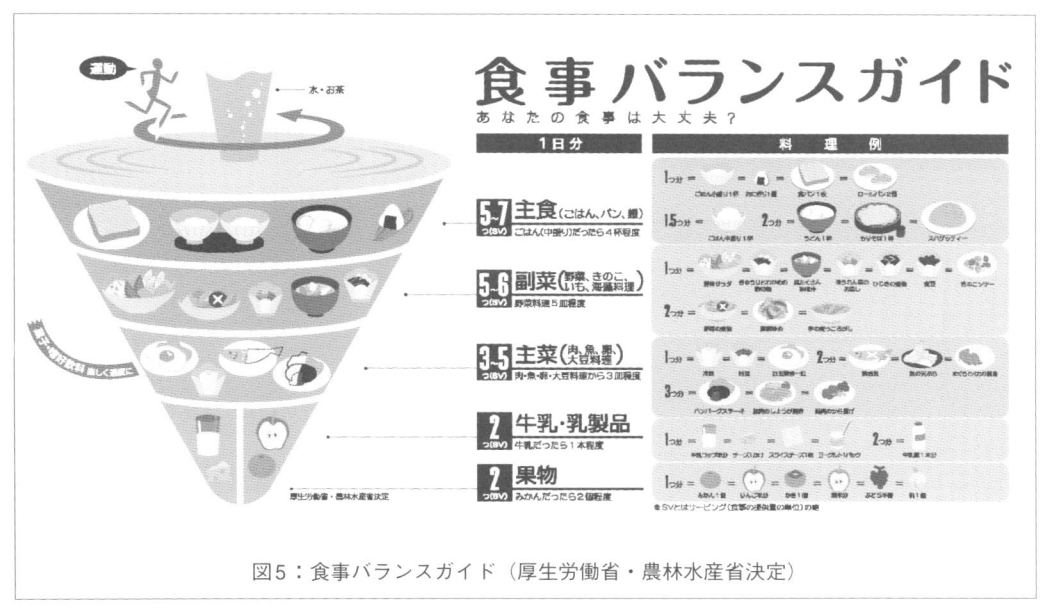

図5：食事バランスガイド（厚生労働省・農林水産省決定）

●食事バランスガイドの使い方

　食事バランスガイドは，コマの形に表され，バランスよく摂取すると倒れずにうまく回って健康生活が続くことを示している。

　本書では，主食は「主食の部：ごはん類・パン類，めん類・粉類の料理（p.16～31）」，主菜は「主菜の部：魚介類，肉類，卵・豆腐・だいず・豆類の料理（p.44～123）」，副菜は「副菜の部：野菜，きのこ類，いも類，海藻類の料理（p.124～151）」として著してあるので，食事バランスガイドに従った料理配分を参考に選択ができる（表12）。さらにそのほかの「牛乳，乳製品の料理」「果物類の料理」も参考にしてバランスのとれた食事計画や食事診断として活用できる内容になっている。表13は，対象別に料理区分当たりの摂取目安を示している。

表12：各料理区分における摂取量の目安の活用

【主食（ごはん・パン・めんなど）：5～7つ（SV）】1つ（SV）の基準：主材料に含まれる炭水化物が約40g
　コンビニサイズのおにぎり1個，あるいは茶碗小盛1杯が1つ（SV）。普通の茶碗中盛1杯だと1.5つ。朝・昼・夕食で2つ（大茶碗1杯，またはめん類1杯）ずつとると，1日で6つになる。
　おかずとのバランスを考えて，主食はごはんを中心に，パンやめんを適宜組み合わせて毎食とるようにする。3食でとれない場合は，不足分を間食で補う。

【副菜（野菜・いも・豆・海藻などの料理）：5～6つ（SV）】1つ（SV）の基準：主材料の重量が約70g
　加熱した野菜であれば小鉢1杯程度で1つだが，生野菜であれば大皿1杯程度になる。とっているつもりでも野菜は不足がち。毎食1～2つ，主食の倍を目標に野菜をしっかり食べる習慣を身に付ける。

【主菜（肉・魚・卵料理・大豆などの料理）：3～5つ（SV）】1つ（SV）の基準：主材料に含まれるたんぱく質が約6g
　主菜は食事の中心となるもので，栄養素も多く含まれているが，おいしくてつい食べ過ぎてしまいがちな料理である。1回の食事では1～2つでよいが，肉料理には1品で3つ以上になる場合が多いので，1日を通してとり過ぎないよう調整が必要である。特に，油脂の多い料理では，脂質とエネルギーが過剰になりやすいので注意する。

【牛乳・乳製品：2つ（SV）】1つ（SV）の基準：主材料に含まれるカルシウムが約100mg
　コップ1杯（180mL）の牛乳が2つ。毎日コップ1杯を目安に摂取する。

【果物：2つ（SV）】1つ（SV）の基準：主材料の重量が約100g
　毎日，適量を欠かさずとるように心がける。

【菓子・し好飲料】1日に200kcalまでを目安に
　せんべい3～4枚，ショートケーキ小1個，日本酒コップ1杯（200mL），ビール缶1本半（500mL），ワインコップ1杯（200mL），焼酎（ストレート）コップ半分（100mL）程度にとどめる。

表13：対象特性別，料理区分における摂取の目安

単位：つ（SV）

対象者	エネルギー(kcal)	主食	副菜	主菜	牛乳・乳製品	果物
6～9歳の子ども 身体活動量の低い （高齢者を含む）女性	1600 1800	4～5	5～6	3～4	2	2
ほとんどの女性 身体活動量の低い （高齢者を含む）男性	2000 2200 2400	5～7	5～6	3～5	2	2
12歳以上の ほとんどの男性	2600 2800	7～8	6～7	4～6	2～3	2～3

参考文献）独立行政法人 国立健康・栄養研究所 監修『日本人の食事摂取基準 2005年版の活用』第一出版，2005

基本料理のレシピと応用メニュー　|調理編

主食の部 ｜ こめ類・パン類

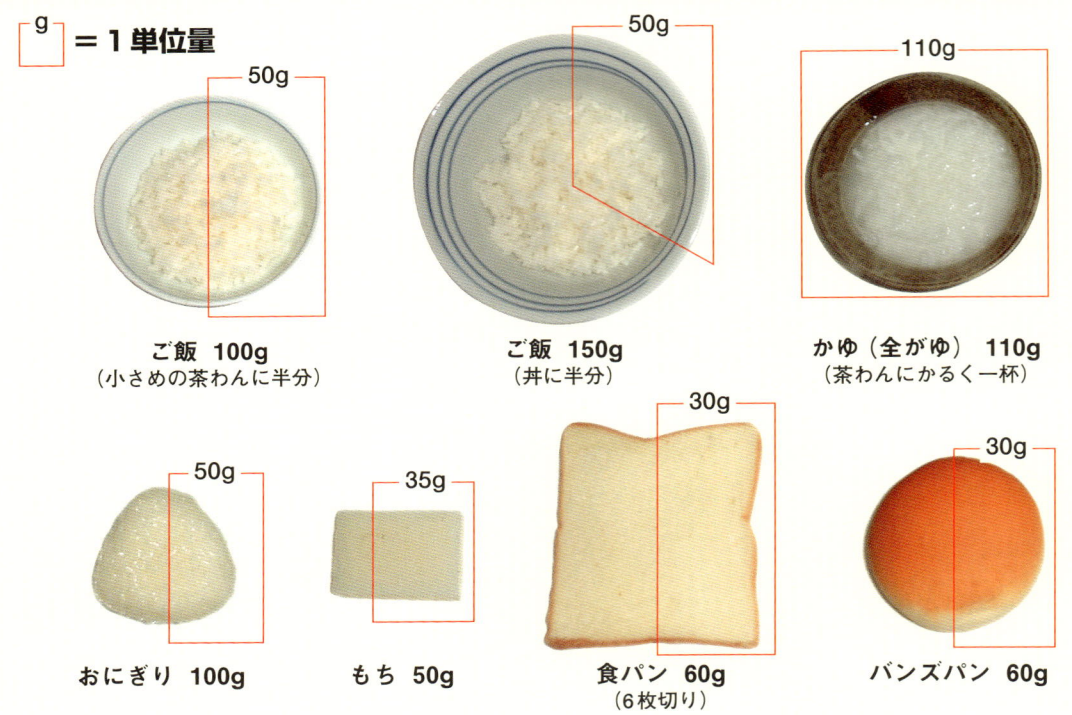

□g ＝ 1 単位量

ご飯 100g（小さめの茶わんに半分） 50g

ご飯 150g（丼に半分） 50g

かゆ（全がゆ）110g（茶わんにかるく一杯） 110g

おにぎり 100g 50g

もち 50g 35g

食パン 60g（6枚切り） 30g

バンズパン 60g 30g

和 三色おにぎり

エ 419kcal
た 12.2g
脂 4.7g
塩 1.8g

材料（1人分, g）
こめ　100（4.0単位）
塩　1.0
だいこんの葉　5〜10
塩　0.2
塩さけ　15（0.4単位）
たまご　20（0.4単位）
塩　0.2

作り方
①塩飯を炊く。
②ご飯を3等分する。
③青菜そぼろはだいこんの葉のやわらかい部分を包丁でこそげて、さっと熱湯を通してからみじん切りにする。水気をきって、鍋に入れ、塩を加えて炒り、そぼろ風にする。冷めてからご飯に混ぜてにぎる。
④さけは焼いて細かくほぐし、ご飯に混ぜてにぎる。
⑤たまごはほぐし、塩を加えて細かい炒りたまごを作り、ご飯に混ぜてにぎる。

和 あずきがゆ

エ 282kcal
た 7.8g
脂 0.9g
塩 1.3g

材料（1人分, g）
こめ　60（2.4単位）
あずき　20（0.8単位）
水　300ml
塩　（かゆの量の0.5％）1.3

作り方
①あずきを鍋に入れ、5倍の水を加えて煮る。煮立ったら湯を捨て、再び水（300ml）を加えて中火で30分位煮る。
②こめを洗い、30〜60分浸漬する。
③①と②を鍋に入れ、沸とうするまでは強火、沸とう後は弱火で約40分加熱し、塩を加えて静かにかき混ぜる。

和 さつまいもご飯

- エ 338kcal
- た 5.4g
- 脂 0.8g
- 塩 0.5g

材料(1人分，g)
- こめ 80 (3.2単位)
- 水 120ml
- さつまいも 40 (0.7単位)
- 塩 0.5

作り方
①さつまいもは厚めに皮をむいてひと口大に切り、水にさらしてあくを抜く。
②こめは洗米後30分以上分量の水にひたし、塩、①のさつまいもを合わせて炊き上げる。

和 炊き込みご飯

- エ 333kcal
- た 9.4g
- 脂 1.5g
- 塩 1.2g

材料(1人分，g)
- こめ 80 (3.2単位)
- 水＋具の煮汁 115ml
- 塩 1、酒 5 (0.1単位)
- 鶏もも肉(皮付き) 20 (0.5単位)
- ごぼう 10
- にんじん 10
- 乾しいたけ 1
- 糸こんにゃく 10
- もみのり 0.2
- [調味料]
  - しょうゆ 1.4
  - みりん 2 (0.1単位)
  - 煮だし汁＋しいたけのもどし汁 50ml

作り方
①こめは洗って水をきっておく。②鶏肉は1cm角に切る。③ごぼうはささがきにして水にさらしておく。④にんじんは2cmの短冊切り。⑤乾しいたけはもどしてせん切り。⑥糸こんにゃくは3～4cmに切りゆでてざるにあげておく。⑦調味料を鍋に入れ具を入れて煮る。⑧具が煮えたら具と煮汁をわけておく。⑨こめに分量の水分量になるよう、具の煮汁と水を計量して入れ、塩と酒を加え、炊飯する。⑩炊き上がったごはんと具をさっくりと混ぜ合わせ、もみのりを添える。

和 三色丼

- エ 429kcal
- た 15.1g
- 脂 7.4g
- 塩 1.5g

材料(1人分，g)
- ご飯 165 (3.3単位)
- A 鶏ひき肉 30 (0.8単位)
- B たまご 30 (0.6単位)
- C ほうれんそう 30
- [調味料A]
  - 砂糖 3、みりん 5
  - しょうゆ 4.5
- [調味料B]
  - 砂糖 2、みりん 2
  - 塩 0.3
- [調味料C]
  - バター 1.5 (0.1単位)
  - 塩 0.2
  - こしょう 少々
- 紅しょうが 2

作り方
①鍋に鶏ひき肉、砂糖、みりん、しょうゆを入れ、箸4～5本でよく混ぜて火にかけ、混ぜながら汁気がなくなるまで煮る。
②鍋にたまご、砂糖、みりん、塩を入れよく混ぜる。箸4～5本で混ぜながら半熟程度で火をとめ、混ぜる。
③ほうれんそうはゆでて水に取り、絞って、1cmの長さに切る。鍋にバターを溶かし、ほうれんそうを炒めて塩、こしょうをする。
④丼にご飯を盛り、鶏そぼろ、たまごそぼろ、ほうれんそうを盛りせん切り紅しょうがを添える。

和 塩さけとしその寿司

- エ 378kcal
- た 16.5g
- 脂 3.8g
- 塩 2.5g

材料(1人分，g)
- こめ 80 (3.2単位)
- 水 110ml
- さけ(新巻) 50 (1.3単位)
- こんぶ 2
- しそ 4
- [すし酢]
  - 酢 10
  - 砂糖 3 (0.1単位)
  - 塩 1

作り方
①こめを洗い、ざるにあげて水をきり、こめ容量の1割増しの水、こんぶを加えて炊く。
②すし酢の調味料を合わせ、砂糖と塩を溶かしておく。
③さけは網焼きにし、あら熱がとれたら皮と骨をはずして粗めにほぐす。
④しそはすじを取り除き、せん切りにして少量の塩でもみ、水洗いしてよく絞る。
⑤炊き上がったご飯を盤台(半切り)に移し、すし酢と合わせる。人肌程度に冷めたら、さけ、しそを加えて混ぜる。

基本料理の展開 | こめ類・パン類

食品・栄養

　こめは日本人の主食である。化学成分の相違によってもちごめとうるち米に分類される。うるち米は形態の違いからインディカ米とジャポニカ米にわけられる。ジャポニカ米はインディカ米に比べて丸形で粘りが強い。うるち米のでん粉は，アミロペクチンとアミロースの割合が8：2であるが，もちごめはほとんどがアミロペクチンである。こめは炊飯して生米のβでん粉を吸水・加熱によってアルファー化(糊化)させ，消化し易い状態にして食用する。

　こめは糖質(でん粉)を多く含み，エネルギー源として重要である。こめに含まれるたんぱく質は必須アミノ酸であるリジン含量が少ないので，魚，肉，牛乳，だいず製品などと組み合わせるとよい。また，体内で糖質を分解するにはビタミンB_1が必要なので，豚肉や肝臓，胚芽，緑黄色野菜などを組み合せるとよい。

調理

1 | 精白米は洗米して，浸漬吸水後，重量の1.5倍，容積の1.2倍の水加減で炊飯する。夏期(30分)，冬期(90分)と水温により浸漬時間は異なる。
2 | 炊き込みご飯やすし飯のような白飯に調味する場合，調味液(しょうゆ，酒，酢，みりんなど)の液体量を水加減の水分量から，差し引いておくことが重要である。
3 | 加熱炊飯後，表面の水分を飯に完全に吸収させるための蒸らしは10～15分必要である。
4 | かゆ食には，全がゆ，五分がゆ，三分がゆなどがあり，こめと水の重量割合は，順に1：6.25, 1：12.5, 1：16.3である。分がゆを作る場合に用いる鍋は，土鍋やあるいは厚手の鍋がよい。洗米後1時間分量の水に浸漬してから強火にかけて沸とう後，弱火にして吹きこぼれないように30～40分炊き，5分蒸らす。必要に応じて0.5％程度の塩味を付ける。

大量調理のポイント：大量調理や急いで炊飯する場合の炊飯法として，湯炊き法を用いる。これは沸とうしている熱湯に洗ったこめを直接入れて炊く方法である。

和 三色おにぎり

エネルギー：419kcal　たんぱく質：12.2g　脂質：4.7g　塩分：1.8g

臨床栄養へのヒント

[エ] こめの分量を80gに減らす。[-72kcal]
[た] 塩さけをのり巻きにかえる。[-3.4g]
[脂] 炒りたまごをゆでたコーンにかえる。[-1.8g]
[塩] 塩さけをツナ，マヨネーズにかえる。塩を減らす。[-0.6g]
[軟菜食] ご飯をやわらかめに炊く。塩さけを魚(たら)のでんぶ，だいこんの葉は青のりにかえる。

応用メニュー

1 | 3色の食材をかえる。例えば梅肉やたらこ(赤)，青のりやグリンピース(緑)，コーン(黄色)など。
2 | 焼きおにぎり：具を中に入れ，薄くしょうゆを表面に塗り焼く。
3 | ライスコロッケ：ご飯にカレー粉，塩を混ぜ，丸くにぎり，フライの衣をつけて揚げる。具として，コーン，グリンピース，たまねぎ，干しぶどう，ゆでたまごなど用いる。
4 | 中華風おにぎり：だいこんの葉をたかな漬けやザーサイ，塩さけを明太子にかえ，盛り付け皿を中国風にアレンジする。

組み合わせ例：のっぺい汁，かぼちゃのそぼろあん，季節の果物

和 あずきがゆ

エネルギー：282kcal　たんぱく質：7.8g　脂質：0.9g　塩分：1.3g

臨床栄養へのヒント

[エ] こめを40gに減らす。[-72kcal]
[た] 基本のままでよい。
[脂] 基本のままでよい。
[塩] 塩を除く。[-1.3g]
[軟菜食] 基本のままでよい。

応用メニュー

1 | 赤飯：もちごめとゆでたあずきを蒸気の上がった蒸し器に入れて蒸す。
2 | いもがゆ：さつまいもを5mm幅の半月切りにし，こめが煮立ったところで加え，煮込み，塩で調味する。
3 | 海鮮がゆ：おかゆが出来上がる直前に，ほたて，芝えびを入れ，塩，ごま油で調味し火を止める。食べる時にシューマイの皮の揚げたもの，ねぎ，ザーサイなどをのせる。
4 | たまごがゆ：おかゆが出来上がる直前に塩で調味し，溶きたまごを加えて混ぜ，半熟状になったら火を止める。

組み合わせ例：かれいの煮つけ，青菜のごま和え，かぶのゆず漬け

和 さつまいもご飯

エネルギー：338kcal　たんぱく質：5.4g　脂質：0.8g　塩分：0.5g

臨床栄養へのヒント
- エ さつまいものかわりに，わかめやゆかりを使用する。[-53kcal]
- た エと同じ。[-0.5g]
- 脂 基本のままでよい。
- 塩 塩を除く。[-0.5g]
- 軟菜食 忘れずにさつまいもの皮をむくこと。

応用メニュー
1｜**わかめご飯(ゆかりご飯)**：炊き上ったご飯にわかめ(ゆかり)を混ぜる。
2｜**じゃこご飯**：ちりめんじゃことこめを一緒に炊き込む。
3｜**にんじんご飯**：にんじんを粗くおろし，水のかわりにスープで炊く(みじん切りも可)。
4｜**菜飯**：だいこんあるいはかぶの葉を熱湯でゆで，水気を絞り細かくきざみ，ごまと一緒に炊き上ったご飯に混ぜる。

組み合わせ例：豚汁，さばの南部揚げブロッコリー添え，五色なます

和 炊き込みご飯

エネルギー：333kcal　たんぱく質：9.4g　脂質：1.5g　塩分：1.2g

臨床栄養へのヒント
- エ こめの分量を70gにする。[-36kcal]
- た 鶏肉を10gにする。[-1.9g]
- 脂 具を野菜だけにする。[-0.8g]
- 塩 塩を0.5gにする。[-0.5g]
- 軟菜食 基本のままでよい。

応用メニュー
1｜**五目ご飯**：鶏肉を油揚げにかえてもよい。鶏肉と油揚げ両方入れると味にこくが出る。のりのかわりにさやえんどうを添える。
2｜**きのこご飯**：しいたけのかわりにまいたけやしめじを入れる。
3｜**たけのこご飯**：たけのこに下味を付けて炊く。

組み合わせ例：豆腐とねぎのすまし汁，ぶりの照り焼き，ほうれんそうとえのきだけのおひたし

和 三色丼

エネルギー：429kcal　たんぱく質：15.1g　脂質：7.4g　塩分：1.5g

臨床栄養へのヒント
- エ ひき肉は，成鶏もも皮なしを使い，脂を除く。[-9kcal]
- た ひき肉とたまごを各1/4量除く。[-2.5g]
- 脂 エと同じ。[-1.1g]
- 塩 しょうゆと塩を1/2量にする。[-0.5g]
- 軟菜食 ひき肉は皮なし。こしょう，紅しょうがを除く。

応用メニュー
1｜**さけ丼**：ご飯の上に紅さけ(焼き)，たまごそぼろ，しその葉，のり，ごまを盛る。
2｜**親子丼**：小さいフライパンに煮だし汁，調味料を合わせ鶏肉，たまねぎを煮る。みつば，たまごを入れふたをして半熟程度に煮て，ご飯の上にすべらせるように移す。もみのりを散らしかける。

組み合わせ例：豆腐となめこのみそ汁，さつまいもとりんごの甘煮

和 塩さけとしその寿司

エネルギー：378kcal　たんぱく質：16.5g　脂質：3.8g　塩分：2.5g

臨床栄養へのヒント
- エ こめを60gにする。[-71kcal] さけを40gにする。[-15kcal]
- た さけを除く。[-11.4g]
- 脂 米を60g，さけを40gにする。[-0.9g]
- 塩 塩さけを生さけにする。[-1.5g]
- 軟菜食 さけは細かくほぐす。しそはみじん切りにする。

応用メニュー
1｜**さけチャーハン**：みじん切りのたまねぎ，ご飯を炒め，焼いてほぐしたさけと炒りたまごを入れ，葉ねぎを加えて，塩，こしょうで味付けする。
2｜**さけの炊き込みご飯**：せん切りのたけのこ生しいたけ，薄切りの生さけを，こめと一緒に調味液で炊く。
3｜**さけの押し寿司**：かんぴょう，にんじん，しいたけは細かく切り調味料で煮る。すし飯に具を混ぜ型に入れ，焼いてほぐしたさけ，炒りたまごを上に飾り，押し出す。

組み合わせ例：たまご豆腐のすまし汁，しゅんぎくとえのきだけのからし和え

ミルクピラフ

洋

エ 478kcal
た 10.0g
脂 16.1g
塩 2.0g

材料(1人分, g)
こめ　80(3.2単位)
ベーコン　17(0.9単位)
しめじ　20
たまねぎ　30
コーン(缶詰)　10(0.1単位)
バター　8(0.8単位)
牛乳　50ml(0.4単位)
水　50ml
固型コンソメの素　1/2コ (2.5単位)
塩　0.3
こしょう　少々
パセリ　1

作り方
①ベーコンは1cm幅に切る。しめじは小房にわける。たまねぎは粗みじん切りにする。
②フライパンにバターを熱し、①を入れ炒める。
③こめはといでざるにあげておく。②にこめを加え、こめが透きとおるまで炒める。
④炊飯器に③と水、牛乳、コーン、塩、こしょう、ブイヨンを加え普通に炊く。炊き上がったら10分ほど蒸らし、器に盛り、みじんパセリを散らす。

中華風ドライカレー

中

エ 440kcal
た 12.3g
脂 5.9g
塩 1.6g

材料(1人分, g)
ご飯　200(4.0単位)
だいず(ゆで)　20(0.5単位)
芝えび　15(0.2単位)
酒　1
にんじん　10
たけのこ　10
しめじ　10
ピーマン　10
植物油　3(0.3単位)
[調味料]
　カレー粉　2
　中華風調味料　1.5
　塩　1.5
　こしょう　少々

作り方
①芝えびは酒を振りかけておく。
②にんじん、たけのこ、しめじ、ピーマンは8mm大の角切りにして、にんじん、たけのこは軽くゆでる。
③1/2量の油を熱し、ご飯を炒め、1/2量の調味料で調味し、器に盛る。
④残りの油で②と①の具を、火の通りにくい順に炒め、ゆでだいずを加え残りの調味料で調味し、③の上にかける。

中華おこわ

中

エ 441kcal
た 12.6g
脂 11.2g
塩 1.3g

材料(1人分, g)
もちごめ　80(3.2単位)
乾むきえび　4(0.1単位)
乾しいたけ　0.8
たけのこ　8
鶏もも肉(皮付き)　20 (0.5単位)
甘ぐり　10(0.3単位)
グリンピース　4
ねぎ　8
植物油　6.5(0.7単位)
湯(タン)　80ml
[調味料]
　しょうゆ　7.2
　ごま油　0.9(0.9単位)

作り方
①もちごめはといで1～2時間水につけ、ざるにあげる。②乾むきえび、乾しいたけはそれぞれ水につけてもどす。もどし汁は湯(タン)に使う。③乾むきえびは粗みじん切り、しいたけ、たけのこ、鶏もも肉、甘ぐりは7mm角切り、ねぎは小口切りにする。グリンピースはゆでる。④中華鍋に油を熱し、③の材料(グリンピース以外)を炒め、湯としょうゆを入れ、もちごめを入れて汁がなくなるまで煮る。ごま油とグリンピースを入れ混ぜる。ホイルに入れて包み、両端を軽くねじって蒸し器に入れ、20～30分蒸す。

ピビンバ

中

エ 643kcal
た 17.1g
脂 25.2g
塩 2.6g

材料(1人分, g)
ご飯　200(4.0単位)、ほうれんそう　50、にんじん　20、だいずもやし　50、牛ひき肉　40(1.0単位)
[調味料A]
　ごま油　10(1.0単位)
　すりごま　3(0.2単位)
　塩　1、こしょう　少々
　おろしにんにく　1
[調味料B]
　しょうゆ　9、砂糖　1.5
　おろしにんにく　1
　コチュジャン　1.5
ごま油　6(0.6単位)
コチュジャン　適宜

作り方
①ほうれんそうは塩ゆでし、冷水に取り、水気を絞って4～5cmの長さに切る。にんじんは細切りにし、塩ゆでし、ざるに広げて冷ます。
②だいずもやしはひげ根を取り、鍋に入れ、かぶる位の水と塩ひとつまみを入れ、ふたをして強火にかける。沸とうしてきたら火を弱め、豆がやわらかくなったらざるに広げて冷ます。
③①②の水分をよくとり、ボールに入れ、Aで少し濃いめに味をつける。
④フライパンにごま油を入れ、牛ひき肉をパラパラに炒め、Bで調味する。
⑤器にご飯を盛り、③④をのせ、コチュジャンを添える。

サンドイッチ

エ	574kcal
た	19.2g
脂	32.7g
塩	2.6g

材料(1人分, g)

食パン(10枚切りで4枚) 100(3.3単位), バター 10(1.0単位), 練りからし 0.6
A：たまご 30(0.6単位), 塩 0.2, マヨネーズ 5(0.4単位)
B：キャベツ 30, きゅうり 10, マヨネーズ 5(0.4単位)
C：ツナ(缶詰：油漬け) 20(0.7単位), セロリー 10, マヨネーズ 5(0.4単位)
D：レタス 15, ハム 10(0.3単位)

作り方

①食パンにからし、バターを塗る。
②たまごは固ゆでにし、粗みじんに切り、塩とマヨネーズで和えてパンにはさむ。
③キャベツはせん切り、きゅうりは小口切りにし、塩を振り入れてしんなりしたら絞り、マヨネーズで和えて食パンにはさむ。
④ツナ缶とセロリーのみじん切りをマヨネーズで和え、食パンにはさむ。
⑤レタスはよく振り洗いをし、水気をきる。レタスとハムを食パンにはさむ。
⑥作ったサンドイッチは、ラップで包んで落ちつかせてから切って、盛り付ける。

ロールパンサンド

エ	605kcal
た	18.9g
脂	37.7g
塩	2.1g

材料(1人分, g)

ロールパン 90(3.0単位)
からしバター 12(1.1単位)
A：たまご 25(0.5単位), ツナ(缶詰：油漬け) 15(0.5単位), たまねぎ 10, マヨネーズ 4(0.4単位), サラダ菜 10
B：クリームチーズ 20(1.0単位), 赤ピーマン 5, レタス 5
C：ハム(ロース) 10(0.3単位), きゅうり 5, マヨネーズ 4(0.3単位)

作り方

①ロールパンの中央に縦に切込みを入れ、からしバターを塗る。
②たまごにツナとマヨネーズ、たまねぎのみじん切りを入れ、フライパンでさっと焼き、サラダ菜と共にパンにはさむ。
③赤ピーマンは種を取り、5mm幅に切り、クリームチーズとレタスと共にはさむ。
④きゅうりは塩で板ずりしてさっと洗い、薄切りにする。パンにマヨネーズを塗り、ハムときゅうりをはさむ。

ハンバーガー

エ	391kcal
た	16.6g
脂	19.0g
塩	2.2g

材料(1人分, g)

バンズパン 60(2.0単位)
[からしバター]
　バター 5(0.5単位), からし 少々
[ハンバーグ材料]
　牛ひき肉 50(1.3単位)
　たまねぎ 20
　植物油 1(0.1単位)
　パン粉 5(0.2単位)
　牛乳 10, 塩 0.8
　こしょう 少々
　ナツメグ 少々
植物油 3(0.3単位), トマトケチャップ 10(0.2単位)
レタス 15

作り方

①たまねぎはみじん切りにして、植物油で炒め冷ます。
②①にハンバーグの材料を加えハンバーグを作り、植物油で焼く。
③パンは横に切り込みを入れ、からしバターを両面に塗る。
④レタス、②、トマトケチャップをパンではさむ。

ピザトースト

エ	306kcal
た	13.3g
脂	13.0g
塩	2.1g

材料(1人分, g)

食パン 60(2.0単位)
たまねぎ 5
ベーコン 10(0.5単位)
ピーマン 5
トマト 10
トマトケチャップ 12(0.2単位)
とろけるチーズ 25(1.3単位)
パプリカ 少々
パセリ 少々

作り方

①たまねぎ、ベーコンはせん切り、ピーマン、トマトは輪切りにする。
②食パンにトマトケチャップを塗り①とチーズをのせ、温めておいたオーブンの中に入れ、強火で表面に焦げめがつく位に焼き上げる。
③器に②を盛りパプリカを振り、パセリを添える。

洋 ミルクピラフ

エネルギー：478kcal　たんぱく質：10.0g　脂質：16.1g　塩分：2.0g

臨床栄養へのヒント
- [エ] ベーコンとバターを1/2量に減らす。[-65kcal]
- [た] こめを20g減らす。[-1.2g]
- [脂] バターで炒めないで材料を加えて炊く。[-6.5g]
- [塩] 味付けの塩分量を1/2にする。[-0.2g]
- [軟菜食] ベーコンを鶏肉(皮なし)にする。

応用メニュー
1. **シーフードカレー**：ベーコンを魚介類や鶏肉にする。
2. **カレーピラフ**：野菜をしいたけ、グリーンアスパラガス、ピーマン、にんじんなどにし、カレー粉で味付ける。
3. **チキンピラフ**：ベーコンを鶏肉にかえ、ピラフの味付けとして、トマトケチャップ、サフランなどにする。

組み合わせ例：たらとレタスのスープ、ごぼうのサラダ

中 中華風ドライカレー

エネルギー：440kcal　たんぱく質：12.3g　脂質：5.9g　塩分：1.6g

臨床栄養へのヒント
- [エ] ご飯の量を20g、だいず10g、油1g少なくする。[-62kcal]
- [た] だいずを除く。[-3.2g]
- [脂] フッ素加工のフライパンを使い、油を1/2量にする。[-1.5g]
- [塩] 塩を0.5g減らす。[-0.5g]
- [軟菜食] えびをツナ(缶詰)にかえ、たけのこは除く。他の野菜は5mm角に切り、やわらかくゆでる。

応用メニュー
1. 具とご飯を別にせずに、最後に混ぜて炒める。
2. **中華風五目チャーハン**：ごま油を利用して材料を炒め、カレーを除き中華風五目チャーハンにする。
3. **炊き込みカレーピラフ**：こめから炒めてピラフ風の炊き込みにする。
4. **いわしのドライカレー**：いわし(みじん切り)、にんじん、たまねぎ、ピーマンを炒め、カレー粉、トマトケチャップで調味し、ご飯にかける。

組み合わせ例：中華風スープ(かき玉スープ)、海藻サラダ(ナムル)

中 中華おこわ

エネルギー：441kcal　たんぱく質：12.6g　脂質：11.2g　塩分：1.3g

臨床栄養へのヒント
- [エ] 鶏もも肉は皮なしを使い、油を除く。[-23kcal]
- [た] 鶏肉を除いて栗やカシューナッツを加える。[-3.5g]
- [脂] エと同じ。[-2.8g]
- [塩] しいたけとしょうがを加え、しょうゆを減らす。[-0.4g]
- [軟菜食] たけのこ、鶏の皮、油を除く。

応用メニュー
1. **山菜おこわ**：もちごめは吸水させておく。具はだし汁と調味料でさっと煮て、煮汁とわける。煮汁にもちごめを入れ、混ぜながら、煮汁がなくなるまで加熱する。具ともちごめを混ぜ25分蒸す。
2. **こわ飯**：もちごめをささげの煮汁につける。もちごめとささげを蒸し器に入れ、振り水(1.5%食塩水)をして蒸す。黒ごまを振る。
3. **おはぎ**：もちごめを湯炊きにして、軽くつき丸める。あずきあん、白あん、ひき茶あんなどをご飯につける。

組み合わせ例：たまごと青菜のスープ、きゅうりの梅肉和え

和 ピビンバ

エネルギー：643kcal　たんぱく質：17.1g　脂質：25.2g　塩分：2.6g

臨床栄養へのヒント
- [エ] ひき肉は牛もも脂身なしを使い、Aのごま油を5gにし、ご飯を150gに減らす。[-132kcal]
- [た] ひき肉を除き、ぜんまいの水煮を加える。[-7.2g]
- [脂] ひき肉は牛もも脂身なしを使い、Aのごま油を5gに減らす。[-5.4g]
- [塩] Aの塩とBのしょうゆを1/2量にする。[-1.2g]
- [軟菜食] 野菜はやわらかくゆでる。

応用メニュー
1. **かつおのユッケピビンバ**：かつおはしょうゆ、酒、しょうが汁に10分漬け、粗みじんにし、みじん切りにしたにんにく、しょうがと切りごま、ごま油で和えたものを牛ひき肉のかわりにご飯にのせる。
2. **チャーハン**：ご飯とたまご、ほうれんそう、だいずもやし、牛ひき肉を炒め、塩、こしょう、しょうゆ、コチュジャンで調味する。
3. **炊き込みご飯**：こめとにんじん、たけのこ、だいずもやし、薄切り牛肉を塩、しょうゆ、酒で調味し、だし汁で炊く。
4. **のり巻**：酢飯ににんじん、だいずもやし、ほうれんそう、薄切り牛肉をのせてのりで巻く。

組み合わせ例：きのこのスープ、きゅうりとくらげの和え物

洋 サンドイッチ

エネルギー：574kcal　たんぱく質：19.2g　脂質：32.7g　塩分：2.6g

臨床栄養へのヒント

エ バターを減らし，マヨネーズで和えたものにはバターをつけない。[-56kcal] またマヨネーズはハーフ(1/2)カロリータイプのものを使う。[-53kcal]
た たまごのかわりにじゃがいもとコーンのポテトサラダにする。[-2.8kcal]
脂 ハムはボンレスハムにする。ツナ(缶詰)もノンオイルにする。[-5.2kcal]
塩 バターを無塩にする。ハムをトマトにかえる。[-0.5kcal]
軟菜食 たまごサンドやキャベツとツナのサンドがよい。

組み合わせ例：ミネストローネ，花野菜のサラダ

応用メニュー

1｜**ハンバーガー**：バンズパンにバターを塗り，レタス，鶏肉の蒸したもの，トマトなど好みのものをはさむ。2｜**ピザトースト**：食パンにバターを塗り，ピザソース，たまねぎの薄切り，ピーマン，あさり，ハムなど好みの具を入れて溶けるチーズをかけてオーブンで焼く。3｜**パンプリン**：プリン液に適当な大きさに切った食パンをひたし，オーブンに入れて焼く。4｜**アイスの天ぷら**：適当に切った薄切りの食パンにアイスをおき，その上からもう1枚の食パンでふたをする。天ぷらの衣をつけて揚げる。

洋 ロールパンサンド

エネルギー：605kcal　たんぱく質：18.9g　脂質：37.7g　塩分：2.1g

臨床栄養へのヒント

エ ツナ(缶詰)は水煮を用いる。[-28kcal]
た たまごを除く。[-3.1g]
脂 エと同じ。[-2.9g]
塩 ハムをトマトにかえる。[-0.3g]
軟菜食 ハムときゅうりは，せん切りにする。

応用メニュー

1｜**フレンチトースト**：ロールパンを輪切りにして，牛乳とたまごを混ぜ合わせた中にひたし，バターを熱したフライパンで焼く。

2｜**きな粉パン**：砂糖ときな粉を混ぜ合わせておき，油で揚げたロールパンにまぶす。

組み合わせ例：オニオンコンソメスープ，ブロッコリーのソテー，フルーツヨーグルト

洋 ハンバーガー

エネルギー：391kcal　たんぱく質：16.6g　脂質：19.0g　塩分：2.2g

臨床栄養へのヒント

エ ひき肉を牛もも赤身肉のひき肉にする。パンに塗るバターを除く。ハンバーグを焼く油を使用しない。[-81kcal]
た ひき肉を30gにする。パン粉，牛乳を除く。[-4.8g]
脂 エと同じ。[-9.2g]
塩 ハンバーグの塩を除く。[-0.8g]
軟菜食 ひき肉を牛もも赤身肉のひき肉にする。レタスをゆでキャベツにする。

応用メニュー

1｜**サラダバンズパン**：ポテトサラダを使用してはさむ。
2｜**ツナバンズパン**：ツナサラダを使用してはさむ。
3｜**ハムチーズサンド**：ハム，チーズ，野菜を使用してはさむ。

組み合わせ例：野菜サラダ，果物，紅茶

洋 ピザトースト

エネルギー：306kcal　たんぱく質：13.3g　脂質：13.0g　塩分：2.1g

臨床栄養へのヒント

エ ベーコンをロースハムにかえる。[-21kcal]
た チーズを1/2量にする。[-2.8g]
脂 ベーコンをプレスハムにする。[-3.5g]
塩 ベーコンを除き，チーズを1/2量にする。[-0.5g]
軟菜食 パンの耳を切り，トマトやアスパラなどをはさみ，サンドイッチにする。

応用メニュー

1｜**サンドイッチ**：パンにバターを塗り，たまごやハム，チーズ，野菜など好みの具をはさみ，耳を切り落として適当な形に切る。

2｜**フレンチトースト**：食パンを半分に切り，たまご，牛乳，砂糖のエッセンスの液にひたし，フライパンにバターを溶かして色よく焼く。

3｜**オープンサンド**：食パンに各々バターを塗りローストビーフ，ゆでたまご，チーズに野菜を添え，サラダなどをのせる。

組み合わせ例：たまごとトマトのスープ，グリーンサラダのドレッシングがけ

主食の部 | めん類・粉類

☐g = 1 単位量

- うどん（ゆで） 200g — 80g
- 中華めん（生） 100g — 30g
- そうめん（乾） — 20g
- そば（乾） — 20g
- スパゲッティ（乾） — 20g
- マカロニ（乾） — 20g
- 小麦粉 — 20g
- パン粉 — 20g

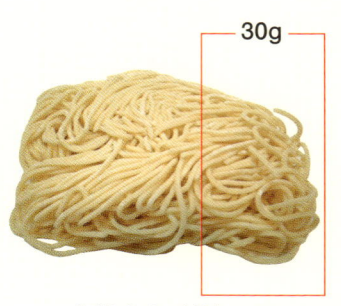

和 五目きしめん

エ 268kcal
た 13.7g
脂 2.6g
塩 4.3g

材料（1人分, g）
- きしめん（ゆで） 160 （2.0単位）
- 豚もも肉 30 （0.5単位）
- はくさい 40
- たまねぎ 30
- にんじん 10
- ほうれんそう 20
- だし汁 180ml
- [調味料]
  - しょうゆ 18
  - みりん 6 （0.2単位）
  - 塩 1

作り方
① きしめんは湯通ししておく。
② 豚もも肉は2cm幅に切り、はくさい、たまねぎ、にんじんは適当な大きさに切る。
③ ほうれんそうはゆでて、食べやすい長さに切る。
④ だし汁で豚もも肉、②の野菜を煮てから調味する。
⑤ 器にきしめんを盛り、かけ汁をかけ、ほうれんそうを添える。

和 鍋焼きうどん

エ 342kcal
た 18.2g
脂 3.6g
塩 4.9g

材料（1人分, g）
- うどん（乾） 60 （3.0単位）
- えび 30 （0.4単位）
- かまぼこ 10 （0.1単位）
- たまご 25 （0.5単位）
- ほうれんそう 20
- にんじん 15
- 長ねぎ 20
- [スープ]
  - だし汁 120
  - しょうゆ 12
  - みりん 12 （0.4単位）

作り方
① うどんはたっぷりの湯でゆでる。
② えびは背わたを除き沸とう湯で色がかわるまでゆで、尾を残して殻をむく。
③ かまぼこは5mmの厚さに切る。
④ たまごはかたゆでにし、殻をむいて花形に切る。
⑤ ほうれんそうはゆで、2cmの長さに切って水気を絞る。にんじんは薄い短冊切りにし、ひたひたの水を加えてゆでる。
⑥ 長ねぎは斜めに薄く切る。
⑦ 鍋にだし、しょうゆ、みりんを入れて煮立て、うどん、かまぼこ、にんじん、ねぎを加えて5～6分煮、残りの具をのせ、ひと煮する。

和 ざるそば

エ 341kcal
た 14.7g
脂 3.9g
塩 3.2g

材料(1人分, g)

そば(乾)　80(4.0単位)
[つけ汁]
　だし汁　50ml
　しょうゆ　9
　みりん　9
　砂糖　1.5
のり　0.5
たまご　20(0.4単位)
[薬味]
　小ねぎ　3
　ねりわさび　適宜

作り方

①鍋にだし汁を入れて煮立て、しょうゆ、みりん、砂糖を入れ再度煮立て、つけ汁を作る。②たっぷりの熱湯にそばをほぐしながら入れる。沸とうしたら差し水をし、再び煮立ったらさらに差し水をして芯がなくなるまでゆでる。水に取り、流水でよくもみ洗いをして、冷水で冷まし水気をきる。③のりは弱火であぶり、キッチンペーパーに包んでもむ。④たまごは薄焼きにし1cm角の色紙に切る。⑤小ねぎは小口切りにする。⑥ざるにそばを盛り、上にもみのりとたまごを散らし、薬味とつけ汁を添える。

和 冷やしそうめん

エ 362kcal
た 12.2g
脂 4.1g
塩 5.4g

材料(1人分, g)

そうめん(乾)　80(4.0単位)
[つけ汁]
　だし汁　70ml
　しょうゆ　15(0.1単位)
　みりん　8(0.2単位)
たまご　20(0.4単位)
きゅうり　10
トマト　20
[薬味]
　ねぎ　5
　しょうが　3
　白炒りごま　2(0.2単位)

作り方

①つけ汁の材料を合わせ火にかけ、ひと煮立ちさせ、冷ましてつけ汁を作っておく。
②たまごは薄焼きにし、短冊に切る。きゅうりは蛇の目(蛇腹切り)、トマトはくし形に切る。
③薬味のねぎは、小口切りにしてさらし、しょうがはすりおろす。ごまは、切りごまにする。
④そうめんは、沸とうしたたっぷりの湯の中でふきこぼれないよう火加減し、1～2分ゆでる。冷水に取り、もみあらいしざるにあげ、水気をきる。
⑤器に④を盛り、たまご、きゅうり、トマトを飾り、薬味とつけ汁を添える。

和 焼きうどん

エ 276kcal
た 9.2g
脂 14.2g
塩 1.6g

材料(1人分, g)

うどん(ゆで)　80(1.0単位)
キャベツ　30
にんじん　10
豚ロース肉　30(0.8単位)
もやし　20
長ねぎ　20
生しいたけ　10
植物油　8(0.8単位)
みりん　3
ウスターソース　10
　(0.2単位)
塩　0.5
こしょう　少々
かつおの粉　少々

作り方

①キャベツは大きめの色紙切りにする。
②にんじん、生しいたけはせん切り、長ねぎは斜め切り、もやしは長さを半分に切る。
③フライパンに油を熱し、野菜、肉の順に炒め、塩、こしょうで下味を付ける。
④ゆでうどんを入れ、みりんを振り入れ、ウスターソースで味を調える。
⑤上からかつおの粉をかける。

和 和風きのこスパゲッティ

エ 395kcal
た 14.9g
脂 8.1g
塩 2.6g

材料(1人分, g)

スパゲッティ　80(4.0単位)
塩　少々
あさり(むきみ)　30(0.1単位)
本しめじ　20
えのきだけ　20
生しいたけ　20
せり　10
しょうが　1
にんにく　1
[調味料]
　しょうゆ　10
　酒　3
　固型コンソメの素　1
オリーブ油　6(0.6単位)
細切りのり　少々

作り方

①あさりのむきみはさっと洗う。
②しょうが、にんにくはみじん切りに、本しめじは小房にわけ、えのきだけは3cmの長さに切り、房の部分はさく。生しいたけは厚めのせん切りに、せりは3cmの長さに切る。
③鍋にたっぷりの湯を入れ、沸とうしたら塩を入れ、スパゲッティをゆでる。
④フライパンにオリーブ油を入れ、にんにく、しょうがをさっと炒め、あさり、きのこを加えて、さらに炒め、調味料を加える。
⑤ゆで上がったスパゲッティ、せりを加え、さっと炒めて皿に盛り、のりをかける。

基本料理の展開 | めん類・粉類

食品・栄養

小麦粉の主成分は炭水化物であるが、たんぱく質の含有量も多く、11〜13％含むものを強力粉（パン、マカロニに使用）、10％のものを中力粉（めん類に使用）、8％のものを薄力粉（菓子、天ぷらの衣に使用）という。小麦粉の主なたんぱく質は、グリアジンとグルテニンで、水を加えてこねると、粘弾性のある網目構造のグルテンが形成される。グルテンの粘弾性や伸展性を利用したものは、めん類、ぎょうざの皮などで、スポンジ状組織を作る性質を利用したものがパン類である。

中華めんの黄色は、かん水のアルカリ性により、小麦粉のフラボン色素が発色したものである。

そばのたんぱく質は粘弾性に乏しいので、小麦粉などをつなぎとして混ぜた割りそばが多い。純白の一番粉をさらしなという。

小麦粉のたんぱく質は、アミノ酸価が36と低く、リジンが少ない。学校給食用にはリジンを添加して、栄養価を向上させたパンが作られている。そばには糖質が60％、たんぱく質は11％含まれ、リジンが多い。また、ルチンやビタミンB_1、B_2、リンが多い。

調理

1 ｜ そうめんやうどんなどの乾めんは、重量の6〜7倍の水を沸とうさせた中に入れ、箸でかき混ぜ、再び沸とうしたら弱火にしてゆでる。途中で1〜2回さし水をする。ゆでたら水で洗い水気をきる。

2 ｜ スパゲッティやマカロニは、重量の7〜10倍の水に食塩（水の0.5％）を加えて、時々かき混ぜながらゆで、ざるにあげて水気をきる。

3 ｜ ゆで上がり重量は、生めんは約2倍、乾めんは3〜3.5倍、スパゲッティなどは2.5〜2.8倍である。

大量調理のポイント：ゆで水に対する投入割合は10〜15％であるが、熱容量の大きい釜は、投入割合を多くすることができる。ゆでたスパゲッティは次の操作まで時間がかかるので、バターや油をまぶしておく。

和 五目きしめん

エネルギー：268kcal　たんぱく質：13.7g　脂質：2.6g　塩分：4.3g

臨床栄養へのヒント

- エ きしめんを120gにする。[-42kcal] 豚もも肉は脂身なしを使用する。[-19kcal]
- た きしめんを120gにする。[-1.1g]
- 脂 豚もも肉を脂身なしにする。[-2.2g]
- 塩 汁を飲まない。[-1.9g]
- 軟菜食 豚肉は鶏ささみを使い、野菜をやわらかめに煮る。

応用メニュー

1 ｜ **五目うどん（そば）**：きしめんをうどんやそばにかえる。
2 ｜ **和風五目中華そば**：きしめんを中華めんにかえて、和風の味にする。
3 ｜ **きのこ入り五目きしめん**：しめじたけ、まいたけ、えのきだけなどを加えて、ボリュームを出す。
4 ｜ **油揚げ入り五目きしめん**：肉類を使用できない場合は、豚肉を油揚げにかえる。

組み合わせ例：いわしのさつま揚げ、かぼちゃの煮物

和 鍋焼きうどん

エネルギー：342kcal　たんぱく質：18.2g　脂質：3.6g　塩分：4.9g

臨床栄養へのヒント

- エ うどんを50gに減らす。[-35kcal] たまごを除く。[-38kcal]
- た たまごを除く。[-3.1g]
- 脂 た と同じ。[-2.6g]
- 塩 汁を飲まない。[-0.9g]
- 軟菜食 えびをほたて貝柱（缶詰）やかに（缶詰）にし、細かくほぐす。野菜はやわらかめにゆでる。

応用メニュー

1 ｜ **皿うどん**：しょうが、豚肉、にんじん、たまねぎ、ゆでたけのこ、キャベツ、しいたけを炒め、だし汁、しょうゆ、みりんで調味し、かたくり粉でとろみをつけ、さやいんげん、うどんを加えて皿に盛る。
2 ｜ **みそ煮込みうどん**：鍋にだし汁、鶏肉、だいこん、にんじん、生揚げ、さといもを加えて煮る。みそ、みりんで味をつけうどん、ねぎ、青菜を加えてひと煮し、器に盛る。

組み合わせ例：菜果なます、野菜の煮物

和 ざるそば

エネルギー：341kcal　たんぱく質：14.7g　脂質：3.9g　塩分：3.2g

臨床栄養へのヒント
- [エ] そばを2/3量にする。[-93kcal]
- [た] たんぱく質の制限がある場合、たまごを除く。[-2.5g]
- [脂] [エ]と同じ。[-0.6g]
- [塩] しょうゆを1/2量にする。[-0.6g]
- [軟菜食] のりを除く。そばはやわらかめにゆでる。

応用メニュー
1. **やまかけそば**：つけ汁にやまいもをすりおろして入れる。
2. **おかめそば**：かまぼこ、厚焼きたまご、甘辛く煮たしいたけ、ゆでたほうれんそうなどを上にのせてつゆをはる。
3. **そばいなり**：いなりずしのすし飯のかわりに、ゆでたそばを細かく切り、酢と砂糖、塩で味を付けて、すし揚げに詰める。

組み合わせ例：えびと野菜の天ぷら、きゅうりとわかめの酢の物、果物

和 冷やしそうめん

エネルギー：362kcal　たんぱく質：12.2g　脂質：4.1g　塩分：5.4g

臨床栄養へのヒント
- [エ] そうめんの量を60gにする。[-77kcal]
- [た] たまごを除く。[-2.5g]
- [脂] [た]と同じ。[-2.1g]
- [塩] つけ汁のだし汁を50ml、しょうゆ、みりんを1/2量に減らす。[-1.1g]
- [軟菜食] きゅうり、トマトは皮をむく。しょうがの量を減らす。

応用メニュー
1. そうめんの具に、鶏ささみ、えび、たまご豆腐などを用いる。
2. **梅干し入りつゆ**：鍋に梅干しを入れ、だし汁、調味料を加え、ひと煮立ちさせこす。つゆに酸味をきかせ変化をつける。
3. **そうめんの肉みそかけ**：みじん切りのしょうが、たまねぎ、豚ひき肉を植物油で炒め、スープ、しょうゆ、砂糖、酒、みそで調味した肉みそをそうめんにのせる。せん切りのきゅうり、にんじん、たまごを飾る。
4. **にゅうめん**：煮立てた調味料でそうめんを温め、器に盛る。たまご、わかめ、ほうれんそうを飾る。

組み合わせ例：えびとみつばのかき揚げ、かぼちゃの甘煮、きゅうりの甘酢漬け

和 焼きうどん

エネルギー：276kcal　たんぱく質：9.2g　脂質：14.2g　塩分：1.6g

臨床栄養へのヒント
- [エ] 豚肉を赤身にし、テフロン加工のフライパンを使い、油を1/2量にする。[-78kcal]
- [た] 豚肉をかまぼこにし、うどんを1/2量にし、くずきりを加える。[-2.0g]
- [脂] [エ]と同じ。[-8.7g]
- [塩] ウスターソースを1/2量にし、カレー粉を合わせる。[-0.4g]
- [軟菜食] 長ねぎ、もやしは除き、野菜類は細切りしゆでる。豚肉は豚ひれ肉か、鶏ささみにする。

応用メニュー
1. **あんかけうどん**：細いうどんを揚げ、豚肉、野菜などを炒め調味し、水溶きかたくり粉でとじたあんをかける。
2. **うどんきんちゃく**：油揚げの中にうどんを入れ、かんぴょうでとじ、しいたけ、にんじん、たけのこを一緒に調味しただし汁で煮る。
3. **山かけうどん**：うどんにやまいもすりおろしたもの、だしつゆを入れ、きざみねぎ、のり、わさびを添える。
4. **うどんグラタン**：うどんはかためにゆがき、たまねぎ、マッシュルーム、えび入りのホワイトソースの中に入れ、パルメザンチーズ、パン粉を振り、オーブンで焼く。

組み合わせ例：きのこのおろし和え、たまごの福袋煮

和 和風きのこスパゲッティ

エネルギー：395kcal　たんぱく質：14.9g　脂質：8.1g　塩分：2.6g

臨床栄養へのヒント
- [エ] オリーブ油の量を1/3、スパゲッティの量を3/4に減らし、きのこ類の量を増やす。[-113cal]
- [た] あさりを使わない。[-1.8g]
- [脂] オリーブ油を使用しない。[-6.0g]
- [塩] しょうゆを1/3量にする。[-1.0g]
- [軟菜食] めんをやわらかめにゆで、きのこを減らし、たまねぎ、にんじんなどやわらかい野菜を加える。

応用メニュー
1. **和風おろしスパゲッティ**：あさり、きのこ類を減らし、だいこんおろし40gをかける。
2. **冷製スパゲッティ**：スパゲッティは細めのものにして、ゆでた後、氷水で冷やしておき、焼きなすや冷やしたきのこソースで和える。
3. **きのこクリームスパゲッティ**：きのこをソテーした後に、クリームソースを加える。
4. **ベーコンスパゲッティ**：せりをたまねぎにかえ、あさりをベーコンに変更する。

組み合わせ例：ツナサラダ、コンソメスープ、フルーツポンチ

ミートスパゲッティ 洋

- エ 524kcal
- た 22.2g
- 脂 13.3g
- 塩 1.7g

材料(1人分, g)

- スパゲッティ 80(4.0単位)
- [ミートソース]
  - 牛ひき肉 40(1.0単位)
  - にんにく 10
  - たまねぎ 40
  - セロリー 10
  - マッシュルーム 10
  - 植物油 5(0.5単位)
  - 小麦粉 4(0.2単位)
  - 赤ワイン 10(0.2単位)
  - ブイヨン 100ml
  - トマトピューレ 40(0.2単位), 塩 1
  - こしょう 0.2
- 粉チーズ 1

作り方

①にんにく、たまねぎ、セロリー、マッシュルームはみじん切りにする。
②鍋に植物油を熱し、①をよく炒め、ひき肉を加えてさらに炒めて小麦粉を振り、混ぜる。
③赤ワイン、ブイヨン、トマトピューレを加えて、弱火で20～30分煮込み、塩、こしょうで調味する。
④スパゲッティは塩を加えた熱湯に入れ、ゆで上がったら器に盛り、③をかけ、粉チーズを振る。

マカロニグラタン 洋

- エ 432kcal
- た 18.4g
- 脂 19.4g
- 塩 1.7g

材料(1人分, g)

- マカロニ 40(2.0単位)
- オリーブ油 1(0.1単位)
- むきえび 40(0.4単位)
- 白ワイン 7.5(0.1単位)
- たまねぎ 30
- マッシュルーム 20
- レモン汁 少々
- バター 6.5(0.6単位)
- 塩 1,こしょう 少々
- [ベシャメルソース]バター 8(0.6単位),小麦粉 8(0.4単位),牛乳 100ml(0.8単位),塩 少々,こしょう 少々,パルメザンチーズ 1.5,バター 1(0.1単位)

作り方

①マカロニを塩少々を加えた湯でゆで、ざるにあげて、オリーブ油をまぶす。②むきえびは背わたを取り、白ワインをかける。③たまねぎ、マッシュルームは薄切りにしてレモン汁をかける。④鍋にバターを溶かし、たまねぎを炒め、マッシュルームとむきえびを加えて炒め、マカロニを入れて、塩とこしょうで味を付ける。⑤ソースを作る。熱した鍋にバターを溶かし、小麦粉を入れて炒め、牛乳を加えてのばし、塩とこしょうで調味して煮る。⑥④とソースを混ぜる。⑦グラタン皿にバターを塗り、⑥を入れ、パルメザンチーズを振り、バターをのせ、200℃の天火で焼く。

ラビオリ 洋

- エ 316kcal
- た 12.5g
- 脂 10.6g
- 塩 3.3g

材料(1人分, g)

- [皮]小麦粉(中力粉) 40(2.0単位), 牛乳 20(0.2単位), 塩 0.4, たまご 10(0.2単位)
- [中身]ほうれんそう(葉) 20, 合びき肉 15(0.4単位), たまねぎ 12, 塩 0.4, こしょう 少々, 溶きたまご 10(0.2単位)
- [ソース]トマト(缶詰) 50, ブイヨン 60, トマトケチャップ 20(0.3単位), 塩 1
- 植物油 4(0.4単位)
- パルメザンチーズ 2(0.1単位)
- タバスコ 少々

作り方

①皮の材料をよくこねて30分ねかせて薄くのばし2枚に切る。②ほうれんそうは青ゆでし、細かく切って水気を絞る。③鍋に油を熱したまねぎのみじん切りとひき肉を炒め、塩、こしょうをする。④皮を広げ②③の材料の間隔を空け格子状に並べ、隙間にたまごを塗って、上から残りの皮をかぶせて中身のないところを押さえて切り離す。熱湯に塩を加えゆでる。⑤トマトをつぶして調味料を加え、煮詰めてソースを作る。⑥グラタン皿に④のラビオリを入れて⑤のソースとチーズをかけてオーブンで2～3分焼きタバスコを振る。

五目中華めん（什錦湯麺 シーチンタンミェン） 中

- エ 499kcal
- た 26.5g
- 脂 7.0g
- 塩 3.7g

材料(1人分, g)

- 中華めん(生) 120(4.0単位)
- 芝えび 30(0.3単位)
- いか 30(0.3単位)
- 酒 5
- かたくり粉 2
- たけのこ 25
- はくさい 50
- にんじん 10
- 乾しいたけ 5
- 植物油 5(0.5単位)
- 湯(タン) 400ml(0.2単位)
- [調味料]
  - 酒 15, 塩 1
  - しょうゆ 5ml

作り方

①鍋にたっぷりの湯を沸とうさせ、めんをやわらかくなりすぎないようにゆで、器に入れる。
②えびは背わたを除いて殻をむき、いかは皮をむいて開き、斜め格子の切り目を入れてひと口大に切る。酒をかけてかたくり粉をまぶし、熱湯でさっとゆでる。
③しいたけは水でもどし2～3のそぎ切り、たけのことにんじんは薄切りに、はくさいの軸はそぎ切り、葉はざく切りにする。
④鍋に油を熱し、野菜を炒め、しんなりしたら②を加える。
⑤スープと調味料を加え、煮立ったらめんを入れた器に、汁ごとかける。

冷やし中華（涼拌麺 リャンバンミェン） 中

エ 470kcal
た 17.3g
脂 7.1g
塩 4.4g

材料(1人分、g)

中華めん（生） 120（4.0単位）
ごま油 1.3（0.1単位）
しょうゆ 3
たまご 15（0.3単位）
塩 0.2、砂糖 0.1
きゅうり 25
ハム 13（0.3単位）
味付しいたけ 10
もやし 25、くらげ 10
［かけ汁］
　湯（タン） 20、砂糖 8
　（0.4単位）、しょうゆ 15
　酢 18、ごま油 1（0.1単位）
練りがらし 少々

作り方

①かけ汁を作る。小鍋に湯（水100：鶏がらスープの素1/3）、砂糖、しょうゆを加え弱火にかけ、溶かし、火からおろした後、酢とごま油を加えて冷ます。②めんは沸とうしたたっぷりの熱湯でゆで、さし水を2〜4回し、ざるにあげ、流水でもみ洗いしてごま油、しょうゆを振り、冷ましておく。③きゅうりは板ずりし、せん切り、ハムは細切りにし、味付しいたけは薄くそぎ切りにする。もやしは、熱湯でさっとゆでる。くらげは、ぬるま湯でもどし、4〜5cmに切る。たまごに塩、砂糖を入れ薄焼きにし、細切りにする。④めんを皿に盛り、上に具を彩りよく飾り、かけ汁をかける。

えびあんかけ焼きそば（什錦炒麺 シーチンチャオミェン） 中

エ 480kcal
た 21.5g
脂 12.6g
塩 3.3g

材料(1人分、g)

中華めん（蒸し） 150（3.8単位）
植物油 3（0.3単位）
［下味］塩 0.5、しょうゆ 1.5、酒 5
芝えび 60（0.6単位）
［下味］酒 1、かたくり粉 2、植物油 2（0.2単位）
［五目あん］はくさい 60、ゆでたけのこ 15、しいたけ 8、ピーマン 10、しょうが 2、にんにく 1、植物油 4（0.4単位）、スープ 80、塩 1.5、酒 3、ごま油 0.5、かたくり粉 1.5、水 5

作り方

①えびは背わたを取り下味を付け、はくさいは3〜4cmのそぎ切りにし、ゆでたけのこ、しいたけは薄切り、ピーマンは半分に切って種を取り、せん切りにする。②しょうが、にんにくはみじん切りにする。③中華めんはほぐしておく。④熱した中華鍋に、植物油を入れて、めんを炒め、塩、しょうゆ、酒を加え、皿に盛る。⑤中華鍋にさらに油を足して、えびを炒めて取り出し、次にしいたけ、はくさいの芯の順に炒め、火が通ったら残りの①とえびを加える。⑥⑤に調味料を加え、最後に水溶きかたくり粉でとろみをつける。

焼きビーフン（什錦炒粉 シーチンチャオフェン） 中

エ 397kcal
た 16.6g
脂 9.4g
塩 3.0g

材料(1人分、g)

ビーフン 60（3.0単位）
豚もも肉 30（0.5単位）
［下味］酒 2、しょうゆ 2、しょうが汁 2、かたくり粉 0.8
むきえび 20（0.2単位）
乾しいたけ 1
ピーマン 10
ゆでたけのこ 10
キャベツ 40、もやし 20
にんじん 10、ねぎ 10
にんにく 2.5、しょうが 5
酒 10、塩 1.5
こしょう 少々、しょうゆ 7
植物油 5（0.5単位）

作り方

①乾しいたけは水につけてもどし、軸を切り薄切りにする。豚肉は薄切りにし下味の酒、しょうゆ、かたくり粉、しょうが汁をもみこむ。②えびは解凍し背わたを取る。③野菜はせん切りにする。ビーフンは、1/2に切り、炒める直前に4分ゆでる。④鍋に油をひき、にんにく、しょうがを炒め、香りがついたら、えびと豚肉を炒めて取り出す。しいたけ、キャベツ、ピーマン、もやし、ねぎ、たけのこ、にんじんを炒めしんなりしてきたら、豚肉、えびをもどし入れ、酒、塩、こしょうを加える。⑤ビーフンを加えほぐしながら炒め合わせ、しょうゆを加え盛り付ける。

お好み焼き 和

エ 697kcal
た 33.7g
脂 25.4g
塩 1.4g

材料(1人分、g)

［生地］小麦粉（中力粉） 75（3.8単位）、だし汁 60、たまご 25（0.5単位）
［具材］きざみキャベツ 120、山いも（とろろ） 50（0.8単位）、豚バラ肉 50（1.6単位）、いか 50（0.6単位）、芝えび 20（0.2単位）、揚げ玉 少々、紅しょうが 少々
青のり 少々
かつお節 少々
お好み焼きソース 15（0.2単位）
植物油 3（0.3単位）

作り方

①ボウルに小麦粉、だし汁、たまごを混ぜ生地を作る。
②①の生地に豚肉以外の具を混ぜて合わせる。
③あらかじめ熱しておいた鉄板に薄く植物油をひき、②を丸く流し込み、その上に豚肉をのせ5〜6分程度焼く。裏面がきつね色になったら裏返し、6分程度焼き、再び表に返す。
④表にソースを塗り、かつお節、青のりをかける。

洋 ミートスパゲッティ

エネルギー：524kcal　たんぱく質：22.2g　脂質：13.3g　塩分：1.7g

臨床栄養へのヒント
- [エ] スパゲッティの量を60gにする。[-76kcal]
- [た] ひき肉の1/2量をしいたけにかえる。[-3.8g]
- [脂] 炒める油を1/2量にする。[-2.5g]
- [塩] 塩を1/2量にし、こしょうをきかす。[-0.5g]
- [軟菜食] スパゲッティはやわらかくゆでる。ミートソースはマッシュルームは除き、やわらかく煮込む。

応用メニュー
1. ドライカレー風スパゲッティ：トマトピューレをカレー粉にかえて、しっかり炒め、味に変化をつける。
2. ラザニア：ゆでたラザニアとミートソース、ホワイトソースを耐熱皿に重ねていき、オーブンで焼く。
3. マカロニのミートソース和え：ゆでたマカロニをミートソースで和え、サラダ菜を敷いた器に盛る。
4. ミートソースオムレツ：溶きたまごの中にミートソースを混ぜ合わせ、フライパンで焼く。

組み合わせ例：コンソメジュリエンヌ、グリーンサラダ

洋 マカロニグラタン

エネルギー：432kcal　たんぱく質：18.4g　脂質：19.4g　塩分：1.7g

臨床栄養へのヒント
- [エ] オリーブ油、白ワインを使用しない。[-14kcal] 牛乳を洋風だしにかえる。[-61kcal]
- [た] 牛乳を洋風だしにかえる。[-2.0g]
- [脂] [た]と同じ。[-3.8g]
- [塩] 基本のままでよい。
- [軟菜食] 1/2量にしたマカロニを小さく切り、つぶした豆腐を加える。

応用メニュー
1. ベシャメルソースをブルーテソースにかえる。
2. 豆腐のグラタン：マカロニを豆腐にかえる。
3. 魚のグラタン：マカロニを白身魚、えびなどの魚介類にする。
4. たまごのグラタン：マカロニをゆでたまごの輪切りにかえて、えびなどの魚介類にする。

組み合わせ例：アスパラガスのサラダ、コーンスープ

洋 ラビオリ

エネルギー：316kcal　たんぱく質：12.5g　脂質：10.6g　塩分：3.3g

臨床栄養へのヒント
- [エ] ひき肉を5gにし、炒め油を1/2量にする。[-40kcal]
- [た] 皮のたまご、チーズを除く。[-4.2g]
- [脂] 牛乳を脱脂粉乳6gにかえる。合びき肉を5gにし、油を1/2量にする。[-2.1g]
- [塩] トマトケチャップをピューレにかえ、ソースの塩を1/2量にする。[-1.1g]
- [軟菜食] ソースでラビオリを煮込む。タバスコは用いない。

応用メニュー
1. 野菜ラビオリ：ラビオリの中味はきのこ類を含めた野菜だけで仕上げる。
2. 冷製ラビオリ：えびや豚ひき肉を使った場合は冷やして冷パスタとして仕上げる。
3. ラビオリのスープ：焼く方法の他、多めのブイヨンで煮込んだトマト味のスープ仕立てにする。

組み合わせ例：キャベツと油揚げのみそ汁、いわしのさつま揚、たたききゅうり

中 五目中華めん（什錦湯麺 シーチンタンミェン）

エネルギー：499kcal　たんぱく質：26.5g　脂質：7.0g　塩分：3.7g

臨床栄養へのヒント
- [エ] めんの量を90g（3/4玉）にする。[-85kcal]
- [た] えび、いかを除く。[-10.1g]
- [脂] 野菜を炒めずに、ゆでて使う。[-5g]
- [塩] スープを飲まないで残す。[-1g]
- [軟菜食] めんは短く切って、やわらかくゆでる。えび、いかはすり身にしてゆでる。乾しいたけのかわりにまいたけを使う。

応用メニュー
1. 具は、この他豚肉、鶏肉、ねぎ、うずらたまご、きぬさや、チンゲンサイなどを応用できる。
2. チャンポン：太めの中華めんをゆでる。具はかまぼこ、もやし、はくさい、たまねぎ、にんじん、しいたけ、豚肉などを炒め、鶏がらとこんぶのスープを加え、塩、こしょう、しょうゆで調味する。
3. 炒醤麺：豚ひき肉、しょうが、ねぎのみじん切りを炒めてみそと砂糖で調味し、ゆでた中華めんの上にきゅうりのせん切り、ゆでたもやしと共に盛る。

組み合わせ例：中華風冷やっこ、辣胡瓜

中 冷やし中華（涼拌麺 リャンバンミェン）

エネルギー：470kcal　たんぱく質：17.3g　脂質：7.1g　塩分：4.4g

臨床栄養へのヒント

[エ] 中華めんを80gにする。[-112kcal]
[た] たまごを除く。[-1.8g] またはハムを除く。[-2.1g] 生中華めんをそうめん（ゆで）180gにかえる。[-4.0g]
[脂] 生中華めんのごま油を除く。[-1.3g] ハムをかにかまぼこ20gにかえる。[-1.6g]
[塩] 生中華めんのしょうゆを除く。[-0.4g] たまごの塩を除く。[-0.2g]
[軟菜食] しいたけとくらげを除く。

応用メニュー

1 | 揚げ中華そばのあんかけ（かた焼きそば）：めんを揚げ、その上に豚肉を入れた野菜あんをかける。
2 | ちゃんぽん麺：中華めんをゆで、中華風に調味したスープをゆでた中華めんにはり、上から八宝菜をかける。

組み合わせ例：セロリーの酢の物，ピーマンと牛肉の炒め（青椒牛肉絲）

中 えびあんかけ焼きそば（什錦炒麺 シーチンチャオミェン）

エネルギー：480kcal　たんぱく質：21.5g　脂質：12.6g　塩分：3.3g

臨床栄養へのヒント

[エ] 中華めんを100gにする。[-99kcal]
[た] えびを1/2量にする。[-5.6g]
[脂] 中華めんを炒めずに蒸す。[-3.0g]
[塩] 中華めんの下味を除く。[-0.7g] あんを3/4量に減らす。[-0.4g]
[軟菜食] めんはやわらかくゆでる。えびはやわらかい豚肉にかえ、たけのこ、しいたけ、ピーマンは除き、やわらかく煮る。

応用メニュー

1 | 長崎ちゃんぽん風あんかけ焼きそば：蒸しめんに、豚肉、キャベツ、にんじん、きくらげなどの具を炒めたあんをかける。
2 | 棒々鶏麺：ゆでて冷たく冷やしためんに、きゅうり、蒸し鶏のせん切りをのせて、棒々鶏ソースをかける。

組み合わせ例：トマトのスープ，果物

中 焼きビーフン（什錦炒粉 シーチンチャオフェン）

エネルギー：397kcal　たんぱく質：16.6g　脂質：9.4g　塩分：3.0g

臨床栄養へのヒント

[エ] ビーフンを40gにして、もやしを80gとする。[-54kcal]
[た] 豚もも肉のかわりにあさりのむき身を使う。[-4.4g]
[脂] [た]と同じ。[-3.0g]
[塩] 塩のかわりに、オイスターソース5gを使う。[-1.0g]
[軟菜食] ゆでたけのこは省き、肉はひき肉にし、具にかたくり粉でとろみをつける。

応用メニュー

1 | 海鮮ビーフン：えび、いか、ほたて、カレー粉などを使う。
2 | 袋煮：油揚げの中に、かんぴょう、ビーフン、豚ひき肉、ほうれんそうを入れ、しょうゆ、砂糖、だし汁で煮る。
3 | 焼きビーフンパン：バターロールに焼きビーフンをはさむ。
4 | 和風冷やしビーフン：ゆでたビーフンに、オクラ、もやし、まぐろのたたきをのせ、めんつゆで食べる。

組み合わせ例：さつまいもとりんごのサラダ，にら玉汁，オレンジゼリー

和 お好み焼き

エネルギー：697kcal　たんぱく質：33.7g　脂質：25.4g　塩分：1.4g

臨床栄養へのヒント

[エ] 豚バラ肉をもも脂身なしにかえる。[-119kcal] 揚げ玉を除く。[-35kcal]
[た] 豚といかを1/2量にする。[-7.3g]
[脂] [エ]と同じ。[-14.3g]
[塩] お好み焼ソースを15mlにする。[-0.9g]
[軟菜食] キャベツは粗みじん切りにし、豚肉はひき肉にする。えび、いかは除く。

応用メニュー

1 | 豚バラ肉、いか、芝えびを牛肉、かき、ベーコン、キムチ、納豆など適当な材料にかえる。
2 | ピザ風お好み焼き：チーズやトマトケチャップで味付けをかえてピザ風に焼く。
3 | モダン焼き：中華めんをソースで味付けし、お好み焼きの間にはさむ。

組み合わせ例：わかめスープ，フルーツサラダ

汁物の部 | 汁物

☐g ＝ 1人分の目安量

ブイヨンの材料
牛すね肉 200，鶏骨 1羽分
にんじん 25，たまねぎ 40
香草（ブーケザルニ：セロリー，
パセリの茎，ローリエ）　水 1500ml
※ 出来上がり量　700〜800ml

湯（タン）の材料
鶏骨 1羽分
ねぎ 10
しょうが 5
水 1500ml
※ 出来上がり量　700〜800ml

淡色辛みそ（大さじ1）18g

かつおだしの材料（1人分）
かつお節 5g，水 180ml

混合だしの材料（1人分）
かつお節 2g，こんぶ 4g，
水 180ml

こんぶだしの材料（1人分）
こんぶ 10g，水 180ml

煮干しだしの材料（1人分）
煮干し 5g，水 180ml

和 えびしんじょうの吸い物

エ 69kcal
た 8.4g
脂 0.6g
塩 2.1g

材料（1人分，g）

えび 20（0.2単位）
白身魚のすり身 10（0.1単位）
たまご 3
［調味料A］
　しょうが汁 1
　塩 0.2
　みりん 2
　かたくり粉 4
乾しいたけ 2
なばな 20
だし汁 180ml
［調味料B］
　塩 1
　淡口しょうゆ 4

作り方

①えびは皮，背わたを除き細かく切りたたく。
②①にすり身，たまご，調味料Aを混ぜすり鉢ですりつぶす。
③乾しいたけをもどして石づきを取り，だし汁で煮て調味料Bで調味する。
④なばなは色よくゆでる。
⑤熱湯に塩を入れ②をスプーンですくい落としゆでる。
⑥⑤のえびしんじょうを椀に盛り③をそそぎ，なばなを色よく添える。

和 菊花豆腐としゅんぎくのすまし汁

エ 34kcal
た 3.3g
脂 1.5g
塩 1.2g

材料（1人分，g）

絹ごし豆腐 50（0.4単位）
しゅんぎく 10
だし汁 150ml
［調味料］
　淡口しょうゆ 1.2
　塩 0.8

作り方

①豆腐は菊花になるよう飾り切りにする。しゅんぎくはさっとゆで，3cmの長さに切る。
②だし汁を火にかけ，味付けをする。
③穴じゃくしにのせ熱湯の中で静かにゆり動かして開かせ，水気をきる。
④器に豆腐を入れだし汁をかけ，しゅんぎくを添える。

たいの潮汁

㊥ 和

- エ 91kcal
- た 9.0g
- 脂 4.3g
- 塩 2.0g

材料(1人分, g)
- たいの身　40(0.7単位)
- 塩　1.5
- うど(またはだいこん)　5
- 木の芽(またはゆず)　1枚
- 水(こんぶだし汁)　160ml
- こんぶ　10
- [調味料]
  - 塩　1.2
  - 酒　5
  - 淡口しょうゆ　1

作り方
① たいの身に塩をして、20分ほどおき、熱湯をかけて霜降りにする。
② 鍋に水と共にこんぶを入れ、10分程度ふやかし火にかけ、煮立つ直前にこんぶを取り出す。
③ にだし汁を加え、強火にかけ、煮立ったら弱火にし、あくをすくい取りながら約7分位煮る。
④ 汁の味をみて、塩、酒、淡口しょうゆで調味し、椀妻にしらが切りのうど(または短冊切りのだいこん)を添えひと煮立ちさせる。
⑤ 吸い口に木の芽(またはゆず)を添える。

しめたまごのすまし汁

㊥ 和

- エ 45kcal
- た 4.0g
- 脂 2.6g
- 塩 2.1g

材料(1人分, g)
- たまご　25(0.5単位)
- みつば　5
- だし汁　150ml
- [調味料]
  - 塩　1
  - しょうゆ　5

作り方
① たまごはよくほぐす。鍋に湯(200ml)を沸かし、塩(2.5g)を入れ沸とうしたらたまごを流し入れる。
② たまごが浮いてきたら、ふきんを敷いたざるにあけ、ふきんごと手早く適当な長さの棒状にまとめる。巻きすで形を整えて、冷めてから1cmの厚さに切る。
③ みつばは結びみつばにする。
④ 椀にたまご、みつばを入れ、味を調え、熱くしたすまし汁を注ぐ。

ささみのすり流し

㊥ 和

- エ 36kcal
- た 5.8g
- 脂 0.8g
- 塩 1.6g

材料(1人分, g)
- 鶏ささみ　15(0.2単位)
- しょうが汁　少々
- だし汁　180ml
- 木綿豆腐　15(0.2単位)
- えのきだけ　6
- ねぎ　2
- [調味料]
  - 塩　0.8
  - 淡口しょうゆ　3.6

作り方
① 鶏ささみのすじを取り、細かく刻み、しょうが汁を加え、すり鉢ですり、だし汁を少しずつ加えてのばす。
② 豆腐は色紙切り、えのきだけは根を切って小口切りにする。
③ 鍋に①を入れて熱し、②の豆腐とえのきだけを加え、塩と淡口しょうゆで味を調える。
④ 小口切りにしたねぎを加え、椀に盛る。

みそ汁(ミルク入り)

㊥ 和

- エ 134kcal
- た 6.2g
- 脂 4.5g
- 塩 1.7g

材料(1人分, g)
- ごぼう　15
- だいこん　25
- こんにゃく　10
- にんじん　25
- さといも　25(0.2単位)
- ねぎ　5
- 牛乳　100ml(0.8単位)
- みそ　12(0.3単位)
- だし汁　100ml

作り方
① ごぼうはささがきにする。
② だいこん、にんじんは乱切り、こんにゃくは手でちぎる。ねぎは小口切り。
③ さといもは2つ位に切り、ゆでる。
④ だし汁にだいこん、にんじん、ごぼうを入れて煮る。
⑤ 火が通ってきたら、さといもを入れる。
⑥ みそを入れて、混ざったら牛乳を入れて火を止める。調味してから火は強くしない。
⑦ 上からねぎを散らす。

基本料理の展開 | 汁物

食品・栄養

だし類の旨味成分は，こんぶはL-グルタミン酸ナトリウム，かつお節や煮干しは5'-イノシン酸ナトリウム，乾しいたけは5'-グアニル酸ナトリウム，貝類はコハク酸である。旨味はかつおとこんぶのように2種以上のものを組み合わせて用いると，相乗効果により旨味が増す。

みそはだいずに麹や食塩を加えて発酵させた発酵食品である。麹の種類により，米みそ，麦みそ，豆みそにわけられる。また，食塩量や熟成期間により白甘みそ，淡色辛みそ，赤色辛みそになり，塩分含量は6〜13％である。

だいずを原料としているみそは，良質のたんぱく質を含み，リジンやトリプトファンも多い。発酵させることで，消化率が良くなる。

調理

1｜かつお節は沸とう水に入れて，1分間加熱後火を止め，かつお節が沈んだら上澄みを取る。これを一番だしといい，すまし汁に用いる。二番だしは，一番出しのだしがらに1/2量の水を加えて3分煮て上澄みを取る（使用量：汁の2〜4％）。

2｜こんぶは沸とうさせると，ぬめりやあくが出るので，水から入れて浸漬時間を長くし，沸とう直前に取り出す（使用量：汁の2〜5％）。

3｜煮干しは，頭と腹わたを除き，30分水浸後1分間沸とうさせ取り出す。または，水から入れ，沸とうしたら2〜3分煮て取り出す（使用量：汁の3％）。

4｜ブイヨンは，牛すね肉と香味野菜（にんじん，たまねぎ，セロリー等）や香草（パセリの軸，セロリーの葉，ローリエ等）と共に水から入れ2時間位煮る。途中で出るあくや脂はこまめに取る。

5｜湯（タン）は沸とう水で洗った鶏がらと豚肉，ねぎ，しょうが，酒を加え，2時間くらい煮る。あくや脂をこまめに取る。

6｜汁物の塩分濃度は，すまし汁0.8％，具の多い汁物やみそ汁は1.0％である。

大量調理のポイント：加熱中の蒸発量を考え，出来上がり量に蒸発量を加える。

和 えびしんじょうの吸い物
エネルギー：69kcal　たんぱく質：8.4g　脂質：0.6g　塩分：2.1g

臨床栄養へのヒント
- エ 基本のままでよい。
- た すり身をじねんじょのすりおろしにかえる。[-1.8g]
- 脂 基本のままでよい。
- 塩 淡口しょうゆを減塩にかえる。[-0.5g]
- 軟菜食 えびすり身を1/2量にしてじねんじょをすりおろして加える。

応用メニュー

1｜揚げしんじょう：えびしんじょうを主菜とする場合は量を2倍にしてじねんじょのすりおろしたものを加え揚げる。からしじょうゆで供す。

2｜えびしんじょうの野菜あんかけ：えびしんじょうの材料を2倍にしてかたくり粉をつけて蒸し，和風味でたっぷりの野菜あんかけにする。

3｜えびしゅうまい：しんじょうの材料を2倍にしてみじん切りのねぎを加えしゅうまいの皮で包んで蒸す。酢じょうゆと練りがらしを添える。

組み合わせ例：えんどうご飯，ふきと肉だんごのうま煮，たけのこの木の芽和え

和 菊花豆腐としゅんぎくのすまし汁
エネルギー：34kcal　たんぱく質：3.3g　脂質：1.5g　塩分：1.2g

臨床栄養へのヒント
- エ 基本のままでよい。
- た 豆腐を焼き麩2gに変更する。[-2.0g]
- 脂 基本のままでよい。
- 塩 減塩しょうゆを使い，塩を1/2量にする。[-0.6g]
- 軟菜食 しゅんぎくは茎を除き，みじん切りにする。豆腐は1cm角のさいの目切りにする。

応用メニュー

1｜豆腐とわかめのすまし汁：豆腐は1cm角，わかめは3cmの長さに切る。だし汁を温めて味付けし，豆腐とわかめに火を通す。木の芽をのせる。

2｜豆腐とかぶの中華風スープ：ひと口大に切ったかぶ，にんじん，乾しいたけをスープで煮て，塩，こしょう，酒で調味し，2cm角に切った豆腐を入れ温める。

3｜豆腐とこんぶのすまし汁：豆腐は2cm角，ねぎは小口に切る。だしを味付けし豆腐を温め，器に注ぎ，ねぎ，とろろこんぶをのせる。

組み合わせ例：ふきご飯，さばの竜田揚げ，野菜の炊き合わせ

和 たいの潮汁

エネルギー：91kcal　　たんぱく質：9.0g　　脂質：4.3g　　塩分：2.0g

臨床栄養へのヒント
- エ たいの身をはまぐり（可食部40g）にかえる。[-62.4kcal]
- た エと同じ。[-6.3g]
- 脂 エと同じ。[-4.1g]
- 塩 たいの身は、塩をせず霜降りにする。[-1.5g]
- 軟菜食 たいは皮を除き、ほぐす。うどはだいこんにかえ、ゆでる。

応用メニュー
1 | **たいめし**：こめにだし汁と焼いたたいを入れて、調味した後、炊く。盛り付けた上にみつばなどをあしらう。
2 | **たいきずし**：たいに薄塩をして、酢じめした後、こんぶなどで調味した酢できずしにする。
3 | **たいのみそ漬**：たいを調味した西京みそに漬け込み、みそを取り除き、焦げないように焼く。

組み合わせ例：赤飯，たいのアラ炊き，いかとわけぎの酢みそ和え

和 しめたまごのすまし汁

エネルギー：45kcal　　たんぱく質：4.0g　　脂質：2.6g　　塩分：2.1g

臨床栄養へのヒント
- エ たまごの量を12gにし、生しいたけを加える。[-20kcal]
- た たまごの量を12gにする。[-1.6g]
- 脂 基本のままでよい。
- 塩 塩を0.6g、しょうゆを1gにする。[-1.0g]
- 軟菜食 みつばをやわらかくゆでる。

応用メニュー
1 | **かき玉汁**：だし汁を煮立てて、水溶きかたくり粉でとろみをつけ、溶きたまごを流し入れてかき玉汁にする。
2 | はんぺんと結びみつば、菊花豆腐としめじ、吉野鶏とみつば、えびだんごとしいたけ、そうめんとえびなどで椀だねを変化できる。
3 | **番茄蛋花湯**：鶏スープを塩、こしょうで調味して煮立て、乱切りのトマトと溶きたまごを流し入れる。

組み合わせ例：焼き魚，なすのなべしぎ，青菜のおひたし

和 ささみのすり流し

エネルギー：36kcal　　たんぱく質：5.8g　　脂質：0.8g　　塩分：1.6g

臨床栄養へのヒント
- エ 豆腐を使わない。[-11kcal]
- た エと同じ。[-1.0g]
- 脂 エと同じ。[-0.6g]
- 塩 塩を0.6g、しょうゆを1gにする。[-0.6g]
- 軟菜食 基本のままでよい。

応用メニュー
1 | **魚身のすり流し**：鶏ささみを白身魚やかつお、あじにかえて、味に変化をつける。
2 | **呉汁**：もどしただいずの薄皮を取り、すりつぶして、だし汁でのばして煮る。油揚げ、にんじん、ごぼうなどをいれ、みそで味付ける。

組み合わせ例：かき揚げ，きゅうりとわかめの酢の物

和 みそ汁（ミルク入り）

エネルギー：134kcal　　たんぱく質：6.2g　　脂質：4.5g　　塩分：1.7g

臨床栄養へのヒント
- エ 牛乳をスキムミルク6gにする。[-37kcal]
- た 牛乳を除く。[-3.3g]
- 脂 エと同じ。[-3.8g]
- 塩 みそを甘みそにする。[-0.8g]
- 軟菜食 ごぼう、こんにゃく、ねぎを除き、だいこん、にんじんは細切りにし、さといもはひと口大に切る。

応用メニュー
1 | **けんちん汁**：豆腐の水気をきって炒め、ごぼう、にんじん、だいこん、こんにゃく、さといもを加え、だし汁、調味料で煮る。2 | **さといもとこんにゃくのピリ辛煮**：野菜類をごま油で炒め、煮汁にだし、しょうゆ、オイスターソース、トウバンジャンで味付ける。3 | **かぶのグラタン**：牛乳とだし汁とみそでホワイトソースを作り、かぶの上にかけ、オーブンで焼く。彩りにゆでた葉を添える。4 | **筑前煮**：鶏肉を加え、炒め煮にする。

組み合わせ例：さんまの塩焼き，ほうれんそうときのこのおひたし，れんこんの梅酢和え

和 豚汁

エ 103kcal
た 6.8g
脂 3.8g
塩 1.6g

材料(1人分, g)

豚もも肉　20(0.3単位)
酒　1
塩　0.1
植物油　1(0.1単位)
だいこん　30
にんじん　10
ごぼう　15(0.1単位)
板こんにゃく　20
ねぎ　5
白みそ　7(0.2単位)
赤みそ　8(0.2単位)
だし汁　150ml
しょうが　2

作り方

①豚肉は2cm角に切り酒、塩に漬ける。
②だいこん、にんじんはいちょう切りに、ごぼうはささがきにし、水につけてあく抜きをする。板こんにゃくは色紙切り、ねぎは小口切り、しょうがはすりおろす。
③鍋に植物油を入れ、①の豚肉をさっと炒め、だし汁を加える。
④③にだいこん、にんじん、ごぼう、板こんにゃくを加え、沸とうしてきたら弱火にし、あくを取りながら、15分くらい煮る。
⑤みそを加え、ねぎ、しょうがを加え、火を止め、器に盛る。

和 のっぺい汁

エ 37kcal
た 1.6g
脂 0g
塩 1.1g

材料(1人分, g)

にんじん　10
こんにゃく　10
ごぼう　5
だいこん　15
しめじ　15
だし汁　150ml
[調味料]
　しょうゆ　6
　みりん　5(0.2単位)
　酒　5

作り方

①にんじんは、いちょう切り、こんにゃくはひと口大にちぎる。ごぼうはささがきにし、だいこんはいちょう切りし、しめじは小わけにする。
②鍋にだし汁をわかす。
③その中に切った材料を入れ、やわらかくなったら、しょうゆ、みりん、酒を入れ味をしみ込ませる。
④最後にしめじを入れひと煮立ちさせる。

和 かす汁

エ 178kcal
た 13.5g
脂 4.9g
塩 2.2g

材料(1人分, g)

塩ざけ(切り身)　40(1.0単位)
さといも　50(0.4単位)
だいこん　20
にんじん　20
こんにゃく　15
さやえんどう　2
こんぶだし　150
酒かす　22(0.6単位)
[調味料]
　塩　1
　淡口しょうゆ　1

作り方

①さけは2つくらいに切っておく。
②さといもは、ひと口切りにして立塩で洗い、だいこんはいちょう切り、にんじんは短冊切り、こんにゃくは手綱切りに作って、熱湯で霜降りにする。
③さやえんどうは矢羽根に切って、色よくゆでておく。
④鍋にこんぶだしと、②の材料を入れてやわららかくなるまで煮る。
⑤酒かすを細かくほぐして煮溶かし、塩、淡口しょうゆ、さけを加え、煮立ったところで器に盛ってさやえんどうを添えて供する。

洋 コンソメジュリエンヌ

エ 42kcal
た 1.2g
脂 2.6g
塩 1.6g

材料(1人分, g)

たまねぎ　10
にんじん　10
セロリー　5
ベーコン　5(0.3単位)
植物油　0.5
さやえんどう　3
[スープ]
　固型コンソメの素　3
　水　150ml
[調味料]
　塩　0.2
　こしょう　少々

作り方

①たまねぎ、にんじん、セロリー、ベーコンをせん切りにして焦げ色がつかないようにさっと炒める。
②さやえんどうはゆでてせん切りする。
③スープを入れて味付けをし、②を加える。

きのこスープ 洋

エ 75kcal
た 7.2g
脂 2.6g
塩 1.2g

材料（1人分, g）

乾しいたけ　2
えのきだけ　15
まいたけ　15
豚もも肉　20（0.3単位）
青ねぎ　5
しょうが　2
ブイヨン（チキン）150ml（0.5単位）
（あるいは固形スープの素1/2個＋水150ml）
[調味料]
　塩　1
　こしょう　少々
　かたくり粉　5（0.2単位）

作り方

①乾しいたけはぬるま湯でもどし、せん切りする。もどし汁はこしてスープとして使用する。
②えのきだけ、まいたけは石づきを切り落として、よく洗う。
③豚肉は1cm幅に切る。
④青ねぎは斜めせん切りする。
⑤しょうがは大きめに切る。
⑥スープにしいたけのもどし汁を加え、しょうがを入れ、①②③を煮る。
⑦調味した後、しょうがを取り出し、水溶きかたくり粉でとろみをつける。

わかめと野菜スープ 洋

エ 27kcal
た 2.3g
脂 0.8g
塩 1.2g

材料（1人分, g）

生わかめ　10
だいこん　30
長ねぎ　10
白ごま　1
ブイヨン（チキン）150ml
[調味料]
　塩　0.8
　こしょう　少々

作り方

①わかめはさっと洗い、食べやすい大きさに切っておく。
②だいこんはいちょう切りにする。
③長ねぎは斜め切りにする。
④ブイヨンにだいこんを入れて煮る。
⑤だいこんがやわらかくなったら塩、こしょうで味を調え、わかめと長ねぎを入れ火を止め、白ごまを入れる。

ミネストローネ 洋

エ 91kcal
た 4.1g
脂 3.2g
塩 1.4g

材料（1人分, g）

マカロニ　8（0.4単位）
ピーマン　5
たまねぎ　20
にんじん　5
セロリー　5
じゃがいも　10（0.1単位）
ベーコン　3（0.2単位）
バター　2（0.2単位）
ブイヨン　150ml（0.1単位）
白ワイン　5
塩　0.5
こしょう　少々
粉チーズ　0.5

作り方

①マカロニは塩を加えた熱湯でゆでる。
②ベーコン、野菜はすべて1cm角の色紙切りにする。
③鍋にバターを熱し、ベーコンを炒め、ピーマン以外の野菜を加えて全体にバターがなじんできたら、スープを加えて、やわらかくなるまで煮る。
④③にピーマンを加え、①を入れて、白ワインを加え、塩、こしょうで調味する。
⑤④をスープ皿に注ぎ、粉チーズを振る。

コーンポタージュ 洋

エ 134kcal
た 5.0g
脂 6.2g
塩 2.2g

材料（1人分, g）

クリームコーン（缶詰）35（0.4単位）
たまねぎ　15
小麦粉　5（0.3単位）
バター　5（0.5単位）
牛乳　50ml（0.4単位）
ブイヨン　150ml
パセリ　3
塩　1
こしょう　少々

作り方

①鍋にバターを溶かし、薄切りにしたたまねぎを炒める。小麦粉を振り入れ、さらに炒め、スープでのばす。
②コーンを入れる。
③②に牛乳を加え火が通ったら塩、こしょうで調味する。
④最後にパセリのみじん切りを散らす。

和 豚汁

エネルギー：103kcal　たんぱく質：6.9g　脂質：3.6g　塩分：1.7g

臨床栄養へのヒント
[エ] 豚肉の赤身部分を使用し、みそを淡口しょうゆに変更する。[-33kcal] 油で炒めない。[-9kcal]
[た] 豚肉を1/2量とし、みそを淡口しょうゆに変更する。[-2.9g]
[脂] [エ]と同じ。[-1.9g]
[塩] だしを少なくし、みそを1/2量とする。[-0.7g]
[軟菜食] ごぼう、こんにゃくをさといもにかえる。

応用メニュー
1 | **さつま汁**：こんにゃくのかわりにさつまいもを使用する。
2 | **けんちん汁**：豚肉のかわりに豆腐50gを加え、みそを淡口しょうゆにかえる。
3 | **沢煮椀**：材料をせん切りにし、みそを淡口しょうゆにかえる。
4 | **粕汁**：豚肉をさけに、白みそを酒粕にかえる。

組み合わせ例：焼き魚、かぶらの酢の物、煮豆

和 のっぺい汁

エネルギー：37kcal　たんぱく質：1.6g　脂質：0g　塩分：1.1g

臨床栄養へのヒント
[エ] きのこ汁（しめじ、えのき、まつたけ各15g）にする。[-6kcal] みりんを除く。[-12kcal]
[た] こんぶだしにし、しょうゆ1g、塩0.7gにする。[-0.7g]
[脂] 基本のままでよい。
[塩] 濃いだし汁にし、しょうゆを1/2量にする。[-0.4g]
[軟菜食] ごぼう、しめじは除く。汁にかたくり粉のとろみをつける。

応用メニュー
1 | **豚汁**：豚バラ肉を加え、みそ味とする。
2 | **けんちん汁**：豆腐を加える。
3 | **ほうとうみそ汁**：さつま揚げや油揚げを加え、みそ味とする。
4 | **田舎風煮込みうどん**：鶏肉とうどんを加える。

組み合わせ例：さばの竜田揚げ、ほうれんそうのおひたし、果物（ぶどう）

和 かす汁

エネルギー：178kcal　たんぱく質：13.5g　脂質：4.9g　塩分：2.2g

臨床栄養へのヒント
[エ] さけは切り身を除き、アラを用いる。[-40kcal]
[た] [エ]と同じ。[-4.5g]
[脂] [エ]と同じ。[-2.2g]
[塩] 塩を1/2量にし、ねぎ、しょうが汁を加える。[-0.5g]
[軟菜食] こんにゃくを除く。

応用メニュー
1 | **三平汁**：さといもをじゃがいもにかえて変化をつけ、材料をすべて倍量にすると主菜の一品になる。
2 | **さといもとだいこんのかすみそ汁**：だし汁にせん切りにしただいこん、5mmの厚さのさといもを入れ、やわらかくなったら酒かす、みそを加える。
3 | **かす入り野菜汁**：だし汁にだいこん、じゃがいも、ごぼう、油揚げを煮て、ねぎ、酒かす、みそを加えひと煮立ちさせて供する。

組み合わせ例：バラエティ豆腐サラダ、かぼちゃの茶巾絞り、果物（オレンジ）

洋 コンソメジュリエンヌ

エネルギー：42kcal　たんぱく質：1.2g　脂質：2.6g　塩分：1.6g

臨床栄養へのヒント
[エ] ベーコンを除く。[-20kcal]
[た] [エ]と同じ。[-0.6g]
[脂] [エ]と同じ。[-2.0g]
[塩] 具を増やして、スープの分量を減らすか、パセリ、香草などで香りを強くし、塩の量を控える。[-0.2g]
[軟菜食] 野菜の繊維を切断するようせん切りか、みじん切りにし、煮込む。

応用メニュー
1 | **カレー風味のスープ**：少し大きめに切った野菜をコンソメで煮込み、ベーコンを加え、カレー粉、塩で調味する。
2 | **野菜と豚のスープ**：豚ひき肉をごま油で炒め、たまねぎ、にんじん、セロリ、チンゲンサイとしょうがを加えて軽く炒め、スープを加えあくを取り、オイスターソース、しょうゆなどで味を調え、かたくり粉でとろみをつける。

組み合わせ例：野菜入りスパゲッティ・ミートソース、シーザーサラダ

洋 きのこスープ

エネルギー：75kcal　たんぱく質：7.2g　脂質：2.6g　塩分：1.2g

臨床栄養へのヒント
- エ 豚もも肉を脂身なしにする。[-12kcal]
- た 豚もも肉を1/2量にする。[-0.2g]
- 脂 エと同じ。[-1.4g]
- 塩 ごま油を加えて、塩を1/2量に減らす。[-0.5g]
- 軟菜食 きのこ類を使用しているので、軟菜食には不向き。

応用メニュー
1. **ブロッコリーときのこのスープ**：ゆでたブロッコリー（カロチンが多い）を加えて、青みを添える。
2. **野菜ときのこのスープ**：はくさい、キャベツなどを加えて、具だくさんのスープにする。
3. **きのこのごま風味スープ**：最後にごま油を加えて、味に変化をつける。
4. **和風きのこスープ**：調味料にしょうゆを加えると和風の味になる。

組み合わせ例：フィッシュフライとバターライス添え，野菜サラダ

洋 わかめと野菜スープ

エネルギー：27kcal　たんぱく質：2.3g　脂質：0.8g　塩分：1.2g

臨床栄養へのヒント
- エ だしをかつおだしにかえる。[-6kcal]
  ごまを除く。[-6kcal]
- た だしをかつおだしにかえる。[-0.9g]
- 脂 だしをかつおだしにかえる。[-0.1g]
  ごまを除く。[-0.5kcal]
- 塩 塩を0.5gに減らす。[-0.3g]
- 軟菜食 わかめ、野菜はせん切りし、やわらかく煮る。

応用メニュー
1. **わかめとたまねぎのスープ**：だいこんをたまねぎにかえる。
2. **わかめと野菜の具だくさんスープ**：キャベツ、にんじん、もやしなど野菜をたくさん入れる。
3. **わかめとコーンのスープ**：わかめとたまねぎ、ホールコーンを入れると風味が異なる。
4. **わかめとベーコンのスープ**：わかめとたまねぎ、ベーコンを入れる。

組み合わせ例：オムライス，生野菜サラダ，りんご

洋 ミネストローネ

エネルギー：91kcal　たんぱく質：4.1g　脂質：3.2g　塩分：1.4g

臨床栄養へのヒント
- エ マカロニの量を4gにする。[-15kcal]
- た ベーコンをしめじにかえる。[-0.4g]
- 脂 バターで炒めないで煮る。[-1.6g]
- 塩 塩を使用しないで、こしょうをきかす。[-0.5g]
- 軟菜食 ベーコン、セロリーは除き、やわらかく煮る。

応用メニュー
1. **きのこと野菜のスープ**：マカロニをきのこ類にかえる。
2. **たまごと野菜のスープ**：マカロニを除き、野菜はせん切りにし、溶きたまごを流し入れる。
3. **野菜のミルクスープ**：マカロニを除き、牛乳を加えて仕上げる。
4. **野菜のカレースープ**：野菜を炒めるとき、カレー粉を加える。

組み合わせ例：サンドイッチ，スペイン風オムレツ

洋 コーンポタージュ

エネルギー：134kcal　たんぱく質：5.0g　脂質：6.2g　塩分：2.2g

臨床栄養へのヒント
- エ バター1/2量（2.5g），牛乳20g少なくする。[-32kcal]
- た 牛乳を除く。[-1.6g]
- 脂 バター1/2量（2.5g），牛乳20g少なくする。[-2.8g] マーガリンを利用するのもよい。
- 塩 バターを無塩にし、塩を0.5gにする。[-0.6g]
- 軟菜食 スープをミキサーにかけてこす。

応用メニュー
1. コーンにかえてかぼちゃ、たまねぎ、じゃがいも、グリンピース等が利用できる。
2. **コーンクリームコロッケ**：ホールコーン、マッシュポテト、たまねぎにホワイトソースを混ぜて、俵型に丸め、小麦粉、たまご、パン粉をつけて揚げる。
3. **コーンライス**：たまねぎ（みじん切り）、ホールコーンをバターで炒め、こめと共に炊く。

組み合わせ例：サーモンのムニエル，コールスローサラダ，ロールパン

クラムチャウダー 洋

エ 172kcal
た 7.6g
脂 8.3g
塩 2.4g

材料(1人分, g)
あさり(むき身) 20(0.1単位)
ワイン 1
じゃがいも 20(0.2単位)
たまねぎ 30
にんじん 10
セロリー 10
ベーコン 5(0.3単位)
[ホワイトソース]
　バター 3(0.3単位)
　小麦粉 5(0.3単位)
　牛乳 100ml(0.8単位)
ブイヨン 100ml
[調味料]
　塩 1.2, こしょう 少々
　パセリ 少々

作り方
①じゃがいも、たまねぎ、にんじんは、1cm角に切る。セロリーはすじを取り7〜8mmの長さに切る。
②ベーコンは1cm角に切る。あさりはワインで下味を付ける。
③鍋にバターを溶かし小麦粉を炒め、温めた牛乳を少しずつ加えホワイトソースを作る。
④スープに①②を加え、煮込み、やわらかくなったらあさりを加え、③のホワイトソースを加え、さらに煮込む。
⑤最後に塩、こしょうで味を調える。
⑥器に盛り付けた後、みじん切りのパセリを浮かす。

ブイヤベース 洋

エ 201kcal
た 24.8g
脂 8.4g
塩 2.2g

材料(1人分, g)
たら 40(0.4単位)
さわら 30(0.8単位)
ひらめ 30(0.4単位)
はまぐり 25(0.1単位)
えび 15(0.2単位)
たまねぎ 25
植物油 4(0.4単位)
トマト 50
ローリエ 1枚
塩 1.4, こしょう 適宜
刻みパセリ 1
クールブイヨン 300ml
(魚のスープ)

作り方
①たまねぎはみじん切り、トマトは熱湯に数秒つけ直ちに冷やし皮をむく。輪切りにし、種を除き、さいの目に切る。
②魚は3切れぐらいに切り、えびは尾と一節を残して皮をむき、背わたを取る。塩、こしょうをする。はまぐりは殻のよごれを取る。
③油を熱し、たまねぎを弱火で炒め、その中に魚のブイヨンを注ぎ、トマトとローリエの葉を加え、魚、はまぐり、えびを入れて煮立て、沸とうしたら火を弱めて、上に浮くあくを取り、味を調える。
④器に盛り、パセリを振りかける。

チンゲンサイと貝柱のスープ 中

エ 65kcal
た 7.4g
脂 2.4g
塩 1.5g

材料(1人分, g)
チンゲンサイ 50(0.2単位)
乾貝柱 10(0.2単位)
乾しいたけ 2
植物油 2(0.2単位)
鶏がらスープの素 0.5
水＋貝柱のもどし汁 150ml
[調味料]
　酒 5
　塩 0.7

作り方
①チンゲンサイは、1枚ずつはがして水洗いする。葉は1cm幅、茎は縦2〜3等分にして1cm幅に切る。
②乾貝柱は熱湯をひたひたに注ぎ、ふたをする。少しやわらかくなったら、細かくほぐし、そのまま1時間おく。乾しいたけは水でもどし、せん切りにする。
③鍋に油を熱し、茎、しいたけ、葉の順にさっと炒め、貝柱を加える。
④貝柱のもどし汁に水を加えて150mlにし、スープの素を溶き、③に入れ5分ほど煮る。
⑤酒、塩で味を調える。

ザーサイと豚肉のスープ (搾菜肉片湯) 中
(チャツァイロウピエンタン)

エ 45kcal
た 4.9g
脂 1.6g
塩 1.8g

材料(1人分, g)
ザーサイ 10
豚もも肉 15(0.3単位)
酒 1
かたくり粉 1
たけのこ 7
湯(タン) 150ml
[調味料]
　塩 0.1
　酒 3
　しょうゆ 1

作り方
①ザーサイは、外側の赤とうがらしを洗い落して薄くそぎ切りにする。
②豚肉も薄くそぎ切りにし、酒を振りかけてからかたくり粉をまぶしておく。
③たけのこは縦2つ切りにして、さらに薄切りにする。
④鍋に湯を入れて煮立てる。豚肉をかたまらないように入れる。再度沸とうしたらあくを取り、たけのこ、ザーサイを入れる。火を弱めて少し煮て調味料を加えて味を調える。

中 スイートコーンスープ（玉米湯 ユイミイタン）

エ 90kcal
た 1.6g
脂 3.4g
塩 0.8g

材料(1人分, g)
- クリームコーン(缶詰) 60 (0.6単位)
- にんじん 5
- 乾しいたけ 1/2コ
- 植物油 3 (0.3単位)
- さやえんどう 5
- 固形コンソメの素 2.5
- 水 150ml
- 塩 0.5

作り方
① 鍋に固形コンソメの素と水を煮立て湯（タン）を作る。
② コーンは1/2量の湯とミキサーにかけ、裏ごしする。
③ にんじん、もどした乾しいたけ、さやえんどうはせん切りにする。
④ にんじんと乾しいたけを植物油で炒め、残りの湯と②を加え煮る。沸とうしたら、さやえんどうを加え、最後に塩で味を調える。

中 かに入りたまごスープ（桂花蟹羹 グイホワシエゴン）

エ 63kcal
た 6.7g
脂 2.3g
塩 1.6g

材料(1人分, g)
- かに(ずわいがに缶詰) 15 (0.1単位)
- 乾しいたけ 2
- たまご 20 (0.4単位)
- さやえんどう 5
- 長ねぎ 5
- 湯(タン) 150ml
- [調味料]
  - 塩 1
  - 酒 1.5
  - かたくり粉 2.5 (0.1単位)

作り方
① かには骨を取りほぐし、乾しいたけはもどしてせん切り、たまごは割りほぐし、さやえんどうはゆでて2枚に開いて豆をとりせん切り、ねぎもせん切りにする(白髪ねぎ)。
② 鍋に湯を入れ、沸とうしたらかに、しいたけを入れ、さらに沸とうしたら調味し、水溶きかたくり粉でとろみをつける。
③ 最後に溶きたまごを流し、静かにかき混ぜる。
④ 器に盛り、さやえんどうと白髪ねぎをのせる。

中 酢味の薄くず汁（酸辛湯 スワヌラアタン）

エ 52kcal
た 4.7g
脂 1.6g
塩 1.2g

材料(1人分, g)
- 鶏ささみ 10 (0.1単位)
- かたくり粉 0.5
- 乾しいたけ 1
- たけのこ 7
- きくらげ 0.5
- 絹ごし豆腐 15 (0.1単位)
- たまご 10 (0.2単位)
- みつば 2
- 湯(タン) 150ml
- [調味料]
  - 塩 1
  - 淡口しょうゆ 1
  - 酒 2
  - 酢 2.5
  - かたくり粉 2

作り方
① 鶏のささみは筋を取り、細かくせん切りにし、かたくり粉を振っておく。
② 乾しいたけ、きくらげはもどしてせん切りにし、たけのこは3cmの長さのせん切りにする。豆腐は0.5cm角、4cmの長さの拍子木切りに、みつばは3cmの長さに切る。
③ 鍋に湯(乾しいたけのもどし汁を利用)を入れ沸とうしたら、鶏をほぐしながら入れ、浮いているあくを取る。②を入れて1～2分煮て、調味料を加え豆腐を加える。
④ 沸とうしたら水溶きかたくり粉を加え、たまごをほぐして入れみつばを散らす。

中 トム・ヤン・クン

エ 75kcal
た 15.2g
脂 0.4g
塩 1.3g

材料(1人分, g)
- えび 30 (0.4単位)
- いか 20 (0.2単位)
- 白身魚 30 (0.3単位)
- 水 300ml
- レモングラス(乾) 2
- しょうが 10
- すだち(汁) 15
- 赤とうがらし 0.2
- コリアンダー 2
- ねぎ 2
- ナンプラー 6

作り方
① えびは背わたを取り、尾を残し殻をむく。白身魚、いかは、ひと口大に切る。
② 赤とうがらしは縦に細く切る。コリアンダーは細かく切り、ねぎも縦に切る。
③ 鍋に水を入れ、沸とうしたらレモングラス、たたいたしょうがを入れ、6～7分煮立たせる。
④ ③の中に、①の材料を入れ煮立ったらすだち汁、とうがらし、コリアンダー、ねぎを加え、ナンプラーで味を調える。

洋 クラムチャウダー

エネルギー：172kcal　たんぱく質：7.6g　脂質：8.3g　塩分：2.4g

臨床栄養へのヒント

[エ] バター，薄力粉，ベーコンを除き，牛乳で煮込む。[-61kcal]
[た] 薄力粉，牛乳，ベーコンを除き，コンソメやスープで煮込む。[-4.0g]
[脂] バター，薄力粉，ベーコンを除き，牛乳のかわりにスキムミルク6gを用いる。[-8.3g]
[塩] 無塩バターを使用，ベーコンは除く。[-0.2g] スープにコンソメ(1g)を用い，塩は除く。[-0.8g]
[軟菜食] セロリーは除く。

応用メニュー

1 | **ポークチャウダー**：あさりのかわりに豚肉を使用する。
2 | **ベジタブルチャウダー**：あさり，ベーコンを使用せず，野菜類だけのあっさりチャウダーにする。
3 | **ベジタブルスープ**：あさり，ベーコンを使用せず，ホワイトソースではなくブイヨンで煮込み，野菜のもつ素材の味を楽しむ。
4 | **カレーシチュー**：ホワイトソースのかわりにカレールーを作り煮込む。

組み合わせ例：バターロール（あるいは食パン），チキンソテー・トマトソースがけ，グリーンサラダ

洋 ブイヤベース

エネルギー：201kcal　たんぱく質：24.8g　脂質：8.4g　塩分：2.2g

臨床栄養へのヒント

[エ] さわらをたらにかえる。[-30kcal]
[た] ひらめを除き，たまねぎを50gに増やす。[-6.0g]
[脂] 野菜を炒めず，鍋に入れる。[-4.0g]
[塩] 塩を1/2量に減らし，ハーブやスパイスで香味をつける。[-0.7g]
[軟菜食] 魚の皮は除く。はまぐりを豆腐にかえる。季節によってはいさき，こちやかきを用いてもよい。白身魚はえびをたたいてすり伸ばし，たまごを加えやわらかい団子にする。

応用メニュー

1 | **シーフードシチュー**：ホワイトルーを作り，シチューにする。野菜はトマトを除き，かぶ，にんじん，ブロッコリーなどを加える。
2 | **魚すき**：こんぶだしにする。野菜はだいこん，はくさい，しいたけなどにかえる。ポン酢，薬味のねぎ，とうがらしなどを添えて出す。
3 | **キムチ鍋**：魚介類と豆腐，しゅんぎく，はくさい，こんにゃく，しいたけなどを材料にし，辛味調味料（トウバンジャン，テンメンジャンなど）で味付けする。

組み合わせ例：フランスパン，チーズ，フルーツサラダ

中 チンゲンサイと貝柱のスープ

エネルギー：65kcal　たんぱく質：7.4g　脂質：2.4g　塩分：1.5g

臨床栄養へのヒント

[エ] 油で炒めずに煮る。[-18kcal]
[た] 貝柱を1/2量にする。[-3.3g]
[脂] 制限が厳しい場合は植物油を除く。[-2.0g]
[塩] 塩を1/2量にする。[-0.4g]
[軟菜食] チンゲンサイは葉先を使用する。貝柱は盛り付け時に除く。

応用メニュー

1 | **チンゲンサイの牛乳煮**：チンゲンサイはさっと炒めスープで煮て，煮上がりに牛乳と水溶きかたくり粉を加える。盛り付けてハムのみじん切りを散らす。
2 | **チンゲンサイのあんかけ**：ゆでたチンゲンサイに缶詰の貝柱をほぐし，だし汁，酒，みりん，しょうゆ，しょうが汁を混ぜ水溶きかたくり粉でとろみをつけたあんをかける。
3 | **チンゲンサイのからしじょうゆ和え**：チンゲンサイはさっとゆでて水気をきる。しょうゆ，だし汁，練りがらしを混ぜ，チンゲンサイを和える。

組み合わせ例：麻婆豆腐，だいこんとかいわれ菜の梅肉和え，大学いも

中 ザーサイと豚肉のスープ（搾菜肉片湯）

エネルギー：44kcal　たんぱく質：4.9g　脂質：1.5g　塩分：1.8g

臨床栄養へのヒント

[エ] 豚肉をかにかまぼこにかえる。[-13kcal]
[た] [エ]と同じ。[-1.3g]
[脂] 豚肉はもも赤身にかえる。[-1.0g]
[塩] ザーサイはゆがいて塩気を抜く。[-1.4g]
[軟菜食] ザーサイ，豚肉は細かいせん切りにする。

応用メニュー

1 | **搾菜焼飯**：ザーサイはみじん切りにする。中華鍋に油を熱し，たまごを炒めて取り出す。えび，ザーサイを炒め，ご飯とたまごを加えさらに炒め，味を調える。
2 | **ザーサイ入りぎょうざ**：にら，はくさい，しいたけ，ザーサイをみじん切りにする。豚ひき肉と野菜を混ぜ，酒，しょうゆを少々加え，ぎょうざの皮で包む。
3 | **ザーサイとチンゲンサイの炒め物**：ザーサイはさっとゆがいてせん切りにする。たまごを炒め，チンゲンサイ，ザーサイ，きくらげを加えてオイスターソースで味を調える。

組み合わせ例：鶏ひき肉の真珠蒸し（珍珠丸子），くらげの酢の物

中 スイートコーンスープ（玉米湯 ユイミイタン）

エネルギー：90kcal　たんぱく質：1.6g　脂質：3.4g　塩分：0.8g

臨床栄養へのヒント
- エ 油で野菜を炒めないで煮る。[-27kcal]
- た 基本のままでよい。
- 脂 エと同じ。[-3.0g]
- 塩 塩を除く。[-0.5g]
- 軟菜食 野菜はやわらかくゆで，しいたけは除く。

応用メニュー
1 | 玉米羹：スープの最後に水溶きかたくり粉でとろみをつけて仕上げる。
2 | スープの具は季節の素材をせん切りにして，彩りよく使う。

組み合わせ例：ピーマンと豚肉の炒め（青椒牛肉絲），蒸し鶏の棒々鶏サラダ

中 かに入りたまごスープ（桂花蟹羹 グイホウシエゴン）

エネルギー：63kcal　たんぱく質：6.7g　脂質：2.3g　塩分：1.6g

臨床栄養へのヒント
- エ たまごを1/2量にする。[-15kcal]
- た 指示されたたんぱく質の量により，たまごとかにの量を減らす。1/2量にする。[-2.5g]
- 脂 エと同じ。[-1.0g]
- 塩 塩を1/2量にする。[-0.5g]
- 軟菜食 野菜はやわらかくゆで，しいたけ，白髪ねぎは除く。

応用メニュー
1 | のっぺい汁：だし汁に野菜，油揚げを加え煮て，塩，しょうゆで調味する。最後にかたくり粉でとろみをつける。
2 | けんちん汁：鍋に油を熱し，材料を炒め，だし汁で煮込み塩，しょうゆで調味する。
3 | はくさいと肉団子のスープ：ざく切りのはくさいと肉だんごをスープに入れ，塩，酒，しょうゆで調味する。
4 | トマトの中華風スープ：鍋に油を熱しねぎを炒めスープとトマト，干しえびを加え，煮立ったら調味し溶きたまごを流す。

組み合わせ例：ナムル，豆腐の野菜あんかけ

中 酢味の薄くず汁（酸辛湯 スヌヌラアタン）

エネルギー：52kcal　たんぱく質：4.7g　脂質：1.6g　塩分：1.2g

臨床栄養へのヒント
- エ 鶏ささみを除く。[-11kcal]
- た 鶏ささみとたまごを除く。[-3.5g]
- 脂 エと同じ。[-1.0g]
- 塩 塩を1/2量にし，ごま油を加える。[-0.5g]
- 軟菜食 ささみは細かくさき，野菜はせん切りにする。乾しいたけは生しいたけにかえる。

応用メニュー
1 | 鶏肉のスープ（鶏片湯）：鶏肉は薄切りにし，かたくり粉をまぶす。鍋に湯と塩を入れ，沸とうしたら鶏肉，きくらげ，みつばを入れ，酒としょうゆで味を調える。2 | はるさめスープ（川粉湯）：鶏肉はせん切りにし，かたくり粉をまぶす。鍋に湯を沸とうさせ，鶏肉を入れ，はるさめ，えのきだけを加え，しょうが汁，塩，しょうゆで味を調える。3 | たまごのスープ（黄花湯）：たけのこ，ハム，ねぎ，しょうがはせん切りにし，さっと炒めて，湯を加え，塩，しょうゆで味を調える。かたくり粉でとろみをつけ，たまごを糸状に流し込む。

組み合わせ例：焼飯，にんにくの茎と豚肉の炒め物（蒜苗肉絲）

中 トム・ヤン・クン

エネルギー：75kcal　たんぱく質：15.2g　脂質：0.4g　塩分：1.3g

臨床栄養へのヒント
- エ いかを除く。[-13kcal]
- た えびを1/2量にする。[-3.3g]
- 脂 基本のままでよい。
- 塩 ナンプラーを2/3量にする。[-0.7g]
- 軟菜食 いか，赤とうがらしは除く。

応用メニュー
1 | けんちん汁：短冊に切っただいこん，にんじん，しいたけ，油揚げ，ごぼう，豆腐を炒め，調味する。
2 | 沢煮椀：せん切りにした豚肉，にんじん，ごぼう，しいたけに火が通ったら調味し，みつばを散らす。
3 | とうがんのくず汁：下ゆでしたとうがんをだし汁に入れ，鶏ひき肉を加え調味する。針しょうがを添える。
4 | トマトとたまごのスープ：たまねぎ，ハム，トマトを植物油で炒めてスープを入れ，でん粉を加えたまごを流す。

組み合わせ例：鶏肉のカレー揚げ，ゆでたまごのサラダ，フルーツポンチ

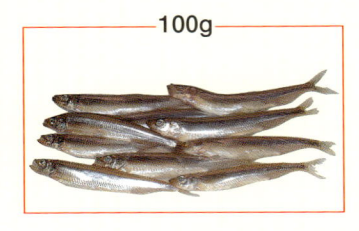

主菜の部 — 魚介類
（たら・たい・ひらめ・かれい・きす等／1単位量＝80〜100g）

□g ＝1単位量（可食量）

- たら 100g
- たい 60g
- わかさぎ 100g
- かれい 80g（150g）
- ひらめ 80g
- きす 100g

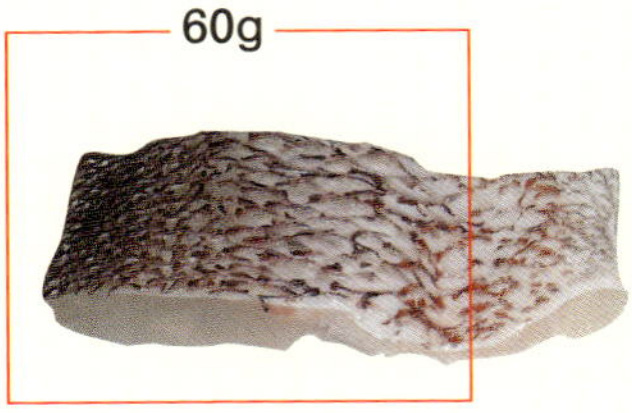

和 たらのけんちん焼き

エ 116kcal
た 17.1g
脂 3.1g
塩 1.2g

材料（1人分, g）

- たら 70（0.7単位）
- [下味]
  - しょうゆ 3
  - みりん 3（0.1単位）
- [具]
  - たまご 20（0.4単位）
  - 豆腐 20（0.2単位）
  - にんじん 4
  - しいたけ 4
  - 絹さや 4
  - 塩 0.2
  - 淡口しょうゆ 2
  - みりん 2

作り方

① たらは、厚さの半分まで真中から縦に切れ目を入れ、そこから左右に切れ込みを入れ、観音開きにし、しょうゆ、みりんに漬け込む。
② 豆腐はふきんでかたく絞る。
③ 野菜はせん切りにする。
④ 鍋に豆腐を入れて、くずしながら水気を飛ばすように炒め、そこに野菜を加え、調味料で味付けをする。
⑤ ④のあら熱がとれたら、溶いたたまごを加え、①にはさみ、オーブンで170℃で約10分間焼く。

洋 たらのフライタルタルソース

エ 437kcal
た 21.9g
脂 32.3g
塩 1.7g

材料（1人分, g）

- たら 100（1単位）
- 塩 0.8
- こしょう 少々
- 小麦粉 5
- たまご 5（0.1単位）
- 水 5ml
- パン粉 10
- 揚げ油（吸油 15）（1.5単位）
- [タルタルソース]
  - マヨネーズ 20（1.8単位）
  - たまねぎ 5
  - たまご 7（0.1単位）
  - ピクルス 5
  - パセリ

作り方

① たらに塩、こしょうし10分間おく。
② 小麦粉をまぶし、余分な粉は払いおとす。溶きたまごをつけ、パン粉をまぶす。
③ 油温を180℃に調節し②を揚げ、バットに金網を敷き、立てておく。
④ タルタルソースを作る。ゆでたまごは固ゆでにしてみじん切り、たまねぎもみじん切りにしてさらし、ふきんで絞る。ピクルスもみじん切りにし、パセリも葉の部分をみじん切りにする。ふきんに包んで水にさらし絞る。マヨネーズにこの材料を混ぜる。
⑤ 器に③を盛り、④をかける。

和 たいの信州蒸し

エ 227kcal
た 20.6g
脂 8.9g
塩 2.1g

材料(1人分, g)
たいの切り身 (養殖) 80
(1.3単位)
塩 0.4
茶そば(干) 10 (0.4単位)
卵白 10 (0.1単位)
酒 3
ねぎ 3
のり 少々
だし汁 50ml
[調味料]
　みりん 9
　しょうゆ 9

作り方
① たいは洗って塩をして、酒を振りかけておく。
② 茶そばはゆがいて卵白をまぶす。
③ たいを15分ほどおいてから、②のそばをのせて蒸す。
④ 鍋にかつおとこんぶで取っただしを用意し、調味する。
⑤ 蒸し上がった魚とそばの上からだしをかけて、きざみのりと、小口切りのねぎを散らす。

中 たいの重ね蒸し

エ 231kcal
た 21.8g
脂 12.3g
塩 1.1g

材料(1人分, g)
たいの切り身 (養殖) 80
(1.3単位)
[調味料A]
　酒 1　塩 0.4
　こしょう 少々
　かたくり粉 2
乾しいたけ 5
ハム 20 (0.5単位)
チンゲンサイ 30
[調味料B]
　湯(タン) 25ml
　ごま油 0.7
　塩 少々
　砂糖 1
　かたくり粉 2

作り方
① 魚はひと口大のそぎ切りにし、調味料Aをまぶす。
② しいたけは薄切り、ハムは魚の大きさにそろえて切る。
③ 魚、ハム、しいたけ、魚と交互に重ね油を薄く塗った器に並べる。
④ 蒸気のたった蒸し器に③を入れ、強火で8分蒸す。
⑤ チンゲンサイはゆでて、縦半分に切る。
⑥ 調味料Bを煮立てて、水溶きのかたくり粉をまわし入れてとろみをつける。
⑦ ④に⑤をあしらい、⑥を全体にかける。

中 たいの中華風サラダ

エ 307kcal
た 20.2g
脂 19.2g
塩 2.1g

材料(1人分, g)
たい (刺身用) 80 (1.3単位)
だいこん 15、にんじん 5
みょうが 3、白ねぎ 4
ぎょうざの皮 3
揚げ油(吸油 3) (0.3単位)
[たれ]
　ピーナッツ 5 (0.3単位)
　赤とうがらし
　にんにく 0.4
　ごま油 5 (0.5単位)
　みりん 10 (0.3単位)
　しょうゆ 14
香菜 適宜

作り方
① たいは薄造りにする。
② だいこん、にんじん、みょうが、ねぎはせん切りにする。
③ ぎょうざの皮はからっと揚げて砕く。
④ ピーナッツの渋皮を取り細かく切る。
⑤ にんにくと種を除いたとうがらしのみじん切りを焦がさないようにごま油で炒め、別器に移し調味料と④のピーナッツを加える。
⑥ だいこん、にんじんを皿に敷いて①のたいを広げて盛り、みょうが、ねぎと③を散らして⑤のたれをかけ、好みにより香菜を添える。

洋 わかさぎのエスカベーシュ

エ 244kcal
た 10.8g
脂 18.3g
塩 1.2g

材料(1人分, g)
わかさぎ 70 (0.7単位)
塩 0.3
こしょう 少々
小麦粉 5 (0.3単位)
揚げ油(吸油 7) (0.7単位)
たまねぎ 10
トマト 20
セロリー 10
パセリ 0.5
[合わせ酢]
　果実酢 8
　植物油 10 (1単位)
　砂糖 1
　塩 0.5
　こしょう 少々

作り方
① わかさぎは塩、こしょうを振って小麦粉をまぶし、180℃の油で揚げる。
② たまねぎは粗いみじん切りにし、水にさらし、ふきんに包んでかたく絞る。
③ トマトは湯むきにし、皮と種を取って7〜8mmの角切りにする。セロリーはすじを取って5mm角に切る。パセリはみじん切りにする。
④ 果実酢、油、砂糖、塩、こしょうをよく混ぜ合わせる。
⑤ ①の揚げたてのわかさぎに④をかけ、②のたまねぎと③のトマト、セロリーを加えて、冷蔵庫で冷やす。時々上下を返しまんべんなく調味液に漬ける。盛り付け時にパセリを振る。

基本料理の展開｜魚介類（たら・たい・ひらめ・かれい・きす等／1単位量=80〜100g）

食品・栄養

いわゆる代表的な白身魚で味は淡白，良質たんぱく質源として有効である。高たんぱく質で魚臭も少なく骨離れがよいので小児や病人や老人食に適する。筋原繊維たんぱく質が多く，塩を加えてすりつぶすと粘りや弾性が増し，すり身やかまぼこの食材として適する。冷凍による変性が比較的少ないので上手に解凍して使うとよい。新鮮なものはたい，かれい，ひらめは魚のもち味をいかした刺身，煮魚，塩焼きに適する。メルルーサは大型種の白身魚で低脂肪，高たんぱく，輸入魚で切り身で売られている，安価であるので揚げ物など大量調理に使われることが多い。わかさぎやきすは骨ごと食べられるよう調理の工夫をすると豊富に含まれるカルシウムやビタミンで骨密度がよくなる。

調理

1｜白身魚の刺身の場合は身がしまっているので薄造り（そぎ造り）にする。
2｜加熱により身がほぐれやすくなるのでゆでたり煮たりしてから身をほぐしそぼろや，離乳食，介護食にするとよい。

大量調理のポイント：
1｜加熱により，身がこわれやすいので重ならないように調理器具は底が平らなものを選んで使う。
2｜フライ等も身がこわれやすいのでパン粉などの衣をしっかりつけるとよい。

和 たらのけんちん焼き
エネルギー：116kcal　たんぱく質：17.1g　脂質：3.1g　塩分：1.2g

臨床栄養へのヒント
[エ] もともと低エネルギー。具を1/2量にする。[-32kcal]
[た] 豆腐とたまごを除き，野菜をかたくり粉少々でとじる。[-2.0g]
[脂] もともと低脂肪。たまごと豆腐を1/2量にする。[-1.5g]
[塩] たらの下味を付けず，軽く表面に塩を振るだけにする。中の味付けも薄くする。[-0.4g]
[軟菜食] やわらかくなるまで煮た野菜を詰める。

応用メニュー
1｜**たらのムニエル・トマトソース**：たらに塩，こしょう，小麦粉をまぶしフライパンで焼く。にんにく，たまねぎのみじん切りを炒め，さいの目切りにしたトマトを加え塩，こしょうで味を調える。
2｜**たらのコロッケ**：たらをワイン蒸しにし，大きめにほぐし，ゆでたじゃがいも，生クリーム，塩，こしょうと合わせ，パン粉をつけて揚げる。

組み合わせ例：ほうれんそうのみぞれ和え，糸こんぶの炒め煮，たまねぎとじゃがいものみそ汁

洋 たらのフライタルタルソース
エネルギー：437kcal　たんぱく質：21.9g　脂質：32.3g　塩分：1.7g

臨床栄養へのヒント
[エ] フライにしないでゆでる。[-138kcal]
[た] 指示されたたんぱく質の量により魚の量を減らす。10g減らす。[-1.8g]
[脂] エと同じ。[-15.0g]
[塩] 魚の下味の塩は除く。[-0.8g]
[軟菜食] フライにしないでゆでる。

応用メニュー
1｜**たらの南部揚げ**：たらはしょうゆとみりんで下味を付け，小麦粉をまぶし，卵白をつけ，黒ごまをまぶして揚げる。
2｜**たらのかぶら蒸し**：たらは塩，酒を振り，器に並べ，かぶをすりおろし水気をきり，卵白を混ぜたものをのせて蒸す。くずあんをかけて食べる。

組み合わせ例：きのこスープ，ゆで野菜のサラダ

和 たいの信州蒸し

エネルギー：227kcal　たんぱく質：20.6g　脂質：8.9g　塩分：2.1g

臨床栄養へのヒント
- エ たいをたらかメルルーサにかえる。[-22kcal]
- た 卵白をかたくり粉にかえる。[-2.2g]
- 脂 エと同じ。[-1.8g]
- 塩 たいに振る塩を除く。[-0.4g]
- 軟菜食 たいの皮を除き、ほぐす。茶そばはゆがいて細かく切る。ねぎは除く。

応用メニュー
1｜**たいの中華蒸し**：だし汁を鶏がらスープにかえ、白ねぎ、香菜を飾る。2｜**たいの照り焼き**：甘だいをみりんとしょうゆに漬け、フライパンまたはグリルで焼く。3｜**甘だいの甘酢あんかけ**：甘だいをから揚げにし、ピーマン、たまねぎを炒め、砂糖、酢、しょうゆ、トマトケチャップのあんでとじたものをかける。4｜**たいのピカタ**：溶きたまごにパルメザンチーズ、パセリを混ぜフライパンに油を入れ焼く。にんじんのグラッセを添える。

組み合わせ例：ながいもの梅酢和え、ほうれんそうとたまごの炒め物

中 たいの重ね蒸し

エネルギー：231kcal　たんぱく質：21.8g　脂質：12.3g　塩分：1.1g

臨床栄養へのヒント
- エ ハムをにんじんにかえる。[-35kcal]
- た エと同じ。[-3.2g]
- 脂 エと同じ。[-2.8g]
- 塩 エと同じ。[-0.6g]
- 軟菜食 しいたけは生を用いて細かくきざみ、チンゲンサイも細かくきざむ。

応用メニュー
1｜**たいのおろし煮**：煮立てた調味液で魚を八分どおり煮てだいこんおろしを加え煮含める。
2｜**たいのカルパッチョ**：刺身用を薄くそぎ切りにし、レタス、きゅうり、トマト、かいわれ菜などの野菜に添えオリーブ油、塩、黒こしょう、バジルなどのドレッシングをかける。
3｜**たいのから揚げ野菜あんかけ**：下味を付けたたいに小麦粉をつけてから揚げ、せん切りした白ねぎ、にんじん、しいたけ、青ねぎ、たけのこなどの野菜のあんをかける。

組み合わせ例：湯葉とみつばのすまし汁、しゅんぎくとえのきだけのごま和え物、さといもの含め煮

中 たいの中華風サラダ

エネルギー：307kcal　たんぱく質：20.2g　脂質：19.2g　塩分：2.1g

臨床栄養へのヒント
- エ ぎょうざの皮、揚げ油を除く。[-36kcal]
- た たいを40gにし、野菜（きゅうり）を増やす。[-3.8g]
- 脂 エと同じ。[-3.0g]
- 塩 たれのしょうゆを5gにし、酢を2g入れる。[-1.3g]
- 軟菜食 たいは蒸し煮して身をほぐし練りごまだれにする。野菜はやわらかくゆでる。

応用メニュー
1｜**たいの霜降り造り**：たいはそぎ切りにして熱湯を通し氷水で冷やし、三杯酢にたっぷりの小口ねぎを入れてかける。せん切りのりを散らす。
2｜**たいの香味揚げ**：たいの身を拍子木切りにしてしその葉で巻き、薄い天ぷらの衣をつけて油で揚げる。

組み合わせ例：中華風ドライカレー、スイートコーンスープ（玉米湯）

洋 わかさぎのエスカベーシュ

エネルギー：244kcal　たんぱく質：10.8g　脂質：18.3g　塩分：1.2g

臨床栄養へのヒント
- エ わかさぎを揚げずに焼くか、ホイル焼きにし、レモン汁か二杯酢で食べる。[-92kcal]
- た 基本のままでよい。
- 脂 エと同じにする。[-10.0g]
- 塩 わかさぎの揚げたものをレモン汁か二杯酢で食べる。[-0.5g]
- 軟菜食 油で揚げずにバターでソテーして、タルタルソースで食べる。

応用メニュー
1｜**わかさぎの紅葉焼き**：わかさぎに酒、しょうゆ、みりんで下味を付けホイルにバターを敷き、しめじと紅葉型に切ったにんじん、こんにゃくを盛り付け包み、オーブン（フライパン）で焼く。
2｜**わかさぎのタルタルソース添え**：わかさぎのフライを作り、タルタルソースを添える。
3｜**わかさぎのフリッター**：わかさぎに塩、こしょうをして衣（フリッター：薄力粉・卵白）をつけて揚げる。トマトソースを添える。

組み合わせ例：麻婆豆腐、だいこんとかいわれ菜の梅肉和え、大学いも

和 かれいの煮つけ

エ 107kcal
た 17.0g
脂 1.1g
塩 1.7g

材料(1人分, g)
まがれい　80 (1単位)
しょうが(薄切り)　5
[調味料]
　だし汁　120ml
　酒　3
　しょうゆ　10
　みりん　2
　砂糖　3 (0.2単位)
しょうが(針しょうが)
[付け合わせ]
　こまつな　30

作り方
①かれいの皮目に斜め十文字に浅く切り込みを入れる。
②鍋に調味料と薄切りしょうがを入れ煮立て、①の表面を上にして入れ、落としぶたをして10分位煮る。
③こまつなはゆでて3cmくらいに切っておく。
④②を器に盛り、煮汁をかけ針しょうがをのせ、③を付け合わせる。

和 かれいのから揚げ

エ 182kcal
た 16.5g
脂 11.2g
塩 1.4g

材料(1人分, g)
かれい(切り身)　80 (1単位)
[調味料]
　しょうゆ　8
　酒　5
　しょうが汁　1
揚げ油(吸油　10)(1単位)
ピーマン　20
レモン(1/8個)　10

作り方
①かれいの皮目に斜め十文字に浅く切り込みを入れる。
②しょうゆ、酒、しょうが汁につけて15分程おく。
③ピーマンは縦割りにして種を除き、素揚げにする。
④かれいの下味をきり、かたくり粉をつけ180℃の油で揚げる。
⑤レモンはよく洗って、くし形に切り、切り口を落とし、種を出しておく。
⑥皿にかれいのから揚げ、ピーマン、レモンのくし形をのせる。

中 中華風かれいの蒸し物

エ 134kcal
た 19.1g
脂 2.6g
塩 2.4g

材料(1人分, g)
かれい　80 (1単位)
セロリー　15
乾しいたけ　0.5
たけのこ　20
豆鼓(ドウチー)　10
八丁みそ　4
にんにく　0.5
長ねぎ　50
しょうが　1.5
しょうゆ　4
砂糖　0.7
鶏がらスープの素　少々
かたくり粉　1

作り方
①かれいの皮目に斜め十文字に浅く切り込みを入れる。
②セロリーは筋を取り、乾しいたけはもどし、たけのこはゆでてそれぞれ3～4mm角に切る。
③豆鼓は細かくきざむ。
④②、③に八丁みそ、にんにく、長ねぎ、しょうがのみじん切り、しょうゆ、砂糖、鶏がらスープの素を混ぜ合わせ、かたくり粉の水溶きを加え、①にのせて蒸気のあがった蒸し器に入れ、強火で10～15分蒸す。

洋 ひらめのピカタ

エ 265kcal
た 22.9g
脂 13.0g
塩 1.2g

材料(1人分, g)
ひらめ(養殖)　80 (1単位)
[調味料]
　塩　0.6
　こしょう　少量
小麦粉　4 (0.2単位)
たまご　15 (0.3単位)
粉チーズ　6 (0.1単位)
植物油　4 (0.4単位)
トマトソース　8 (0.1単位)
かぼちゃ　40 (0.4単位)
さやいんげん　20
[調味料]
　バター　3 (0.1単位)
　塩　0.2

作り方
①ひらめは塩、こしょうを振る。②たまごと粉チーズは混ぜる。③ひらめの水気を拭き、小麦粉をまぶし、②を全体にからめる。④フライパンに植物油を熱し、ひらめを入れて焼く。きれいな焼き色がついたら裏返し、中まで火を通す。⑤かぼちゃは1.5cm角に切り、鍋に入れ、しょうが、塩、ひたひたの水を加え、火にかけ、やわらかくなるまで煮る。⑥さやいんげんは沸とう湯でゆで、6cmの長さに切る。⑦皿にトマトソースを敷き、ひらめを盛り、かぼちゃとさやいんげんを添える。

洋 ひらめのカルパッチョ

エ 156kcal
た 16.9g
脂 7.9g
塩 0.6g

材料(1人分, g)
ひらめ 75 (0.9単位)
塩 0.2
白こしょう 少々
イタリアンパセリ 少々
プチトマト 20
[調味料]
　オリーブ油 5 (0.5単位)
　レモン汁 2
　りんご酢 5
　バルサミコ酢 5
　塩 0.3
　白こしょう 少々

作り方
①薄く切ったひらめを重ならないように皿に並べて塩、こしょうを振る。
②ボウルに調味料を入れ、混ぜる。
③①にイタリアンパセリ、プチトマトを飾り、食べる直前に②をかける。

洋 白身魚のガーリックソテー

エ 246kcal
た 16.6g
脂 16.6g
塩 2.0g

材料(1人分, g)
白身魚(メルルーサ) 80 (0.8単位)
にんにく(おろし) 3
白ワイン 10
小麦粉 3
植物油 2 (0.2単位)
[ソース]
　ベーコン 15 (0.8単位)
　トマト 50 (0.1単位)
　にんにく(スライス) 3
　バター 10 (1単位)
　塩 1.5
　こしょう 少々
　パセリ(みじん) 3

作り方
①魚をボウルに入れておろしたにんにくをまぶして15分位おく。
②①に小麦粉を薄くまぶしてフライパンに植物油を入れ熱して両面をこんがりと焼き、白ワインを振り入れてふたをして蒸し焼きにする。
③②の魚を取り出した後のフライパンにバターを入れ角切りのベーコン、トマト、パセリとスライスにんにくを加えてさっと炒め、塩、こしょうで調味しソースを作る。
④器に盛った魚にソースをたっぷりかける。

和 きすの三色揚げ

エ 180kcal
た 13.6g
脂 9.0g
塩 0.7g

材料(1人分, g)
きす 60 (0.6単位)
塩 0.5
小麦粉 6 (0.3単位)
卵白 3
ごま 5 (0.4単位)
はるさめ 5
しその葉 2
揚げ油(吸油 6) (0.6単位)
レモン 10

作り方
①きすは3枚におろし、塩で下味を付ける。
②きすに小麦粉をつけ、卵白をくぐらせてから、ごま、1cmに切ったはるさめ、せん切りにしたしその葉をつけて、170℃の揚油で揚げる。
③器に3色を盛り付けレモンを添える。

洋 きすのフライ

エ 251kcal
た 15.4g
脂 15.0g
塩 1.1g

材料(1人分, g)
きす(開き) 60 (0.6単位)
塩 0.5, こしょう 少々
白ぶどう酒 2.5
[衣]
　小麦粉 6 (0.3単位)
　たまご 10 (0.2単位)
　生パン粉 10 (0.4単位)
揚げ油(吸油 5) (0.5単位)
[タルタルソース]
　マヨネーズ 10 (0.9単位)
　ピクルス 5
　ゆでたまご 10 (0.2単位)
　たまねぎ 5
　パセリ 少々
レモン 10

作り方
①きすを腹開きにして中骨を取り、塩、こしょうして白ぶどう酒を振りかける。
②①のきすに小麦粉、溶きたまご、生パン粉をつけ、180℃の揚げ油で揚げる。
③タルタルソースを作る。マヨネーズにみじん切りにしたピクルスとゆでたまご、パセリ、みじん切りにして水にさらしたたまねぎを混ぜる。
④②を皿に盛り、タルタルソースをかけ、薄切りのレモンを添える。

和 かれいの煮つけ

エネルギー：107kcal　たんぱく質：17.0g　脂質：1.1g　塩分：1.7g

臨床栄養へのヒント
- エ 基本のままでよい。
- た かれいを40gにする。[-7.9g]
- 脂 基本のままでよい。
- 塩 かれいのムニエル（バター5g使用）にしてレモン汁で食す。[-1.4g]
- 軟菜食 こまつなをほうれんそうにかえる。

応用メニュー
1 | かれいのムニエル：かれいに小麦粉をまぶし，バターで焼く。
2 | かれいのから揚げ：かたくり粉をまぶし油で揚げる。
3 | かれいのカルパッチョ：薄く切ったかれいを皿に並べ，塩，こしょうを振り，ドレッシングをかける。

組み合わせ例：酢の物，野菜のかき揚げ，すまし汁

和 かれいのから揚げ

エネルギー：182kcal　たんぱく質：16.5g　脂質：11.2g　塩分：1.4g

臨床栄養へのヒント
- エ かれいは揚げないでかたくり粉をつけて少量の油で焼くか素焼きにする。[-70kcal]
- た かれいの量を減らす。[-3.9g]
- 脂 かれいは揚げないでかたくり粉をつけて少量の油で焼く。[-8g]
- 塩 かれいの下味のしょうゆを1/2量にする。[-0.6g]
- 軟菜食 かれいは揚げないで煮る。ピーマン，レモンは除く。

応用メニュー
1 | かれいの煮つけ：かれいをしょうがの薄切りを加えた煮汁で煮る。
2 | かれいの五目あんかけ：かれいはから揚げにし，たけのこ，にんじん，しいたけ，ピーマンのせん切りのあんかけをかける。
3 | かれいのエスカベーシュ：かれいを揚げ，たまねぎ，トマト，カラーピーマンを1cmの角切りにしたものを植物油，酢，塩，白ワインで和え，その中にかれいを漬け込む。

組み合わせ例：なすとみょうがのみそ汁，かぼちゃの含め煮，ほうれんそうとしめじのおひたし

中 中華風かれいの蒸し物

エネルギー：134kcal　たんぱく質：19.1g　脂質：2.6g　塩分：2.4g

臨床栄養へのヒント
- エ 基本のままでよい。
- た かれいを50gにする。[-5.7g]
- 脂 基本のままでよい。
- 塩 調味料を1/2量にする。[-0.9g]
- 軟菜食 魚の身をほぐし野菜をじゃがいも，やわらかい野菜などにかえる。

応用メニュー
1 | かれいのあんかけ：かれいをこんがり焼いて野菜あんをかける。
2 | かれいの山かけ蒸し：やまいもに卵白をよく混ぜ，そぎ切りのかれいにかけて蒸し，八方汁をかける。

組み合わせ例：わかめと野菜のスープ，チンゲンサイのオイスターソース炒め

洋 ひらめのピカタ

エネルギー：265kcal　たんぱく質：22.9g　脂質：13.0g　塩分：1.2g

臨床栄養へのヒント
- エ 粉チーズを除き，油を1/2量にする。[-66kcal]
- た たまごを5gにし，チーズを除く。[-5.6g]
- 脂 バターを除き，植物油を2gにする。[-7.6g]
- 塩 粉チーズを除く。[-0.4g]
- 軟菜食 ひらめをそぎ切りにして使う。

応用メニュー
1 | ひらめのからし揚げ：ひらめにしょうゆ，みりん，練りがらしをつけ30分おきかたくり粉をまぶし油で揚げる。
2 | ひらめのけんちん焼き：にんじん，しいたけ，豆腐を炒め，塩，みりんを加えグリンピースを加え炒め，ひらめの切り口に炒めたものを詰めオーブンで焼く。
3 | ひらめのムニエルプロバンス風：ひらめをフライパンで焼き，たまねぎ，トマト，にんにくを合わせたソースをひらめの上にかける。

組み合わせ例：ひじきとピーマンの和風サラダ，野菜のミルクスープ

洋 ひらめのカルパッチョ

エネルギー：156kcal　たんぱく質：16.9g　脂質：7.9g　塩分：0.6g

臨床栄養へのヒント
- エ オリーブ油を2gにする。[-27kcal]
- た ひらめを30gにする。[-4.2g]
- 脂 エと同じ。[-3.0g]
- 塩 基本のままでよい。
- 軟菜食 プチトマトを除く。

応用メニュー
1 | ひらめの刺身：ひらめを薄切りにして刺身にする。
2 | ひらめのムニエル：小麦粉をまぶしてバターで焼く。
3 | ひらめと野菜の甘酢あんかけ：ひらめは薄切りにして、小麦粉をまぶしから揚げにする。たまねぎ、にんじん、しめじ、たけのこを炒め、甘酢あんを作り、ひらめと合わせる。

組み合わせ例：ポテトサラダ，ミネストローネ，果物

洋 白身魚のガーリックソテー

エネルギー：246kcal　たんぱく質：16.6g　脂質：16.6g　塩分：2.0g

臨床栄養へのヒント
- エ バター1/2量(5g)にする。[-36kcal] ベーコンは味覚上減らしたくない。
- た 魚を1/2量にする。[-5.1g]
- 脂 バター1/2量(5g)にする。[-4.0g] マーガリンを利用する。
- 塩 無塩バターを利用する。塩を少なめにする。

応用メニュー
1 | 白身の魚なら色々なものが利用可(メルルーサ、シルバー、バラクーダ等)。
2 | ソースにはたまねぎ、セロリーなど香菜のみじん切りが利用できる。

組み合わせ例：鶏ささみ入りサラダ，ポタージュスープ

和 きすの三色揚げ

エネルギー：180kcal　たんぱく質：13.6g　脂質：9.0g　塩分：0.7g

臨床栄養へのヒント
- エ 基本のままでよい。
- た きすの量を制限する。
- 脂 はるさめの衣をやめる。[-2.0g]
- 塩 レモンなどで食べる。
- 軟菜食 ごまは除く。

応用メニュー
1 | きすの磯辺揚げ：3枚におろしたきすに下味を付けかたくり粉をまぶし、真ん中をのりで巻いて揚げる。
2 | きすのから揚げサラダ風：きすのから揚げをレタス、きゅうり、ラディッシュ、クレソンといっしょにドレッシングで和える。
3 | きすのチーズ巻きフライ：きすにしその葉とチーズをのせて巻き、フライにし、切り口を出して盛り付ける。

組み合わせ例：けんちん汁，ひじきとレタスのサラダ

洋 きすのフライ

エネルギー：251kcal　たんぱく質：15.4g　脂質：15.0g　塩分：1.1g

臨床栄養へのヒント
- エ タルタルソースを使わず、くし切りのレモンを添える。[-89kcal]
- た エと同じ。[-1.7g]
- 脂 エと同じ。[-8.2g]
- 塩 エと同じ。[-0.3g]
- 軟菜食 きすの身を薄切りにしてフライとする。

応用メニュー
1 | きすの英国風フライ：きすの腹に味を付けたすり身を詰めてフライにする。
2 | きすの天ぷら：腹開きにしたきすに天ぷらの衣をつけて揚げ、天つゆを添える。

組み合わせ例：かにときゅうりのサラダ，コンソメスープ

主菜の部 | 魚介類 （さけ・あじ・いさき・まぐろ等／1単位量＝50〜65g）

□g ＝1単位量

- べにさけ　80g（60g）
- あじ（三枚おろし）　60g（60g）
- いさき　175g（60g）
- まぐろ（赤身）　65g（60g）
- かつお　100g（80g、秋は40g）
- あゆ（養殖）　120g（60g）
- ししゃも　56g（40g）

和 さけの若草焼き

エ 200kcal
た 19.2g
脂 11.1g
塩 1.4g

材料（1人分, g）
生さけ　80（1.3単位）
[調味料]
　酒　3
　白だし　3
　しょうゆ　3
[衣]
　ほうれんそう（葉）　5
　卵黄　6（0.3単位）
　コーンスターチ　1
　塩　0.3
　砂糖　0.8
　植物油　6（0.6単位）
サラダ菜　10
はじかみ　1本

作り方
① さけは調味料に漬け、約20分おく。
② ほうれんそうはゆでてかたく絞り、細かく切り、フライパンでから炒りする。
③ ボールに卵黄、コーンスターチ、塩、砂糖を混ぜ合せ、油を少しずつ加え、よく混ぜ、②を加え軽く混ぜる。
④ 天板にアルミ箔を敷き、油（分量外）を薄く塗り、さけの皮を下にしておき、200℃のオーブンで10分間焼く。
⑤ オーブンから取り出し、③をさけの表面に塗り、表面が乾く程度までもう一度焼く。
⑥ 器にサラダ菜を敷き、さけをのせ、はじかみを添える。

和 さけの包み焼き

エ 121kcal
た 16.9g
脂 3.3g
塩 0.8g

材料（1人分, g）
生さけ　70（1.2単位）
ねぎ　30
生しいたけ　30
[調味料]
　塩　0.7
　こしょう　少々
　酒　7.5
　レモン　5

作り方
① さけはそぎ切りにして塩、こしょうを振る。しいたけはそぎ切り、ねぎは斜めに切る。
② クッキングシート（20cm）の上に1/2量のしいたけ、ねぎを敷き、その上にさけをのせ、残りのしいたけ、ねぎをさけの間にはさんで並べる。酒を全体に振り、クッキングシートで包む。
③ 焼き網で5〜7分焼き、レモンを添える。

サーモンのオイル焼き

エ 195kcal
た 18.7g
脂 11.7g
塩 1.2g

材料(1人分, g)
生さけ　80(1.3単位)
植物油　5(0.5単位)
[ソース]
　りんご　20(0.1単位)
　マッシュルーム　15
　ピーマン　10
　植物油　3(0.3単位)
　しょうゆ　1
　塩　1
　こしょう　少々

作り方
①フライパンに油を熱し、さけは両面をこんがり焼く。
②りんごは短冊切りして塩水に漬ける。マッシュルーム、ピーマンは縦に切る。
③油で②を炒め、調味する。
④さけを盛り付け、上からソースをかける。

サーモンのマヨネーズ焼き

エ 164kcal
た 13.6g
脂 11.5g
塩 0.8g

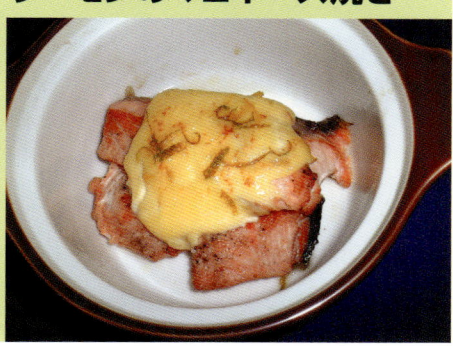

材料(1人分, g)
生さけ　60(1単位)
マヨネーズ　12(1単位)
ゆず皮
塩　0.5
こしょう　少々

作り方
①ゆずの皮をせん切りにし、マヨネーズに混ぜる。
②さけはひと切れを2つにそぎ切りにして薄く塩、こしょうをし、フライパンで両面を焼く。
③ココット型にさけを入れて①をかけて200℃のオーブンで5～6分焼く。

サーモンのクリームソース

エ 304kcal
た 23.0g
脂 21.1g
塩 1.6g

材料(1人分, g)
生さけ　90(1.5単位)
塩　0.5
長ねぎ　30
しめじ　30
コンソメの素　0.7
水　75ml
ローリエ
生クリーム　40(2単位)
白こしょう　少々
塩　0.5
パセリ　0.7

作り方
①生さけに塩を振り下味を付ける。
②長ねぎは、3cmの斜め切り、しめじは小わけにし、パセリはさらしパセリにする。
③湯をわかしコンソメの素を溶かし、しめじ、長ねぎ、ローリエを入れ煮る。火が通ったら、生クリームを入れる。塩と白こしょうを入れ、味を調える。
④下味の付いたさけの水分を拭き、250℃のオーブンで8分焼く。
⑤焼きあがったさけに、クリームソースをかけ、さらしパセリを散らす。

サーモンのホイル焼き

エ 168kcal
た 19.0g
脂 7.9g
塩 0.8g

材料(1人分, g)
生さけ　80(1.3単位)
[下味]
　塩　0.6
　こしょう　少々
　白ワイン　3
たまねぎ　20
生しいたけ　10
しめじ　10
にんじん　5
バター　5(0.2単位)
レモン　10

作り方
①さけは塩、こしょうをする。
②たまねぎ、にんじんはせん切りにし、生しいたけは傘を3等分にそぎ切りにする。しめじは石づきを切り落として、手で小房にほぐす。
③さけの水気を軽くふき、白ワインを振る。
④アルミホイルに(20cm)③をのせ、その上にたまねぎ、しいたけ、しめじ、にんじん、最後にバターをのせてアルミホイルの真中、両端を折りたたんで包む。
⑤200℃に温めたオーブンで7分ほど焼く。
⑥器にのせレモンのくし切りを添える。

基本料理の展開 | 魚介類 (さけ・あじ・いさき・まぐろ等／1単位量=50〜65g)

食品・栄養

　さけは白身魚の仲間であるがサーモンピンク（アスタキサンチン）がリン脂質の合成を抑制し，豊富なビタミンB_2が働き過酸化脂質発生抑制の効果がありがん予防に役立つ。たんぱく質と脂質の量のバランスがよくビタミンB群のバランスもよい。脂肪酸のIPA(EPA)やDHAなど健康上注目される成分が多く含まれる。鮮度のよいものは，生食もできるが一度凍らせて作るルイベが有名である。生のほか水煮缶詰はカルシウムを効率よく摂取できる。

　また，塩さけは焼いておにぎりなどの具にする。

　あじ，いさき，あゆは白身魚で良質たんぱく質を多く含み比較的脂肪が少ない。ビタミンB_2，DHAが豊富で脳や，体の成育，発達に役立つ。小型のあじは骨ごと食べる調理をすると効率よくカルシウムがとれる。いさきは加熱後身がほぐれやすいので子供や老人によい。

　まぐろやかつおは赤身魚。まぐろは赤身，トロ，血合いと部位により味わいも栄養も特徴がある。赤身は魚の中でトップクラスの質と量のたんぱく質を含み体内組織を活発にするので成長期の体の発達によい。鉄分を多く含むトロや目玉の回りのゼラチン質にDHAが多く含まれるので成長期の脳の発達や記憶力によい。トロは赤身に比べエネルギーが3倍も多い。

　あゆは夏と秋では栄養価がかなり異なる。また天然魚は脂身が減るのでエネルギー量を減らすのによい。

調理

1 | まぐろの他は皮ごと調理するのが好ましい。まぐろ，かつおは加熱により身がかたくなり消化力も劣るので加熱しすぎない。
2 | 刺身など生食の場合は身がやわらかいので大名造り，平造り，角造りなど大きめに切る。
3 | いさき，あゆの塩焼きはおどり串がよい。
4 | あじはうろこのほかに"ぜいご"を取り除く。

大量調理のポイント：1 | 冷凍魚が使われるが低温解凍を行い表面の水分を拭き取ってから調理しないと味が薄くなるので注意。

2 | まぐろやかつおは焼く，揚げる場合，身を薄くして加熱する。さけ，いさきは適当な厚みをもたせて加熱調理する。

和 さけの若草焼き

エネルギー：200kcal　たんぱく質：19.2g　脂質：11.1g　塩分：1.4g

臨床栄養へのヒント

エ さけに塗る衣の量を2/3にする。[-28kcal]
た さけを60gにする。[-4.0g]
脂 油を1/2量にする。かたすぎる場合，酒で補う。[-3.0g]
塩 塩は除く。[-0.3g]
軟菜食 ほうれんそうは，みじん切りにする。

応用メニュー

1 | さわらの若草焼き：さけをさわらにかえる。
2 | さけのあんかけ：焼いたさけに，ゆでたほうれんそうをだし汁で煮たあんをかける。
3 | さけのチーズ焼き：さけの上にほうれんそうを散らし，スライスチーズをのせて焼く。
4 | さけのカラフル焼き：ほうれんそうをカラーピーマン（赤・緑・黄）のみじん切りにかえる。

組み合わせ例：みそ汁，切り干しだいこんの炒め煮

和 さけの包み焼き

エネルギー：121kcal　たんぱく質：16.9g　脂質：3.3g　塩分：0.8g

臨床栄養へのヒント

エ たいなどの白身魚にかえ，バターを1/2量にする。[-92kcal]
た 指示されたたんぱく質量により生さけの量を減らす。
脂 たいなどの白身魚にかえ，バターを除く。[-11.6g]
塩 制限が厳しい場合は塩を除く。[-0.6g]
軟菜食 生しいたけ，しめじを除き，たまねぎを増やす。

応用メニュー

1 | さけのチーズ焼：生さけに塩，こしょうをする。溶きたまごをつけ，粉チーズを全体に押しつけるようにつけて，耐熱皿にバターを塗りさけを入れ180℃のオーブンで25分ほど焼く。2 | さけの鍋照焼き：生さけはしょうゆ，みりんに漬け，フライパンに油を熱して焼く。魚に火が通ったら，残りのつけ汁を加え，からめる。3 | さけのマリネ：スモークサーモンはひと口大に切る。たまねぎと紫たまねぎはせん切りにして水にさらし水気をきっておく。レタスは手でちぎる。材料を合わせてマリネ液で和える。

組み合わせ例：コンソメスープ，じゃがいもの白煮，ブロッコリーのからしじょうゆ和え

洋 サーモンのオイル焼き
エネルギー：195kcal　たんぱく質：18.7g　脂質：11.7g　塩分：1.2g

臨床栄養へのヒント
- ［エ］さけを60gに，油を2gにする。[-46kcal]
さけにかたくり粉8gをつけてゆでる。[-19.7kcal]
- ［た］さけを60gにする。[-4.5g]
- ［脂］かたくり粉をつけてゆでる。[-5.0g]
- ［塩］ソースに塩を加えず，レモンを添える。[-1.0g]
- ［軟菜食］さけはかたくり粉をつけてゆでる。しめじをモロヘイヤにかえてゆで，すりおろしたりんごと共にソースとする。

応用メニュー
1 | ゆでサーモン：さけを焼かずにゆでる（かたくり粉をつけてゆでると魚の旨味を逃がさない）。
2 | さけのムニエル風：さけに小麦粉をつけて焼く。
3 | さけのそぼろソース：ソースの材料にひき肉を加える。
4 | さけの漬け焼き風：さけをオリーブ油，バジルの中に20分程度漬け込んでから焼く。

組み合わせ例：豆腐とオクラのスープ，たまねぎとハムのマッシュポテト，なすのマリネ風

洋 サーモンのマヨネーズ焼き
エネルギー：164kcal　たんぱく質：13.6g　脂質：11.5g　塩分：0.8g

臨床栄養へのヒント
- ［エ］マヨネーズの1/2量を白みそとかえる。[-29kcal]
- ［た］さけをたらとかえる。[-2.5g]
- ［脂］エと同じ。[-4.3g]
- ［塩］塩を除き，レモンを添える。[-0.5g]
- ［軟菜食］さけの皮を取り除き，マヨネーズは省く。

応用メニュー
1 | さけのフライ：さけに塩，こしょうで下味を付け，小麦粉，溶きたまご，パン粉の順につけて揚げる。
2 | さけのムニエル：さけに塩，こしょうで下味を付け小麦粉をはたいてバターを熱したフライパンでソテーする。
3 | さけと野菜としめじのホイル焼き：下味を付けたさけの切り身と白ねぎ，にんじん，しめじ，銀杏をホイルに包んでオーブンで焼く。
4 | さけの酒蒸しタルタルソース：酒蒸したさけにタルタルソースをかける。

組み合わせ例：はくさいと厚揚げのみそ汁，きゅうりとくらげの中華和え，さつまいもとこんぶの煮物

洋 サーモンのクリームソース
エネルギー：304kcal　たんぱく質：23.0g　脂質：21.1g　塩分：1.6g

臨床栄養へのヒント
- ［エ］さけをだし，しょうゆ，みりんで煮る。[-160kcal]
- ［た］さけを1/2量にして，スキムミルクを使い，シチューにする。[-8.9g]
- ［脂］焼き魚にする。[-16.7g]
- ［塩］ムニエルにする。[-0.5g]
- ［軟菜食］しめじは除き，ねぎは細かく切る。

応用メニュー
1 | コールドサーモン：野菜と一緒にゆで，そのままゆで汁につけ冷やし，マヨネーズを添える。
2 | さけのイタリア風ソテー：さけをオリーブオイルで焼き，トマトソースを添える。
3 | 揚げさけのみぞれ煮：さけのから揚げをだいこんおろしでさっと煮る。
4 | さけの南蛮漬け：ひと口大にして揚げ，たまねぎ，にんじんを入れた南蛮酢にひたす。

組み合わせ例：アスパラガスのごま和え，野菜スープ，フルーツ盛り合わせ

洋 サーモンのホイル焼き
エネルギー：168kcal　たんぱく質：19.0g　脂質：7.9g　塩分：0.8g

臨床栄養へのヒント
- ［エ］さけをたらにかえる。[-43kcal]
- ［た］さけを1/2量にし，アスパラガスとじゃがいもを加える。[-7.9g]
- ［脂］エと同じ。[-3.0g]
- ［塩］塩を除く。[-0.7g]
- ［軟菜食］しいたけを除く。

応用メニュー
1 | さけのムニエル：さけに塩，こしょうをし，小麦粉をまぶし，バターで焼く。
2 | さけフライ：さけに塩，こしょうをし，小麦粉，溶きたまご，パン粉をつけて油で揚げる。
3 | さけのミルク煮：炒めたたまねぎとさけ，チンゲンサイをコンソメ，牛乳，塩，こしょうで煮て，かたくり粉でとろみをつける。
4 | さけの漬け焼き：さけをしょうゆ，酒，みりんに20分漬け，網にさけをのせて，漬け汁をはけで塗りながら焼く。

組み合わせ例：なすのみそ汁，ブロッコリーのおひたし，れんこんのきんぴら

サーモンとポテトのグラタン 〔洋〕

エ 283kcal
た 19.6
脂 10.4g
塩 1.4g

材料(1人分, g)
さけ　60(1単位)
じゃがいも　120(1.1単位)
たまねぎ(薄切り)　25
ブイヨン　25ml
酒　7.5
グリンピース(冷凍)　10
牛乳　26ml(0.2単位)
生クリーム　12(0.6単位)
粉チーズ　5(0.1単位)
塩　1
こしょう　少々

作り方
① たまねぎ、ブイヨン、酒、こしょうを鍋に入れさけを並べる。ふたをして、中火より弱めの火で約10分蒸し煮にする。そのまま冷まし、さけの皮と骨を除き粗くほぐし、たまねぎと混ぜておく。
② じゃがいもは、皮をむいてひと口大に切り水からゆでる。ゆで汁を捨てて粉ふきいもにし、熱いうちにつぶして熱湯でもどしたグリンピース、牛乳、塩、こしょう、生クリームの順に混ぜておく。
③ グラタン皿に②を入れ、①を形よく並べ粉チーズを振る。220℃に熱したオーブンで7~8分焼く。

サーモンのマリネ 〔洋〕

エ 244kcal
た 14.4g
脂 13.9g
塩 1.6g

材料(1人分, g)
紅さけ　60(1単位)
塩　1, こしょう　少々
小麦粉　8(0.4単位)
揚げ油(吸油 3)(0.3単位)
白ワイン　6
たまねぎ　5, トマト　5
ピーマン　5, レモン　5
[マリナード]
　酢(レモン汁)　20
　砂糖　3
　オリーブ油　8(0.8単位)
　塩　0.5, こしょう　少々
　ローリエ　1枚
　レモン　10

作り方
① さけの切り身に塩、こしょうをすりつけしばらくおく。② ①の水気を拭き取り、小麦粉をまぶして180℃の熱した揚げ油でカラリと揚げ、白ワインをかける。③ たまねぎは薄切りにし、塩を振ってよくもみ、水洗いして水気をきる。④ トマトとピーマンを薄くせん切り、ピーマンは熱湯に通す。レモンは輪切りにする。⑤ 調味料を合わせてマリナードを作り、③④の野菜と混ぜる。⑥ ②のさけに⑤を汁ごとかけ、しばらくおいて味をなじませる。⑦ 皿にさけを取り、野菜とレモンを添える。

あじの南蛮漬け 〔和〕

エ 158kcal
た 13.1g
脂 4.4g
塩 4.4g

材料(1人分, g)
小あじ　50(0.8単位)
小麦粉　5(0.3単位)
赤とうがらし　1/2本
だしこんぶ(3cm角)　1枚
揚げ油(吸油 2.5)(0.3単位)
[合わせ調味料]
　酢　25
　しょうゆ　28
　みりん　5(0.2単位)
　砂糖　4

作り方
① あじはうろこ、えら、ぜいごを取り除き、裏側の腹部に約2cmの切り口をつけ、そこから内臓を取り出し水洗いする。
② ①のあじの水気をよくとり、小麦粉をまぶし170℃でから揚げ、取り出し、温度を少し上げてもう一度揚げ、カリッとさせる(二度揚げ)。
③ 赤とうがらしの種を除き、小口切りにする。これを調味料、だしこんぶを合わせた中に加え、ひと煮立ちさせて冷ます。
④ ②のあじを③の南蛮酢に漬け、半日位おいて味をしみ込ませる。

あじの朝鮮焼き 〔中〕

エ 126kcal
た 14.1g
脂 4.5g
塩 1.2g

材料(1人分, g)
あじ　60(1単位)
[たれ]
　コチュジャン　5
　みりん　5(0.2単位)
　酒　3
　しょうゆ　3
　にら　5
　ねぎ　5
　しょうが　1
　白ごま　2
　植物油　1(0.1単位)

作り方
① にらは5mmの小口切りにし、ねぎとしょうがは粗いみじん切りにしておく。
② たれの調味料を合わせ、あじを約30分漬けておく。
③ 180℃のオーブンで約7分焼く。

洋　あじのムニエル

エ 245kcal
た 14.6g
脂 14.7g
塩 1.4g

材料(1人分, g)
- あじ(切り身)　65(1.1単位)
- 塩　少々, こしょう　少々
- 小麦粉　3
- 植物油　4(0.4単位)
- バター　2(0.2単位)
- [バターソース]
  - バター　8(0.6単位)
  - レモン汁　少々
- [粉ふきいも]
  - じゃがいも　50(0.5単位)
  - 塩, こしょう　少々
  - パセリ　少々
- レモン　10

作り方
①三枚おろしにしたあじに, 塩, こしょうして, しばらくおき, 水気を取って小麦粉をまぶす。②フライパンに植物油とバターを入れて熱し, ①のあじの身を下側にして焼き, 焼き色がついたら裏返して焼く。③②のフライパンにバターを溶かし, レモン汁を振りかけ, バターソースを作る。④じゃがいもの皮をむき, 適当な大きさに切ってやわらかくゆで, 水を捨てて粉をふかし, 塩, こしょうした粉ふきいもを作る。パセリのみじん切りをまぶす。⑤②のあじを皿に盛り, バターソースをかけ, レモンの薄切りをのせ, 粉ふきいもを添える。

洋　あじのはさみ揚げ

エ 334kcal
た 24.9g
脂 16.7g
塩 0.7g

材料(1人分, g)
- あじ　90(1.5単位)
- 小麦粉　5(0.3単位)
- チーズ　10(0.2単位)
- しその葉　2
- 小麦粉　10(0.6単位)
- たまご　10(0.2単位)
- 水　5ml
- パン粉(乾)　10(0.4単位)
- 揚げ油(吸油　9)(0.9単位)
- 穂じそ　1枝

作り方
①あじは腹開きにして, 小麦粉を軽くはたく。
②チーズはあじの大きさに切り, しその葉で包む。
③あじの間に②をはさみ, 小麦粉をつけ, 水溶きたまご, パン粉をつけて, 油で揚げる。
④皿に盛り付け, 穂じそをあしらう。

和　いさきの黄身揚げ

エ 273kcal
た 13.9g
脂 14.4g
塩 1.8g

材料(1人分, g)
- いさき　60(1単位)
- 小麦粉　10(0.6単位)
- 卵黄　7(0.3単位)
- だいこん　25
- 赤とうがらし　1/2本
- れんこん　25(0.2単位)
- グリーンアスパラガス　10
- 青ねぎ　5
- [天つゆ]
  - だし汁　60
  - みりん　10(0.4単位)
  - 淡口しょうゆ　10
- 揚げ油(吸油　8.5)(0.9単位)

作り方
①卵黄を同量の水で溶き, 小麦粉を混ぜて黄身衣を作る。
②れんこんを薄く切って水にさらし, 約30分陰干しにし, 素揚げする。
③アスパラガスは黄身衣をつけて揚げる。
④いさきは3枚におろし, 小麦粉を振って, 黄身衣をつけて揚げる。
⑤だいこんに菜箸をついて穴をあけ, 赤とうがらしを差し込み, おろし金ですり, もみじおろしを作る。
⑥青ねぎは小口切りにする。
⑦天つゆは材料をひと煮立ちさせる。
⑧②③④を器に盛り, もみじおろしと青ねぎを添える。

中　いさきの中華風あんかけ

エ 257kcal
た 17.5g
脂 15.0g
塩 1.8g

材料(1人分, g)
- いさき　90(1.5単位)
- 塩　0.4
- 小麦粉　8(0.5単位)
- 揚げ油(吸油　10)(1単位)
- ゆでたけのこ　10
- 生しいたけ　10
- にんじん　10
- ピーマン　10
- [あん]
  - 湯(タン)　50ml
  - しょうゆ　3
  - 塩　0.5
  - しょうが汁　2
  - 酒　6
  - かたくり粉　1

作り方
①いさきは切り身を3～4つに切りわけ, 塩を振り, 小麦粉を薄くまぶし, 180℃の油で, カラッと揚げる。
②たけのこ, にんじん, ピーマンはせん切りにし, 生しいたけは軸を取り, 薄切りにする。
③あんを作る。鍋にかたくり粉以外の調味料を入れ, 火にかけ, ②の野菜をたけのこ, にんじん, 生しいたけ, ピーマンの順に加え煮る。最後に水溶きかたくり粉を加える。
④器に①の魚を盛り, ③のあんをかける。

洋 サーモンとポテトのグラタン　　エネルギー：283kcal　たんぱく質：19.6g　脂質：10.4g　塩分：1.4g

臨床栄養へのヒント
- エ 生クリームを除く。[-52kcal]
- た さけを除く。[-10.4g]
- 脂 エと同じ。[-5.4g]
- 塩 粉チーズ、コンソメを除く。[-0.5g]
- 軟菜食 さけは細かくほぐす。グリンピースを除く。

応用メニュー
1 | さけのホイル焼き：ひと口大に切ったさけに塩、こしょうで下味を付け、たまねぎ、生しいたけは薄切り、じゃがいもはゆでて5mm幅に切る。ホイルに包んで焼き、ポン酢を添える。
2 | さけの変わりフライ：塩、こしょうで下味を付けた薄切りのさけに、俵型のポテトサラダを包み、衣をつけ揚げる。
3 | さけコロッケ：焼いたさけをほぐし、粉ふきいもをつぶし、塩、こしょうで下味を付けて、衣をつけ揚げる。

組み合わせ例：豆と野菜のスープ、ブロッコリーサラダ

洋 サーモンのマリネ　　エネルギー：244kcal　たんぱく質：14.4g　脂質：13.9g　塩分：1.6g

臨床栄養へのヒント
- エ さけをムニエルにせず、レンジで熱を加える。[-59.2kcal] オリーブ油を13.3gにする。[-92.1kcal]
- た さけをほたて貝柱にかえる。[-1.1g]
- 脂 さけをほたて貝柱にかえ、オリーブ油を13.3gにする。[-17.6g]
- 塩 さけをムニエルにせず、レンジで熱を加える（下味を付けないため）。[-1.1g]

応用メニュー
1 | さけのホイル焼き：アルミホイルの上に生さけときのこ、たまねぎなどをのせ、上から塩、こしょう、バターで調味し、包み込んで蒸し焼きにする。レモンを添える。
2 | さけのホワイトソースがけ：さけに塩、こしょうを振りかけ、下味を付けて両面を焼く。ホワイトソースと炒め野菜を合わせたソースをかける。
3 | 簡単さけ寿司：酢飯に焼きほぐしたさけを混ぜる。炒り胡麻、千切りのしその葉、きざみのりをあしらう。

組み合わせ例：バケットパン、ミネストローネ

和 あじの南蛮漬け　　エネルギー：158kcal　たんぱく質：13.1g　脂質：4.4g　塩分：4.4g

臨床栄養へのヒント
- エ あじに衣をつけず素揚げにする（油5→3g）。[-37kcal]
- た あじをわかさぎにかえる。[-3.2g]
- 脂 あじは揚げずにソテーにし、合わせ調味料を上からかける（油5→2g）。[-2.9g]
- 塩 基本のままでよい。
- 軟菜食 あじは3枚におろし、皮を除きたたきにする。団子に丸め、衣をつけて揚げ、調味液でさっと煮る。

応用メニュー
1 | あじの南蛮漬け：酢漬けにせず、揚げたあじを好みでだししょうゆや五香塩でいただく。
2 | あじのフライ：3枚におろしたあじに衣（小麦粉、たまご、パン粉）をつけフライにする。レモンの輪切りとタルタルソースを添える。
3 | あじのエスカベーシュ：玉ねぎ、にんじん、トマト、レモンは薄切り、赤・黄ピーマンはせん切りにする。揚げたあじにドレッシング（酢、植物油、塩、こしょう）をかけ、野菜も入れて最低30分漬ける。野菜も一緒に盛り付ける。

組み合わせ例：さつまいもご飯、わかめとたまねぎのみそ汁、青菜づくし

和 あじの朝鮮焼き　　エネルギー：126kcal　たんぱく質：14.1g　脂質：4.5g　塩分：1.2g

臨床栄養へのヒント
- エ あじのかわりにたら、メルルーサを使う。[-44kcal] ごまを1/2量に控える。[-6kcal]
- た あじをひと切れにし、かわりにしいたけ15gなどのきのこ類を使用。[-9.7g]
- 脂 あじのかわりにたら、メルルーサを使う。[-2.4g] ごまを1/2量に控える。[-0.5g]
- 塩 あじを焼き、ねぎ、にらに1/2量の調味料を和えてのせる。[-0.2g]
- 軟菜食 あじは野菜を除き、1/2量で下味を付けて蒸す。

応用メニュー
1 | あじのポテトロールフライ：腹開きしたあじに、野菜コロッケのような具を包んでようじで留め、パン粉をつけて揚げる。
2 | あじのから揚げ野菜あんかけ：下ごしらえしたあじにかたくり粉をまぶして油で揚げ、たまねぎ、にんじん、しいたけ、ピーマンをせん切りにして甘酢あんでからめて、あじにかける。
3 | あじのしそ揚げ：あじをひと口大に切って塩をしておき、しそで巻いて天ぷらの衣をつけて揚げる。

組み合わせ例：いんげんのクルミ和え、切りこんぶときのこの炒め煮、だいこんサラダ

洋 あじのムニエル

エネルギー：245kcal　たんぱく質：14.6g　脂質：14.7g　塩分：1.4g

臨床栄養へのヒント
- エ バターソースを使わず，レモン汁だけとする。[-60kcal]
- た 付け合わせをレモンの薄切りとパセリだけにする。[-0.8g]
- 脂 エと同じ。[-6.5g]
- 塩 エと同じ。[-0.2g]
- 軟菜食 粉ふきいもをマッシュポテトにする。

応用メニュー
1 | あじの切り身をあじ1尾使う。
2 | **さけあるいは舌びらめのムニエル**：あじをさけの身や舌びらめにかえる。
3 | ソースをアーモンドソースにして，味に変化を付ける。

組み合わせ例：グリーンサラダ，オニオンスープ

洋 あじのはさみ揚げ

エネルギー：334kcal　たんぱく質：24.9g　脂質：16.7g　塩分：0.7g

臨床栄養へのヒント
- エ あじは揚げずに油6g使用して焼く。[-55.2kcal]
　フライにせず，衣をつける（パン粉なし）。[-56kcal]
- た フライにせず，衣をつける（パン粉なし）。[-2.2g]
　衣のたまごを1/2量にする。[-0.6g]
　チーズのかわりにかぼちゃをはさむ。[-1.9g]
- 脂 あじは揚げずに油6g使用して焼く。[-6.0g]
　衣のたまごを1/2量にする。[-0.5g]
- 塩 あじに下味の塩を使用しない。[-1.0g]
- 軟菜食 あじの間にしその葉で包んだチーズをはさみ蒸す。

応用メニュー
1 | **あじのはさみ焼き**：揚げずに油6gで焼く。
2 | **あじのベーコン巻き揚げ**：チーズをはさまず，外側をベーコンで巻く（チーズをはさんだあじをベーコンで巻いてもよい。ただし，高エネルギー，高脂肪になるので組み合わせに注意する）。
3 | **あじのかぼちゃはさみ揚げ**：チーズのかわりにかぼちゃをはさむ。
4 | **あじのハーブ揚げ**：パン粉にハーブを混ぜて使用する。

組み合わせ例：野菜のポトフ，フルーツサラダ

和 いさきの黄身揚げ

エネルギー：273kcal　たんぱく質：13.9g　脂質：14.4g　塩分：1.8g

臨床栄養へのヒント
- エ 黄身を除く。[-25kcal]
- た 黄身を除く。[-1.1g] 小麦粉をかたくり粉にかえる。[-0.8g]
- 脂 ソテーにする。[-4.3g]
- 塩 淡口しょうゆを濃口しょうゆ7gにする。[-0.6g]
- 軟菜食 骨を取り除き，身をほぐす。

応用メニュー
1 | **いさきのおろし煮**：煮立てた調味液で魚を八分どおり煮てだいこんおろしを加え煮つめる。
2 | **いさきのムニエル**：塩，こしょうで下味を付け小麦粉をはたいてバターを熱したフライパンでソテーする。
3 | **いさきときのこのホイル焼き**：下味を付けたいさきの切り身と数種のきのこをホイルに包んで焼く。
4 | **いさきの香味焼き**：にんにくとパセリのみじん切りを生パン粉に混ぜ，オリーブ油を加えたものを下味の付いたいさきの切り身にのせオーブンで焼く。

組み合わせ例：きのこのすまし汁，こまつなとちりめんじゃこの和え物，れんこんとにんじんのきんぴら

中 いさきの中華風あんかけ

エネルギー：257kcal　たんぱく質：17.5g　脂質：15.0g　塩分：1.8g

臨床栄養へのヒント
- エ いさきは揚げずに網で焼く。[-92kcal]
- た いさきを60gにする。[-5.2g]
- 脂 エと同じ。[-10kcal]
- 塩 いさきに振る塩を除く。[-0.4g]
- 軟菜食 いさきは揚げずに焼いて，野菜と一緒に煮込む。

応用メニュー
1 | **いさきの漬け揚げ**：いさきをしょうゆ，酒，しょうが汁を合わせた漬け汁に漬け，油で揚げる。
2 | **いさきの中華炒め煮**：揚げたいさきを，野菜入り中華あんで，さっと煮る。
3 | **いさきの野菜蒸し**：しょうゆ，酒，しょうが汁の漬け汁に漬けたいさきの上にせん切り野菜をのせ，上から漬け汁をかけ，蒸す。
4 | **魚介の中華風あんかけ**：いさきをあじ，いかにかえる。

組み合わせ例：わかめと野菜スープ，れんこんの梅肉和え

和 まぐろの山かけ

エ 143kcal
た 16.3g
脂 0.5g
塩 1.4g

材料(1人分, g)
- みなみまぐろ 60 (1単位)
- ながいも 120 (1単位)
- しょうゆ 9ml
- わさび 1

作り方
① まぐろはぶつ切りにして、しょうゆをまぶす。ながいもはすりおろす。
② まぐろを盛り、おろしたながいもをかけ、わさびを添える。

和 ねぎま

エ 93kcal
た 12.8g
脂 1.5g
塩 2.3g

材料(1人分, g)
- まぐろ 50 (0.8単位)
- ねぎ(白) 50 (0.2単位)
- [合わせ汁]
  - しょうゆ 12
  - トマトケチャップ 3
  - 植物油 0.7 (0.7単位)
- 植物油(焼き用) 少々
- [付け合わせ]
  - さやいんげん 20
  - しょうゆ 3
  - ごま 1

作り方
① さく取りしたまぐろは拍子木切りとし、しょうゆとトマトケチャップ、油を混ぜた合わせ汁に漬け込む。
② ねぎはまぐろの大きさに合わせてぶつ切りとし、まぐろと交互に串にさす。
③ フライパンに油を熱し、②の串を入れて焼き、合わせ汁を注いでふたをして蒸し焼きにする。
④ 付け合わせを作る。さやいんげんを塩ゆでし、しょうゆと切りごまを混ぜたごまじょうゆで和える。
⑤ ③の串焼きを皿に盛り、付け合わせのさやいんげんを添える。

和 まぐろのしょうがじょうゆがけ

エ 126kcal
た 16.9g
脂 1.5g
塩 2.8g

材料(1人分, g)
- まぐろ 60 (1単位)
- ながいも 50 (0.4単位)
- うずらたまご 10 (0.2単位)
- 焼きのり 0.2
- [下味・かけ汁]
  - しょうが 4
  - しょうゆ 19
  - みりん 1
  - 酒 4

作り方
① まぐろは角切りにする。
② しょうがはすりおろし、汁を絞る。しょうゆ、みりん、酒と混ぜ合わせ1/2量で①に下味を付ける。1/2量はかけ汁とする。
③ ながいもはすりおろす。
④ 器にまぐろ、ながいもを盛り、うずらのたまごを割り入れ、せん切りにしたのりを散らし、かけ汁をかける。

和 まぐろのごま衣焼き

エ 303kcal
た 22.0g
脂 14.4g
塩 1.1g

材料(1人分, g)
- まぐろ赤身 80 (1.3単位)
- みりん 2, しょうゆ 3
- [衣]
  - 小麦粉 12 (0.6単位)
  - たまご 5 (0.1単位)
  - 水 5
  - 塩 0.5
  - 黒ごま 6 (0.4単位)
- 小麦粉 8 (0.4単位)
- 植物油 6 (0.6単位)
- [ソテー]
  - こまつな 40
  - しめじ 15
  - にんじん 10
  - バター 5 (0.5単位)

作り方
① まぐろは1人ひと切れの切り身をみりんとしょうゆに4～5分漬ける。
② 衣の材料をよく混ぜる。
③ ①に小麦粉をまぶし②の衣をつけて油で焼く。
④ にんじんはせん切り、こまつなは3cmの長さ、しめじは石づきを取って小わけにしてバターで炒める(野菜のソテー)。野菜のソテーを添えて盛る。

和 かつおのたたき

- エ 87kcal
- た 17.6g
- 脂 0.4g
- 塩 1.2g

材料(1人分, g)

- かつお(刺身用) 65(0.8単位)
- [薬味]
  - だいこん 40
  - あさつき 少量
  - しょうが 少量
  - しその葉 1枚
  - しょうゆ 8

作り方

① かつおは金串を打ち、直火にかざして焼き、表面の色が変わったら氷水に取る。串を抜き、冷めたら水気をきって食べやすい厚さに切る。
② だいこんはすりおろし、あさつきは小口切り、しょうがはすりおろし、しその葉はせん切りにする。
③ 器にかつおを盛り、②の薬味を彩りよく添え、食べるときしょうゆをかける。

和 かつおの角煮

- エ 202kcal
- た 20.5g
- 脂 0.4g
- 塩 4.7g

材料(1人分, g)

- かつお 70(0.9単位)
- [調味料]
  - 塩 0.7
  - 酒 50(0.7単位)
  - みりん 20(0.8単位)
  - しょうゆ 27
  - しょうが 5

作り方

① 1.5cmの角切りにしたかつおに塩を振り、20〜30分おいてしめ、水洗いしてざるに取り、酒、みりん、しょうゆ、しょうがのせん切りを加えて煮詰める。

和 あゆの塩焼き

- エ 144kcal
- た 14.5g
- 脂 6.3g
- 塩 2.3g

材料(1人分, g)

- あゆ(養殖) 80(1.3単位)
- 塩 2
- [菊花だいこん]
  - だいこん 20
  - 酢 2,
  - 砂糖 2, 塩 0.1
- [たで酢]
  - たで 0.2, 飯粒 少々
  - 酢 2, 砂糖 1
  - 淡口しょうゆ 3

作り方

① あゆは表面のぬめりを取り、振り塩をしうねり串をする。
② ①に化粧塩をして強火の遠火で焼く。
③ だいこんで菊花を作り甘酢に漬ける。
④ たでと飯粒をつぶし調味料を加えてたで酢を作る。
⑤ ②のあゆを盛り菊花だいこんを前盛りにして、④のたで酢を別器に添える。

和 ししゃもの南蛮漬け

- エ 177kcal
- た 13.6g
- 脂 9.0g
- 塩 1.6g

材料(1人分, g)

- ししゃも 60(1.5単位)
- 小麦粉 4(0.2単位)
- 植物油 4(0.4単位)
- ねぎ 15
- にんじん 7
- セロリー 7
- [南蛮酢]
  - しょうゆ 6
  - 酢 6
  - 砂糖 2
  - 酒 4
- 赤とうがらし 少々

作り方

① ねぎ、にんじん、セロリーはせん切りにする。
② 鍋に南蛮酢を合わせて煮立て、バットに移して冷まし、①を約30分間漬け込み、好みで輪切りの赤とうがらしを加える。
③ ししゃもに薄く小麦粉をつけて、180℃の油で2分揚げ、②に約1時間漬け込む。
④ ししゃもと野菜を皿に盛り付ける。

和 まぐろの山かけ

エネルギー：143kcal　たんぱく質：16.3g　脂質：0.5g　塩分：1.4g

臨床栄養へのヒント
- エ 基本のままでよい。
- た 指示されたたんぱく質の量によりまぐろの量を減らす。10g減らす。[-2.0g]
- 脂 基本のままでよい。
- 塩 しょうゆを2/3量にする。[-0.5g]
- 軟菜食 基本のままでよい。

応用メニュー
1 | まぐろのステーキおろししょうゆがけ：まぐろに塩、こしょうを振り、油で焼き、だいこんおろしをのせ、レモンじょうゆをかける。
2 | まぐろとわけぎのぬた：まぐろのぶつ切りとわけぎをゆでて3cmに切ったものを、砂糖、酢、水、練りがらしの混ぜたものと和える。

組み合わせ例：さといものみそ汁、豆腐ステーキのきのこソースかけ、トマトのサラダ

和 ねぎま

エネルギー：93kcal　たんぱく質：12.8g　脂質：1.5g　塩分：2.3g

臨床栄養へのヒント
- エ 付け合わせを除く。[-13kcal]
- た エと同じ。[-0.8g]
- 脂 付け合わせのごまを除く。[-0.5g]
- 塩 しょうゆを5gにする。[-1.1g]
- 軟菜食 まぐろを身をたたいて団子状で使う。

応用メニュー
1 | ねぎとまぐろの酢みそ和え：合わせ汁に漬け込んだねぎとまぐろを酢みそで和える。
2 | まぐろのグリル：まぐろを1人ひと切れにさく取りして塩、こしょうし、植物油で表面を強火で焼き、中火でレアに焼き上げる。しょうゆ仕立てのねぎソースをかけていただく。

組み合わせ例：しめたまごのすまし汁、卯の花いり煮

和 まぐろのしょうがじょうゆがけ

エネルギー：126kcal　たんぱく質：16.9g　脂質：1.5g　塩分：2.8g

臨床栄養へのヒント
- エ ながいもを除く。[-32.5kcal]
- た うずらたまごを除く。[-1.3g]
- 脂 たと同じ。[-1.3g]
- 塩 ながいもとうずらたまごを除く。[-1.5g]
- 軟菜食 しょうがを除く。

応用メニュー
1 | やまかけ丼：ご飯の上にすりおろしたながいも、まぐろ、たまご、焼きのりを盛り、わさび、しょうゆをかける。
2 | まぐろの刺身：まぐろは平造りにする。器に盛り白髪だいこん、おごのり、ぼうふうを盛り付け、わさびを手前に添える。

組み合わせ例：しじみのみそ汁、さといもと生揚げの煮物、トマトドレッシングのグリーンサラダ

和 まぐろのごま衣焼き

エネルギー：303kcal　たんぱく質：22.0g　脂質：14.4g　塩分：1.1g

臨床栄養へのヒント
- エ まぐろを焼く油を3gにし、ソテーをゆで野菜にする。[-66kcal]
- た まぐろを60gにする。[-5.3g]
- 脂 エと同じ。[-7.1g]
- 塩 基本のままでよい。
- 軟菜食 まぐろを薄切りにし、ごまをすりつぶし量を少なくする。

応用メニュー
1 | まぐろのカルパッチョ風：まぐろを4～5人分の量の塊でローストして薄切りにし、オニオンスライスをのせドレッシングをかけかいわれ菜を散らす。
2 | まぐろのステーキ：まぐろは塩、こしょうしオリーブオイルを表面につけフライパンでこんがり焼く。仕上げにしょうがじょうゆを加えて好みの野菜を添える。

組み合わせ例：みそ汁（ミルク入り）、トマトサラダの冷製

和 かつおのたたき

エネルギー：87kcal　たんぱく質：17.6g　脂質：0.4g　塩分：1.2g

臨床栄養へのヒント
- エ 基本のままでよい。
- た かつおの量を50gにする。[-3.4g]
- 脂 基本のままでよい。
- 塩 しょうゆを減塩しょうゆにかえる。[-0.6g]
- 軟菜食 かつおの厚さを薄く切る。

応用メニュー
1. かつおのみそつけ焼き：みそとみりんをかつおにつけ、焼く。
2. かつおの若菜蒸し：青菜をゆで卵白を加えよく混ぜる。かつおは蒸し器で蒸し、青菜をのせ、その上からだし、塩、しょうゆ、酒で作ったあんをかける。
3. かつおの煮物：鍋に砂糖、酒、しょうゆ、かつおを加えて煮る。
4. かつおのしそ巻き揚げ：しその葉をかつおに巻き、衣をつけて油で揚げる。

組み合わせ例：茶碗蒸し、精進炒め、キャベツとわかめのからし和え

和 かつおの角煮

エネルギー：202kcal　たんぱく質：20.5g　脂質：0.4g　塩分：4.7g

臨床栄養へのヒント
- エ かつおの量を20g減らす。[-23kcal]
- た エと同じ。[-5.2g]
- 脂 基本のままでよい。
- 塩 しょうゆを1/2量に減らす。[-2.0g]
- 軟菜食 かつおをそぎ切りにする。

応用メニュー
1. かつおの包み焼き：かつお、ブロッコリー、生しいたけ、ねぎ、レモンを下処理しておく。アルミ箔に植物油を塗り、下処理した材料を並べ、オーブンで焼く。
2. かつおの五目炒め：かつお、たまねぎ、にんじん、ゆでたけのこ、乾しいたけ、さやえんどう、しょうが、ねぎを炒め、調味料を加え、水溶きかたくり粉を加える。
3. かつおの南蛮漬け：南蛮漬けの調味液を作る。かつおに小麦粉をまぶし熱湯でゆで、南蛮漬けの調味液に漬ける。ねぎは焼き網で焼き、かつおに添える。

組み合わせ例：さつまいもご飯、のっぺい汁

和 あゆの塩焼き

エネルギー：144kcal　たんぱく質：14.5g　脂質：6.3g　塩分：2.3g

臨床栄養へのヒント
- エ 天然魚を使う。[-42kcal]
- た あゆの量を50gにする。[-5.3g]
- 脂 エと同じ。[-4.4g]
- 塩 振り塩をしない。[-2.0g]
- 軟菜食 三枚おろしで焼き、身をほぐして、たで酢をかける。

応用メニュー
1. あゆの揚げ出し風：あゆは2～3cmの筒切りにして油でゆっくり揚げる（骨まで柔らかく）。器に盛ってたっぷりの八方汁をかけおろししょうがを添える。
2. あゆのレモンバター焼き：背開きにして中骨をはずしたあゆに塩、こしょうする。みじん切りのパセリ、たまねぎをクリーム状のバターに混ぜレモンのしぼり汁を加え開いたあゆに、はさみパン粉を振ってオーブンでこんがり焼く。

組み合わせ例：豚汁、りんごとさつまいもの重ね煮

和 ししゃもの南蛮漬け

エネルギー：177kcal　たんぱく質：13.6g　脂質：9.0g　塩分：1.6g

臨床栄養へのヒント
- エ 下味を付けたものを焼く。野菜は付け合せに。[-52kcal]
- た ししゃもを1尾にし、なす、かぼちゃを添える。[-6.1g]
- 脂 エと同じ。[-5.8kcal]
- 塩 ししゃもをたれに漬け込まずに（1/2量）、食べる前に漬ける。[-0.5g]
- 軟菜食 ししゃもは骨ごと扱うので、軟食には不向き。

応用メニュー
1. ししゃもフライ：パセコン入りのパン粉をつけ揚げる。タルタルソースをつける。
2. ししゃものスパイス焼き：ししゃもに塩、カレー粉をまぶして焼く。

組み合わせ例：わかめとしめじのみそ汁、生揚げとさといもの含め煮

主菜の部 | 魚介類 （いわし・うなぎ・さば・さんま等／1単位量＝30～40g）

□g ＝ 1 単位量（可食量）

- いわし　40g　60g
- うなぎ（かばやき）　30g　75g
- さば　40g　90g
- さんま　30g　170g
- さわら　40g　80g
- ぶり　30g　50g

いわしのしょうが煮 （和）

エ 228kcal
た 19.0g
脂 12.6g
塩 1.8g

材料（1人分, g）
- いわし　90（2.3単位）
- しょうゆ　10
- 砂糖　2
- 酒　3
- みりん　3（0.1単位）
- しょうが　2
- だし汁　50ml
- ねぎ　20

作り方
① しょうがはせん切り、ねぎは3cm幅に切っておく。いわしは頭、内臓を取り除き塩水で洗う。
② 鍋にだし汁、調味料を入れ、煮立ってきたら、いわしとしょうがを加え、落としぶたをして中火で15分ほど煮る。
③ ねぎを加えさらに5分ほど煮て、火を止め器に盛る。

いわしの蒲焼き （和）

エ 238kcal
た 13.1g
脂 12.5g
塩 1.9g

材料（1人分, g）
- いわし　60（1.5単位）
- 小麦粉　6（0.4単位）
- 植物油　4（0.4単位）
- 紅しょうが　5
- ［調味料］
  - しょうゆ　9
  - みりん　9（0.3単位）
  - 砂糖　5（0.2単位）
  - しょうが汁　1
  - 水　15ml

作り方
① いわしは頭と内臓を取って手開きにする。中骨を取り塩水で洗い、水気をじゅうぶん取っておく。しょうが汁を絞っておく。
② フライパンに油を熱し、いわしに小麦粉をまぶして身のほうを下にして焼く。少し焦げめがつけば裏返して焼く。
③ 鍋に調味料、しょうが汁を入れ煮立たせる。いわしを入れてからませる。
④ 器に盛り付け、上にせん切りにした紅しょうがを添える。

和 いわしのさつま揚げ

エ 272kcal
た 16.4g
脂 19.2g
塩 1.1g

材料(1人分, g)

いわし　70 (1.8単位)
ごぼう　10
にんじん　8
しいたけ　5
ねぎ　5
[調味料]
　みそ　8
　たまご　5 (0.1単位)
　しょうが汁
　かたくり粉　2
ししとう　10
揚げ油 (吸油 8) (0.8単位)

作り方

①いわしは手開きにして、皮をむき、尾を除き、包丁で細かくたたいてすり鉢ですり、調味料を加えさらによくする。
②ごぼう、にんじん、しいたけ、ねぎはせん切りにする。
③①のいわしと②の野菜を混ぜ、好みの形にまとめて、170℃の揚げ油で揚げる。
③器に盛り、素揚げにした、ししとうを添える。

洋 いわしのハーブ焼き

エ 279kcal
た 17.2g
脂 19.6g
塩 1.6g

材料(1人分, g)

いわし　80 (2単位)
塩　0.5
こしょう　少々
[衣]
　にんにく　2
　パン粉 (生)　10 (0.4単位)
　パセリ　2
　バジル　1
　塩　0.8
　こしょう　少々
オリーブ油　8 (0.8単位)

作り方

①いわしは頭と内臓を除いて水で洗い、手開きにして、中骨を除く。塩、こしょう少々を振る。
②パン粉におろしにんにく、みじん切りのパセリとバジル、塩、こしょうを混ぜて衣を作る。
③いわしの水気を拭き、②を両面にしっかりまぶしつけ手でおさえる。
④フライパンにオリーブ油を熱し、いわしの皮の方を上にして焼く。焦げ色がついたら裏返して火を弱め中まで火を通す。

洋 いわしのアボカドソース

エ 270kcal
た 13.4g
脂 19.1g
塩 2.2g

材料(1人分, g)

いわし　60 (1.5単位)
塩　1
こしょう　少々
小麦粉　10 (0.6単位)
植物油　5 (0.5単位)
[ソース]
　アボカド　30 (0.7単位)
　酢 (あるいはレモン汁)　5
　塩　1
　こしょう　少々

作り方

①いわしは手開きにし、塩、こしょうをして小麦粉を軽くはたき、油で両面を焼く。
②アボカドはさいの目切りにする。
③酢、塩、こしょうを混ぜてドレッシングを作り、②と合わせる。
④皿にいわしを盛り付け、手前にソースを添える。

和 うなぎと加茂なすのはさみ揚げ

エ 287kcal
た 9.6g
脂 16.6g
塩 2.1g

材料(1人分, g)

うなぎ蒲焼き　30 (1単位)
加茂なす　80 (0.2単位)
だいこん　25
もみじの葉
揚げ油 (吸油 10) (1単位)
小麦粉　10 (0.6単位)
かたくり粉　5 (0.2単位)
[天つゆ]
　だし汁　60
　みりん　10 (0.3単位)
　淡口しょうゆ　10

作り方

①なすは5mm位の厚さに切って、大きさをうなぎに合わせ、かたくり粉を振っておく。
②うなぎをなすにはさんで、小麦粉を同量の水で溶いた衣をつけ、植物油で揚げる。
③天つゆの調味料は鍋に入れ、ひと煮立ちしておく。
④だいこんはすりおろして、巻きすの上で水気をきる。
⑤器にもみじの葉を敷き、②を盛ってだいこんおろしを添える。

基本料理の展開 | 魚介類 (いわし・うなぎ・さば・さんま等／1単位量＝30～40g)

食品・栄養

　いわし，さば，さんま，さわら，ぶりは青背の魚の代表で健康によいDHAやIPA(EPA)の脂肪酸を多く含み脳血栓，動脈硬化などの予防に効果がある。内臓部分が酵素により自己消化が早いので鮮度の低下が著しい。鮮度の低下と共に身がやわらかく扱いにくくなるので早めに腹わたを除いて保存した方がよい。いわし，さんま，ぶりは旬の脂ののったものの方が効果が期待できる。

　うなぎはカルシウムが豊富。ビタミンA，Eも多いので夏バテ予防と体力増強によい。

　ぶりは出世魚といわれ魚体の大きさと関係し，幼魚をわかなご，30cm位をいなだといい60cm前後のはまちは養殖がさかんになっている。ぶりは脂ののった冬が旬で美味しい。

　さわらはぶりよりも脂肪が少なめで食べやすい。さわらの肉質は白いが成分はまぐろに近い。関東では刺身，関西では照り焼きにされることが多い。

調理

1 | 生食は新鮮なものを用いる。
2 | 鮮度低下により魚臭が強くなりし好性に差がでるので，ほどよい焦げめやみそ，しょうゆの香り，ハーブ類でマスキング調理するとよい。
3 | さわらは身がやわらかで脂肪が多いので加熱により身割れしやすいので煮魚より焼く，揚げるなど乾式加熱が適する。

大量調理のポイント：加熱により身がくずれやすいので調理器に平らに並べて調理し重ねないように注意する。焼く，揚げる場合，調味料に漬けてから行うと身がくずれにくい。

和 いわしのしょうが煮

エネルギー：228kcal　たんぱく質：19.0g　脂質：12.6g　塩分：1.8g

臨床栄養へのヒント

エ いわしの量を1/2とし，こんにゃくを40g加える。[-84kcal]
た エと同じ。[-7.8g]
脂 いわしをカレイ(低脂肪の魚)にかえる。[-10.4g]
塩 しょうゆを1/2量とする。[-0.7g]
軟菜食 いわしをカレイ(低脂肪の魚)に，ねぎをさやいんげんにかえる。

応用メニュー

1 | **いわしの梅干し煮**：梅干し1個と酢少々を加える。
2 | **いわしの蒲焼き**：開いたいわしにかたくり粉をつけて油で揚げ，たれをくぐらせる。
3 | **いわしのさんしょう焼き**：開いたいわしをしょうゆ，みりん，酒の調味料に漬けて焼き，さんしょうを振りかける。
4 | **いわしのマリネ**：いわしにかたくり粉をつけて油で揚げ，薄くスライスしたたまねぎ，ピーマンと共にドレッシングに漬け込む。

組み合わせ例：おろし和え，おひたし，豆腐とたまねぎとわかめのみそ汁

和 いわしの蒲焼き

エネルギー：238kcal　たんぱく質：13.1g　脂質：12.5g　塩分：1.9g

臨床栄養へのヒント

エ 小麦粉を5g，植物油を3.5gに減らし，みりんは除く。[-41kcal]
た いわしの分量を50gに減らす。その他の食材も70%に減らす。[-4.3g]
脂 植物油を使わず，オーブンで焼く。[-4.5g]
塩 紅しょうがを除く。調味のしょうゆを1/2量に減らす。[-1.2g]
軟菜食 いわしの皮は除き，たたいてつなぎにかたくり粉を加え平たい団子にしてゆでて使う。

応用メニュー

1 | **いわしのしょうが煮**：浅めの鍋に調味料としょうが汁を入れ煮立たせ，下処理したいわしを並べ中火で煮る。
2 | **いわしのオーブン焼き**：油を塗ったグラタン皿に塩，こしょうをしたいわしとなす，たまねぎ，トマトを並べにんにく，パセリ(みじん切り)を散らし，レモン汁オリーブ油をかけ，オーブンで20～25分焼く。
3 | **いわしの梅干煮**：浅めの鍋に，調味料，水，梅干(種と梅肉にわける)を合わせて強火にかけ，沸とうしたらいわしを入れて汁気がなくなるまで中火で煮る。

組み合わせ例：けんちん汁，しゅんぎくのごま和え，(いわしの蒲焼きどんぶりにしてもよい)

和 いわしのさつま揚げ

エネルギー：272kcal　たんぱく質：16.4g　脂質：19.2g　塩分：1.1g

臨床栄養へのヒント
- エ 揚げないで蒸す。[-70kcal]
- た 指示されたたんぱく質量に合わせていわしを減らす。[-5.9g]
- 脂 エと同じ。[-8.0g]
- 塩 みその量を減らす。[-0.5g]
- 軟菜食 ごぼうは除く。

応用メニュー
1. **いわしの豆腐つみれ**：いわしのすり身に豆腐，しょうが汁を加えたまごをつなぎに入れ，団子にしてゆでる。ねぎのせん切りとだいこんおろしを添える。
2. **いわしつみれ鍋**：いわしのつみれ団子を作り，ゆで汁に酒，しょうゆ，みりんで味を付け，豆腐，ねぎ，しゅんぎく，えのきだけ，わかめなど具を彩りよく入れる。
3. **いわしの焼きさんが**：いわしのすり身にたまねぎ，にんじん，しょうが，みそを加えよくかき混ぜてから，丸く平たく形を整え180℃のオーブンで15分位焼く。

組み合わせ例：焼き麩とこまつなのみそ汁，きのこの酒煮

洋 いわしのハーブ焼き

エネルギー：279kcal　たんぱく質：17.2g　脂質：19.6g　塩分：1.6g

臨床栄養へのヒント
- エ いわしを鶏ささみにする。[-86kcal]
- た いわしを1/2量にしてなすとパプリカを焼く。[-7.2g]
- 脂 油を1/2量にして，オーブンで焼く（200℃，15分）。[-4.5g]
- 塩 パン粉に混ぜる塩を除く。[-0.8g]
- 軟菜食 いわしはすり身にして，成形して焼く。

応用メニュー
1. **いわしの蒲焼き**：いわしはしょうゆとしょうがで下味を付け，小麦粉をまぶしてフライパンで焼く。しょうゆとみりんを煮詰めたたれをからめ照りをつける。
2. **いわしのおろし煮**：いわしにかたくり粉をまぶして油で揚げる。おろしだいこんといわしをしょうゆとみりんで調味しただし汁でさっと煮る。
3. **いわしのトマト煮**：いわしは塩，こしょうで味を付け，小麦粉をまぶして油で焼き，トマトソースで煮る。

組み合わせ例：かぼちゃのサラダ，なすとトマトのチーズ焼き，豆腐とわかめのみそ汁

洋 いわしのアボカドソース

エネルギー：270kcal　たんぱく質：13.4g　脂質：19.1g　塩分：2.2g

臨床栄養へのヒント
- エ いわしをあじにかえる。[-76.8kcal] アボカドをゆでたかぼちゃにかえる。[-27.8g]
- た いわしを1/2量にする。[-5.9g]
- 脂 アボカドをゆでたかぼちゃにかえる。[-5.5g]
- 塩 いわしの下味の塩を除く。[-1.0g]
- 軟菜食 いわしを焼かずに蒸してソースをかける。

応用メニュー
1. **いわしフライのアボカドソース**：いわしを焼かずに油で揚げると濃厚な風味が増す。
2. **さんまのアボカドソース**：いわしをさんまにかえて季節の味を楽しむ。
3. **いわしのりんごソース**：アボカドをすりおろしたりんごにかえる。この場合は酢よりもレモン汁がよい。
4. **いわしのオリーブ入りアボカドソース**：アボカドソースにオリーブオイル3gを加えて豊かな風味を出す。

組み合わせ例：にらともやしのたまごとじ，肉と大豆とキャベツのスープ煮

和 うなぎと加茂なすのはさみ揚げ

エネルギー：287kcal　たんぱく質：9.6g　脂質：16.6g　塩分：2.1g

臨床栄養へのヒント
- エ うなぎを蒸しあなごにかえる。[-35kcal]
- た エと同じ。[-0.3g]
- 脂 エと同じ。[-3.4g]
- 塩 淡口しょうゆを濃口しょうゆ7gにする。[-0.6g]
- 軟菜食 揚げたものをきざみ，天つゆとだいこんおろしでおろし煮にする。

応用メニュー
1. **加茂なすの揚げ煮**：加茂なすを素揚げし，煮立てた調味液でうなぎを加えて煮含める。
2. **うなぎと加茂なすのもみ和え**：加茂なすは薄く切って塩もみしてあくぬきし，ざく切りしたうなぎと和える。
3. **加茂なすの田楽**：輪切りにしたなすを素揚げして，田楽みそをのせけしの実をちらす。
4. **加茂なすとゴーヤのみそ炒め**：なすとゴーヤを食べやすい大きさに切り油で炒め，みそ，砂糖，酒で調味する。

組み合わせ例：豆腐となめこのみそ汁，白うりとわかめの酢の物，かぼちゃとオクラの含め煮

和 うなぎ丼

- エ 647kcal
- た 22.5g
- 脂 21.7g
- 塩 2.4g

材料(1人分, g)
- ご飯　180 (3.8単位)
- うなぎの白焼き(市販品)　70 (2.8単位)
- [たれ] だし汁　25, みりん　7 (0.2単位), 砂糖　5 (0.2単位), 酒　5, しょうゆ　7
- みつば　7
- きざみのり　0.5
- みょうが　10
- たまご　20 (0.4単位)
- [調味料] 塩　0.1, 砂糖　0.1
- [甘酢] 酢　13, 塩　1
- 砂糖　5 (0.2単位)
- 植物油　1 (0.1単位)

作り方
① だし汁、みりん、砂糖、酒、しょうゆを合わせ、煮詰めてたれを作る。
② みょうがは縦3等分にし、塩を入れたお湯でさっとゆで、ざるの上にあげて熱いうちに甘酢に漬ける。
③ たまごに調味料を入れ、錦糸たまごを作る。
④ みつばは色よくゆで、2.5cmに切る。
⑤ うなぎの白焼きは、5～6cmに切り、フライパンでたれをつけながら焼く(蒲焼き)。
⑥ 丼にご飯を盛り、その上にきざみのりを散らし、うなぎの蒲焼き、錦糸たまご、みつば、みょうがを盛り付ける。

和 しめさば

- エ 178kcal
- た 17.0g
- 脂 9.7g
- 塩 4.3g

材料(1人分, g)
- さば(上身)　80 (2単位)
- 塩(さばの5%)　4
- 酢(さばの30%)　24
- 長ねぎ　20
- しその葉(1枚)　0.7
- みょうが(1個)　10
- しょうが　2
- 穂じそ　5

作り方
① さばは3枚におろしたものを用い、小骨を取る。皮を下にしてざるにのせ、両面に塩を振り、1～2時間おき、身をしめる。
② 塩じめしたさばは、水で手早く洗い流し、水気を拭き取り、バットなどに入れ、酢に約30分～1時間漬けたのち、頭の方から皮をむく。
③ しめさばの皮つきの方を上にして、厚さ7mmの平造りにする。
④ 長ねぎは白髪ねぎにする。しその葉、みょうがはせん切りにする。
⑤ 白髪ねぎ、しその葉、みょうがを器の向こう側に高く盛り、しめさばを手前に盛り、おろししょうが、穂じそを添える。
⑥ しょうゆまたは、酢じょうゆを別皿に添えて供する。

和 さばのみそ煮

- エ 229kcal
- た 18.9g
- 脂 10.6g
- 塩 2.2g

材料(1人分, g)
- さば　80 (2単位)
- [調味料]
- 水　40ml
- 酒　5
- 砂糖　7 (0.3単位)
- みそ　15 (0.4単位)
- しょうが　10
- さやいんげん　15

作り方
① しょうがは半分を薄切り、残りは針しょうがにする。
② 水、酒、砂糖、薄切りしょうがを煮立てた中にさばを皮を上にして入れ、5分程煮て煮汁で溶いたみそを加え、10分程煮る。
③ 付け合わせのさやいんげんは筋を取りゆでて4～5cmの長さに切る。
④ ②のさばを器に盛り付ける。
⑤ 煮汁にさやいんげんを入れ、さっと煮る。
⑥ ④に煮汁をかけ⑤を添え、針しょうがをのせる。

和 さばのおろし煮

- エ 283kcal
- た 17.6g
- 脂 17.8g
- 塩 2.1g

材料(1人分, g)
- さば　80 (2単位)
- 小麦粉　5 (0.3単位)
- 揚げ油(吸油　8) (0.8単位)
- [調味料]
- だし汁　70ml
- 砂糖　3 (0.1単位)
- 塩　0.8
- 淡口しょうゆ　6
- 酒　5
- しょうが汁　2
- だいこん　40
- あさつき　3

作り方
① 三枚おろしにしたさばをひと切れの大きさに切り、小骨を取り小麦粉をまぶし、170℃の揚げ油でからりと揚げる。
② だいこんは、すりおろして軽く水気をきり、あさつきは小口切りにする。
③ 鍋に調味料を煮立て、①のさば、しょうが汁、②のだいこんを入れ、ひと煮立ちしたら火を止める。
④ 器に③を盛り、あさつきを散らす。

和 さばの竜田揚げ

エ 279kcal
た 17.7g
脂 17.7g
塩 1.8g

材料(1人分, g)
さば　80(2単位)
[調味料A]
　しょうゆ　6
　しょうが汁　2
かたくり粉　4(0.2単位)
揚げ油(吸油　8)(0.8単位)
カリフラワー　20
酢　少々
[調味料B]
　酢　10
　だし汁　5ml
　砂糖　4.5(0.2単位)
　塩　0.6
　赤とうがらし　少々

作り方
①さばはひと口大のそぎ切りにし、調味料Aに15分程漬ける。
②汁気を拭き、かたくり粉をまぶす。
③揚げ油を170℃に熱し、②のさばをからっと揚げる。
④カリフラワーは酢を加えた熱湯で色よくゆで、調味料Bに漬ける。
⑤器に③のさばを盛り、④のカリフラワーを添える。

洋 さばのラビゴットソース

エ 290kcal
た 17.2g
脂 21.8g
塩 1.9g

材料(1人分, g)
さば　80(2単位)
塩　1
白ワイン　4
酢　4
ブイヨン　25
[ソース]
　酢　10
　植物油　12(1.2単位)
　塩　0.5
　たまねぎ　10
　トマト　25
パセリ　少々

作り方
①さばは、洗い水気をきる。
②さばに塩をしておく。
③ブイヨンに酢、白ワインを入れてさばを蒸し煮にする。
④さばに火が通れば、皮をむく。
⑤さばは冷やしておく。
⑥たまねぎは、みじん切りにし、トマトは湯むきして種を取り、小さなさいの目切りにする。
⑦酢、油、塩を合わせドレッシングを作り、たまねぎ、トマトを入れソースを作る。ソースも冷やしさばにかけ、パセリを添える。

和 さんまの塩焼き

エ 236kcal
た 14.0g
脂 18.5g
塩 1.9g

材料(1人分, g)
さんま　75(2.5単位)
塩　1.6
だいこん　20

作り方
①さんまはさっと洗って、頭を取り、わたをぬいて丸ごと2つに切り、塩を振り、バットに並べる。
②焼く直前に、尾びれにも塩を振りオーブンで250℃で12分焼く。
③だいこんおろしを作り、焼いたさんまに添える。

和 さんまの蒲焼丼

エ 568kcal
た 19.5g
脂 20.2g
塩 1.6g

材料(1人分, g)
ご飯　160(3.4単位)
さんま　80(2.7単位)
[調味料]
　しょうゆ　4
　酒　1
かたくり粉　8(0.4単位)
揚げ油(吸油　4)(0.4単位)
[たれ]
　しょうゆ　5
　みりん　5
　酒　5
　だし汁　30

作り方
①さんまは3枚におろし、調味料に20～30分漬けておく。
②かたくり粉をまぶし油で揚げる。
③たれの調味料を鍋に入れてひと煮立ちさせる。
④揚げたてのさんまにたれをからめる。
⑤ご飯を丼に盛り、さんまをのせる。

和 うなぎ丼

エネルギー：647kcal　たんぱく質：22.5g　脂質：21.7g　塩分：2.4g

臨床栄養へのヒント
- [エ] うなぎの蒲焼きを20g, ご飯を50gに減らす。[-150kcal]
- [た] ご飯を低たんぱく米にかえる。[-4.3g]
- [脂] [エ]と同じ。[-5.4g]
- [塩] しょうゆを1/2量にする。[-0.5g]
- [軟菜食] みょうが, みつばを除く。

応用メニュー
1 | **うなぎちらし**：市販の蒲焼きを使い, きゅうり, 錦糸たまご, みょうが, きざみのり, 花形にんじんをすし飯の上に散らす。
2 | **う巻きたまご**：たまごに調味して焼いたところにうなぎの蒲焼きを入れて巻く。
3 | **うなぎのたまごとじ丼**：薄味のだし汁と調味料を煮立て, うなぎの蒲焼きを2cmに切ったもの, ごぼうをささがきにしてあく抜きをしてゆでたものを煮て, たまごでとじてみつばを散らす。

組み合わせ例：きのこ汁, きゅうりとセロリーと糸寒天の酢の物

和 しめさば

エネルギー：178kcal　たんぱく質：17.0g　脂質：9.7g　塩分：4.3g

臨床栄養へのヒント
- [エ] さばは60gとする。[-40kcal]
- [た] [エ]と同じ。[-4.1g]
- [脂] [エ]と同じ。[-2.4g]
- [塩] 塩の量を減らす(塩さばの3%にする)。[-2.2g]
- [軟菜食] 塩と酢の量を減らす。

応用メニュー
1 | **さばの香り焼き**：にんじん, 長ねぎ, 青じそのせん切りにしょうがの絞り汁, しょう油, さけ, ごまの漬け汁に30分位漬けてからオーブンで焼く。
2 | **さばのカレー揚げ**：さばに下味を30分付けてから, 下味をきり, かたくり粉とカレー粉をつけて揚げる。
3 | **さばのおろし煮**：さばはかたくり粉をつけて揚げてからだし汁を煮立てしょうゆ, 砂糖, 酒を入れて, 煮立ったところへさばを入れ最後にだいこんおろしを入れゆずの皮のせん切り, おろししょうが, きざみのりを散らす。

組み合わせ例：クレソンと油揚げのみそ汁, ロール白菜煮, こんにゃくの酢みそ和え

和 さばのみそ煮

エネルギー：229kcal　たんぱく質：18.9g　脂質：10.6g　塩分：2.2g

臨床栄養へのヒント
- [エ] さばを50gにする。[-61kcal]
- [た] 指示されたたんぱく質の量により魚の量を減らす。20g減らす。[-3.9g]
- [脂] [エ]と同じ。[-6.1g]
- [塩] みそを1/2量にする。[-1.0g]
- [軟菜食] 基本の料理と同じでよい。

応用メニュー
1 | **さばの竜田揚げ**：さばの切り身に下味をして, かたくり粉をまぶして揚げる。2 | **船場汁**：さばの切り身に塩を振って, しばらくおき, 水洗いしてだし汁に入れあくを取りだいこんの短冊を加え, 調味する。3 | **さばのラビゴットソースがけ**：さばに塩, 酒を振り, 蒸し器で蒸し, 野菜をみじんに切ってドレッシングと混ぜ, さばにかける。4 | **揚げさばのおろし煮**：さばの切り身は小麦粉をつけて揚げ, 調味料で煮た中に, だいこんおろしを加えて盛る。

組み合わせ例：すまし汁, わかめの黄身酢和え

和 さばのおろし煮

エネルギー：283kcal　たんぱく質：17.6g　脂質：17.8g　塩分：2.1g

臨床栄養へのヒント
- [エ] さばは, 揚げないで小麦粉をつけて焼く。[-20kcal]
- [た] さばの量を50gにする。[-6.2g]
- [脂] さばは, 揚げないで煮立てた調味料の中で煮る。[-3.5g]
- [塩] しょうゆ, 塩を2/3量にする。[-0.8g]

応用メニュー
1 | **さばの塩焼き**：塩さばを八分通り焼いて, 酒を2〜3回塗り乾く程度に焼き, 味に変化をつける。
2 | **船場汁**：さばの残った中骨を使用。にんじん, だいこん, こんにゃくを入れ, 酒, 塩, 淡口しょうゆで調味。
3 | **さばの松前蒸**：塩, 酒をしたさばに, 甘みそをのせこんぶを敷いた皿に入れ, 蒸し器で蒸す。

組み合わせ例：じゃがいもと油揚げのみそ汁, にんじんのごま和え, たことぎゅうりの酢の物

和 さばの竜田揚げ

エネルギー：279kcal　たんぱく質：17.7g　脂質：17.7g　塩分：1.8g

臨床栄養へのヒント
- エ さばは，小麦粉をつけて焼く。[-46kcal]
- た さばの量を50gにする。[-6.2g]
- 脂 さばは，揚げないで調味料に漬け，オーブンで焼く。[-5.0g]
- 塩 しょうゆを2/3にする。[-0.3g]
- 軟菜食 野菜はやわらかくゆでる。

応用メニュー
1. さばの魚田：しょうゆ，酒で下味を付けたさばをオーブンで焼き，田楽みそを塗り，焦げめをつける。
2. さばのトマトソースあんかけ：下味を付けて揚げたさばに，トマトケチャップ入りの野菜あんをかける。
3. さばの中華風ソースかけ：下味を付けオーブンで焼いたさばに，しょうが，にんにく，しょうゆ，砂糖，トウバンジャンの調味あんをからめる。
4. さばの利休焼き：油焼きにしたさばを，ごまを加えた調味料でからめ焼きする。

組み合わせ例：焼き麩のすまし汁，さといも・にんじん・さつま揚げの煮物，ほうれんそうのおひたし

洋 さばのラビゴットソース

エネルギー：290kcal　たんぱく質：17.2g　脂質：21.8g　塩分：1.9g

臨床栄養へのヒント
- エ さばをたらかメルルーサまたはかれいに変える。[-94kcal]
- た さばをほたて貝にかえる。[-5.4g]
- 脂 エと同じ。[-8.6g]
- 塩 さばに振る塩をなくす。[-0.9g]
- 軟菜食 たまねぎはゆがく。

応用メニュー
1. さばの竜田揚げ：調味料に漬け込んだものに，かたくり粉をつけ，揚げる。
2. さばのマリネ：たまねぎ，にんじん，ねぎ，ピクルスをみじん切りにし，白ワイン，ビネガー液に赤とうがらしとさばを一緒にひたし，煮て冷ます。
3. さばのみそ煮：さばを調味料で煮てから，みそを溶く。
4. 焼きさばのおろし和え：切り身のさばを3等分し，焼く。そしてだいこんおろしで和え，ポン酢をかける。

組み合わせ例：粉ふきいも，きのこのチャウダー，ブロッコリーのごまマヨネーズ和え

和 さんまの塩焼き

エネルギー：236kcal　たんぱく質：14.0g　脂質：18.5g　塩分：1.9g

臨床栄養へのヒント
- エ さんまをあじにかえる。[-142kcal]
- た さんまをぎんだらにかえる。[-4.4g]
- 脂 エと同じ。[-16.9g]
- 塩 さんまの南蛮漬けにする。ひと口大にして揚げ，揚げたてを甘酢に漬ける。[-1.5g]
- 軟菜食 さんまは，皮を取ったひらめにかえる。

応用メニュー
1. さんまのハーブ焼き：さんまに塩，こしょう，ハーブミックスをかけオリーブオイルで焼く。
2. さんまのしょうが：さんまはしょうがをたくさん入れたしょうゆ，みりんで煮る。
3. さんまのチーズ焼き：さんまに塩，こしょう，ピザ用チーズをのせ植物油で焼く。
4. さんまのおろし煮：さんまを軽く揚げて，だいこんおろしを入れ煮る。

組み合わせ例：秋なすとピーマンのみそ炒め，豚汁，ゆずのミルク寒天

和 さんまの蒲焼丼

エネルギー：568kcal　たんぱく質：19.5g　脂質：20.2g　塩分：1.6g

臨床栄養へのヒント
- エ ご飯の分量は70gにし，さんまも60gに減らす。[-98kcal]
- た エと同じ。[-4.3g]
- 脂 エと同じ。[-5.0g]
- 塩 下味のしょうゆを2gにする。[-0.3g]

応用メニュー
1. さんまのあんかけ：から揚げしたさんまに五目野菜あんをかける
2. さんまの佃煮：薄切りのしょうがとしょうゆ，みりん，砂糖で時間をかけて煮込む。
3. さんまのフライ：3枚におろし塩，こしょうを振り，小麦粉，溶きたまご，パン粉をつけて揚げる。

組み合わせ例：わかめと豆腐のみそ汁，なめこのおろし和え，さつまいものオレンジジュース煮

和 さんまの巻き揚げ

- エ 328kcal
- た 14.7g
- 脂 24.1g
- 塩 1.1g

材料(1人分, g)

- さんま 60(2単位)
- 大葉 1
- チーズ 7(0.1単位)
- 塩 0.5
- こしょう 少々
- 小麦粉 6(0.3単位)
- たまご 5(0.1単位)
- パン粉 4(0.2単位)
- 植物油(吸油 6)(0.6単位)
- 赤ピーマン 15
- 黄ピーマン 15
- [マリネソース]
  - 酢 2
  - 植物油 1(0.1単位)
  - 塩 0.2

作り方

①さんまは三枚おろしにして、塩、こしょうをする。チーズは拍子木切りにする。
②さんまの表面(身)に軽く小麦粉を振り、大葉をのせチーズを芯に巻き楊枝で留める。
③②に小麦粉、溶きたまご、パン粉の順につけて170～180℃で揚げる。
④さんまを半分に切る。
⑤裏面を焼いて皮を除いたカラーピーマンをマリネソースにつける。
⑥⑤のピーマンマリネを添えて④を盛る。

洋 さんまのトマトソース焼き

- エ 331kcal
- た 13.4g
- 脂 25.7g
- 塩 2.3g

材料(1人分, g)

- さんま 60(2単位)
- 塩 1
- こしょう 少々
- 小麦粉 8(0.4単位)
- 植物油 5(0.5単位)
- 粉チーズ 2
- [ソース]
  - トマト(缶) 40
  - たまねぎ 10
  - にんにく 1
  - オリーブ油 5(0.5単位)
  - ブイヨン 20
  - 塩 0.7
  - こしょう 少々
  - バジル(乾) 少々

作り方

①さんまは頭、腹わたを取り腹開きにして塩、こしょうし、小麦粉をまぶす。
②油で①をこんがり焼き、熱いうちに粉チーズを振る。
③にんにく、たまねぎのみじん切りをオリーブ油で炒めホールトマトをつぶしながら液と共に加えブイヨンも加えて塩、こしょうして3～4分煮込む。
④②のさんまを盛り③のソースをかけバジルを散らす。

和 さわらの香味みそ焼き

- エ 180kcal
- た 17.6g
- 脂 8.3g
- 塩 1.3g

材料(1人分, g)

- さわら 80(2単位)
- みそ 9(0.2単位)
- 砂糖 1
- 酒 3
- みりん 3(0.1単位)
- ねぎ 10
- ししとうがらし(2本) 15
- 七味とうがらし 少々

作り方

①みそ、酒、砂糖、みりんを合わせ香味みそを作る。
②この香味みそにさわらを漬け込む。
③ねぎを白髪ねぎにする。
④さわら、ししとうがらしを焼く。
⑤焼いたししとうがらしを添え、焼いたさわらに白髪ねぎをのせ、好みで七味をかける。

和 さわらのけんちん焼き

- エ 149kcal
- た 13.2g
- 脂 9.0g
- 塩 1.2g

材料(1人分, g)

- さわら 40(1単位)
- 酒 2
- しょうゆ 5
- 豆腐 50(0.5単位)
- にんじん 5
- 生しいたけ 8
- たまご 10(0.2単位)
- 塩 0.3
- 植物油 2(0.2単位)
- サラダ菜 5

作り方

①さわらは身の半分に切り口を入れる。
②酒、しょうゆにさわらを漬ける。
③豆腐は水きりをしておく。
④生しいたけ、にんじんはせん切り。
⑤鍋に油を敷いて④を炒め豆腐を入れよく混ぜる。
⑥⑤に溶きたまごを混ぜ半熟状態で火を止める。
⑦材料が混ざった⑥をさわらにのせてオーブンで焼く。
⑧皿にサラダ菜を敷き、その上に身の方を上にしてのせる。

和 さわらの青菜蒸し

- エ 206kcal
- た 19.6g
- 脂 10.9g
- 塩 1.3g

材料(1人分, g)

- さわら 80(2単位)
- 塩 0.4
- 酒 5
- ほうれんそう 30
- たまご 20(0.4単位)
- 塩 0.2
- [調味料]
  - だし汁 60ml
  - 塩 0.4
  - 淡口しょうゆ 0.5
  - みりん 3(0.1単位)
  - かたくり粉 3(0.1単位)

作り方

① さわらは小骨を取り、塩、酒をして10分程おき、5〜6分強火で蒸す。
② ほうれんそうはゆでて、細かく切る。溶きたまごを鍋に入れ炒りたまごを作り、半熟状になったら、ほうれんそうと塩を加えさらに炒りつける。
③ ①のさわらに、②をのせ蒸し器で2分程強火で蒸す。
④ 調味料を煮立て、かたくり粉でとろみをつけ、あんを作る。
⑤ 器に③を盛り、④のあんをかける。

洋 白身魚のグリーンソース

- エ 415kcal
- た 16.4g
- 脂 31.2g
- 塩 1.9g

材料(1人分, g)

- 白身魚(さわら) 70(1.8単位)
- 塩 0.3、こしょう 0.3
- 小麦粉 2
- 植物油 3(0.3単位)
- [ソース]
  - 小麦粉 10(0.6単位)
  - マーガリン 10(1単位)
  - 牛乳 25ml(0.2単位)
  - 塩 0.7
  - マヨネーズ 15(1.3単位)
  - 練りわさび 6
- レモン 10
- パセリ 1
- 酢水 小さじ2

作り方

① 魚に塩、こしょうして15分おき小麦粉をはたきつけてフライパンに油を熱して焼き、裏返して酢水を加えてふたをして蒸し焼きにする。
② 小麦粉とマーガリンと牛乳でホワイトソースを作り、マヨネーズと塩を混ぜ合わせて調味する。
③ 火からおろしてさらに練りわさびを加え、グリーンソースとする(色が出る程度まで)。
④ ①の魚の上から③をかけてレモン、パセリをあしらって供する。

和 ぶりの照焼き

- エ 180kcal
- た 13.6g
- 脂 10.6g
- 塩 1.4g

材料(1人分, g)

- ぶり 60(2単位)
- しょうゆ 6
- みりん 6(0.2単位)
- [付け合わせ]
  - だいこん 30
  - しょうゆ 3
  - しその葉 1枚

作り方

① ぶりをしょうゆ、みりんに15〜20分漬けておく。
② 焼き網を熱し、①を表側から焼き、焼き色がついたら裏返して焼き火を通す。
③ 残りの漬け汁をぶりに塗り、照りをつける。
④ 器に③を盛り、しその葉、だいこんおろしにしょうゆをかけて添える。

和 ぶりだいこん

- エ 235kcal
- た 15.7g
- 脂 10.9g
- 塩 2.9g

材料(1人分, g)

- ぶり 60(2単位)
- だいこん 100(0.3単位)
- しょうがの薄切り 4
- [調味料]
  - だし汁 200ml
  - 砂糖 7(0.3単位)
  - 酒 10
  - しょうゆ 18
  - みりん 2
- しょうが(針しょうが) 0.8
- だいこんの葉 1

作り方

① ぶりはひと切れを2〜3に切り、ざるにのせて熱湯をかけて臭みを抜く。
② だいこんは2cm厚さの輪切り、または半月に切り、面取りをしてたっぷりのこめのとぎ汁でだいこんが透きとおってくるまでゆでる。
③ 鍋にだいこん、だし汁を入れ煮立ったら火を弱める。しょうゆ、砂糖、みりん、酒を入れ、ぶりとしょうがの薄切りを入れ、落としぶたをして弱火で20〜30分位煮詰める。
④ だいこんの葉はよく洗い、塩を入れた沸とう湯で色よくゆでて水に取り、細かくきざんでおく。
⑤ 器にぶりとだいこんを盛り、針しょうが、だいこんの葉を彩りよく盛る。

和 さんまの巻き揚げ

エネルギー：328kcal　たんぱく質：14.7g　脂質：24.1g　塩分：1.1g

臨床栄養へのヒント

- エ 揚げずに蒸し焼き（油2g），チーズを除く。[-80kcal]
- た チーズを除く。[-2.3g]
- 脂 エと同じ。[-7.6g]
- 塩 さんまの塩，こしょうをしょうが汁にかえる。[-0.5g]
- 軟菜食 さんまの上身をしその葉，チーズと共に細かくフードプロセッサーにかけて小判形にして蒸し焼きにしピーマンソースをかける。

応用メニュー

1｜**さんまのはさみ揚げ**：腹開きにした身にれんこんのすりおろしをはさみ衣をつけて揚げる。
2｜**さんまのオーブン焼き**：3枚におろした身に小麦粉をはたきにんじん，ピーマン，きのこ類を細かく切ってたまごを混ぜさんまの身の上にのせてオーブンで焼き，トマトケチャップを添える。

組み合わせ例：さつまいもご飯，みそ汁（ミルク入り），はくさいの重ね煮

洋 さんまのトマトソース焼き

エネルギー：331kcal　たんぱく質：13.4g　脂質：25.7g　塩分：2.3g

臨床栄養へのヒント

- エ さんまの焼き油とソースのオリーブ油を1/2量にする。[-45kcal]
- た さんまを60g小麦粉を4gにしてチーズを除く。[-5.1g]
- 脂 エと同じ。[-5.0g]
- 塩 塩を0.6gにしチーズを除く。[-0.5g]
- 軟菜食 さんまをたたいてすり身状にして焼き，ソースの中で煮る。

応用メニュー

1｜**さんまのバター焼き**：さんまは4～5cmの筒切りにして塩，こしょうする。にんにくをバターで炒め，その中でさんまをこんがり焼く。レモンを添える。
2｜**さんまのチーズ焼き**：三枚おろしのさんまに塩，こしょうし，スライスオニオンをのせ油で焼く。ピザ用チーズをのせてこんがり焼く。オレガノを散らす。

組み合わせ例：ロールパン，ミネストローネ，グリーンサラダ

和 さわらの香味みそ焼き

エネルギー：180kcal　たんぱく質：17.6g　脂質：8.3g　塩分：1.3g

臨床栄養へのヒント

- エ 魚をおひょうにかえる。[-62kcal]
- た 魚を1/2量にし，野菜を加えホイル焼きにする。[-8.0g]
- 脂 エと同じ。[-6.4g]
- 塩 魚に塩0.6g，かたくり粉とカレー粉を合わせ揚げる。[-0.7g]
- 軟菜食 魚は皮なし。ししとうがらし，七味とうがらしは除く。

応用メニュー

1｜**魚のムニエル**：塩，こしょう，小麦粉をまぶして植物油で焼く。
2｜**さわらの西京焼き**：みそを白みそにかえる
3｜**さわらのガーリックソテー**：薄くスライスしたにんにくと一緒にオリーブオイルで焼く。
4｜**さわらのホイル焼き**：きのこなどを加え，ホイルに包んで焼く。

組み合わせ例：きのこご飯，白和え，しじみ汁，黒砂糖ゼリー

和 さわらのけんちん焼き

エネルギー：149kcal　たんぱく質：13.2g　脂質：9.0g　塩分：1.2g

臨床栄養へのヒント

- エ さわらを甘だいにかえる。[-32kcal]
- た 豆腐を絹ごし豆腐にする。[-0.8g]
- 脂 エと同じ。[-3.1g]
- 塩 塩を抜き，さわらをシイラにかえる。[-0.4g]
- 軟菜食 さわらを甘だいにかえ，生しいたけ，にんじんはみじん切りにする。

応用メニュー

1｜**さわらと豆腐のはさみ蒸し**：豆腐は水気をきり，かたくり粉をまぶす。
2｜**さわらの飛竜頭**：さわらはひと口大に切り，揚げる。水気をきった豆腐，やまいも，たまご，しいたけ，にんじん，さやえんどうの細切りを混ぜ，さわらを中心にし，揚げる。
3｜**さわらのごまパン粉揚げ**：さわらにパン粉とごまを混ぜた衣をつけ，揚げる。
4｜**さわらカレー焼き**：さわらに小麦粉とカレー粉を合わせたものをまぶし，油をひいたフライパンで焼く。

組み合わせ例：しゅんぎくのポン酢和え，かぼちゃサラダ

和 さわらの青菜蒸し

エネルギー：206kcal　たんぱく質：19.6g　脂質：10.9g　塩分：1.3g

臨床栄養へのヒント
- エ さわらの量を60gに減らす。[-36kcal]
- た エと同じ。[-4.1g]
- 脂 エと同じ。[-2.0g]
- 塩 さわらの下味の塩とほうれんそうに加える塩を1/2量に減らす。[-0.3g]
- 軟菜食 ほうれんそうは葉先のやわらかい部分を使用する。

応用メニュー
1. **さわらのワイン蒸し**：塩、こしょうをしたさわらをスープ、バターで蒸し煮する。蒸し汁を使用してホワイトソースにし、蒸し煮したさわらにかける。パセリを散らす。
2. **さわらの照り焼き**：しょうゆ、みりん、酒の中に漬けておいたさわらをオーブンで焼く。菊花蕪の甘酢漬けを前盛りにする。
3. **さわらのおろし焼き**：塩、酒で下味を付けたさわらを耐熱皿に入れ、軽く水気をきっただいこんおろしをかけ、オーブンで焦げめがつくまで焼く。ぽん酢を添える。

組み合わせ例：豆腐と油揚げのみそ汁、さといもと鶏肉の炒め煮、かぶの甘酢漬け

洋 白身魚のグリーンソース

エネルギー：415kcal　たんぱく質：16.4g　脂質：31.2g　塩分：1.9g

臨床栄養へのヒント
- エ 魚をひらめにかえる。[-70kcal]
- た 魚をたんぱく質の少ないメルルーサにかえる。[-2.5g]
- 脂 マヨネーズ、マーガリンを少なめにする。[-10.0g]
- 塩 ソースの塩を除く。[-0.7g]

応用メニュー
1. 魚を蒸してグリーンソースをかける。
2. 豆みそとごまで和風のソースにする。
3. 鶏のささみなどでも利用できる。

組み合わせ例：菜果なます、香味スープ

和 ぶりの照焼き

エネルギー：180kcal　たんぱく質：13.6g　脂質：10.6g　塩分：1.4g

臨床栄養へのヒント
- エ かじきまぐろの照焼きにする。[-69kcal]
- た ぶりを30gにする。[-6.4g]
- 脂 エと同じ。[-6.6g]
- 塩 しょうゆを減塩しょうゆにする。[-0.4g]
- 軟菜食 基本のままでよい。

応用メニュー
1. **ぶりだいこん**：だいこんを半月に切り煮る。だいこんがほぼ煮上がったらぶりを加え、しょうがの薄切を入れて煮る。
2. **ぶりのハーブ焼き**：ぶりの身に、タイム、ローズマリーなどの香りと塩、こしょうで調味しオーブンで焼く。
3. **ぶりの甘酢あん**：そぎ切りのぶりをから揚げにして野菜の甘酢あんをかける。

組み合わせ例：きゅうりの酢の物、白和え、わかめのみそ汁

和 ぶりだいこん

エネルギー：235kcal　たんぱく質：15.7g　脂質：10.9g　塩分：2.9g

臨床栄養へのヒント
- エ ぶりを1/2量にする。[-80kcal]
- た ぶりは40gとし、しょうゆ5g、酒4g、みりん2gとし、その他は基本のままでよい。[-4.5g]
- 脂 エと同じ。[-5.3g]
- 塩 調味料のしょうゆ、砂糖、酒を1/3量にする。[-1.8g]
- 軟菜食 しょうがの薄切りを1gとし、針しょうがも0.4gとする。

応用メニュー
1. **ぶりの照り焼き**：ぶりにしょうゆ、みりんで下味を付けて焼く。
2. **ぶりのホイル焼き**：アルミホイルにバターを塗り、ぶりに塩と酒を振り、下味を付け、えのきだけ、ゆでたアスパラガス、しめじをのせ、オーブンで焼く。
3. **ぶりのから揚げ甘酢しょうゆ煮**：ぶりは3cm位に切り、しょうゆ、酒、しょうが汁に漬け、小麦粉で揚げる。長ねぎ2.5cm、しょうが薄切り、赤とうがらしの小口切りを炒め、ぶりを加えて、しょうゆ、砂糖、酒、酢で調味する。

組み合わせ例：やまいものおとし汁、とうがんと豚ひき肉の薄くず煮、きゅうりとみょうがの即席漬け

主菜の部 | 魚介類 （いか・えび・たこ・かに・貝等）

□g ＝ 1 単位量（可食量）

- くるまえび 220g（80g）
- むきえび（80g）
- いか 160g（100g）
- たこ（100g）
- かき（140g）
- あさり 650g（260g）

えびフライ（洋）

エ 289kcal
た 21.1g
脂 15.0g
塩 0.8g

材料(1人分，g)
- 大正えび　80(1単位)
- 小麦粉　5(0.3単位)
- たまご水
  - (たまごと水同量)　10ml
- パン粉　10(0.4単位)
- 揚げ油(吸油　8)(0.8単位)
- キャベツ　50
- トマト　40
- レモン　1/8個(10)
- [タルタルソース]
  - マヨネーズ　7(0.6単位)
  - たまねぎ(みじん切り)　5
  - きゅうりのピクルス　5

作り方
① えびは背わたを取り、尾の1節を残して殻をむく。
② 包丁の先でえびの腹側に2〜3か所切込みを入れる。尾の先を斜めに切り落とし中の水を押し出す。
③ 水気を拭き取り、小麦粉、たまご水、パン粉の順にしっかりつける。揚げ油を約170℃に熱し、えびをからりと揚げる。
④ キャベツはせん切り、トマトとレモンはくし型切りにし、タルタルソースの材料を合わせる。
⑤ 器にえびフライと付け合せを盛り、レモンとタルタルソースを添える。

えびとはくさいのクリーム煮（洋）

エ 178kcal
た 19.7g
脂 7.0g
塩 1.7g

材料(1人分，g)
- むきえび　80(1単位)
- 塩　0.5
- こしょう　少々
- ベーコン　10(0.5単位)
- マッシュルーム　10
- はくさい　100
- 冷凍グリンピース　5
- 牛乳　70ml(0.6単位)
- 塩　0.5
- こしょう　少々
- かたくり粉　1.5

作り方
① むきえびは背わたを取り、塩、こしょうをし、酒(分量外)を入れた熱湯でさっとゆでる。② マッシュルームは3mm幅に切る。はくさいは縦半分にし2cm幅に切る。③ ベーコンは1cm幅に切り、厚手の鍋を熱してさっと炒め、はくさいの茎を加えて透きとおってきたら、マッシュルーム、はくさいの葉の順に炒める。④ はくさいがしんなりしたら、①を加え中火にして牛乳と塩を加え煮立ってきたら、弱火で8分煮る。こしょうで味を調え、同量の水で溶いたかたくり粉でとろみをつける。⑤ 解凍したグリンピースを加え混ぜる。

中 えびチリソース

エ 274kcal
た 18.9g
脂 15.4g
塩 2.1g

材料(1人分、g)
えび　100(1.3単位)
[下味]　酒　2、塩　0.5、
　こしょう　少々、かたく
　り粉　2、植物油　7
　(0.7単位)
ほうれんそう　40
白ねぎ　15、にんにく　2
しょうが　1
植物油　8(0.8単位)
[調味料]
　トウバンジャン　1.3
　トマトケチャップ　11
　水　24、酒　9
　塩　0.3、砂糖　1.9
　酢　0.7、かたくり粉　1.9

作り方
①えびは殻をむき背わたを取り、少量のかたくり粉(分量外)でもみ、水洗いをする。よく水気をとり、下味の調味料に漬ける。②ほうれんそうは5cm位に切り、さっとゆでる。③調味料の水からかたくり粉までを合わせておく。④鍋に油を入れ、みじん切りにした白ねぎ、にんにく、しょうがを焦がさないように炒め、トウバンジャン、トマトケチャップを入れる。香りが出れば、①を加えてさらに炒める。えびの色が変われば、③を入れて強火で煮込む。とろみがつけば器に盛り、②を添える。

中 えびのワンタン揚げ

エ 276kcal
た 21.8g
脂 11.2g
塩 1.7g

材料(1人分、g)
えび(ブラックタイガー)
100(1.3単位)
[調味料]
　卵白　6
　しょうが汁　少々
　砂糖　0.5
　塩　1.0
　ごま油　0.5(0.5単位)
　こしょう　0.5
れんこん　25(0.2単位)
にら　5
ワンタンの皮　8枚(1単位)
揚げ油(吸油　10)(1単位)
酢　5
しょうゆ　2

作り方
①えびは背わたを取り、殻をむき、1尾を3～4つのそぎ切りにする。
②れんこんは粗いみじん切り、にらは1cm幅に切る。
③ボウルにえびを入れ、調味料を加えてよくもみ込み、②を加えて混ぜる。
④ワンタンの皮で③を包み、170℃の油でカラッと揚げる。
⑤器に盛り、酢じょうゆを添える。

和 いかとだいこんの煮物

エ 125kcal
た 17.4g
脂 1.4g
塩 1.7g

材料(1人分、g)
いか　90(0.9単位)
だいこん　100(0.3単位)
だし汁　100ml
[調味料]
　みりん　7(0.2単位)
　しょうゆ　8
さやえんどう　10

作り方
①いかは胴から足を引き抜き、わた、目玉、くちばしを切り落とす。胴は1cm厚さの輪切り、足は2本ずつ切り離して4cmの長さに切る。
②だいこんは皮をむき、2cmの厚さの半月切りにし、面取りをする。
③鍋に②とだし汁を入れ強火にかけ、煮立ったら中火にして7～8分煮る。調味料を加えさらに10分ほど煮る。
④だいこんがやわらかくなったら①を加え5分ほど煮る。
⑤器に④を盛り、色よくゆでたさやえんどうを斜め半分に切って飾る。

和 いかの天ぷら油淋ソース

エ 214kcal
た 11.8g
脂 15.6g
塩 1.8g

材料(1人分、g)
いか　70(0.7単位)
小麦粉　4(0.3単位)
[衣]
　小麦粉　6(0.4単位)
　たまご　3、水　6
　植物油　7(0.7単位)
[ソース]
　ねぎ　8、しょうが　4
　しょうゆ　8、酢　8
　砂糖　2
　トウバンジャン　0.5
　ごま油　1(0.1単位)
香菜　適宜
キャベツ　30
揚げ油(吸油　7)(0.7単位)

作り方
①いかは皮をむいて、裏側に切れ目を入れて2×5cmの短冊切りにする。
②キャベツをせん切りにして、水にはなり、じゅうぶんに水気をきったら皿に盛る。
③ねぎ、しょうがをみじん切りにし、調味料を合わせてソースを作る。
④①に小麦粉をまぶし、衣をつけて180℃の油で揚げ、②の上に盛り付け、③をかけ、香菜を飾る。

基本料理の展開 魚介類（いか・えび・たこ・かに・貝等）

食品・栄養

えびは，大型の伊勢えび，車えびが刺身の他にフライ，グリル等に，また近年は輸入品のブラックタイガーがフライや炒め物に適する。小型のものでは甘えび，芝えび，さくらえびがある。かにには，たらばがにの身が大きく旨味も多い。他にずわい，毛がにの種類がある。

えび，かには低脂肪で良質たんぱく質源である。また殻に含まれるキチン質は食物繊維のひとつとして体内の有害成分を排泄し，免疫力を高めるので健康上有効である。大型のものは皮ごと煮て食べると，殻を食べなくても効果が期待できる。いかはすみいか，まいか等の甲いかと筒いかに分類され，特に筒いかはやりいか，あかいかのほか小型のほたるいかなど旬があるのが特徴である。

いか，たこにはたんぱく質のタウリンが多く含まれるのでコレステロールを排泄し，高脂血症を予防する。

いかの腸はビタミンAが豊富。かき，あさり，ほたてはタウリンが豊富で肝機能の改善に効果がある。さらに血中コレステロールを排泄する働きがあるので動脈硬化を予防する。ビタミンB_{12}，鉄を多く含むので貧血予防にもよい。

かきはグリコーゲンやビタミンAが豊富なので目や肌のコンディションを調え，免疫力を高める。一般的に貝類は消化が悪く消化器の働きが劣っている人には使いにくいが，かきは消化がよいので離乳食や病人食にも適する。あさりやしじみはゆで汁や煮汁でも有効成分がよくとれる。

調理

1｜あさりは鮮度が低下しやすいので特に殻付きのまま調理するとよいが，殻付きの貝は美味しく調理するため砂抜きは欠かせない。（あさりは海水程度の3％の塩水，しじみは真水がよい。）
2｜かきの生食は殻付きの新鮮なものをレモンや酢で調理すると殺菌効果と共に味わいもアップする。
3｜これらの食品に共通することとして，加熱しすぎると身がかたくなるので加熱時間に注意が必要である。

大量調理のポイント：消火後の熱伝導で加熱がすすみ，かたく収縮するので加熱時間を考慮しておく。

洋 えびフライ
エネルギー：289kcal　たんぱく質：21.1g　脂質：15.0g　塩分：0.8g

臨床栄養へのヒント
- エ タルタルソースをウスターソースに変更。[-65kcal]
- た えびを1/2量にして，野菜を揚げる。[-8.2g]
- 脂 油で炒ったパン粉をまぶし，オーブンで焼く。[-6g]
- 塩 タルタルソースを除きレモンの酸味のみとする。[-0.2g]
- 軟菜食 えびは包丁でたたいてかたくり粉を加え成形して蒸す。キャベツは小さく切ってゆでる。トマトは湯むきして小さく切る。

応用メニュー
1｜いか，白身魚，鶏肉，豚肉，ピーマン，たまねぎなどを揚げてもよい。
2｜フリッター：泡立てた卵白に牛乳と小麦粉を加えて衣にして油で揚げる。
3｜天ぷら：小麦粉と卵水を合わせて天ぷらの衣を作り，えびにつけて揚げる。
4｜変わり揚げ：パン粉のかわりに，スライスアーモンド，あられ切りの食パン，はるさめなどをつけて揚げる。

組み合わせ例：きのこのサラダ，にんじんスープ

洋 えびとはくさいのクリーム煮
エネルギー：178kcal　たんぱく質：19.7g　脂質：7.0g　塩分：1.7g

臨床栄養へのヒント
- エ ベーコンをプレスハムにかえる。[-29kcal]
- た 指示されたたんぱく質によりえびの量を減らす。
- 脂 エと同じ。[-3.4g]
- 塩 むきえびの下味用の塩を除く。[-0.5g]
- 軟菜食 ベーコンとマッシュルームを除く。

応用メニュー
1｜えびチリ：えびは殻をむいて背わたを取る。長ねぎ，にんにく，しょうがはみじん切りにして炒め，トウバンジャンとトマトケチャップを加えてさらに炒める。えびを入れ炒め合わせて，湯（タン）と塩，酒を加えて煮込む。水溶きかたくり粉でとろみをつける。
2｜えびと新たまねぎのさっと煮：芝えびは薄い塩水で洗い頭を取る。たまねぎはくし切りにする。酒，みりん，しょうゆ，だし汁を煮立ててえびを入れ，色がかわったらたまねぎを加える。

組み合わせ例：ロールサンド，ブロッコリーのピーナッツ和え，りんごのコンポート

中 えびチリソース
エネルギー：274kcal　たんぱく質：18.9g　脂質：15.4g　塩分：2.1g

臨床栄養へのヒント
- エ えびの下味の油を除く。[-65kcal]
- た えびを60gにする。[-6.3g]
- 脂 エと同じ。[-7.0g]
- 塩 下味の塩、調味料の塩を除く。[-0.8g]
- 軟菜食 えびをミンチにして団子にする。にんにく、しょうがは除く。ほうれんそうは茎を除き、葉をせん切りにする。

応用メニュー
1. えびシュウマイ：豚ひき肉に塩、酒、しょうゆ、ごま油を加えよく混ぜる。しょうが、長ねぎ、生しいたけはみじん切り、えびは細かく切り、豚ひき肉に加える。皮に具をのせて包み、蒸す。
2. えびの白雪揚げ：えびは殻をむき背わたを取り、塩、酒、しょうが汁で下味を付ける。卵白を泡立て、かたくり粉と小麦粉を混ぜ、えびに衣をつけて揚げる。せん切りにしたキャベツを皿に敷き、えびを盛る。

組み合わせ例：チンゲンサイのスープ、拌三絲、杏仁かん（杏仁豆腐）

中 えびのワンタン揚げ
エネルギー：276kcal　たんぱく質：21.8g　脂質：11.2g　塩分：1.7g

臨床栄養へのヒント
- エ 揚げずにゆでる。[-92kcal]
- た えびを1/2量にし、かわりにまいたけを加える。[-8.8g]
- 脂 エと同じ。[-92kcal]
- 塩 塩は1/3量にする。[-0.7g]
- 軟菜食 えびは白身魚にかえる。野菜は細かいみじん切りにする。油で揚げずに、よくゆでる。

応用メニュー
1. えびの冷やしワンタン：揚げずにゆでて、氷水に通して冷やす。
2. すり身の包み揚げ：魚のすり身をワンタンの皮に包み、油で揚げる。
3. えびとにらの生春巻き：ゆでたえびとにらを生春巻きの皮で包み、酢、しょうが汁、しょうゆ、ごま油で調味したたれで供する。
4. えびぎょうざ：具をぎょうざの皮で包み、油を熱したフライパンで焼く。

組み合わせ例：チンゲンサイと貝柱スープ、トマトサラダの冷製

和 いかとだいこんの煮物
エネルギー：125kcal　たんぱく質：17.4g　脂質：1.4g　塩分：1.7g

臨床栄養へのヒント
- エ 基本のままでよい。
- た いかを1/2量にする。[-8.1g]
- 脂 基本のままでよい。
- 塩 しょうゆを2/3量に減らす。[-0.5g]
- 軟菜食 いかをさわらや生さけにかえる。

応用メニュー
1. いかとさといもの含め煮：だいこんをさといもにかえ、最初にいかを煮て、ひきあげてから下ゆでしたさといもを入れて煮る。
2. いかの納豆和え：生食用のいかを細切りにする。納豆は包丁で細かくたたき、ボウルに入れ粘りが出るまでよく混ぜる。しゅうゆ、小ねぎを加えてさらに混ぜ、いかを和える。器に盛り、のりの細切りを天盛りにする。
3. いかのたまごとじ：フライパンに油を熱し、細切りしたいかを入れさっと炒め、塩、こしょうで調味する。溶きたまごを加えて混ぜる。

組み合わせ例：豆腐とわかめのみそ汁、しゅんぎくのごま和え、フルーツサラダ

和 いかの天ぷら油淋ソース
エネルギー：214kcal　たんぱく質：11.8g　脂質：15.6g　塩分：1.8g

臨床栄養へのヒント
- エ いかは天ぷらにしないで、食べやすく切ったらさっとゆでる。[-106kcal]
- た いかを1/2量にし、かわりにしいたけ15g、なす20gなどの野菜類を使用する。[-6.0g]
- 脂 エと同じ。[-7.5g]
- 塩 しょうゆを1/2量にし、薬味野菜を増やす。[-0.6g]
- 軟菜食 いかのかわりに白身魚にし、かたくり粉をまぶして蒸し、たれは薬味を抜いたものを少量たらす。

応用メニュー
1. いかの香味フリッター：下処理して皮をむいたいかを輪切りにし、おろしにんにく、カレー粉に漬け込み、小麦粉をつけて揚げる。
2. いかの和え物：皮をむいたいかを開いて、斜めに切れ目を入れ、ひと口大に切る。薄切りにしたセロリー、きゅうりといかをからしじょうゆで和える。
3. 簡単パエリア：にんにく、たまねぎ、輪切りのいかをオリーブオイルで炒めたところに、洗ったこめ、あさり（缶詰：汁ごと）、きざんだトマト、ブイヨン、サフランで炊き込む。

組み合わせ例：ふきと油揚げの煮物、じゃがいものみそ汁、浅漬け

えびとひらめのグラタン

洋

- エ 292kcal
- た 22.0g
- 脂 17.6g
- 塩 1.7g

材料(1人分, g)

- ひらめ 40(0.5単位)
- 大正えび 40(0.5単位)
- たまねぎ 40
- バター 4(0.4単位)
- パセリ(みじん) 少々
- ナチュラルチーズ 5(0.3単位)
- [ホワイトソース]
  - バター 8(0.6単位)
  - 小麦粉 8(0.5単位)
  - 牛乳 120ml(1単位)
  - 白ワイン 3
  - 塩 1
  - こしょう 少々

作り方

①たまねぎは薄切りにして、色づかないようにバターで炒め、そぎ切りのえびを加えて炒める。②ひらめは2cm角に切り、塩ゆでする。③ホワイトソースを作る。鍋にバターを熱し、小麦粉を加え、色づかないようにじゅうぶん炒め、あたためた牛乳を加えながらルーをのばす。白ワインを加え、塩、こしょうで調味し、煮詰める。④③のホワイトソースに①と②とパセリのみじん切りを加え混ぜる。⑤グラタン皿にバター(分量外)を薄く塗り、④を入れて、チーズを振りかける。⑥230℃のオーブンの上段で、薄く焦げめがつくまで焼き、平皿にのせる。

かにコロッケ

洋

- エ 445kcal
- た 12.8g
- 脂 28.2g
- 塩 3.0g

材料(1人分, g)

- かに(缶詰) 25(0.3単位)
- 植物油 少々
- [ホワイトソース]
  - バター 15(1.2単位)
  - 小麦粉 10(1.5単位)
  - 牛乳 50ml(0.4単位)
  - ブイヨン 100、塩 1.5
  - こしょう 少々
- [衣]
  - バター 少々
  - 小麦粉 4
  - たまご 15(0.3単位)
  - パン粉 12(0.4単位)
- 揚げ油(吸油 10)(1単位)
- パセリ 少々

作り方

①かには汁気をきり、軟骨を取ってほぐし、油で炒める。②鍋にバターを熱して小麦粉を入れ、木じゃくしでかき混ぜながらとろ火で焦がさないように炒める。火を止め、冷めたら牛乳とブイヨンを少しずつ加えて再加熱しかためのホワイトソースを作り、塩、こしょうして①のかにを混ぜる。③平らな容器の内側にバターを塗り、②を流し入れ、上に溶かしバターを塗って乾かないようにし、冷蔵庫に入れて30分冷やし固める。④③を親指大に切り分け、油を薄く塗った手で形を整える。⑤④に衣をつけ、180℃の油で衣が色づくまでカラッと揚げ、パセリを添える。

かきと高野豆腐の揚げ煮

和

- エ 361kcal
- た 21.8g
- 脂 19.2g
- 塩 2.8g

材料(1人分, g)

- 高野豆腐 30(2単位)
- かき(小粒) 70(0.5単位)
- こまつな 60
- ゆずの皮 少々
- かたくり粉 10(0.4単位)
- 揚げ油(吸油 8)(0.8単位)
- 砂糖 6(0.2単位)
- 酒 10
- しょうゆ 10
- だし汁 100ml

作り方

①高野豆腐は微温湯にもどして4つに切る。
②かきは塩水でよく洗う。
③高野豆腐の水をきって、かたくり粉をまぶす。
④②にかたくり粉をつける。
⑤高野豆腐とかきを油で揚げる。
⑥こまつなはゆでて適当な長さに切っておく。
⑦だし汁を火にかけ、砂糖、酒、しょうゆで調味して、材料を入れ煮る。
⑧上からゆずの皮を飾る。

かきフライ

洋

- エ 346kcal
- た 12.2g
- 脂 21.3g
- 塩 2.6g

材料(1人分, g)

- かき 100(0.7単位)
- 塩 0.8、こしょう 少々
- 小麦粉 10(0.6単位)
- たまご 5(0.1単位)
- パン粉 15(0.6単位)
- 揚げ油(吸油 10)(1単位)
- [タルタルソース]
  - マヨネーズ 10(0.9単位)
  - ゆでたまご 5(0.1単位)
  - ピクルス 5
  - たまねぎ 5、パセリ 0.5
- [付け合わせ]
  - キャベツ 30
  - レモン 15
  - ブロッコリー 20

作り方

①かきはざるに入れ塩(3g)をかけて前後に振り、その後軽く水洗いし塩、こしょうする。
②小麦粉、溶きたまご、パン粉の順に衣をつける。パン粉は1コずつ形をつぶさないようにつけ、180℃の油で揚げる。
③タルタルソースは、マヨネーズにみじん切りのピクルス、ゆでたまご、たまねぎ(水にさらす)、パセリ(水にさらす)を混ぜ合わせる。ピクルスがないときはらっきょうでもよい。
④せん切りキャベツとゆでたブロッコリー、くし形切りにしたレモンを添えて器に盛る。ソースをかける。

洋 かきとほうれんそうのグラタン

エ 253kcal
た 15.9g
脂 12.0g
塩 2.5g

材料(1人分, g)
かき 100 (0.7単位)
白ワイン 10
塩 0.3, こしょう 少々
ほうれんそう 100 (0.3単位)
たまねぎ 40
しめじ 30
バター 2 (0.2単位)
塩 0.5, こしょう 少々
[ホワイトソース]
　バター 4 (0.3単位)
　小麦粉 3 (0.2単位)
　牛乳 80ml (0.6単位)
粉チーズ 6 (0.4単位)
パン粉 2

作り方
① かきに塩、こしょうし、ワインと共に鍋に入れて蒸し煮にし、かきを取り出す。
② ほうれんそうをゆで、サッと水でさらして水気をきり、5cmの長さに切る。ほうれんそう、たまねぎ、しめじをバターで炒め、塩、こしょうで調味する。
③ バターで小麦粉を炒め、①の蒸し汁と牛乳を加えてとろりとなるまで煮て、ホワイトソースを作る。
④ グラタン皿に②を敷き、①を並べ、③をかけ、粉チーズとパン粉を振って、200℃のオーブンで約5分、表面に焦げめがつくまで焼く。

中 かきと豆腐のオイスターソース煮

エ 137kcal
た 8.7g
脂 5.3g
塩 2.2g

材料(1人分, g)
かき 50 (0.4単位)
ねぎ 20
絹ごし豆腐 85 (0.6単位)
植物油 2 (0.2単位)
水 37ml
[調味料]
　酒 8
　オイスターソース 11 (1.5単位)
　しょうゆ 3
　かたくり粉 4 (0.2単位)

作り方
① かきを塩水で洗う。
② ねぎは斜め切りにする。絹ごし豆腐をひと口大に切る。
③ 油を熱し、ねぎを軽く炒め、水、酒、オイスターソース、しょうゆを加え煮立て豆腐、かきを加え煮る。
⑤ 豆腐をくずさないように軽く混ぜながら水溶きかたくり粉を加えてとろみをつける。

中 あさりの中華炒め

エ 78kcal
た 5.5g
脂 4.5g
塩 3.0g

材料(1人分, g)
あさり(殻付) 200
(可食量 80) (0.3単位)
植物油 3 (0.3単位)
[調味料A] ねぎ 8, にんにく 1, しょうが 2
[調味料B] あさりのゆで汁 25ml, 酒 2
　鶏がらスープの素 0.5
トウバンジャン 3
豆鼓醤 3
しその葉 1
[調味料C]
　オイスターソース 1
　砂糖 1, 塩 0.3
ごま油 1 (0.1単位)

作り方
① あさりは塩水につけて砂を吐かせ、よく洗う。
② 沸とうした湯に①のあさりを入れて口が開くまでゆで、ざるに取る(ゆで汁は漉してとっておく)。
③ 中華鍋を熱して油を入れ、みじん切りにした調味料Aを加えて香りよく炒め、調味料Bを入れて煮立て、トウバンジャンと豆鼓醤を加えて混ぜ、②のあさりを入れ、調味料Cを加えて混ぜ、しその葉のせん切りとごま油で風味をつけて仕上げる。

洋 たこのトマトソース煮

エ 145kcal
た 20.2g
脂 3.9g
塩 1.2g

材料(1人分, g)
ゆでだこ 80 (0.8単位)
トマト 50
みりん 4
にんにく 0.3
オリーブ油 2 (0.2単位)
バジル(生) 少々
ブイヨン 50ml
塩 0.7
こしょう 少々
冷凍枝豆 15

作り方
① ゆでだこは2cmくらいの乱切りにする。
② スライスしたにんにくをオリーブ油でゆっくり炒め、トマトのみじん切り、みりん、ブイヨンを加えトマトがペースト状になるまで煮る。
③ ②へ塩、こしょうを加え①のたこを入れて2～3分煮る。
④ 仕上げに皮を取った枝豆を加えて煮汁ごと盛り、バジルをちぎって入れる。

洋 えびとひらめのグラタン

エネルギー：292kcal　たんぱく質：22.0g　脂質：17.6g　塩分：1.7g

臨床栄養へのヒント

[エ] ホワイトソースを2/3量にする。[-56kcal]
[た] ひらめ、えびを1/2量にし、ゆでたブロッコリーを加える。[-6.5g]
[脂] たまねぎ、えびはバターで炒めないでワイン蒸しにする。[-3.2g]
[塩] 塩を1/2量にし、こしょうをきかす。[-0.5g]
[軟菜食] えびは除き、ひらめにかえる。

応用メニュー

1 | かきのグラタン：ひらめ、えびをかきにかえる。
2 | ほうれんそうとたまごのグラタン：ゆでたほうれんそうをホワイトソースに混ぜ合わせ、器に入れてスライスしたゆでたまごを飾る。
3 | さけとブロッコリーのグラタン：生さけをワイン蒸しにし、ゆでたブロッコリーとホワイトソースに混ぜる。
4 | ほたてとじゃがいものグラタン：ほたて貝柱と薄くスライスしたじゃがいもをバター炒めし、ホワイトソースに混ぜる。

組み合わせ例：パプリカマリネ、コンソメジュリエンヌ

洋 かにコロッケ

エネルギー：445kcal　たんぱく質：12.8g　脂質：28.2g　塩分：3.0g

臨床栄養へのヒント

[エ] かに（缶詰）を植物油で炒めない。[-27.6kcal] 衣揚げにしないで、油を（5g）を上からからめ、オーブンで焼く。[-46.1kcal] 溶かしバターをやめる。[-27.6kcal]
[た] 牛乳をやめて、スープを100mlにする。[-1.0g] 衣揚げのたまごをやめる。[-1.8g]
[脂] [エ]と同じ。[-1.1g]
[塩] ウスターソース、ケチャップソースのかわりにレモン汁にする。[-1.1g]

応用メニュー

1 | かにグラタン：ホワイトソースでかになどのシーフードやマッシュルーム、ブロッコリーなどの野菜を共に和え、チーズをのせてオーブンで焼く。2 | かにサラダ：かに（缶詰）やえびなどを季節の野菜と共にマヨネーズソースで和える。3 | かにしゅうまい：かに（缶詰）をほぐして白身魚のすり身と混ぜ、調味してしゅうまいの皮で包み蒸す。4 | かに玉：かに（缶詰）とたまご液、味付けしいたけ、ゆでたけのこなどを合わせ、中華鍋でかに玉を作り、上からあんをかける。

組み合わせ例：きのこのスープ、パプリカマリネ

和 かきと高野豆腐の揚げ煮

エネルギー：361kcal　たんぱく質：21.8g　脂質：19.2g　塩分：2.8g

臨床栄養へのヒント

[エ] 高野豆腐、かきは揚げない。[-74kcal]
[た] 高野豆腐を木綿豆腐にかえる。[-10.8g]
[脂] [エ]と同じ。[-8.0g]
[塩] 煮ずに、だし汁は天つゆとして供する。[-0.7g]
[軟菜食] 揚げない方法で、こまつなをほうれんそうにかえる。

応用メニュー

1 | 高野豆腐のえびはさみ煮：もどした高野豆腐を厚さ半分にしてかたくり粉をまぶし、たたいたえびをはさんで煮る。
2 | 高野豆腐とかきのたまごとじ：水でもどした高野豆腐とかき、生しいたけをだし汁で煮て、溶きたまごでとじる。
3 | かきの変わり衣フライ：パン粉のかわりに、水でもどしてすりおろした高野豆腐とベーコンのみじん切りを合わせたものをつけて揚げる。
4 | かきと豆腐のグラタン：豆腐は器に盛り、かき、トマトを並べ、ホワイトソース、溶けるチーズをのせて焼く。

組み合わせ例：ながいものたらこ和え、みつばとじゃこの炒りたまご

洋 かきフライ

エネルギー：346kcal　たんぱく質：12.2g　脂質：21.3g　塩分：2.6g

臨床栄養へのヒント

[エ] フライパンに油（7g）を熱し焼く。[-86kcal]
[た] かきの量を70gに減らす。溶きたまごを水溶き小麦粉にかえる。[-3.2g]
[脂] [エ]と同じ。[-6.2g]
[塩] かきの分量を70gに減らす。[-0.5g]

応用メニュー

1 | かきのムニエル：塩、こしょうし、軽く小麦粉をまぶしサラダオイルで焼く。レモンを添える。
2 | かきのグラタン：グラタン皿に下煮した野菜にかきをのせホワイトソースをかけて焼く。
3 | かきのシチュー：じゃがいも、にんじん、たまねぎなど煮込み調理したのち、最後にかきを入れる。
4 | かきの土手鍋：土鍋の内側にみそを塗りはくさい、ねぎ、豆腐、しゅんぎくなどと煮ながら食べる。

組み合わせ例：ほうれんそうと麩のみそ汁、ポテトサラダ、せんキャベツ、トマト、パセリ、レモンを添える

洋 かきとほうれんそうのグラタン

エネルギー：253kcal　たんぱく質：15.9g　脂質：12.0g　塩分：2.5g

臨床栄養へのヒント
- エ バター2gと粉チーズを除く。[-35kcal]
- た かきと粉チーズを除き、じゃがいもを加える。[-6.4g]
- 脂 エと同じ。[-3.2g]
- 塩 塩を除く。[-0.8g]
- 軟菜食 しめじを除き、ほうれんそうをやわらかめにゆでる。

応用メニュー
1 | **かきとほうれんそうのミルク煮**：炒めたたまねぎとしめじ、かきをコンソメ、牛乳、酒、塩、こしょうで煮、ゆでたほうれんそうを加え、かたくり粉でとろみをつける。
2 | **かきと豆腐のあんかけ**：だし汁、しょうゆ、砂糖を入れて煮立て、にんじん、たけのこ、えのきだけ、ねぎを入れてさっと煮てからかきと豆腐を入れ、かたくり粉でとろみをつけ、にらを加える。
3 | **かきの土手鍋風煮物**：鍋にみそ、だし、みりんを入れて煮立て、かきと豆腐、ねぎを加えて煮る。

組み合わせ例：いんげん豆のスープ、にんじんとレーズンのサラダ、りんご

中 かきと豆腐のオイスターソース煮

エネルギー：137kcal　たんぱく質：8.7g　脂質：5.3g　塩分：2.2g

臨床栄養へのヒント
- エ 油を除く。[-18kcal]
- た 豆腐を1/2量にする。[-2.1g]
- 脂 エと同じ。[-2.0g]
- 塩 しょうが汁を加え、しょうゆを除く。[-0.4g]
- 軟菜食 油を除く。

応用メニュー
1 | **かきフライ**：かきは食塩水で洗って水気をきる。食塩、こしょうを振り、小麦粉、溶きたまご、パン粉をつけて油で揚げる。くし形に切ったレモンを添える。
2 | **豆腐とはくさいの煮物**：だし汁に、はくさい、しょうゆ、みりん、豆腐、かきを入れて煮る。
3 | **かきご飯**：かきは鍋に酒、しょうゆを入れて煮立て、強火でさっと煮る。水きりしたこめにこんぶだし、かきの煮汁、みりん、塩を入れ混ぜ、こめの上にかきをのせて炊飯する。

組み合わせ例：えのきとにらのみそ汁、筑前煮、パンプキンサラダ

中 あさりの中華炒め

エネルギー：78kcal　たんぱく質：5.5g　脂質：4.5g　塩分：3.0g

臨床栄養へのヒント
- エ 油を除く。[-9kcal]
- た あさりを1/2量に減らし、ゆでたアスパラを加える。[-1.8g]
- 脂 エと同じ。[-1.0g]
- 塩 トウバンジャンと豆鼓醤を1/2量に減らし、塩を除く。[-0.8g]
- 軟菜食 あさりを白身魚にかえる。

応用メニュー
1 | **あさりとだいこんのスープ**：あさりは酒蒸し煮にし、汁はこしてスープに加える。だいこんとしいたけを油で炒め、あさりのスープと水を加えて煮、はるさめを加え、酒、しょうゆで調味し、あさりを入れかたくり粉でとろみをつけ、あさつきを散らす。2 | **あさりとにらの炒め物**：あさりのむき身はさっとゆで、にらはゆでてみじん切りにする。たまご、あさり、にらを入れて炒め、塩、こしょうで調味する。3 | **あさりのワイン蒸し**：あさりとみじん切りのたまねぎをバターで炒め、白ワイン、水、コンソメを加えて蒸し煮にする。

組み合わせ例：肉団子のスープ、さといもの煮物、しゅんぎくともやしのナムル

洋 たこのトマトソース煮

エネルギー：145kcal　たんぱく質：20.2g　脂質：3.9g　塩分：1.2g

臨床栄養へのヒント
- エ オリーブオイルを除き、たこを半分にし、トマトを増やす。[-46kcal]
- た エと同じ。[-5.8g]
- 脂 エと同じ。[-2.3g]
- 塩 基本のままでよい。
- 軟菜食 軟菜食には不向き。

応用メニュー
1 | **たこのパンケーキ**：たこをフードプロセッサーで細かくし、たまねぎ、トマトのみじん切りとたまご、小麦粉を混ぜフライパンでこんがり焼き、からしマヨネーズで供する。
2 | **たこのやわらか煮**：たこに炭酸水を加えて10分煮て、ひたひたのだし汁を加え砂糖、酒、しょうゆでゆっくりやわらかくなるまで弱火で煮込む。

組み合わせ例：きのこのスパゲッティ、ヨーグルトサラダ

主菜の部 | 肉類（牛肉）

□ g = 1単位量

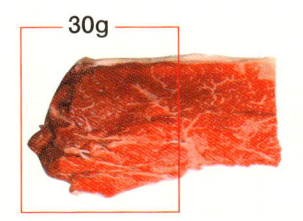

- 牛肩ロース 脂身なし　50g（30g）
- 牛肩ロース 脂身つき　80g（20g）
- 牛ヒレ　100g（40g）
- 牛もも薄切り　40g（40g）
- 牛すね　50g（40g）
- バラ　35g（20g）
- 牛ひき肉　40g（40g）

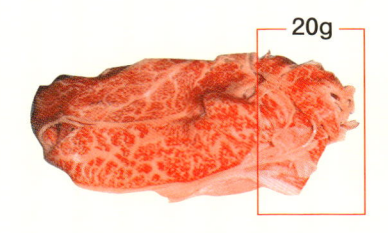

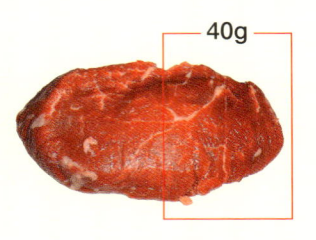

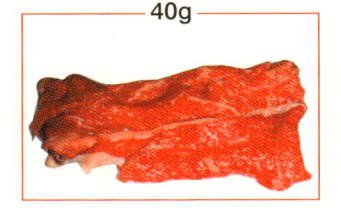

洋　ビーフステーキ

エ 717kcal
た 17.9g
脂 63.7g
塩 1.0g

材料（1人分, g）
牛肉（ロース）　120（6単位）
塩，こしょう　少々
植物油，バター　各5（0.9単位），ブランデー　4
[メートル・ド・テル（バターソース）]
　バター　10（0.8単位）
　ピクルス　4
　たまねぎ　4
　レモン汁　3ml
塩，こしょう　少々
[フライドポテト]
　じゃがいも　40（0.4単位）
　揚げ油（吸油）2（0.2単位）
　塩　0.2
クレソン　8，レモン　10

作り方
①牛肉は筋切りし，塩，こしょうする。
②フライパンを熱し，油とバターを入れ，盛り付けた時に上になる側から強火で焼く。フライパンをゆすりながら両面を焼き，ブランデーを振る。③バターソースを作る。バターを練り，ピクルス，みじん切りにして水にさらしたたまねぎ，レモン汁，塩，こしょうを加えて練り，パラフィン紙の上で棒状に巻き，冷やし固める。④じゃがいもを拍子木切りとして，揚げ油で揚げ，塩を振る。⑤②の牛肉を皿に盛り，輪切りにして紙をはがしたバターソースをのせ，フライドポテトとクレソンとレモンの輪切りを添える。

和　松風焼き

エ 225kcal
た 15.2g
脂 13.6g
塩 1.0g

材料（1人分, g）
豚ひき肉　30（0.8単位）
牛ひき肉　30（0.8単位）
パン粉　8（0.4単位）
たまご　10（0.2単位）
赤みそ　8
ねぎ　5
砂糖　2
植物油　2（0.2単位）
白ごま　0.5
青のり　0.1

作り方
①牛肉と豚肉をよく混ぜる。
②混ぜた後に，小口切りしたねぎ，溶きたまご，パン粉，砂糖を混ぜる。
③赤みそを加え，すべてになじませる。
④油を引いた鉄板に，材料を伸ばして，180℃のオーブンで焼く。
⑤焼いた表面に白ごま，青のりをのせる。あれば芥子の実でもよい。
⑥形は扇形に切り分ける。

和 牛肉のじゃがいもソース

- エ 213kcal
- た 24.7g
- 脂 4.0g
- 塩 2.1g

材料(1人分, g)
- 牛すね肉　80(2単位)
- ごぼう　40
- 砂糖　5(0.2単位)
- しょうゆ　7
- [ソース]
　- じゃがいも　50(0.5単位)
　- 塩　1
- 青ねぎ　3

作り方
1. 牛すね肉はひと口大に切る。
2. ごぼうは皮をこそぎ取り、乱切りにする。①と一緒に水から煮て、やわらかくなったら調味し、さらに煮込む。
3. じゃがいもはゆでて、塩と共にミキサーにかける。
4. 器に肉、ごぼうを盛り、じゃがいもソースをかけて、きざみねぎを散らす。

洋 牛肉の煮込み（パンド・ブッフ）

- エ 370kcal
- た 21.6g
- 脂 19.5g
- 塩 5.0g

材料(1人分, g)
- 牛もも肉(脂身なし)　55(1.4単位)、小麦粉　3、塩　3、こしょう　少々
- A：合びき肉　35(0.9単位)、たまねぎ　10、食パン　6、たまご　5、塩　0.2、ナツメグ　少々
- たまねぎ　15、ブイヨン　80ml、ワイン　3、植物油　3(0.3単位)、小麦粉　4(0.3単位)、トマトケチャップ　15(0.2単位)、ウスターソース　5、じゃがいも　30(0.3単位)、塩　0.3、こしょう　少々、さやいんげん　10、にんじん　20、バター　3(0.3単位)

作り方
1. 牛もも肉は広げて、塩、こしょうし、小麦粉を振る。みじん切りたまねぎと合びき肉およびAの材料をよく混ぜ、①で包む。
2. フライパンに油を熱し、②をころがしながらこんがり焼く。
3. ②の肉を鍋に移し、たまねぎの薄切りとブイヨン、赤ワインを入れて弱火で5分煮込む。
4. ③のフライパンで小麦粉を炒めブラウンルウを作り④の中に溶かし入れ、トマトケチャップ、ウスターソースと共にさらに3分煮込み、塩、こしょうで調味する。
5. ゆでたポテトと野菜のソテーを添え、⑤をソースと共に盛る。

洋 ビーフストロガノフ

- エ 632kcal
- た 17.0g
- 脂 55.1g
- 塩 2.5g

材料(1人分, g)
- 牛ロース肉(薄切り)　90(3単位)
- 塩　0.5
- こしょう　少々
- 小麦粉　5(0.3単位)
- たまねぎ　50
- マッシュルーム　20
- バター　20(2単位)
- コンソメスープ　120ml
- サワークリーム　15
- 塩　0.5、赤ワイン　5
- トマトケチャップ　10
- こしょう　少々

作り方
1. 牛肉をひと口大に切り、塩、こしょうを混ぜ牛肉につける。そして小麦粉をまぶす。
2. 鍋にバターを1/2量溶かし、牛肉に焼き色がつくまで炒め、コンソメスープを注いで弱火で40分煮込む。
3. たまねぎ、マッシュルームは薄切りにし、残りのバターでよく炒める。
4. 煮込んだ牛肉をスープごと③の鍋に合わせ煮立て、塩、こしょうで味を調え、サワークリーム、トマトケチャップ、赤ワインを仕上げに加える。

和 八幡巻き

- エ 337kcal
- た 19.1g
- 脂 19.8g
- 塩 1.8g

材料(1人分, g)
- 牛もも肉(脂身なし)　90(2.3単位)
- ねぎ　20
- ごぼう　20
- にんじん　10
- [たれ]
　- しょうゆ　10
　- 砂糖　10(0.5単位)
　- みりん　3(0.1単位)
　- 植物油　7(0.7単位)

作り方
1. スライスの牛肉をしょうゆと砂糖、みりんを混ぜたたれに漬け込む。
2. 長ねぎは長さ5cm位に切りはずしておく。
3. ごぼうは皮をこそぎ、5cm位の長さに切り、水に漬けておく。
4. ごぼうをゆでにし、4等分に縦に切る。にんじんもゆがき、5cm位の長さに切る。
5. にんじん、ごぼう、長ねぎを牛肉で巻く。
6. 巻き方は中味を斜めに置いて肉がぶ厚くならないように巻く。
7. 油を熱したフライパンで焼く。牛肉はじっくり焼く。

基本料理の展開　肉類（牛肉）

食品・栄養

1｜市場に出ている牛肉は，国産牛（乳用肥育牛肉）のほか輸入牛肉が主流である。特に牛肉は部位による肉質の差が著しく，店頭名称と硬軟や切り方等を調理法により選択することが必要である。和牛は肉質がやわらかいがエネルギーが高い。
2｜ヒレ，ロースはやわらかいが価格が高い。もも，肩ロースはやや肉質は荒くかたいが代用として使用できる。
3｜バラ肉は結合組織が多く肉質がかたく脂肪が多く含まれる。
4｜牛肉の赤身は良質のたんぱく質源として重要である。ビタミンB_2を多く含みマグネシウム，亜鉛が多く含まれる。
5｜牛肉の脂はコレステロール値を上昇させる作用があるのでまわりの脂肪層は切り落とすとよい。融点は40℃以上と高いので調理法により脂の多少を選択する必要がある。
6｜ひき肉は脂肪が高くエネルギーも高い。牛肉の保存はスライスで3日，ブロックで5日，冷凍なら1か月。

調理

1｜調理法により部位，塊か薄切りかを選ぶ。一般的には，ヒレ，ロースは焼く調理，もも，肩は焼く，揚げるのほか薄切りで巻き焼きや炒める調理に適する。揚げ物には脂身の少ないものを使う。2｜牛肉の赤い色（ミオグロビン）は酸化や加熱により変色する。加熱温度80℃でほとんどの肉の色は灰色になる。揚げる，焼くなど140℃以上になると茶褐色のほどよい焦げめを利用したり，ソースやしょうゆで色を補う工夫が必要である。3｜肉をやわらかくするには，調理前に1％程度の塩を振る。ワインビネガーにひたすなど酸味の利用も効果的である。さらに肉の筋切り・たたく・ひき肉にすることで加熱による硬化を和らげることができる。4｜煮込みの料理以外は，比較的短時間で調理するとかたくなりにくく消化もよく仕上がる。
5｜牛脂の融点は40℃以上と高いので冷製調理には不向きである。
大量調理のポイント：1｜かたい肉は平切り肉で利用する。
2｜消火以降の余熱でかたくなるので，調理時間を短縮する。

洋 ビーフステーキ

エネルギー：717kcal　たんぱく質：17.9g　脂質：63.7g　塩分：1.0g

臨床栄養へのヒント

[エ]バターソースを赤ワインソースにする。[-24kcal]
[た]肉を90gにする。[-4.2g]
[脂]フライドポテトを粉ふきいもにかえる。[-2.0g]
[塩]基本のままでよい。
[軟菜食]焼いた牛肉を薄切りとして皿に盛り，フライドポテトをマッシュポテトにする。

応用メニュー

1｜**ポークステーキ**：牛肉を豚肉（ロース肉）にして，焼く。
2｜**ステーキ丼**：焼いたステーキを短冊切りにして，丼に盛った飯に，薄切りにして炒めたたまねぎをのせた上におき，調味したたれをかける。

組み合わせ例：野菜のマリネ，にんじんスープ

和 松風焼き

エネルギー：225kcal　たんぱく質：15.2g　脂質：13.6g　塩分：1.0g

臨床栄養へのヒント

[エ]ひき肉は赤身を使う。[-53kcal]
[た]パン粉とたまごをだし汁とかたくり粉にする。[-2.4g]
[脂]ひき肉は赤身を使う。[-6.4g]
[塩]赤みそを甘みそ（米みそ）にする。[-0.4g]
[軟菜食]肉を鶏ひき肉にかえ，赤みそを甘みそにかえる。ねぎは除く。

応用メニュー

1｜**肉だんごの煮物**：ひき肉を団子にし，はくさいと一緒にだし汁で煮含める。2｜**肉団子とはるさめのたまごスープ**：ひき肉を団子にし，はるさめをもどしはくさいは細切りにする。スープの中に団子を入れ，はくさい，はるさめ，溶きたまごの順に入れ，味付ける。3｜**松風木の葉揚げ**：手に油を塗り，ひき肉を木の葉型にし，ナイフなどで，葉脈の線を入れ，180℃の揚げ油で揚げる。4｜**しいたけシュウマイ**：しいたけの軸を取り，笠にミンチを詰めて油で焼く。

組み合わせ例：油揚げとほうれんそうのみそ汁，だいこんとにんじんのなます，さつまいもとあずきのいとこ煮

和 牛肉のじゃがいもソース

エネルギー：213kcal　たんぱく質：24.7g　脂質：4.0g　塩分：2.1g

臨床栄養へのヒント
- エ 牛肉は脂身なしを使用する。[-22.4kcal] ごぼうをにんじんにかえる。[-11.2kcal]
- た 牛肉を50gに減らす。[-5.5g]
- 脂 牛肉は脂身なしを使用する。[-2.7g]
- 塩 しょうゆを5gに、塩を0.5gに減らし、こしょうを0.5g加える。[-0.8g]
- 軟菜食 牛肉の加熱時間を長くしてやわらかくする。ごぼうをにんじん、キャベツにかえて、やわらかく煮る。

応用メニュー
1. **牛肉のかぼちゃソース**：じゃがいもをかぼちゃにかえる。
2. **牛肉のポテ豆ソース**：枝豆をゆでてじゃがいもと共にソースにする。
3. **鶏肉のじゃがいもソース**：牛肉を鶏肉にかえる。
4. **白身魚のじゃがいもソース**：牛肉を魚にかえる。

組み合わせ例：だいこんとわかめのみそ汁，はくさいとあさりの和えもの，ゆでブロッコリー

洋 牛肉の煮込み（バンド・ブッフ）

エネルギー：370kcal　たんぱく質：21.6g　脂質：19.5g　塩分：5.0g

臨床栄養へのヒント
- エ ひき肉を赤身肉にして量を20gにする。肉を焼く油を1gにする。野菜のソテーをボイルにする。バター3gにする。[-86kcal]
- た エと同じ。[-2.4g]
- 脂 もも肉を40gにひき肉を15gにしたまねぎを増やす。[-3.7g]
- 塩 牛肉に振る塩を除きケチャップを5gにしてトマトを使う。ソテーのバターを植物油にする。[-3.4g]
- 軟菜食 牛赤身のひき肉にしてソースをかける。

応用メニュー
1. **牛肉の巻き焼き**：薄切り肉でハンバーグ状の肉を巻いてみりんしょうゆ味で和風に。
2. **牛肉のロースト**：牛もも肉をローストして、ひき肉とみじん切り野菜のソースをかける。
3. **牛肉のワイン蒸し**：牛もも肉を0.5cmの厚さに切り、ワインを加えて蒸し煮にし、生野菜を敷いてイタリアンドレッシングをかける。粒マスタードを添える。

組み合わせ例：フランスパン，きのこスープ

洋 ビーフストロガノフ

エネルギー：632kcal　たんぱく質：17.0g　脂質：55.1g　塩分：2.5g

臨床栄養へのヒント
- エ 牛肉を50gにする。[-85kcal]
- た エと同じ。[-7.6g]
- 脂 エと同じ。[-5.5g]
- 塩 エと同じ。[-0.2g]

応用メニュー
1. **牛肉の野菜巻き**：牛肉でにんじん、アスパラ、さやいんげんなどの具を巻いて、表面を焼き、ブラウンソースで煮る。
2. **牛肉の桑焼き**：牛肉の切り身をしょうゆ、砂糖などの調味液に漬け、かたくり粉をつけて、油で焼く。油出ししてからしょうゆだれで照り焼きする。
3. **ビーフシチュー**：牛肉に塩、こしょう、小麦粉をまぶす。野菜と共にフライパンで両面を焼き、鍋に移し、スープ、ドミグラスソースで煮る。

組み合わせ例：バターライス，トマトサラダの冷製

和 八幡巻き

エネルギー：337kcal　たんぱく質：19.1g　脂質：19.8g　塩分：1.8g

臨床栄養へのヒント
- エ 牛肉を赤身にし、テフロン加工のフライパンで油を1/2量に減らす。[-146kcal]
- た 牛肉をベーコンにする。[-2.2g]
- 脂 エと同じ。[-17.3g]
- 塩 しょうゆだれに漬け込まず、仕上がりにからめ、各調味料を1/2量に減らす。[-0.7g]
- 軟菜食 牛肉はひき肉にし、長ねぎ、ごぼうは除く。

応用メニュー
1. **牛肉の梅しそ巻き**：たたき梅としそを牛肉で巻き焼く。
2. **牛肉とごぼうの柳川風**：ささがきごぼうと牛肉をだし汁、調味料で煮たところに溶きたまごでとじる。
3. **串カツ**：チーズを牛肉で巻いたものにパン粉の衣をつけ揚げる。
4. **肉きんぴら**：ごぼうとにんじんはせん切り、肉は細切りにし、とうがらしは輪切りにする。フライパンで炒め、調味料を加える。

組み合わせ例：ほうれんそうのたまごとじ，麩のすまし汁，さといもの煮物

ビーフシチュー

- エ 305kcal
- た 18.7g
- 脂 16.2g
- 塩 1.6g

材料（1人分, g）

- 牛もも肉　80（2単位）
- バター　7（0.7単位）
- じゃがいも　40（0.4単位）
- にんじん　30
- 小たまねぎ　40
- マッシュルーム　10
- さやいんげん　10

[調味料]
- ブイヨン　150ml
- トマトジュース　50ml
- 赤ワイン　10ml
- 食塩 1，ローリエ 1/2枚
- こしょう　少々
- ブールマニエ（バター 3，小麦粉 3）（0.4単位）

作り方

① 牛もも肉は3cm角に切り、塩0.5gこしょう少々で下味を付ける。
② 鍋にバターを熱し、牛肉を入れ焦げ色がつくまで炒める。赤ワイン、ブイヨン、トマトジュース、塩、こしょう、ローリエを入れて肉がやわらかくなるまで40〜50分位煮る。
③ にんじんはシャトー型、じゃがいもは4つ切りにする。肉がやわらかくなったら、にんじん、じゃがいも、小たまねぎ、マッシュルームを入れて野菜がやわらかくなるまで煮る。
④ ブールマニエを入れてとろみをつけ、味を調える。塩ゆでしたさやいんげんを入れ、器に盛る。

牛肉のビール煮フランドル風

- エ 270kcal
- た 16.2g
- 脂 17.6g
- 塩 1.9g

材料（1人分, g）

- 牛肉（肩ロース）　40（1.3単位）
- 塩　少々，こしょう　少々
- 植物油　2（0.2単位）
- たまねぎ　60
- ビール　20ml
- フランスパン　30（1単位）
- 練りがらし　少々
- 水　30ml
- コンソメの素（固型）　適宜
- ブーケガルニ　1束
- 塩 0.2，こしょう　少々
- 砂糖　1
- クレソン　15

作り方

① たまねぎは薄切りし、鍋に油を熱しあめ色になるまで炒める。
② 牛肉は大きめの角切りにし、強めに塩、こしょうをしてフライパンで表面にしっかり色をつけて①の鍋に入れる。
③ ②のフライパンにビールを注ぎ、肉の旨味を煮溶かして水、コンソメの素、ブーケガルニと共に①の鍋に入れ、あくを取りながらしばらく煮る。
④ フランスパンの薄切りに練りがらしを塗ったものを加え、沸とう後、弱火にして肉が充分やわらかくなるまで煮る。塩、砂糖、こしょうで味を調える。
⑤ 器に盛りクレソンを添える。

ねぎの牛肉巻き揚げ

- エ 243kcal
- た 11.1g
- 脂 18.3g
- 塩 1.1g

材料（1人分, g）

- 牛肉（薄切り）　60（2単位）
- 小ねぎ　20
- かたくり粉　5（0.2単位）
- 揚げ油（吸油）3（0.3単位）
- サラダ菜　10
- 溶きがらし　少々
- しょうゆ　6

作り方

① 小ねぎは洗って水気をよくきり、根を切り落して20cmの長さに切る。葉の部分と根の部分が全体に平均になるように並べる。
② 小ねぎの端をしっかりとつかみ、牛肉をねぎの端にかぶせて、かたく肉を巻きつけていき、ねぎの最後の部分も肉をかぶせて油が入らないようにする。
③ かたくり粉をバットに広げ、②をころがして全体にむらなくつける。
④ 180℃の油で表面がカリッとするまで揚げ、2cm幅に切る。
⑤ 器にサラダ菜を敷き、切り口を見せて盛り付ける。
⑥ からしじょうゆを添える。

牛肉とピーマンの炒め（青椒牛肉絲 チンジャオロオスウ）

- エ 261kcal
- た 15.9g
- 脂 17.6g
- 塩 1.2g

材料（1人分, g）

- 牛もも肉　70（1.8単位）
- [下味]
  - 酒　5
  - しょうゆ　3
- かたくり粉　3
- ピーマン　20
- ゆでたけのこ　15
- 乾しいたけ　1
- 植物油　10（1単位）

[調味料]
- 湯（タン）　10ml
- 砂糖　1
- 酒　5
- しょうゆ　3
- オイスターソース　3

作り方

① 牛肉は5〜6cmの長さのせん切りにし、下味を付け、かたくり粉をまぶす。
② ピーマンは縦半分に切り種を取り、縦にせん切りにする。たけのこも5cm長さのせん切りにする。乾しいたけは、もどしてせん切りにする。
③ 中華鍋に1/2量の油を熱し、強火で①の牛肉を炒め、取り出しておく。
④ 残りの油を鍋に加え、②のピーマン、たけのこ、しいたけの順に炒め、③を加え調味料で味付けする。

洋 牛肉マスタード焼き

エ 454kcal
た 18.7g
脂 31.3g
塩 1.4g

材料(1人分, g)
牛肉(肩ロース細切り) 80 (2.7単位)
小麦粉　6 (0.3単位)
たまご　13 (0.3単位)
植物油　6 (0.6単位)
マスタード　6
ウスターソース　4
粉チーズ　2
塩　0.3
こしょう　少々
さやいんげん　40
じゃがいも　60 (0.5単位)
バター　2.5 (0.2単位)
塩　0.3
トマト　40

作り方
① 牛肉に軽く塩、こしょうする。小麦粉をはたきつけ残りの小麦粉にたまごを割りほぐして全体を混ぜる。
② じゃがいもはゆでて粉ふきいもにして、塩少々を振る。
③ いんげんはゆでて5cmの長さに切り、バターで炒め塩、こしょうする。
④ フライパンに油を熱し①の牛肉を1/4ずつ楕円形にまとめて入れ、焼き色がついたら裏返し、マスタードとウスターソースを混ぜたソースを塗りつけ、粉チーズを振ってふたをし軽く蒸し焼きにする。
⑤ ②、③とトマトを添えて器に盛り付ける。

和 すき焼き煮

エ 366kcal
た 12.5g
脂 28.7g
塩 1.3g

材料(1人分, g)
牛ロース(平切り)　60 (3単位)
たまねぎ　50
しらたき　40
焼き豆腐　30 (0.3単位)
植物油　5 (0.5単位)
[調味料]
　砂糖　5 (0.2単位)
　しょうゆ　8
　酒　5
　だし汁　20ml

作り方
① 牛肉は5〜6cmの長さに切りたまねぎは薄切り、しらたきは熱湯でゆで5〜6cmに切る。
② 焼き豆腐は2〜3cm角切り、湯通しし、ざるにあげる。
③ 油を熱し、牛肉を炒め、しらたきを加えて炒め、調味料を加えて焼き豆腐、たまねぎを入れてさっと仕上げる。

和 肉じゃが

エ 306kcal
た 13.9g
脂 10.0g
塩 1.9g

材料(1人分, g)
牛もも肉　50 (1.3単位)
じゃがいも　100 (0.9単位)
たまねぎ　30
植物油　5 (0.5単位)
[調味料]
　酒　10
　砂糖　10 (0.2単位)
　みりん　8 (0.3単位)
　しょうゆ　13
グリーンピース　5

作り方
① じゃがいもは皮をむき、4つに切る。水に放しあくを抜き、水気をきる。
② 牛肉はひと口大に切る。たまねぎは縦半分に切り、5mmの厚さのざく切りにする。
③ 鍋に油を熱して牛肉を炒め、色がかわったらじゃがいも、たまねぎを加え炒め合わせ、水をひたひたに注いで調味料を加える。落としぶたをし、途中であくを取りながら、中火で汁気がなくなるまで煮て、ゆでたグリンピースを加えて仕上げる。

和 牛しゃぶサラダ風

エ 238kcal
た 11.4g
脂 16.4g
塩 1.6g

材料(1人分, g)
牛薄切り肉(しゃぶしゃぶ用) 50 (1.7単位)
ブロッコリー　40
ラディッシュ　10
サニーレタス　10
トマト　30
しその葉　1
[ソース]
　だいこんおろし　40
　おろししょうが　1
　おろしにんにく　1
　しょうゆ　9, 酢　12
　砂糖　1
　ごま油　3 (0.3単位)
　トウバンジャン　1

作り方
① 鍋に湯を沸かし、牛肉をしゃぶしゃぶの要領で火を通し、氷水に取って、水気をきる。
② ブロッコリーは小房にわけて塩ゆでする。ラディッシュは薄く切り、レタスは食べやすい大きさにちぎる。トマトはくし型に切り、しその葉はせん切りにする。
③ ボウルにソース材料を混ぜ合わせる。
④ 器にレタスを敷き、③のソースで①を和え、残りの野菜といっしょに盛り付ける。

洋 ビーフシチュー

エネルギー：305kcal　たんぱく質：18.7g　脂質：16.2g　塩分：1.6g

臨床栄養へのヒント
- [エ] 牛もも肉の脂を除く。[−33kcal]
- [た] 牛肉を70gに減らして野菜を増やす。[−2.0g]
- [脂] バターを1/2量にする。[−4.0g]
- [塩] 塩を0.5gにする。[−0.5g]
- [軟菜食] 牛肉はひき肉を用いてミートボールにする。野菜は小さく切ってやわらかく煮る。

応用メニュー
1 | **タンシチュー**：牛タンはたっぷりの湯でやわらかくなるまで煮る。タンの皮をむいて1cm厚さに切り、同様に煮る。
2 | **ハッシュドビーフ**：牛薄切り肉とたまねぎの薄切り、にんじんの短冊切りを炒め同様に煮て、ご飯に添える。
3 | **ポークシチュー**：豚肉角切り、じゃがいも、たまねぎ、にんじんの乱切りを炒め、水を加えてやわらかくなるまで煮て、ホワイトソースを加えてとろみをつけ、味を調える。

組み合わせ例：グリーンサラダ，ヨーグルトゼリー，パン

洋 牛肉のビール煮フランドル風

エネルギー：270kcal　たんぱく質：16.2g　脂質：17.6g　塩分：1.9g

臨床栄養へのヒント
- [エ] 牛肉をもも肉脂身なしにする。[−71kcal]
- [た] フランスパンを10gにする。[−1.9g]
- [脂] [エ]と同じ。[−8.6g]
- [塩] 牛肉の下ごしらえの塩を除く。[−0.5g]
- [軟菜食] 牛肉を薄切り肉にする。フランスパンと練りがらしを除く。

応用メニュー
1 | **ビーフシチュー**：角切り牛肉は強火で焦げ色をつけスープで煮込む。たまねぎ、にんじん、じゃがいも、セロリーを入れトマトピューレ、塩、ブラウンソースで調味する。
2 | **牛肉のプロバンス風**：牛肉に小麦粉をまぶし、焦げ色をつける。たまねぎを炒め、肉とトマト、トマトピューレ、マッシュルームを加えて煮込む。塩で味を調える。
3 | **牛肉の七味焼き**：牛肉をごま、ねぎ、ごま油、七味、砂糖、しょうゆ、酒の漬け汁に漬け、汁ごと炒める。野菜の甘酢漬けを添える。

組み合わせ例：りんごとくるみのサラダ，コンソメロワイヤル，フランスパン

和 ねぎの牛肉巻き揚げ

エネルギー：243kcal　たんぱく質：11.1g　脂質：18.3g　塩分：1.1g

臨床栄養へのヒント
- [エ] 赤身肉を使用し、蒸し焼きにする。[−104kcal]
- [た] 指示されたたんぱく質により、牛肉の量を減らす。
- [脂] [エ]と同じ。[−12.2g]
- [塩] しょうゆの1/2量を酢にかえる。[−0.5g]
- [軟菜食] 牛肉はやわらかいももの部分を使用し、ゆでたにんじんやさやいんげんを巻き、蒸し焼きにする。

応用メニュー
1 | **ねぎとあさりの酢みそかけ**：あさりのむき身は熱湯をかけ水気をきる。ねぎはゆでてザルに上げ冷まし、3cmの長さに切る。器にあさり、ねぎを盛り酢みそをかける。
2 | **チーズとアスパラの牛肉巻焼き**：チーズは5mm角の棒状に切る。グリーンアスパラはかためにゆでる。薄切り肉に塩、こしょうをし、チーズとアスパラを芯に巻いて焼く。
3 | **ごぼうの牛肉巻煮**：ゆでたごぼうを芯に牛肉を巻き、砂糖、しょうゆ、だし汁で煮る。

組み合わせ例：じゃがいもとわかめのみそ汁，白和え，しば漬

中 牛肉とピーマンの炒め（青椒牛肉絲 チンジャオロオスウ）

エネルギー：261kcal　たんぱく質：15.9g　脂質：17.6g　塩分：1.2g

臨床栄養へのヒント
- [エ] 牛肉を50gに減らし、油を2/3量にする。[−67kcal]
- [た] 牛肉を50gに減らす。[−4.1g]
- [脂] [エ]と同じ。[−4.9g]
- [塩] しょうゆ、オイスターソースを2/3量にする。[−0.2g]
- [軟菜食] しいたけは生しいたけに、たけのこは除く。ピーマンはゆでる。

応用メニュー
1 | **青椒肉絲**：牛肉を豚肉にかえる。
2 | **牛肉とレタスのオイスターソース炒め**：下味を付けた牛肉、レタス、しめじを炒め、しょうゆ、酒、砂糖、オイスターソースで調味する。
3 | **牛肉の和え物**：熱湯をくぐらせた牛肉、トマト、生わかめ、きゅうり、しめじをしょうゆドレッシングで和える。
4 | **牛肉の和風ソテー**：塩、こしょうをした牛肉を焼き、だいこんおろしをかけクレソンを添える。しょうゆで味を補う。

組み合わせ例：豆腐と生しいたけのスープ，涼拌菜，杏仁かん（杏仁豆腐）

洋 牛肉マスタード焼き

エネルギー：454kcal　　たんぱく質：18.7g　　脂質：31.3g　　塩分：1.4g

臨床栄養へのヒント
- エ 脂身を除き赤肉を使う。[-76kcal]
- た 肉の量を50gにする。[-4.9g]
- 脂 エと同じ。[-9.1g]
- 塩 塩分を少なめにする。

応用メニュー
1｜焼き形をかえて見ためを楽しむ。
2｜牛肉を少なめにして生パン粉を入れて焼く。
3｜ウスターソースをトマトソースにかえる。

組み合わせ例：だいこんとわかめのサラダ（トマトサラダ）、ひき茶ゼリー（ワインゼリー）

和 すき焼き煮

エネルギー：366kcal　　たんぱく質：12.5g　　脂質：28.7g　　塩分：1.3g

臨床栄養へのヒント
- エ 牛肉を炒めないで煮る。[-46kcal]
- た 指示されたたんぱく質の量により、牛肉の量を減らす。10g減らす。[-1.5g]
- 脂 エと同じ。[-5.0g]
- 塩 しょうゆと砂糖を1/2量にする。[-0.6g]
- 軟菜食 やわらかい肉を使う。しらたきは麩にかえる。

応用メニュー
1｜**肉じゃが**：材料を油で炒め、砂糖、しょうゆ、みりん、だし汁で煮含める。
2｜**牛肉とごぼうの炒め煮**：ごぼうはささがきにして、牛肉と一緒に炒めて砂糖、しょうゆ、みりんで煮る。

組み合わせ例：さつまいものオレンジ煮、きゅうりといかの酢の物

和 肉じゃが

エネルギー：306kcal　　たんぱく質：13.9g　　脂質：10.0g　　塩分：1.9g

臨床栄養へのヒント
- エ 牛肉は脂身のない部位にし、じゃがいもを1/2量に減らす。[-59kcal]
- た 指示されたたんぱく質によって、牛肉の量を20g減らす。[-4.1g]
- 脂 牛肉は脂身のない部位にし、油を使わないで煮る。[-7.5g]
- 塩 しょうゆ、砂糖を2/3量に減らす。[-1.3g]
- 軟菜食 やわらかい肉を使う。

応用メニュー
1｜**ピリ辛肉じゃが**：にんにくとコチュジャンで辛味をきかせ最後にすりごまを加えて仕上げる。
2｜**カレー肉じゃが**：肉は牛ひき肉にし、カレー粉で味を調えて仕上げる。

組み合わせ例：あさりとえのきだけのとろみスープ、ほうれんそうのナムル

和 牛しゃぶサラダ風

エネルギー：238kcal　　たんぱく質：11.4g　　脂質：16.4g　　塩分：1.6g

臨床栄養へのヒント
- エ 油を除く。[-28kcal]
- た 牛肉を除く。[-8.1g]
- 脂 エと同じ。[-3.0g]
- 塩 しょうゆを2gに減らす。[-1.0g]
- 軟菜食 ラディッシュを除き、サニーレタスをゆでる。

応用メニュー
1｜**牛肉とレタスの炒め物**：レタスと牛肉を炒め、しょうゆ、オイスターソース、砂糖、酒で調味し、かたくり粉でとろみをつける。
2｜**牛肉とじゃがいもの煮物**：牛肉とじゃがいもを炒め、砂糖、塩、しょうゆ、水を加えて煮る。
3｜**牛肉サラダ**：牛肉を炒め、オイスターソース、しょうゆ、こしょうで味を付け、サニーレタス、きゅうり、ラディッシュと共に盛る。

組み合わせ例：豆腐としいたけのスープ、なすのチーズ焼き、かぼちゃの煮物

主菜の部 — 肉類 （豚肉）

□g ＝1単位量

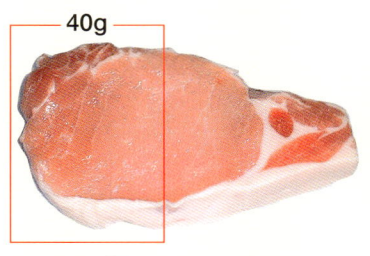

- 豚ロース　80g（40g）
- 豚もも　60g（60g）
- 豚ヒレ　90g（60g） 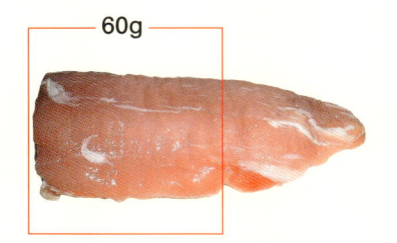
- 豚バラ　40g（20g）
- 豚ひき肉　40g（40g）
- ベーコン　40g（20g） 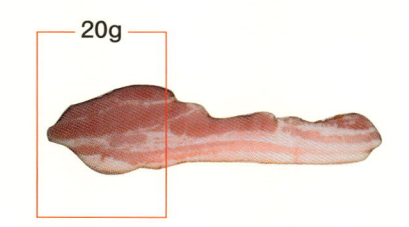

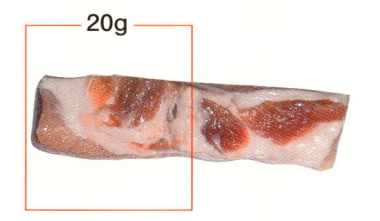

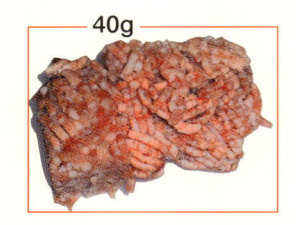

洋　豚肉のきのこソース

- エ 238kcal
- た 19.8g
- 脂 14.8g
- 塩 2.0g

材料（1人分, g）

豚もも肉（脂身なし）80（1.3単位）
塩 1.5、こしょう 少々
小麦粉 4（0.2単位）
植物油 3（0.3単位）
バター 2（0.2単位）
［ソース］
　生しいたけ 20
　しめじ 20
　生マッシュルーム 20
　えのきだけ 20
　にんにく 1、塩 0.4
　オリーブ油 5（0.5単位）
　バルサミコ 5
パセリ 1

作り方

①豚肉は2枚に切り塩、こしょうし、小麦粉をまぶして油でこんがり焼き、バターを加えて蒸し焼きにする。
②きのこを切り、にんにくと共にオリーブ油で香りが出るようにゆっくり炒め①の焼き汁、バルサミコを加え塩、こしょうで味を調える。
③皿に①の豚肉を盛り②を乗せてパセリを飾る。

洋　梅しそカツロール

- エ 236kcal
- た 15.4g
- 脂 13.5g
- 塩 1.3g

材料（1人分, g）

豚もも薄切り肉 60（1単位）
しその葉 2
梅干し 5
にんじん 10
セロリー 10
さやいんげん 10
小麦粉 5（0.3単位）
たまご 8（0.2単位）
パン粉 8（0.3単位）
揚げ油（吸油 6）（0.6単位）

作り方

①にんじんは皮をむき、セロリーはすじを取り、厚さ7～8mm長さ5cmの拍子木に切りゆでる。さやいんげんはすじを取りゆで、長さ5cmに切る。
②豚肉を広げしその葉をおき、その上に梅干しの果肉をのばし、①のにんじん、セロリー、さやいんげんをおいて豚肉の端から巻き込みロール状にする。
③②に小麦粉、溶きたまご、パン粉をつけて、油を170℃に熱して揚げる。

和 豚肉のしょうが焼き

- エ 154kcal
- た 14.0g
- 脂 7.7g
- 塩 1.3g

材料(1人分, g)

豚もも薄切り肉(脂身なし) 60(1単位)
[調味料]
　しょうゆ　8
　みりん　4(0.1単位)
　しょうが汁　2
植物油　4(0.4単位)
[付け合わせ]
　キャベツ　30
　トマト　20

作り方

①調味料としょうが汁を混ぜ、豚肉を漬け込み、約30分おく。
②フライパンに油を熱し、豚肉を広げて入れ、両面焼いて火を通す。
③キャベツは沸とう湯でゆで、細く切る。
④トマトはくし形に切る。
⑤皿に豚肉、キャベツ、トマトを盛り合わせる。

中 豚肉とキャベツの辛み炒め

- エ 212kcal
- た 20.5g
- 脂 9.9g
- 塩 2.4g

材料(1人分, g)

豚ロース肉(赤身) 80(2単位)
キャベツ　40
ピーマン　20
白ねぎ　20
にんにく　1.3
植物油　5(0.5単位)
[調味料]
　トウバンジャン　1.2
　テンメンジャン　6
　砂糖　2
　酒　2.4
　しょうゆ　9

作り方

①豚ロース肉は、4〜5cm幅に切る。
②キャベツは大きめのひと口大に切る。
ピーマンは種を取りひと口大に切る。
③白ねぎは1cm幅の筒切り、にんにくは薄切りにする。
④調味料を合わせておく。
⑤鍋に油を熱し、②を炒めて一度取り出す。
⑥①の両面をよく焼き、余分な油は捨てる。③を加えて炒め、④を入れて肉にからめる。キャベツとピーマンをもどし入れ炒めて、器に盛る。

中 豚肉とたかな漬けの炒め物

- エ 230kcal
- た 10.7g
- 脂 16.4g
- 塩 3.2g

材料(1人分, g)

豚ひき肉　30(0.8単位)
しょうが汁　1.5
酒　0.6
しょうゆ　0.8
長ねぎ　5
しょうが　3
植物油　9(0.9単位)
たかな漬け　50
酒　3
砂糖　2
しょうゆ　2
枝豆(ゆで・正味)　30
ごま油　1(0.1単位)

作り方

①たかな漬けは30分ほど水につけて、塩抜きをし水気をきる。葉はみじん切り、茎は縦に3〜4等分にして、繊維に直角に小口切りする。から炒りして水気をとばす。
②さやごとゆでた枝豆は実を出し薄皮をとる。
③豚ひき肉はしょうが汁と、酒、しょうゆで下味を付ける。
④中華鍋に油を熱して、粗みじんにした長ねぎ、しょうがを炒め、香りが出たら③を入れ色が変わるまで炒める。ここに①を加えて炒め、酒、砂糖、しょうゆで調味し、枝豆を入れる。
⑤おろし際にごま油を振り入れる。

洋 アリゾナステーキ

- エ 173kcal
- た 19.5g
- 脂 7.0g
- 塩 2.7g

材料(1人分, g)

豚ヒレ肉　80(1.3単位)
塩　0.6
白こしょう　少々
[たれ]
　赤とうがらし　0.5
　しょうゆ　8
　トマトケチャップ　7
　赤ワイン　2
　にんにく　0.2
植物油　3(0.3単位)
いんげん　15
にんじん　30
バター　3(0.3単位)
塩　0.5
こしょう　少々

作り方

①肉は、フォークで穴をあけて筋を切り、塩、こしょうする。赤とうがらし、おろしにんにく、しょうゆ、トマトケチャップ、赤ワインを合わせ、40分肉を漬け込む。
②温めた天板に、薄く油をひき220℃のオーブンで10分焼く。食べやすい大きさに切り、温めたたれをかける。
③いんげんは、4cmに切る。
④にんじんは、3cmのシャトー切りにし、下ゆでする。
⑤鍋にバターを入れ、にんじんといんげんをソテーし、焼いた肉に添える。

基本料理の展開 | 肉類（豚肉）

食品・栄養

　市場の豚肉は大型種が主流である。脂肪の少ない種類や肉質がやわらかい豚肉も出まわっている。肉の部位のかたさの差は少なく，味の差も少ない。良質たんぱく質に富み，しなやかな血管や血液，筋肉を作ってくれる。ビタミン B_1 が豊富に含まれ，糖質の分解を助長するので疲労や心筋梗塞の予防に役立つ。また老人性痴呆症の一種ウィルニッケ症候群を予防する。豚脂はビタミンEの吸収率を高めて皮膚のたるみやしわなど老化を予防する。鉄分，ビタミン B_2 も多く含まれているので貧血を予防する。チルドで5℃以下の保存が適し，スライス，ブロック共3日間。ひき肉は保存がきかないので注意。

調理

1 | 豚のビタミン B_1 の効力をアップするため，にんにくやねぎ（硫化アリル）と一緒に調理すると吸収率がアップする。
2 | ビタミン B_1 は水に溶けやすいので，シチューなど汁と一緒に食べるとよい。
3 | バラ肉は煮込みに適するがロース，ヒレは焼く，揚げる調理が適する。
4 | 豚脂の融点は37℃以下なので口どけがよく，冷製調理にも適する。
5 | 赤身の部分に人間の体内に寄生する虫卵を含むので中心部80℃以上の加熱が必要である。
6 | 肉のまわりの脂身は取り除いたり加熱により脂を落とすことができるので，調理によりある程度エネルギーやコレステロールをカットすることができる。

大量調理のポイント：1 | バラ肉の煮込み時間がじゅうぶんにとれない時は前日の仕込み煮をする。
2 | もも，ヒレは焼き過ぎるとかたくなるので余熱，加熱に注意する。

洋 豚肉のきのこソース

エネルギー：238kcal　たんぱく質：19.8g　脂質：14.8g　塩分：2.0g

臨床栄養へのヒント

エ オリーブオイル，バターを除く。[-61kcal]
た 豚もも肉をロースにして60gに減らす。[-5.6g]
脂 エと同じ。[-6.6g]
塩 豚肉に振る塩を0.5gにする。バターを除く。[-1.1g]
軟菜食 肉は細かくきざんでまとめる。ソースはえのきだけを除き他はみじん切りにする。

応用メニュー

1 | **豚肉のトマトソース**：豚肉を焼いてホールトマトとなすを煮込んだトマトソースにかける。
2 | **豚肉のアップルはさみ焼き**：豚肉をそぎ切りにしてりんごの薄切りをはさんでオーブンで焼く。
3 | **豚肉のアスパラ包み焼き**：豚肉を薄切りにしてゆでたアスパラを巻きレモンバターソースで仕上げる。

組み合わせ例：バケットパン，たまごスープ，トマトサラダの冷製

洋 梅しそカツロール

エネルギー：236kcal　たんぱく質：15.4g　脂質：13.5g　塩分：1.3g

臨床栄養へのヒント

エ 豚もも赤身を使用する。油で揚げないでソテー（油4g）にする。[-51kcal]
た 基本のままでよい。
脂 エと同じ。[-5.9g]
塩 梅干しを使用しない。[-0.8g]
軟菜食 セロリーは除き，にんじん，さやいんげんはやわらかくゆで，ひと口大に切る。

応用メニュー

1 | **チーズしそカツロール**：梅干しの果肉を使うかわりにプロセスチーズを野菜類と一緒に巻き込む。
2 | **豚肉野菜ロールソテー**：梅干し，しそを除き，衣をつけずに，ソテーしてしょうゆとみりんで煮含める。
3 | **梅しそカツロールのタルタルソース添え**：基本料理をタルタルソースで供する。
4 | **変わり衣揚げ**：薄力粉，溶きたまご，パン粉の衣のかわりにきざみパセリ，はるさめやそうめん，アーモンドスライス，青のりなどで衣を作り油で揚げる。

組み合わせ例：沢煮椀，トマトのミモザサラダ，しらす干しときゅうりの即席漬け

和 豚肉のしょうが焼き

エネルギー：154kcal　たんぱく質：14.0g　脂質：7.7g　塩分：1.3g

臨床栄養へのヒント
- エ 豚肉を脂身なしにする。[-2.0kcal]
- た 豚肉の量を50gにする。[-2.1g]
- 脂 エと同じ。[-1.4g]
- 塩 しょうゆを1/2量にする。[-0.6g]
- 軟菜食 豚肉を細かく切って使う。

応用メニュー
1 | 豚肉のみそ漬け焼き：みそとみりんに豚肉を漬け、焼き網で焼き、サラダ菜を添えて、皿に盛る。
2 | 豚肉のカレー焼き：たまねぎ、豚肉を炒めしょうゆ、みりん、カレー粉、トマトケチャップで味を付け、皿に盛り、グリーンアスパラを添える。
3 | 豚肉の野菜巻き：豚肉に、ねぎ、にんじん、セロリ、さやいんげんをのせて巻き焼く。食べやすい大きさに切り、サラダ菜を添えて盛る。

組み合わせ例： じゃがいもとにんじんの薄くず煮、はくさい巻き、豆腐とねぎのみそ汁

中 豚肉とキャベツの辛み炒め

エネルギー：212kcal　たんぱく質：20.5g　脂質：9.9g　塩分：2.4g

臨床栄養へのヒント
- エ 豚ロース肉を豚もも肉にかえる。[-18kcal] または材料をゆでる。[-46kcal]
- た 豚ロース肉を豚ひき肉(20g)にかえる。[-14.5g]
- 脂 豚ロース肉を豚もも肉にかえる。[-1.6g] または材料をゆでる。[-5.0g]
- 塩 トウバンジャン、テンメンジャン、しょうゆのかわりに、オイスターソース5gと減塩しょうゆ5gにかえる。[-1.4g]
- 軟菜食 キャベツとピーマンはせん切り、白ねぎはみじん切りにする。豚ロース肉を豚ひき肉にかえる。

応用メニュー
1 | 豚肉の変わり焼き：豚肉をにんにく、砂糖、しょうゆ、酒、カレー粉、粉さんしょうの調味液に漬ける。汁気をきり、かたくり粉、溶きたまごの順につけて焼く。
2 | 豚肉とだいこんの炒め煮：豚肉は4cm位に切り、だいこんはひと口大の乱切りにする。豚肉とだいこんを炒め、スープで煮、砂糖としょうゆを加える。
3 | 豚肉とキャベツの蒸し煮：キャベツはゆで、豚肉と交互に重ねる。スープで蒸し、トマトケチャップ、塩、こしょうで味付けをする。

組み合わせ例： わかめスープ、中華風冷やっこ、きゅうりとくらげの酢の物

中 豚肉とたかな漬けの炒め物

エネルギー：230kcal　たんぱく質：10.7g　脂質：16.4g　塩分：3.2g

臨床栄養へのヒント
- エ 植物油を1/2量にする。[-41kcal]
- た 基本のままでよい。
- 脂 エと同じ。[-4.5g]
- 塩 たかな漬けのかわりにこまつなを使用する。[-2.9g]
- 軟菜食 たかな漬けのかわりにこまつなをやわらかくゆでて使用する。

応用メニュー
1 | 豚肉とキャベツのからし酢しょうゆ：しゃぶしゃぶ用肉に塩、こしょうをする。水に酒、塩を入れて沸とうさせ5cm角に切ったキャベツをゆでる。その後豚肉を入れ、あくを取りながらゆでて冷ます。しょうゆ、だし汁、練りがらし、酢を混ぜたたれをかける。針しょうがを天盛りにする。
2 | 豚肉とにがうりのみそ炒め：豚肉はしょうが汁、酒、しょうゆを振りかけておく。にがうりは縦に切り、わたを取り、小口切りし炒め、ざるにあけておく。豚肉を炒めにがうりを入れみそ、砂糖、しょうゆを合せて加え、からめる。

組み合わせ例： とうがんとかにのくず煮、冷拌三絲、ほうれんそうのいそべ和え

洋 アリゾナステーキ

エネルギー：173kcal　たんぱく質：19.5g　脂質：7.0g　塩分：2.7g

臨床栄養へのヒント
- エ 肉は、クッキングシートを使用してオーブンで焼き、付け合わせを生野菜にする。[-50kcal]
- た 豚ひき肉40g、たまねぎ、パン粉のハンバーグにする。[-10.2g]
- 脂 付け合わせをゆで野菜にする。[-2.4g]
- 塩 肉を、植物油で焼く。[-1.4g]
- 軟菜食 肉はひき肉にする。とうがらし、にんにくは除く。

応用メニュー
1 | 豚ひれ肉のみそ焼き：豚肉をみそ、みりん、砂糖を合わせたものにつけ焼く。
2 | 豚ひれ肉のトマト煮：豚肉、たまねぎ、しいたけ、にんじん、トマトジュースで煮込む。
3 | ゆで豚：豚肉の塊をそのまま、長ねぎ、しょうが、酒、水を入れ煮込む。ごまだれなどを添える。
4 | 豚ひれ肉のチーズ焼き：豚ヒレ肉に、塩、こしょうし、チーズをのせて焼く。

組み合わせ例： フレッシュ野菜サラダ、キャベツとベーコンのスープ、桃のぷるぷるゼリー

豚肉のパイン煮 (中)

エ 194kcal
た 17.6g
脂 10.5g
塩 1.0g

材料(1人分, g)
豚もも肉　80 (1.3単位)
パインアップル　10 (0.1単位)
植物油　2 (0.2単位)
レタス　10
もやし　20
[調味料]
　八角　少々
　しょうが　1片
　酒 (又はサイダー)　10
　水　40ml
　しょうゆ　5.0
　塩　0.1
　こしょう　適宜
　粒マスタード　少々

作り方
①豚肉は大きめの角切りにし、筋切りをする。
②フライパンを熱して油を入れ豚肉に焼き目をつけて取り出し、熱湯をかける。
③鍋に調味料と水、豚肉を加えて弱火で約1時間煮る。途中でパインアップルを入れる。
④もやしとレタスは熱湯をかけ、軽く塩こしょうする。
⑤器にレタス、もやし、煮上がった豚肉とパインを盛り、粒マスタードを添える。

焼き豚 (中)

エ 177kcal
た 21.3g
脂 5.4g
塩 3.6g

材料(1人分, g)
豚もも肉(脂身なし)　90 (1.5単位)
[漬け汁]
　ねぎ　6
　しょうが　3
　しょうゆ　24
　酒　10
　砂糖　3 (0.1単位)
　五香粉　少々
パセリ　2

作り方
①豚もも肉は形を整え、たこ糸でしばる。
②ねぎのぶつ切り、しょうがの薄切りとしょうゆ、酒、砂糖、五香粉を混ぜ合わせて、漬け汁を作る。
③豚肉を漬け汁に2～3時間漬け込む。
④天板に網を置き、汁気をきった③の豚肉をのせ、天火で約1時間焼く。途中で、漬け汁をかけながら焼く。
⑤豚肉の表面に焼き色がついて、竹串をさした時、汁気がつかなければ取り出し、冷まして糸をはずす。
⑥⑤の焼肉を薄く切り、皿に盛り、漬け汁を煮詰めてこしたものをたれとしてかけ、パセリをあしらう。

豚バラ肉とだいずの煮込み (和)

エ 383kcal
た 14.7g
脂 26.6g
塩 1.6g

材料(1人分, g)
豚バラ肉　60 (3単位)
植物油　3 (0.3単位)
だいず(ゆで)　30 (0.8単位)
だいこん　100 (0.3単位)
いんげん　8
[煮汁]
　酒　10
　砂糖　8 (0.3単位)
　しょうゆ　10
　だし汁　50ml
練りがらし　適宜

作り方
①フライパンを熱し油をひき、豚バラ肉を焼き色がつくまで焼く。
②たっぷりの熱湯に①を入れ、落としぶたをして、弱火で1時間位ゆでる。
③だいこんは大きめの乱切りにし、いんげんは色よく塩ゆでをしておく。
④鍋にだいず、だいこん、②と煮汁を入れ、弱火で煮汁が半分になる位までじっくり煮込む。
⑤④を盛り、いんげんとからしを添える。

酢豚 (中)

エ 313kcal
た 18.1g
脂 16.4g
塩 2.5g

材料(1人分, g)
豚もも肉(脂身なし)　70 (1.2単位)
[下味] しょうゆ　3、みりん 2、かたくり粉　3 (0.1単位)
揚げ油(吸油 7) (0.7単位)
たまねぎ　50
にんじん　20、ピーマン　10
乾しいたけ　1
ゆでたけのこ　20
植物油　5 (0.5単位)
[調味料] しょうゆ 12、酢 8、酒 5、水 60、砂糖 3 (0.1単位)、トマトケチャップ 10 (0.2単位)
かたくり粉　2

作り方
①豚肉は角切りにし、下味を付け熱した油で揚げる。
②たまねぎ、にんじん、ピーマン、たけのこは長切りにし、にんじん、ピーマン、たけのこは熱湯で軽くゆでる。
③乾しいたけは、もどし4等分に切る。
④容器に調味料を混ぜ合せておく。
⑤中華鍋に油を熱して、②③を手早く炒め①を入れ④で味付けをする。水溶きかたくり粉でとろみをつける。

ゆで豚のサラダ風 [洋]

エ 349kcal
た 16.1g
脂 28.4g
塩 1.1g

材料(1人分,g)
- 豚ロース肉(薄切り) 80 (2単位)
- レタス 20
- きゅうり 20
- たまねぎ 10
- ピーマン(黄色) 10
- プチトマト 20
- [ドレッシング・ソース]
  - 植物油 13 (1.3単位)
  - 酢(またはレモン汁) 5
  - 塩 1
  - こしょう 少々

作り方
1. 豚肉は沸とうしている湯でゆでる。
2. 野菜は洗ってから、レタスはひと口大にちぎり、きゅうりは拍子木切り、たまねぎは薄切りにして水にさらす。ピーマンはせん切りにする。トマトはへたを取ってから洗う。
3. ソースは調味料をよく混ぜ合わせる。
4. 大きめの器に盛り合わせて、食前にソースをかける。

豚バラ角煮 [中]

エ 299kcal
た 9.9g
脂 23.9g
塩 2.7g

材料(1人分,g)
- 豚バラ肉 60 (3単位)
- ねぎ 5
- しょうが 3
- しょうゆ 7
- 揚げ油(吸油 3) (0.3単位)
- [調味料]
  - ゆで汁 10ml
  - しょうゆ 10
  - 砂糖 3 (0.1単位)
  - 酒 3
  - 八角 少々
  - かたくり粉 2
  - 練りがらし 少々

作り方
1. ねぎは筒切り、しょうがはたたきつぶす。
2. 豚バラ肉は塊のまま鍋に入れ、かぶるくらいの水と①を加えて火にかけ、肉がややわらかくなるまで煮込む。
3. 豚肉を取り出し角切りにし、ゆで汁はこす。ボウルに肉を入れしょうゆをかけて15分ほどおく。
4. 揚げ油を熱し肉の汁気をきり、色づくまで揚げる。
5. ボウルに④の肉と調味料を入れ、蒸し器で1時間ほど蒸す。
6. 器に盛り、蒸し汁に水溶きかたくり粉でとろみをつけたものを上からかけ、練りがらしを添える。

肉団子の錦たまご蒸し銀あんかけ [和]

エ 289kcal
た 23.1g
脂 17.5g
塩 1.3g

材料(1人分,g)
- 豚ひき肉 60 (1.5単位)
- ねぎ 5
- 乾しいたけ 1
- しょうが 1
- [調味料]
  - 塩 0.2、しょうゆ 2
  - 砂糖 0.3
  - たまご 10 (0.2単位)
  - かたくり粉 2
- たまご(錦糸たまご) 40
- トウミョウ 30
- [くずあん]
  - 湯(タン) 40ml
  - 塩 0.5、酒 1
  - かたくり粉 1.5

作り方
1. 長ねぎ、しいたけ、しょうがはみじん切りにして、豚ひき肉、塩、しょうゆ、砂糖を加えてよく混ぜ、たまご、かたくり粉を入れ、2.5cm位の団子にする。
2. 錦糸たまごを作り、せん切りにして、団子のまわりにたまごをつける。
3. 蒸気のあがった蒸し器にのせ、約12～15分蒸す。
4. トウミョウは、色よくゆでる。
5. 湯、塩、酒を加熱し、煮立ったところに、かたくり粉の水溶きを加えてくずあんを作る。
6. 器にトウミョウ、団子の蒸したものを盛り、くずあんをかける。

肉団子の甘酢煮 [中]

エ 255kcal
た 15.0g
脂 15.4g
塩 1.1g

材料(1人分,g)
- 豚ひき肉 70 (1.8単位)
- たまねぎ 20
- [調味料]
  - しょうが汁 1
  - 生パン粉 7 (0.3単位)
  - たまご 4
  - 塩 0.5、こしょう 少々
  - かたくり粉 2
- 揚げ油(吸油 4) (0.4単位)
- [甘酢あん]
  - だし汁 15ml
  - しょうゆ 3
  - 砂糖 3 (0.1単位)、酢 3
  - かたくり粉 1
- グリンピース(冷凍) 5

作り方
1. たまねぎはみじん切りする。
2. ひき肉、たまねぎ、生パン粉、塩、こしょう、しょうが汁を混ぜ合わせる。
3. 最後に溶きたまごを入れよく混ぜ合わせ丸めてかたくり粉をまぶして170℃で揚げる。
4. 鍋にだし汁を煮立て、しょうゆ、酢、砂糖を加え、かたくり粉でとろみをつける。
5. 肉団子にからめ、グリンピースを加える。

中 豚肉のパイン煮

エネルギー：194kcal　たんぱく質：17.6g　脂質：10.5g　塩分：1.0g

臨床栄養へのヒント

- エ 豚肉は脂身なしにする。[-28kcal]
- た 豚肉の1/2量を生揚げにする。[-3.9g]
- 脂 エと同じ。[-3.4g]
- 塩 しょうゆを1/2量にし、ごま油1gを加える。[-0.3g]
- 軟菜食 豚肉は薄切りにする。

応用メニュー

1. **豚肉の角煮**：豚バラ塊肉はゆでて、しょうゆ4g、酒2g、砂糖0.5g、ゆで汁、しょうが、長ねぎとともに2時間煮る。
2. **酢豚**：角切り豚肉は下味を付け、から揚げする。たまねぎ、にんじん、ピーマン、しいたけを炒め、酢、砂糖、しょうゆ、塩で調味する。
3. **ゆで豚のからし酢みそかけ**：豚もも塊肉は塩熱湯でゆで、薄切りにする。白みそ、砂糖、酢、からし、だし汁をよく練り、ゆで豚にかける。

組み合わせ例：はるさめスープ、辛はくさい、野菜の炒め物

中 焼き豚

エネルギー：177kcal　たんぱく質：21.3g　脂質：5.4g　塩分：3.6g

臨床栄養へのヒント

- エ もも肉の部位を赤身にする。[-18kcal]
- た 肉の量を60gに減らす。[-6.5g]
- 脂 エと同じ。[-1.8g]
- 塩 しょうゆを1/2量にする。[-1.5g]
- 軟菜食 豚肉はそぎ切りにして、たたいてたれをかける。

応用メニュー

1. **焼き豚丼**：丼に飯を盛り、焼き豚をのせたれをかけ、練りがらしを添える。
2. **焼き豚とだいこんの煮込み**：乱切りのだいこんを下ゆでし焼き豚と共に煮込み砂糖、しょうゆで味を付ける。

組み合わせ例：はるさめの中華風サラダ、菜と豆腐のスープ

和 豚バラ肉とだいずの煮込み

エネルギー：383kcal　たんぱく質：14.7g　脂質：26.6g　塩分：1.6g

臨床栄養へのヒント

- エ 肉を1/2量にし、ばら肉をロース肉にかえる。[-153kcal]
- た 肉を1/2量にする。[-4.3g]
- 脂 エと同じ。[-15.0g]
- 塩 調味料を2/3量に減らし、できるだけ水分を煮詰める。[-0.6g]
- 軟菜食 ヒレ肉を薄切りにし、やわらかくなるまでよく煮込む。

応用メニュー

1. **豚肉のからし揚げ**：しょうゆ、酒、練がらしを溶いた液に豚ヒレ肉の薄切りを漬け込み、フライにする。
2. **ワシントン風ポークソテー**：塩、こしょうでソテーした豚肉の上に、コーンをたっぷり入れたベシャメルソースをかける。
3. **豚バラ肉の豆豉炒め**：しょうゆ、中国酒で下味を付けたバラ肉を豆豉、にんにくと一緒に炒め、スープで煮込み、最後にかたくり粉でとろみをつけ、香菜、白髪ねぎを盛る。

組み合わせ例：高野豆腐の含め煮、たたききゅうり、なめこみそ汁

中 酢豚

エネルギー313kcal　たんぱく質：18.1g　脂質：16.4g　塩分：2.5g

臨床栄養へのヒント

- エ 豚肉は油で揚げないで炒め煮にする。[-64kcal]
- た 豚肉を40gにする。[-6.5g]
- 脂 エと同じ。[-7.0g]
- 塩 しょうゆを減塩しょうゆにかえる。[-0.7g]
- 軟菜食 豚肉は油で揚げないで炒め煮にする。たけのこ、しいたけを除く。

応用メニュー

1. **豚肉のしょうが焼き**：豚肉をしょうゆ、みりん、しょうが汁に漬けておき、フライパンで焼く。付け合わせはレタス、トマトを添える。
2. **豚肉とキャベツのぴり辛炒め**：豚肉はひと口大に切りしょうゆ、酒をまぶす。キャベツ、長ねぎ、ピーマンはザク切りにする。鍋に油を熱し、野菜類を炒め、肉を入れる。最後にしょうゆ、トウバンジャンで味を調える。

組み合わせ例：バンサンスー、中華風はるさめスープ、フルーツ

洋 ゆで豚のサラダ風

エネルギー：349kcal　たんぱく質：16.1g　脂質：28.4g　塩分：1.1g

臨床栄養へのヒント
- エ 豚肉は脂身なしを使用する。[−48kcal]
- ソースはレモン汁（20g）とこしょうにする。[−115kcal]
- た 豚肉は脂身なし50gにする。[−5.7g]
- 脂 豚肉は脂身なしを使用する。[−5.9g]
- ソースはレモン汁とこしょうにする。[−13.0g]
- 塩 ソースはレモン汁とこしょうにする。[−1.0g]
- 軟菜食 軟菜食はすべて加熱する必要はあるので不向き。

応用メニュー
1. カリカリ豚のサラダ風：豚肉はカリカリになるまで炒めて用いる。
2. 揚げ豚のサラダ風：豚肉を油で揚げて用いる。
3. ゆで豚のピリ辛中華風ソース：ソースの中にトウバンジャンを加える。
4. ゆで豚のマヨネーズソース：ソースにマヨネーズを使用する。

組み合わせ例：豆腐とわかめのみそスープ，きのことにんじんの洋風わさび和え

中 豚バラ角煮

エネルギー：299kcal　たんぱく質：9.9g　脂質：23.9g　塩分：2.7g

臨床栄養へのヒント
- エ 豚バラ肉は脂身を除き，油で揚げずに調味料の中で煮込む。[−74kcal]
- た エと同じ。[−8.3g]
- 脂 エと同じ。[−8.2g]
- 塩 砂糖，しょうゆを2/3に減らす。[−0.5g]
- 軟菜食 練りがらしは除く。肉が煮上ってから薄切りにする。

応用メニュー
1. ゆで豚：豚バラ肉は塊のまましょうが，ねぎ，酒を加えた水であくをすくいながら，加熱する。火が通ったら薄く切り，からしじょうゆを添える。
2. ゆで豚の中華風和え物：ゆでて薄切りしたバラ肉，斜薄切りのきゅうりにしょうゆ，酢，砂糖，ごま油，辣油のかけ汁をかける。

組み合わせ例：だいこんと油揚げのみそ汁，わかめとトマト，レタスの和風サラダ

和 肉団子の錦たまご蒸し銀あんかけ

エネルギー：289kcal　たんぱく質：23.1g　脂質：17.5g　塩分：1.3g

臨床栄養へのヒント
- エ 豚ひき肉は脂身の少ない赤身か鶏のささ身のひき肉にする。[−70kcal]
- た 豚ひき肉は1/2量とし，たけのこやはるさめを混ぜる。[−5.2g]
- 脂 豚ひき肉を鶏ひき肉にし，まぶす錦糸たまごをスイートコーンの粒状にする。[−8.0g]
- 塩 豚ひき肉の中に入れる塩としょうゆを除く。[−0.5g]
- 軟菜食 乾しいたけを除く。

応用メニュー
1. きゅうりの肉詰めコンソメ煮：太めのきゅうりを5cmの長さに切り，中身をくり抜き，ひき肉にたまねぎのみじん切り，調味料を合わせたものを詰め，コンソメで煮る。
2. 肉団子の甘酢あんかけ：肉団子を油で揚げ，たまねぎ，にんじん，ピーマンを油で炒め，調味料を入れ，揚げた肉団子を入れ，かたくり粉でとろみをつける。
3. ヘルシーハンバーグ：豚ひき肉の中にひじき，青ばた豆，豆腐を入れ形をまとめて焼く。かけ汁はだし汁，しょうゆ，みりんまたはポン酢で食べるとよい。

組み合わせ例：いもがらとわけぎのみそ汁，れんこんのきんぴら，凍み豆腐の五目酢

中 肉団子の甘酢煮

エネルギー：255kcal　たんぱく質：15.0g　脂質：15.4g　塩分：1.1g

臨床栄養へのヒント
- エ ひき肉は赤身を使う。[−85kcal]
- た ひき肉を30gにしパン粉を10gにする。[−7.1g]
- 脂 ひき肉は赤身を使う。[−8.1g] 熱湯でゆでる。[−4.0g]
- 塩 肉の中に入れる塩を除く。[−0.5g]
- 軟菜食 肉団子を小さくする。グリンピースを除く。

応用メニュー
1. 肉団子の五目あんかけ：肉団子の上に五目野菜あんをかける。
2. 肉団子入りはくさいスープ：はくさいをコンソメスープで煮，肉団子を入れる。
3. 肉団子の酢豚：豚肉のかわりに肉団子を入れる。
4. 肉団子のシチュー：野菜類を煮込み，ホワイトシチューを作り最後に肉団子を入れる。

組み合わせ例：さといもとせん切りだいこんのみそ汁，ひじきの炒り煮，きゅうりとキャベツの即席漬け

主菜の部 | 肉類 (鶏肉)

□g ＝ 1 単位量

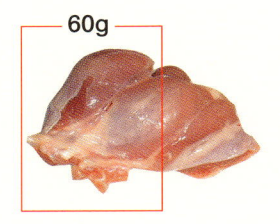

- 鶏もも皮なし 100g （60g）
- 鶏もも皮付き 100g （40g）
- 鶏むね皮なし 80g （80g）
- 鶏ささみ 70g （80g（1本と少し））
- 手羽先 70g （40g（可食量））
- 鶏ひき肉 （40g）

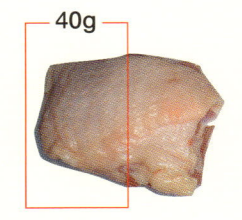

若鶏の照り焼き (和)

エ 271kcal
た 14.3g
脂 15.2g
塩 2.5g

材料(1人分, g)
鶏もも肉　80 (2単位)
[調味料]
　しょうゆ　5
　みりん　5
　酒　10
植物油　4 (0.4単位)
[照りしょうゆ]
　砂糖　5 (0.2単位)
　しょうゆ　12
　みりん　8 (0.3単位)
さんしょうの粉　少々

作り方
①鶏肉の筋に3〜4か所切れめを入れる。しょうゆ、みりん、酒を合わせた調味料に漬ける。皮側（盛り付けた時に表になる方）から油を熱したフライパンできつね色になるまで焼き、裏返して両面ともに焼く。
②照りしょうゆを上からまわしてかけ、ふたをして弱火で10分間蒸し焼きにする（数回煮汁をかけ照りをだす）。
③鶏肉を切りわけ、さんしょうの粉をふる。

鶏肉のみそ焼き (和)

エ 210kcal
た 15.5g
脂 11.9g
塩 1.4g

材料(1人分, g)
鶏もも肉 (皮つき)
　80 (2単位)
[調味料]
　みそ(赤辛)　10 (0.2単位)
　みりん　3 (0.1単位)
　砂糖　1
　しょうが　2
　しその葉(1枚)　0.7
キャベツ　50
にんじん　10
もやし　20

作り方
①みそにしょうがのしぼり汁、みりん、砂糖、2mm幅に切ったしその葉を入れ、混ぜ合わせる。
②①のみそに鶏肉を30分程度漬ける。
③天板にオーブン用の紙を敷き、皮を上にして約200℃に熱したオーブンに入れ、中段で15〜20分焼く。
④付け合わせのキャベツ、にんじんはせん切り、もやしはひげ根を取り、それぞれゆでる。
⑤野菜の水分をきり、皿に広げるように敷き、肉を食べやすくそぎ切りにして、盛り付ける。

タンドリーチキン 洋

- エ 175kcal
- た 16.6g
- 脂 10.0g
- 塩 0.9g

材料 (1人分, g)

鶏むね肉 80 (1単位)
[漬けたれ]
　にんにく 0.5
　しょうが 0.5
　たまねぎ 7
　ヨーグルト 20 (0.2単位)
　カレー粉 0.8
　パプリカ 0.3
　チリパウダー 少々
　塩 0.8
　砂糖 0.5

作り方

① にんにく、しょうが、たまねぎはすりおろし、調味料を加えて、たれを作る。
② 鶏肉を①に1時間漬け込む。
③ 天板に②をたれごと並べ、200～220℃で12分焼く。
④ ひと口大に切って盛り付ける。

鶏肉の中華風照り焼き 中

- エ 167kcal
- た 15.6g
- 脂 7.9g
- 塩 2.0g

材料 (1人分, g)

鶏もも肉(皮なし) 70 (1.2単位)
[調味料]
　しょうゆ 10
　砂糖 3 (0.1単位)
　ごま油 5 (0.5単位)
　しょうが汁 3
　トウバンジャン 2
ねぎ(白髪ねぎ) 10
[付け合わせ]
　ブロッコリー 30 (0.1単位)
　トマト 30

作り方

① 鶏もも肉を調味料に15分位漬けておく。
② 肉をフライパンで焼く。
③ ブロッコリーは塩ゆでにしておく。
④ 器に、ひと口大に切った②に白髪ねぎをのせ、付け合わせのブロッコリーとトマトを添える。

鶏肉ときのこのトマト煮 中

- エ 328kcal
- た 16.3g
- 脂 21.6g
- 塩 2.0g

材料 (1人分, g)

鶏もも肉 80 (2単位)
[下味]
　しょうが汁 2, 酒 4
　塩 0.8, こしょう 少々
ぶなしめじ 40
長ねぎ 30
トマト(完熟) 30
ブロッコリー 30
かたくり粉 5
[調味料]
　トマトケチャップ 12 (0.2単位), しょうゆ 4.5
　砂糖 1.5, ごま油 1 (0.1単位)
揚げ油(吸油 9) (0.9単位)

作り方

① 鶏もも肉はひと口大に切り、しょうが汁、酒、塩、こしょうで下味を付ける。② しめじは石づきを取り、小房にわける。③ トマトは湯むきをし、皮と種を除き、粗みじん切りにする。④ ブロッコリーは振り洗いしてから、色よくゆでる。⑤ 長ねぎは斜め切りにする。⑥ 鶏もも肉にかたくり粉をつけ、油で揚げる。⑦ しめじと長ねぎをごま油で炒め、トマトを加える。⑧ トマトが煮溶けたら、トマトケチャップ、しょうゆ、砂糖を入れ、ひと煮立ちさせ、揚げた鶏肉をもどし煮込む。⑨ 皿に盛り付けブロッコリーを添える。

鶏のから揚げ香味ソース(香油鶏塊) 中
シャンユウヂイクワイ

- エ 259kcal
- た 14.0g
- 脂 16.9g
- 塩 1.2g

材料 (1人分, g)

鶏もも肉 80 (2単位)
[調味料]
　しょうゆ 3.6
　ごま油 0.8, 酒 1
　こしょう 少々
かたくり粉 8
揚げ油(吸油 4) (0.4単位)
[香味ソース]
　ねぎ 4, にんにく 1
　しょうが 1, しょうゆ 2.4
　酒 1, ごま油 0.8
　砂糖 0.6, 食塩 0.3
　水 20ml, こしょう 少々
[付け合わせ] パセリ 5
　レモン 10, トマト 20

作り方

① 鶏肉は厚みのある部分を開き、大きいまま調味料に30分漬ける。
② 鶏肉の汁気をきってかたくり粉をまぶし、皮目を下にして175℃前後の油で6～7分(きつね色に色づき皮がパリパリする位)揚げ、1cm幅の棒状に切って器の中央に盛り付ける。
③ 鍋に香味ソースの水と調味料を合わせ中火にかけ、沸とうしたらみじん切りにしたねぎ、にんにく、しょうがを加え手早く鶏肉にかける。
④ 鶏肉のまわりにレモン、トマト、パセリをきれいにあしらう。

基本料理の展開 | 肉類 （鶏肉）

食品・栄養

　鶏肉は成鶏と若鶏，ブロイラーなどに区別されるが調理法や栄養基準により選択するとよい。また最近は地鶏（名古屋コーチン，薩摩しゃも）が好まれている。肉質がしまり歯ごたえのあるのが特徴であるが価格は高い。肉の中では消化がよく淡白な味わいで成長期や病後の快復期などの栄養源として最適である。肉質はもも肉がややかたく胸，手羽，ささみの順にやわらかい。特にささみは低脂肪，高たんぱくで消化器系が弱っている時に使うとよい。アミノ酸のメチオニンが血管のコレステロールの沈着を防ぎアレルギー反応に関係するビタミンを血中から排除してくれる働きがある。肉類の中で最もビタミンAが多く皮膚や目の乾燥を防ぎ潤いを保持する。手羽先や皮にはコラーゲンが多く肌のはりとつやを保つ働きがある。脂肪の大部分は皮の部分に含まれるので皮なしと比べると80kcalもエネルギーが高くなる。鶏肉は熟成期間が5〜12時間と短いので新鮮なものがよい。

調理

1 | ローストとして調理する場合は1.2kg以内のものがよい。
2 | もも肉は，赤身で骨つきのまま焼く，ぶつ切りで揚げる調理に適するが煮込み時間が長くなると身がやわらかくほぐれる。
3 | 胸肉は白身でやわらかいが加熱しすぎると身がしまってかたくなるので蒸す調理に適する。ゆでる・煮るは短時間がよい。
4 | 脂肪の少ないささみは加熱しすぎるとパサパサになり，旨味も減って食べにくく消化も悪くなるので注意が必要である。
5 | 皮は脂肪やコラーゲンが多く加熱により縮みやすいので皮目にきずをつけておくとよい。

大量調理のポイント： 1 | もも肉は煮込みすぎると身はほぐれてくずれるので余熱の加熱を利用するとよい。
2 | 骨つきの場合は加熱しすぎると身が縮み，骨がつき出してくるので注意が必要。

和 若鶏の照り焼き

エネルギー：271kcal　たんぱく質：14.3g　脂質：15.2g　塩分：2.5g

臨床栄養へのヒント

[エ] 若鶏もも肉を皮なしにする。[-67kcal]
[た] [エ]と同じ。[+2.0g]
[脂] [エ]と同じ。[-8.1g]
[塩] 下味のしょうゆをしない。[-0.6g] 照り用のしょうゆを5mlにする。[-0.5g]

応用メニュー

1 | **若鶏の竜田揚げ**：若鶏にしょうがじょうゆなどで味付けし，かたくり粉をまぶして揚げる。
2 | **炒り鶏**：根菜類と共に鶏肉をごま油で炒め，だし汁で炒りつけて調味する。
3 | **棒々鶏**：鶏肉を酒蒸し，さき，きゅうりやもやしなどと一緒にごま，砂糖，しょうが，しょうゆ，酢で和える。

組み合わせ例：のっぺい汁，ブロッコリーのからしごま和え

和 鶏肉のみそ焼き

エネルギー：210kcal　たんぱく質：15.5g　脂質：11.9g　塩分：1.4g

臨床栄養へのヒント

[エ] 鶏もも肉は皮なしを使い，みそ7g，さけ3g，みりん2g，しょうが3gとする。[-75kcal]
[た] 鶏もも肉は皮なしを使い，1/2量とする。調味料は[エ]と同じ。[-5.9g]
[脂] [エ]と同じ。[-9g]
[塩] みそを1/2量に減らす。[-0.7g]
[軟菜food] 鶏もも肉は脂身の少ない皮なしを使い，しょうがを除く。

応用メニュー

1 | **鶏肉のクリーム煮**：たまねぎ，マッシュルームをホワイトソースで煮，仕上げにゆでたブロッコリーを入れる。
2 | **鶏肉のツナソース**：鶏肉はさっとゆでてにんにく，赤とうがらしと一緒にオリーブオイルで炒め塩，こしょう，タイムで調味し，ツナ（缶詰）とたまねぎのソースをかける。
3 | **鶏肉のレモンソース**：鶏肉はから揚げ，さつまいもは素揚げにしたものにレモンソースにごま油を少量入れ香りづけする。

組み合わせ例：さつまいもの茎のみそ汁，射込みかぼちゃの銀あんかけ，オクラと赤貝の缶詰の和え物

洋 タンドリーチキン

エネルギー：175kcal　たんぱく質：16.6g　脂質：10.0g　塩分：0.9g

臨床栄養へのヒント
- エ 鶏肉を皮つきの胸肉から，ささみにかえる。[-70kcal]
- た 鶏肉を胸肉から，もも肉にかえる。[-2.6g]
- 脂 鶏肉を皮つきの胸肉から，皮なしにかえる。[-8.0g]
- 塩 漬けだれを2割減らす。[-0.2g]
- 軟菜食 辛味が強いので向かないが，辛味を抑えて，鶏を薄切りにする。

応用メニュー
1. **ささみのごま揚げ**：ささみを細長く切り，塩，こしょうをし，小麦粉，卵白，ごまの順にまぶし，揚げる。
2. **チキンのオレンジソース煮**：塩，こしょうした鶏肉を焦げめがつくまでソテーし，オレンジジュース，固形コンソメの素を加えて煮込み，オレンジの輪切りを添えて盛る。
3. **油淋鶏**：しょうが，しょうゆ，酒で下味を付けた鶏を揚げ，みじん切りのにんにく，しょうが，ねぎと酢，しょうゆなどの調味料を合わせたものをかける。

組み合わせ例：コールスローサラダ，がんもとかぼちゃの煮物，こまつなのみそ汁

中 鶏肉の中華風照焼き

エネルギー：167kcal　たんぱく質：15.6g　脂質：7.9g　塩分：2.0g

臨床栄養へのヒント
- エ ごま油を除く。[-46kcal]
- た 鶏肉を40gにする。ブロッコリーをやめ，トマト60gにする。[-6.8g]
- 脂 エと同じ。[-5.0g]
- 塩 しょうゆを減塩しょうゆにかえて調味料を作る。[-0.8g]
- 軟菜食 トウバンジャンを除いて調味料を作る。

応用メニュー
1. **鶏肉のから揚げ**：鶏肉をひと口大に切り，しょうゆ，酒に漬けてかたくり粉をまぶし油で揚げる。
2. **鶏肉ときのこのホイル焼き**：鶏肉をそぎ切りにし，塩，酒を振る。アルミホイルに鶏肉，生しいたけ，えのきだけ，しめじ，ぎんなん，バターをのせ，包み，オーブンで焼く。
3. **炒り鶏**：鶏肉は一口大に切る。にんじん，たけのこ，こんにゃく，ごぼう，乾しいたけを乱切りにし，鶏肉を油で炒め，野菜類も加え調味料，だし汁で煮る。

組み合わせ例：はるさめの中華風サラダ，たまごスープ，フルーツ

中 鶏肉ときのこのトマト煮

エネルギー：328kcal　たんぱく質：16.3g　脂質：21.6g　塩分：2.0g

臨床栄養へのヒント
- エ 鶏肉の皮と脂を取る。[-67kcal]
- た 鶏肉を40gに減らす。[-6.5g]
- 脂 鶏肉の皮と脂を取り，揚げないで油少量で炒める。[-14g]
- 塩 調味料のしょうゆ，トマトケチャップを1/2量にする。[-0.5g]
- 軟菜食 ぶなしめじ，ブロッコリーは除く。

応用メニュー
1. **鶏肉のツナソース**：鶏肉はゆでてオリーブオイル，にんにく，赤とうがらしで焼きつけるようにして，塩，こしょう，タイムで味を付け，ツナ（缶詰）としょうがのソースをかける。
2. **鶏肉の照り焼き**：鶏肉にしょうが汁，しょうゆ，酒で味を付け，オーブンで焼く。
3. **揚げ鶏のマリネ**：鶏肉を2cm角切りにしてから揚げる。たまねぎ，にんじんのせん切りをマリネソースに混ぜ，揚げた肉をマリネソースに漬ける。

組み合わせ例：サニーレタスとグレープフルーツのサラダ，野菜スープ

中 鶏のから揚げ香味ソース（香油鶏塊／シャンユウヂィクワイ）

エネルギー：259kcal　たんぱく質：14.0g　脂質：16.9g　塩分：1.2g

臨床栄養へのヒント
- エ 揚げ油の1/2量の油を皮目にかけて天火で焼く。[-19kcal]
- た 鶏肉を1/2量にする。[-6.5g]
- 脂 天火（220℃・10〜15分）で焼くと油は1/2量でよい。[-2.0g]
- 塩 下味のしょうゆを除く。[-0.5g]
- 軟菜食 鶏もも肉は皮を除き，ひき肉料理にする。

応用メニュー
1. **白切鶏（パイチェヂィ／鶏の蒸し煮）**：鶏に2％の塩をよくすりこむ。ねぎ，しょうがはつぶしておく。ボウルにねぎ，しょうが，酒と水を鶏がかくれるまで入れ蒸す。2cm幅に切ってごま油をはけで塗る。サラダ菜を敷き盛り付ける。
2. **鶏芋頭（ウェイヂィユイトウ／鶏とさといもの煮込み）**：鶏肉は2〜3cmの大きさに切る。さといもは皮をむいて塩もみしてぬめりを取る。しょうがは薄切り，ねぎはたたく。鶏肉を炒め，さといも，水，ねぎ，しょうが，しょうゆ，砂糖，酒で汁がなくなるまで弱火で煮込む。

組み合わせ例：こまつなと豆腐のスープ，ナムル，果物（いちご）

中 鶏のぶつ切りから揚げ（乾炸鶏塊^{ガンチャヂイクワイ}）

エ 223kcal
た 13.7g
脂 15.2g
塩 0.9g

材料（1人分, g）
鶏もも肉　80（2単位）
[漬け汁]
　しょうゆ　5.4
　酒　4.5
　ねぎ　5
　しょうが　4
かたくり粉　3（0.1単位）
揚げ油（吸油　4）（0.4単位）
[付け合わせ]
　トマト　20
　サラダ菜　10

作り方
①鶏肉は3cmくらいのぶつ切りにする。
②ねぎはたたきつぶし、しょうがは、おろしてしぼる。
③鶏肉はしょうゆ、酒、②に20分くらい漬けておく。
④水気をきった鶏肉にかたくり粉をまぶし、150℃の揚げ油で揚げて取り出し、揚げ油を170～180℃に上昇させ、肉を入れカラッとなるまで（約30秒）二度揚げする。
⑤サラダ菜を敷き、トマト（花椒塩、練りがらし、トマトケチャップなども可）を添えて盛り付ける。

中 手羽先の煮込み

エ 267kcal
た 22.4g
脂 15.6g
塩 3.2g

材料（1人分, g）
鶏手羽肉　80（2単位）
[調味料A] しょうゆ　9
　　　　　酒　3
[調味料B] にんにく　1
　しょうが　1、植物油　3（0.3単位）
[調味料C] オイスターソース　8、しょうゆ　4
　水　75ml
[調味料D] 塩　0.3
　こしょう　少々
植物油　3（0.3単位）、小たまねぎ　30、しいたけ　10、ブロッコリー　40（0.2単位）、ごま油　1（0.1単位）

作り方
①鶏手羽先は先を切り落とし、調味料Aに漬けてよくもみ込む。
②中華鍋に油を熱し、①を色よく焼きつけてボールに移す。
③小たまねぎは皮をむき、しいたけは石づきを取る。ブロッコリーは小房にわけてかためにゆでる。
④中華鍋を熱して調味料Bの油を入れ、みじん切りにしたにんにく、しょうがを炒めて香りを出し、②と③の小たまねぎ、しいたけ、調味料Cを加えてふたをして7～8分煮込み、③のブロッコリーを加えて強火にして水分をとばす。
⑤④を調味料Dで味を調え、仕上げにごま油をまわし入れて器に盛る。

中 にんにくの芽と鶏肉の炒め物

エ 181kcal
た 9.2g
脂 10.5g
塩 1.3g

材料（1人分, g）
鶏もも肉　40（1単位）
にんにくの芽　50
[衣] 塩、こしょう　少々
　酒　2
　たまご　6（0.1単位）
　かたくり粉　2
揚げ油（吸油　4）（0.4単位）
赤ピーマン　10
本しめじ　25
ねぎ　5、しょうが　3
[調味料] 砂糖　0.5
　酢　1.5、しょうゆ　5
　酒　4、湯（タン）　5ml
　かたくり粉　1
　トウバンジャン　少々

作り方
①にんにくの芽は洗って5cmに切る。
②鶏肉は小指大の拍子木切りにする。
③塩、酒、こしょう、たまご、かたくり粉を混ぜ合わせ、鶏肉を入れてもみつける。140℃の油で揚げる。
④赤ピーマンは細切り。しめじはばらしておく。ねぎは1cmのぶつ切り。しょうがは薄切り。
⑤中華鍋に油（大さじ1）を取りしめじとにんにくの芽と赤ピーマンを軽く炒めて、取り出す。
⑥中華鍋に油（大さじ1）を取り、ねぎとしょうがを炒め、トウバンジャンを混ぜる。鶏肉と野菜、残りの調味料を加え、強火で手早く混ぜ合わせる。

中 鶏ささみ中華風ドレッシング

エ 242kcal
た 20.9g
脂 14.9g
塩 1.0g

材料（1人分, g）
鶏ささみ　80（1単位）
サラダ菜　7
レタス　15
ブロッコリー　30（0.1単位）
ピーマン（赤）　10
ねぎ　5
[ソース]
　植物油　13（1.3単位）
　酢　5
　しょうゆ　6
　砂糖　1
　黒ごま　2

作り方
①鶏ささみはゆでて手で縦にさく。
②サラダ菜、レタスはよく洗い、食べやすい大きさにちぎる。
③ブロッコリーはゆでて小房にわけ、赤ピーマンは薄く切ってさっとゆでる。ねぎは斜めに薄切りしてゆでる。
④調味料を合わせてソースを作る。
⑤皿にサラダ菜を敷き、①②③を盛り合わせ、食前に④をかける。

鶏ささみの梅焼き 【和】

エ 136kcal
た 15.9g
脂 6.7g
塩 1.2g

材料(1人分, g)

鶏ささみ	60 (0.8単位)
酒	3
ごま油	5 (0.5単位)
白ごま	2
梅干し	5
しその葉	1 (2枚)
かつお節	2
ししとう	12

作り方

① ささみは縦半分に切り、厚さの半分のところで途中まで切れめを入れて、開き、酒を振る。
② しその葉はせん切りにする。
③ 梅干しは種を除いて裏ごしをし、かつお節と②を混ぜておく。
④ ①を広げて手前の1/3に薄く③を塗り、手前からくるくる巻き、表面にごま油とごまをつけて、天火で焼く。
⑤ ししとうは穴をあけて、天火で焼く。

鶏肉の治部煮 【和】

エ 258kcal
た 17.0g
脂 11.8g
塩 3.5g

材料(1人分, g)

鶏もも肉	80 (2単位)
かたくり粉	6 (0.2単位)
生麩	12
ほうれんそう	40
わさび	3
[調味料]	
だし汁	80ml
酒	12
砂糖	2.4
みりん	2.4
しょうゆ	14
淡口しょうゆ	7.2

作り方

① 鶏もも肉は、1cm幅程度のそぎ切りにし、かたくり粉をつける。
② 生麩は5mm幅に切る。
③ ほうれんそうはゆでて、3cmの長さに切る。
④ 調味料を鍋に合わせ火にかけ、煮立ったら①を入れ火を通す。
⑤ 仕上げに②と③を加え、温まれば器に盛り、わさびをのせる。

鶏ひき肉の真珠蒸し(珍珠丸子 チンジュウワンズ) 【中】

エ 253kcal
た 18.8g
脂 10.6g
塩 1.5g

材料(1人分, g)

鶏ひき肉	40 (1単位)
豚ひき肉	40 (1単位)
しいたけ	1/2枚
ねぎ	5
しょうが	1
たまご	10 (0.2単位)
[調味料]	
かたくり粉	1
塩	1
しょうゆ	2
酒	3
もちごめ	20 (0.8単位)
パセリ	
練りがらし	

作り方

① もちごめを洗って水に3～4時間ひたした後、ざるにあげ水きりしておく。
② しいたけ、ねぎ、しょうがは細かいみじん切りにする。
③ ひき肉を粘りが出るまでよく混ぜたら、みじん切りにした野菜、たまご、調味料を加えさらに混ぜる。ひと口大の大きさの団子にする。
④ もちごめをふきんの上に広げ、団子を転がしてもちごめをまわりにつける。こめを肉に埋め込まないこと。
⑤ 蒸し器にぬれふきんを敷き、団子を並べて30分蒸す。
⑥ 器に盛り付けパセリと練りがらしを添える。

ハンバーグ 【洋】

エ 349kcal
た 21.1g
脂 18.5g
塩 2.1g

材料(1人分, g)

合びき肉	90 (2単位)
たまねぎ	20
パン粉	10 (0.4単位)
牛乳	8ml
たまご	8
塩	0.8
こしょう	少々
植物油	3 (0.3単位)
じゃがいも	60 (0.6単位)
塩	0.5
こしょう	少々
クレソン	7
[調味料]	
トマトケチャップ	5
ウスターソース	5

作り方

① じゃがいもは皮をむき、1人分を2個に切り、ゆでて粉ふきいもにし、塩、こしょうする。クレソンは葉先4～5cmを切り、水に漬けておく。
② たまねぎはみじん切りに、パン粉は牛乳にひたし、たまごは割りほぐしておく。
③ 合びき肉に②と塩、こしょうを加え、よくこね、小判型にまとめ、中央をくぼませておく。
④ フライパンに油を熱し、③をゆっくり入れて、焦げめがついたら弱火にして片面5分ずつ焼く。
⑤ トマトケチャップとウスターソースを合わせてソースを作る。
⑥ 器に盛り、粉ふきいも、クレソンを添え、ソースをかける。

中 鶏のぶつ切りから揚げ（乾炸鶏塊 ガンチャアヂイクワイ）

エネルギー：223kcal　たんぱく質：13.7g　脂質：15.2g　塩分：0.9g

臨床栄養へのヒント

[エ] 揚げ油を1/2量除く。残り1/2量の油を皮目にかけて天火で焼く。[-19kcal]
[た] 鶏肉は1/2量除く。[-6.5g]
[脂] 天火（220℃・10～15分）で焼くと油は揚げ油の1/2量でよい。[-2.0g]
[塩] しょうゆを除く。塩とレモン汁をかけて食べる。[-0.7g]
[軟菜食] 鶏もも肉は皮を除き、ひき肉料理にする。しょうがを除く。

応用メニュー

1｜**鶏肉の包み蒸し**：鶏肉は塩と酒を振っておく。生しいたけ、たまねぎはせん切り、みつばは3cmの長さに切る。アルミホイルに酒を振り鶏肉、たまねぎ、しいたけ、みつば、銀杏をのせ蒸し器で20分蒸す。レモンを添える。
2｜**さつま汁**：鶏もも肉は骨つきのまま1.5cm位のぶつ切りにし、熱湯で霜降りにして、酒をかけ鍋に入れる。さといも、だいこん、にんじん、こんにゃくを加え、たっぷりの水で煮込み、みそとみりんで味を付ける。

組み合わせ例：本しめじとみつばのすまし汁、こまつなとえのきだけのおろし和え、ひじきの炒め煮

中 手羽先の煮込み

エネルギー：267kcal　たんぱく質：22.4g　脂質：15.6g　塩分：3.2g

臨床栄養へのヒント

[エ] 油を除く。[-56kcal]
[た] 手羽先を1/2量にする。[-6.5g]
[脂] [エ]と同じ。[-6.0g]
[塩] Cのしょうゆを除き、オイスターソースを4gにし、赤とうがらしを加える。[-1.0g]
[軟菜食] 手羽先はむね肉の皮なしにし、しいたけを除く。

応用メニュー

1｜**手羽先のから揚げ**：肉に塩、こしょうをすり込み、酒、しょうゆ、みじん切りのしょうが、にんにくに漬け込み、小麦粉をつけて、油で揚げる。
2｜**手羽先とかぼちゃの炒め煮**：油で肉としょうがを炒め、だし、酒、しょうゆ、みりん、砂糖を加えて煮、さらにかぼちゃを加え、やわらかくなったら、炒めたししとうを加える。
3｜**手羽先のレモン風味焼き**：肉に塩、こしょうを振ってしばらくおいてから小麦粉をまぶして油で焼く。そこに酒、レモン汁を入れ、蒸し煮にする。

組み合わせ例：はるさめスープ、カリフラワーの甘酢漬け、にらのおひたし

中 にんにくの芽と鶏肉の炒め物

エネルギー：181kcal　たんぱく質：9.2g　脂質：10.5g　塩分：1.3g

臨床栄養へのヒント

[エ] 鶏肉は皮なしにする。[-34kcal] 鶏肉は衣をつけずに炒める。[-25kcal]
[た] 鶏肉をかにかまぼこにかえる。[-1.7g]
[脂] 鶏肉は皮なしにする。[-4.0g] 鶏肉は衣をつけずに炒める。[-4.0g]
[塩] 鶏肉に塩をしない。[-0.4g] しょうゆを減らして酢を加える。[-0.3g]
[軟菜食] にんにくの芽はやわらかくゆで、細い斜め切りにする。鶏肉は蒸して細く割く。

応用メニュー

1｜**にんにくの芽と焼き豚のオイスターソース炒め**：にんにくの芽は炒めゆでにし、焼き豚の細切りと炒めて、オイスターソースで味を調える。
2｜**にんにくの芽のからしごま和え**：にんにくの芽をゆで、ごまをすってしょうゆ、練りがらし、ごま油で和える。
3｜**にんにくの芽のピーナツ和え**：にんにくの芽はゆで、ピーナツバター、砂糖、しょうゆで和える。
4｜**にんにくの芽と牛肉の炒め物**：にんにくの芽と牛肉、しいたけは細く切り、油で炒めてしょうゆ、砂糖、酒で調味する。

組み合わせ例：わかめスープ、春巻き、きゅうりの甘酢漬け

中 鶏ささみ中華風ドレッシング

エネルギー：242kcal　たんぱく質：20.9g　脂質：14.9g　塩分：1.0g

臨床栄養へのヒント

[エ] ソースは植物油を使用せず、酢9g、しょうゆ7g、砂糖2gにし、ごま油3g加える。[-98kcal]
[た] ブロッコリーをオクラにかえる。[-0.7g]
[脂] [エ]と同じ。[-10.0g]
[塩] しょうゆを1/2量にし、みつば2gで香りをつける。[-0.5g]
[軟菜食] 材料はすべてやわらかくゆでる。

応用メニュー

1｜**鶏ささみ中華風あんかけ**：ソースの植物油をごま油3gにし、スープ20g、かたくり粉7gを使用してあんかけにする。
2｜**焼きささみ中華風ドレッシング**：ささみを薄くスライスして焼き、野菜と盛り合わせソースをかける。
3｜**鶏ささみ和風ドレッシング**：植物油を5gにしてしょうゆ、砂糖を各1g増やす。

組み合わせ例：五目中華麺（什錦湯麺）、鍋貼餃子

和 鶏ささみの梅焼き

エネルギー：136kcal　たんぱく質：15.9g　脂質：6.7g　塩分：1.2g

臨床栄養へのヒント
- エ｜ごま油とごまを除く。[-58kcal]
- た｜鶏肉を10g減らし，かつお節を除く。[-3.8g]
- 脂｜エ と同じ。[-6.1g]
- 塩｜梅肉を2/3に減らす。[-0.6g]
- 軟菜食｜付け合わせのししとうがらしは除く。

応用メニュー
1｜**鶏ささみと菜の花の辛し和え**：ゆでた鶏と菜の花をからしじょうゆで和える。
2｜**豆腐と鶏肉のたらこあんかけ**：温めた豆腐と，薄切りの鶏肉にかたくり粉をまぶしてゆでたものに，だしでのばしたたらこをかたくり粉でとじたあんをかける。
3｜**ごまマヨネーズ和え**：ゆでて割いたささみとせん切りの野菜を，マヨネーズ，だし，しょうゆ，練りごまを合わせたたれで和える。

組み合わせ例：かぼちゃのそぼろあんかけ，青菜のおひたし，えのきのみそ汁

和 鶏肉の治部煮

エネルギー：258kcal　たんぱく質：17.0g　脂質：11.8g　塩分：3.5g

臨床栄養へのヒント
- エ｜鶏肉は皮を除く。[-67kcal]
- た｜鶏肉を60gに，生麩を除く。[-1.9g]
- 脂｜エ と同じ。[-8.1g]
- 塩｜みりん3g，砂糖3g，減塩しょうゆ5gで照り焼きにする。[-3.0g]
- 軟菜食｜鶏ひき肉を使ってつくねにする。わさびは除く。

応用メニュー
1｜**鶏肉のマヨネーズ焼き**：塩，こしょうで下味を付けて焼く。みじん切りのにんじん，ピーマンをマヨネーズと生クリームを合わせたものに混ぜ，鶏肉の上にのせてオーブンで焼く。
2｜**鶏肉の柚香焼き**：鶏肉をしょうゆ，みりんと輪切りにしたゆずの調味液に30分以上漬け，焼く。
3｜**鶏肉のマリネ**：塩，こしょうで下味を付け，小麦粉をつけから揚げにする。バットに並べ，薄切りのにんじん，たまねぎを上に散らし，マリネ液をかける。

組み合わせ例：かき玉汁，かきのおろし和え，アスパラの黄味がらし

中 鶏ひき肉の真珠蒸し（珍珠丸子 チンジュウワンズ）

エネルギー：253kcal　たんぱく質：18.8g　脂質：10.6g　塩分：1.5g

臨床栄養へのヒント
- エ｜ひき肉は鶏ひき肉を使う。もちごめの量を減らす。[-57kcal]
- た｜指示されたたんぱく質量によりひき肉を1/2量に減らす。[-7.9g]
- 脂｜ひき肉は脂身の少ない部分か，鶏ひき肉を使う。[-2.7g]
- 塩｜塩を除く。[-1.0g]
- 軟菜食｜ひき肉は鶏ひき肉を使い，もちごめは使わない。練りがらしも除く。

応用メニュー
1｜**肉団子とはくさいのスープ煮**：鶏がらのスープではくさい，にんじんを煮て，その中に肉団子を落とし入れ煮て，塩，こしょうで味を付ける。
2｜**肉団子の錦糸たまご蒸し**：肉団子にせん切りにした錦糸たまごをまぶして蒸す。
3｜**肉団子の甘酢あんかけ**：肉団子にかたくり粉をつけて揚げる。器に盛り，甘酢あんをかけ白髪ねぎを添える。

組み合わせ例：チンゲンサイのスープ，だいこんとハムのサラダ

洋 ハンバーグ

エネルギー：349kcal　たんぱく質：21.1g　脂質：18.5g　塩分：2.1g

臨床栄養へのヒント
- エ｜合びき肉を牛もも赤身のひき肉60gに，粉ふきいもをカリフラワーにかえる。[-120kcal]
- た｜合びき肉を20gとしコロッケに，粉ふきいもをカリフラワーにかえる。[-12.0g]
- 脂｜合びき肉を牛もも赤身のひき肉60gにかえ，油を使用しない。[-3.8g]
- 塩｜合びき肉と粉ふきいもの塩を1/2量にする。[-0.6g]
- 軟菜食｜こしょうを控える。

応用メニュー
1｜**ミートローフ**：ハンバーグのネタにゆでたミックスベジタブルを混ぜ，棒状にまとめて鉄板で焼き，人数分に切る。
2｜**肉団子のアーモンド揚げ**：ハンバーグのネタを団子状に丸め，アーモンドをつけて油で揚げる。
3｜**ミンチカツ**：小麦粉，たまご，パン粉をつけ，油で揚げる。
4｜**松風焼き**：合びき肉を鶏ひき肉60gにかえ，塩，こしょうのかわりにみそ8gで調味し，2cmの厚さに伸ばしてごまを振り，焼いて人数分に四角形に切る。

組み合わせ例：野菜サラダ，ポタージュスープ，コーヒーゼリー

主菜の部 — 肉類 (レバー・ハム・ソーセージ)

□g ＝ 1 単位量

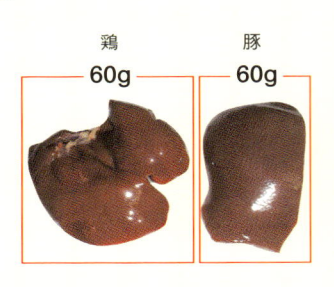

- レバー 鶏 60g / 豚 60g
- ロースハム 40g（50g）
- ウインナーソーセージ 30g（50g） 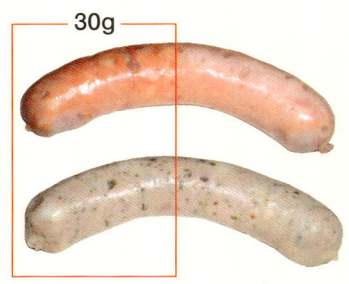
- ひき肉 鶏 40g / 牛 40g / 豚 40g 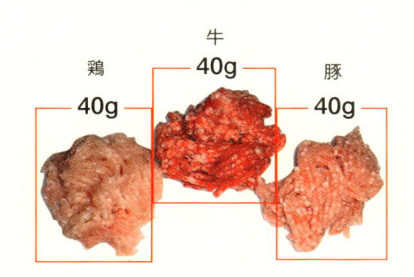

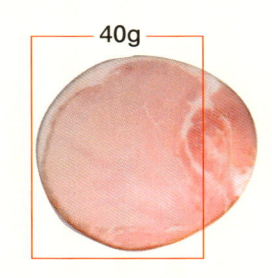

和 鶏肝佃煮風

エ 76kcal
た 8.4g
脂 1.2g
塩 1.4g

材料（1人分，g）

鶏レバー　40（0.7単位）
根深ねぎ（白い部分）　15
しょうが　5
［調味料］
　しょうゆ　9
　酒　5
　砂糖　4（0.1単位）

作り方
① レバーは2cm角に切り、水でじゅうぶん洗って血の塊を取り除き、よく水気をとっておく。
② 鍋にしょうがのせん切り、ねぎの小口切り、調味料を入れる。
③ 一度煮立てた②の中へ、レバーを入れ、始め強火、段々と弱火にして汁気のなくなるまで煮る。
④ 小鉢にレバー、ねぎ、しょうがを一緒に盛る。

洋 レバーのカレーソテー

エ 214kcal
た 18.2g
脂 11.1g
塩 1.2g

材料（1人分，g）

豚レバー　80（1.3単位）
塩　1
牛乳　20ml（0.2単位）
小麦粉　4
カレー粉　1
バター　4（0.3単位）
植物油　4（0.4単位）
グリーンアスパラガス　25
レモン　1/8個

作り方
① 豚レバーは塩を振り、牛乳に30分程漬ける。
② 小麦粉とカレー粉を合わせ、水気をとり薄くそぎ切りにした①にムラなくまぶす。
③ フライパンにバターと油を熱し、②の両面をこんがりと焼く。
④ アスパラは3～4等分の長さに切り、ゆで、レモンはくし形に切る。
⑤ 器に③を盛り、④を添える。

レバーのぶどう酒煮

エ 214kcal
た 14.8g
脂 7.7g
塩 2.6g

材料(1人分, g)

若鶏レバー 70(1.2単位)
小麦粉 8(0.5単位)
バター 3(0.2単位)
植物油 3(0.3単位)
[調味料]
　赤ワイン 15
　トマトケチャップ 15(0.2単位)
　ソース 8
　しょうゆ 8
　砂糖 3(0.1単位)
　ブイヨン 5ml
しょうが汁 少々
レモン汁 3

作り方

①鶏レバーは脂肪を取り、ひと口大に切り、15分くらい塩水に漬ける。
②フライパンにバターと油を熱し、①に小麦粉をまぶして焼く。
③鍋に調味料を煮立て、②を加える。
④煮汁がなくなってきたら、しょうが汁とレモン汁を加えて仕上げる。

レバーのケチャップ煮

エ 161kcal
た 12.9g
脂 5.5g
塩 0.6g

材料(1人分, g)

豚レバー 60(1単位)
牛乳 10ml(0.1単位)
[調味料]
　かたくり粉 10(0.4単位)
　トマトケチャップ 7
　みそ 2
　砂糖 1
揚げ油(吸油 3)(0.3単位)

作り方

①レバーは細く切って水でさっと洗い、牛乳にひたし血抜きをする。水分を拭き取ってかたくり粉をまぶし170℃の油で揚げる。
②鍋にトマトケチャップ、みそ、砂糖を入れかき混ぜながら弱火にかけ、砂糖が溶けたら、火を止め、揚げたレバーをからませる。

ウインナーソーセージのスープ煮

エ 207kcal
た 12.6g
脂 15.2g
塩 2.1g

材料(1人分, g)

ウインナーソーセージ 50(1.7単位)
ミニトマト 30
レタス 15
鶏ささみ 15(0.2単位)
にんにく 1かけ
バター 1
ブイヨン 150ml
塩 0.4
こしょう 少々
ローリエ 少々

作り方

①ウインナーソーセージに切り込みを入れる。
②ミニトマトは皮を湯むきしてへたを取る。レタスはひと口にちぎる。
③鶏ささみは細切り、にんにくは薄切りにする。
④鍋にバターを入れて、にんにくを炒め、鶏ささみを加えてさらに炒める。
⑤別鍋にブイヨンを入れ、④とローリエを加え、しばらく煮たのち、ウインナーソーセージを加え、手早く煮る。
⑥⑤にミニトマトとレタスを加えて軽く煮る。塩、こしょうで味を調える。

ロールキャベツ

エ 239kcal
た 16.7g
脂 11.8g
塩 2.0g

材料(1人分, g)

牛ひき肉 70(1.8単位)
キャベツ 100(0.3単位)
たまねぎ 20
パン粉 5(0.2単位)
牛乳 10ml(0.1単位)
たまご 3
塩 0.6
こしょう 少々
[ソース]
　トマトケチャップ 15(0.2単位)
　コンソメの素 1
　塩 0.3、こしょう 0.1
　水 100ml
パセリ 1.5

作り方

①キャベツは破らないように1枚ずつにし、ゆでて芯のところを薄く削る。
②たまねぎはみじん切りに、パン粉は牛乳にひたし、たまごは割りほぐす。
③牛ひき肉に②と塩、こしょうを加え、よくこねる。1人分2個に分ける。
④キャベツを広げ、③を包む。
⑤鍋に④とソースの調味料、水を加え、弱火で30分以上煮込み、器に盛り煮汁をかけパセリを添える。

基本料理の展開 | 肉類 （レバー・ハム・ソーセージ）

食品・栄養

　鶏レバーは小さく，牛レバーは大きい。豚レバーはその中間である。レバー類は鮮度が落ちると特有の臭味が強まるので新鮮なものを選び，スライスしたものより空気のふれる面が少ない塊の方が鮮度が落ちにくい。ビタミンAは目の粘膜を強化し夜盲症，眼精疲労による視力低下を予防する。鉄の他に葉酸，ビタミンB_{12}，銅も豊富で造血作用や赤血球の形成や再生，ヘモグロビンの合成を助けるので貧血予防や改善には抜群の威力がある。ビタミンB_2も多いので肌荒れ，口内炎等を予防する。牛レバーは寄生虫の心配はないので新鮮なものは生食も可能である。コレステロールは比較的多いので海藻(昆布)やごぼう，きのこなどの食物繊維と共に摂取するとよい。

調理

1 | 血抜きは2％くらいの塩水に5～6分漬けてから洗う。
2 | 臭み消しは料理の味付けに合わせ牛乳やワインに漬ける。しょうが汁やしょうゆ，カレー粉などでマスキングするとおいしくなる。
3 | 塊が厚いと食べにくいので薄くそぎ切りにして焼いたり煮たりするとよい。
4 | レバーは保存がきかないので佃煮風に煮たり加熱してたまねぎ等とフードプロセッサーにかけてペーストにして保存するとよい。

大量調理のポイント：1 | 塊のままさっとゆでると臭味抜きになり，切りやすくなる。
2 | 揚げ物の場合，油が劣化しやすいので途中で油を足すなどの工夫が必要。
3 | 煮る場合，形が崩れやすいのでかき混ぜすぎないように注意が必要。

和 鶏肝佃煮風

エネルギー：76kcal　たんぱく質：8.4g　脂質：1.2g　塩分：1.4g

臨床栄養へのヒント

[エ] 基本のままでよい。
[た] レバーは20g，白ねぎを25gにする。[-3.8g]
[脂] 基本のままでよい。
[塩] しょうゆを1/2量に減らすか，減塩しょうゆを用いる。好みで七味とうがらしを仕上がりに振る。[-0.7g]
[軟菜食] しょうがはしょうが汁にし，調味料に加え煮汁とする。煮詰めすぎない。レバーは冷めてからさらに細かく切る。

応用メニュー

1 | レバーの串刺し焼き：薄切りしたレバーを酒，しょうゆまたはウスターソースに漬ける。串にさし，小麦粉をつけ，フライパンに油を敷いて焼く。
2 | 牛・豚レバーのから揚げ：レバーをそぎ切りにし，しょうがの絞り汁を振りかけておく。10分後，かたくり粉をまぶし油で揚げる。
3 | 鶏レバーのチーズ焼き：塩，こしょう，小麦粉をはたいたレバーをソテーし，白ワインを振り煮詰める。クラフトチーズ1枚をのせ，オーブンで200℃で5分位焼く。

組み合わせ例：かき玉汁，野菜の五目炒め

洋 レバーのカレーソテー

エネルギー：214kcal　たんぱく質：18.2g　脂質：11.1g　塩分：1.2g

臨床栄養へのヒント

[エ] バター，植物油を1/2量にする。[-33kcal]
[た] 豚レバー量を60gにする。[-4.1g]
[脂] [エ]と同じ。[-3.6g]
[塩] 豚レバーに振る塩を除く。[-1.0g]
[軟菜食] カレー粉，バター，サラダ油を控える。

応用メニュー

1 | 牛レバーのカレーソテー：豚レバーを牛レバーにかえる。
2 | 豚レバーのしょうゆ煮：下処理した豚レバーをしょうゆ，酒，しょうが汁の調味液で煮詰める。
3 | 豚レバーのパン粉焼き：下処理した豚レバーに小麦粉，溶きたまご，パン粉を順につけ，ごま油でカリッと焼く。

組み合わせ例：ポタージュ，パプリカマリネ

洋 レバーのぶどう酒煮

エネルギー：214kcal　たんぱく質：14.8g　脂質：7.7g　塩分：2.6g

臨床栄養へのヒント
- [エ] バター、植物油を1/2量にする。[-25kcal]
- [た] 若鶏レバー量を40gにする。[-5.6g]
- [脂] [エ]と同じ。[-2.7g]
- [塩] しょうゆを1/3量減らす。[-0.4g]
- [軟菜食] バター、植物油を控え、濃い味付けなので、調味料を減らし、あっさりと仕上げる。

応用メニュー
1. **牛レバーのぶどう酒煮**：若鶏レバーを牛レバーにかえる。
2. **鶏レバーのしょうゆ煮**：下処理した鶏レバーをしょうゆ、酒、しょうが汁の調味液で煮詰める。
3. **鶏レバーのフライ**：下処理した鶏レバーに小麦粉、溶きたまご、パン粉を順につけ、油で揚げる。

組み合わせ例：ミネストローネ、ポテトサラダ

洋 レバーのケチャップ煮

エネルギー：161kcal　たんぱく質：12.9g　脂質：5.5g　塩分：0.6g

臨床栄養へのヒント
- [エ] レバーをゆでる。[-28kcal]
- [た] 基本のままでよい。
- [脂] [エ]と同じ。[-0.3g]
- [塩] あんはケチャップと砂糖だけにする。[-0.3g]

応用メニュー
1. レバーは鶏でも牛でもよい。やわらかく仕上げるため下味を付けない。
2. **から揚げレバーのカレー味**：ケチャップあんにカレー粉少々（0.2～0.5g）を入れるとカレー風味が加わり食べやすい。
3. **レバーにら炒め**：炒めたにらと混ぜ、塩、こしょうで味を調える。
4. **五目野菜のあんかけ**：揚げたレバーに五目野菜あんをかける。

組み合わせ例：こまつなと凍み豆腐のみそ汁、野菜の炊き合わせ、わかめときゅうりの酢の物

洋 ウインナーソーセージのスープ煮

エネルギー：207kcal　たんぱく質：12.6g　脂質：15.2g　塩分：2.1g

臨床栄養へのヒント
- [エ] ウインナーをボンレスハムのさいの目切りにする。[-102kcal]
- [た] 基本のままでよい。
- [脂] [エ]と同じ。[-12.3g]
- [塩] バター、塩を除く。[-0.4g]
- [軟菜食] ウインナーを小口切りにする。

応用メニュー
1. **貝柱のスープ煮**：貝柱と鶏肉にかぶを加えて煮込む。
2. **鶏肉だんごのスープ煮**：鶏ひき肉で団子を作り、スープ煮とする。
3. **レタスの牛乳煮**：煮汁に牛乳を使い、レタスとにんじん、じゃがいも、鶏肉を煮込む。

組み合わせ例：オムライス、ほうれんそうのソテー

洋 ロールキャベツ

エネルギー：239kcal　たんぱく質：16.7g　脂質：11.8g　塩分：2.0g

臨床栄養へのヒント
- [エ] 牛ひき肉を牛もも赤身のひき肉50gにかえる。[-87kcal]
- [た] 牛ひき肉を30gに減らし、生しいたけ20gをみじん切りにし、加える。[-7.0g]
- [脂] 牛ひき肉をささみのひき肉40gにかえる。[-9.3g]
- [塩] ひき肉に加える塩を1/2量とし、煮込み用の塩を除く。[-0.6g]
- [軟菜食] こしょうを控える。

応用メニュー
1. **キャベツの重ね煮**：鍋にゆでたキャベツ1/3を敷き、1/2のひき肉と交互に重ねて、落としぶたをして塩、しょうゆで煮る。
2. **肉団子とキャベツの煮込み**：キャベツは2～3cm角に切り、サラダ油で炒め、スープで1分位煮る。ひき肉を団子に丸めて加え、さらに15～20分煮る。
3. **みそ炒め**：キャベツと牛ひき肉を炒め、みそで調味する。
4. **クリーム煮**：クリームソースで煮込む。

組み合わせ例：ポテトサラダ、きのこソテー、ミルクゼリー

主菜の部｜たまご・豆腐・だいず・豆類

□g = 1単位量

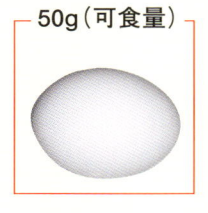

- たまご（鶏） 60g — 50g（可食量）
- たまご（うずら） 60g — 50g（可食量）
- もめん豆腐 200g — 100g
- がんもどき 50g — 40g
- テンペ 80g — 40g
- 水煮だいず 45g — 40g
- 厚揚げ 100g — 60g
- 油揚げ 100g — 20g

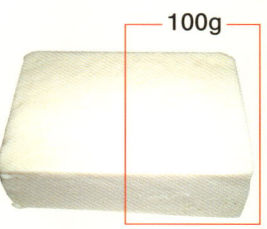

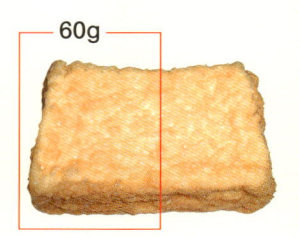

和 厚焼きたまご

- エ 108kcal
- た 6.4g
- 脂 7.2g
- 塩 0.8g

材料（1人分，g）
- たまご 50（1単位）
- にら 10
- だし汁 15ml
- [調味料]
  - 塩 0.5
  - しょうゆ 0.6
  - 砂糖 3（0.1単位）
  - 化学調味料 少々
  - 植物油 2（0.2単位）

作り方
① たまごをボウルに割りほぐし，だし汁，調味料を加え，泡立てないように混ぜる。にらはさっとゆで，1～0.5cmの長さに切る。焼く直前にたまご液に加える。
② たまご焼き器を熱し，油を含ませた布で隅々まで薄く油を引く。
③ ①のたまご液の1/2量流し入れ，六分どおり焼けたら手前に二つ折りにし，あいたところへ油を薄く塗り，焼いたたまごを向こう側によせる。手前にも油を塗り，残りのたまご液を流し入れ焼く（全体に中火より少し弱めの火加減で丁寧に焼く）。
④ 食べやすい大きさに切り，皿に盛る。

和 たまごの袋煮

- エ 181kcal
- た 10.8g
- 脂 11.8g
- 塩 1.1g

材料（1人分，g）
- たまご 50（1単位）
- 油揚げ 20（1単位）
- かんぴょう 1
- [調味料]
  - だし汁 80ml
  - 砂糖 3（0.1単位）
  - 酒 5
  - しょうゆ 6
  - さやえんどう 10

作り方
① 油揚げは熱湯をかけ油抜きし，横2つに切って袋状に開き，かんぴょうは塩もみし水洗いをして水気を絞っておく。
② 鍋に調味料を合わせ煮汁を作る。
③ たまごは割って油揚げの中に入れ，口をかんぴょうで結び，②の煮汁で煮る。
④ 器に③を盛り，塩ゆでしたさやえんどうを添える。

和 萩卵のあんかけ

エ 99kcal
た 8.1g
脂 3.2g
塩 1.8g

材料(1人分，g)

[萩卵]
- むきえび 20 (0.2単位)
- たまご 30 (0.6単位)
- グリンピース(冷凍) 3
- みりん 2，塩 0.3

[かけあん]
- だし汁 100ml
- 淡口しょうゆ 8
- みりん 3 (0.1単位)
- かたくり粉 5 (0.2単位)
- みょうが 3
- 芽ねぎ 2

作り方

① むきえびは背わたを除き半分に薄く切る。たまご、他の材料と合わせて鍋で半熟まで煎り煮する。
② ①のあら熱が取れたらラップ(15cm)で包み5～6分弱火で蒸す。
③ だし汁に調味料を加え加熱しあんを作る。
④ ②のラップをはずし深鉢に盛り③のあんをかけせん切りみょうがと芽ねぎを天盛りにする。

和 茶碗蒸し

エ 58kcal
た 6.3g
脂 2.7g
塩 0.9g

材料(1人分，g)

- たまご 25 (0.5単位)
- 麩(乾) 1 (0.1単位)
- かまぼこ 5 (0.1単位)
- 鶏ささみ 10 (0.1単位)
- みつば 少量

[調味料]
- だし汁 80ml
- 塩 0.6
- しょうゆ 0.5
- みりん 0.1

作り方

① 鍋にだし汁を入れて少し温め、塩、しょうゆで調味し、冷ましてからたまごと混ぜ、こし器でこす。
② 麩は水につけてもどし、かまぼこは組み松葉にする。ささみはそぎ切りにする。みつばは、2cmの長さに切る。
③ 蒸し茶碗に麩とささみかまぼこを入れる。①のたまご汁を注ぎ、蒸気の上がった蒸し器に入れ、強火で2分、表面が白っぽくなったら弱火にし、13～14分蒸す。みつばをのせ、さらに1分蒸す。

洋 スペイン風オムレツ

エ 323kcal
た 17.4g
脂 20.5g
塩 2.0g

材料(1人分，g)

- たまご 100 (2単位)
- じゃがいも 60 (0.6単位)
- たまねぎ 25
- 植物油 2 (0.2単位)
- ベーコン 20 (0.5単位)
- ピーマン 8
- トマト 40
- バター 7 (0.6単位)

[調味料]
- 塩 1
- こしょう 少々

作り方

① たまねぎとベーコンは1cm角に切り、たまねぎが透きとおるまで油で炒める。
② じゃがいもは皮をむいて5mmの厚さのいちょう切りにして固めにゆでる。トマトは皮を湯むきして1cm角に切る。ピーマンはへたと種を除いて1cm角に切る。
③ たまごを溶きほぐして塩、こしょうで味を付け、①②を加えよく混ぜる。
④ フライパンを熱してバターを入れ、たまごを1度に流し入れる。かき混ぜながら半熟になるまで火を通し、円形に形を整え、裏返してふたをして弱火で1～2分焼く。

中 かに玉

エ 283kcal
た 14.3g
脂 20.3g
塩 1.5g

材料(1人分，g)

- たまご 80 (1.6単位)
- 塩 0.2
- かに(缶詰) 20 (0.3単位)
- ねぎ 20
- 乾しいたけ 0.5
- ゆでたけのこ 8
- ごま油 2 (0.2単位)
- 植物油 10 (1単位)

[あん]
- スープ 50ml
- しょうゆ 5
- 砂糖 2，酢 3
- かたくり粉 3，水 3ml
- グリンピース 5

作り方

① もどした乾しいたけ、ねぎ、たけのこはせん切りにし、ごま油で炒めて取り出し、冷ましておく。
② たまごを溶きほぐし、軟骨を取ったかにと①と塩を加え、軽く混ぜる。
③ 中華鍋を強火にかけ、煙が出るまで熱して、油を入れてさらに熱し、②を一気に加え、全体的に大きく混ぜて、半分位火が通ったら形を整え、裏返し、30秒位で皿に移す。
④ 鍋にスープを熱して、かたくり粉以外の調味料とグリンピースを加え、煮立ったらかたくり粉でとろみをつけ、③にかける。

基本料理の展開 | たまご・豆腐・だいず・豆類

食品・栄養

　たまご類は鶏卵の他，うずら，あひるのたまごがある。鶏卵が一般的で価格も安定している。たまごは良質のたんぱく質源であり，卵白は水溶性たんぱく，Ca，Mg，ミネラルが多く，特に卵黄中のレシチンは血中コレステロールの排泄を促して血管壁をきれいに保って動脈硬化を予防し，ほぼ完璧な栄養バランスを誇る食品である。だいずはたんぱく質のアミノ酸組成が動物性たんぱく質と同じくらい良質であり，"畑の肉"といわれる。乾燥だいずは消化力が劣るが，みそ，納豆，テンペなどのように発酵させると消化率が高く，だいずの栄養価が有効に活用でき，発酵による抗酸化力などが付加される。また，レシチンが脳の老化防止になる。特に納豆，テンペは無塩発酵食品として健康面で注目されている。豆腐は豆乳をにがり等の凝固剤で固めたもので種類も豊富に出ている。黒だいずや青だいずが用いられたものなどがあり，だいずの食物繊維以外の効用を受け継ぎ消化吸収力がよく体にやさしい低脂肪食品である。だいずの鉄はヘム鉄で体内への吸収がよく，血行をよくするビタミンEとともに貧血を予防する働きがある。サポニンは大腸がん，乳がんの予防に有効である。

調理

1｜卵黄のレシチンは新鮮卵ほど乳化力が強いのでマヨネーズ，シュウペーストリーなど乳化力を利用する時は大きいものよりも鮮度が大切。
2｜卵白の気泡性を利用するスフレやケーキ類は，冷蔵庫等で保存したものは30分以上室内放置後泡立てるとよい。
3｜だいず類のサポニンは水溶性であるから煮汁も食せるよう薄味に仕上げる。乾燥だいずをもどす時，熱湯入り魔法瓶を利用するとよい。

大量調理のポイント：1｜たまごはサルモネラ等の食中毒予防のために80℃以上の加熱で凝固させる。
2｜鮮度の判定は外部から分かりにくいのでたまごは小わけして行う。
3｜豆腐は加熱しすぎると鬆(す)が入り消化が悪くなるので，消火後の放置時間を考えて加熱時間を決めるとよい。煮豆やサラダにゆでだいずを利用するとよい。

和 厚焼きたまご

エネルギー：108kcal　たんぱく質：6.4g　脂質：7.2g　塩分：0.8g

臨床栄養へのヒント

エ たまごを35gに減らし，だし汁を加える。[-23kcal]
た たまごを30gに減らし，つなぎにやまいもを加える。[-2.0g]
脂 たまごを30gに減らし，だし汁を加える。[-2.1g]
塩 基本のままでよい。
軟菜食 にらのかわりにゆでたほうれんそうの葉（みじん切り）を加える。だし汁を多くまたはやまいもを加え，中火でふんわりと焼く。

応用メニュー

1｜**うな玉巻き**：うなぎ蒲焼きや甘辛く煮たあなごの細切りを中央に入れて焼く。
2｜**いそ巻きたまご**：のりは焼いてよくもんで細かくし，たまご液に加えて焼く。
3｜**さらさたまご**：ミックスベジタブル（たまごの1/2の分量）をさっとゆでる。たまごを割りほぐし，調味料（砂糖，塩，しょうゆ）を加え，冷ましたミックスベジタブルを加え，同様にして焼く。

組み合わせ例：炊きこみご飯，しじみのみそ汁，五目きんぴら

和 たまごの袋煮

エネルギー：181kcal　たんぱく質：10.8g　脂質：11.8g　塩分：1.1g

臨床栄養へのヒント

エ 油揚げを除き，豆腐50gとたまごの煮物にする。[-42kcal]
た 油揚げを除きたまごの煮物にする。[-3.7g]
脂 た と同じ。[-6.6g]
塩 しょうゆ，砂糖を2/3量にする。[-0.3g]
軟菜食 たまごは煮すぎない。半熟にする。

応用メニュー

1｜**かに玉**：野菜とかにを炒め塩で調味する。冷ましてたまごと混ぜ，鍋に油を熱しこれを流し焼く。あんをかけて食べる。
2｜**スクランブルエッグ**：たまごは割りほぐし，牛乳，塩，こしょうで調味し，フライパンにバターを溶かしたところに入れ半熟状に炒る。
3｜**和風炒りたまご**：たまごは割りほぐし砂糖，しょうゆで調味し，これを鍋に入れ，弱火にかけ，箸4〜5本で炒り上げる。

組み合わせ例：かぶのみそ汁，きんぴらごぼう，紅白なます，ヨーグルト

和 萩卵のあんかけ

エネルギー：99kcal　たんぱく質：8.1g　脂質：3.2g　塩分：1.8g

臨床栄養へのヒント
- エ たまごを10gにし絹ごし豆腐を30g加える。[-13kcal]
- た エと同じ。[-1.0g]
- 脂 えびを10g，たまごを10g，豆腐を30gにする。[-1.3g]
- 塩 かけあんのしょうゆを濃口にし量を1/2にする。萩卵の塩を除く。
- 軟菜食 えびをすり身にしてたまごを混ぜだし汁を加えてたまご液を蒸す。

応用メニュー
1 | たまごの千草焼き：たまごにえびのみじん切りとにんじんの粗みじん，グリンピースを加え半熟まで加熱し，形に移しかえてオーブンで焼き切り分ける。
2 | うまき：たまご液でうなぎの蒲焼きをはさんで焼く。
3 | 親子焼き：たまごと鶏ひき肉にたっぷりのねぎを加えて半熟にして形に移してオーブンで焼く。

組み合わせ例：塩さけとしその寿司，わけぎといかのぬた

和 茶碗蒸し

エネルギー：58kcal　たんぱく質：6.3g　脂質：2.7g　塩分：0.9g

臨床栄養へのヒント
- エ 基本のままでよい。
- た エと同じ。
- 脂 エと同じ。
- 塩 塩を除く。

応用メニュー
1 | 半熟たまご：ぬるま湯にたまごを入れ，煮立って3～4分で取り出す。2 | 和風炒りたまご：たまご，砂糖，しょうゆを混ぜ，弱火で混ぜながら火を通しサラダ菜を添えて盛る。3 | スクランブルエッグ：1cm角に切ったトマト，ピーマンを炒め，牛乳，塩，たまごを混ぜ合わせて加え，半熟状にする。4 | 皿焼きたまご：トマト，たまねぎを炒め，耐熱容器に盛り，まん中にたまごを割り入れ，オーブンで半熟状になるまで焼く。

組み合わせ例：萩ご飯，えびの鬼殻焼き，さといもの含め煮，焼きなすのしょうがじょうゆ

洋 スペイン風オムレツ

エネルギー：323kcal　たんぱく質：17.4g　脂質：20.5g　塩分：2.0g

臨床栄養へのヒント
- エ たまごを1/2量にする。[-76kcal]
- た エと同じ。[-6.1g]
- 脂 ベーコンを入れない。[-2.4g] たまごを1/2量にする。[-5.2g]
- 塩 バターを植物油にする。[-0.2g]
- 軟菜食 ベーコンは入れずに，野菜は細かく切ってやわらかくゆでて使う。

応用メニュー
1 | プレーンオムレツ：たまごに牛乳，塩，こしょう，みじんパセリを加えてかき混ぜる。フライパンにバターを熱してたまご液を入れてかき混ぜ，半熟状態になったら形を整える。2 | ミートオムレツ：ひき肉とみじんたまねぎを炒めた具を半熟状のたまご液の中心に入れて包む。3 | トマトのスクランブルエッグ：トマトはくし形，チーズは1.5cm角，ベーコンは1cm幅に切り，溶きたまごに混ぜる。フライパンにバターを熱したまご液を流し入れ，大きくかき混ぜながら半熟状態で火を止める。

組み合わせ例：パン，クラムチャウダー，コールスローサラダ

中 かに玉

エネルギー：283kcal　たんぱく質：14.3g　脂質：20.3g　塩分：1.5g

臨床栄養へのヒント
- エ テフロンのフライパンを使ってごま油だけで焼く。[-92kcal]
- た 野菜の量を増やして野菜炒めにし，たまごとかにを1/2量で焼き，野菜の上にのせ，あんをかける。[-6.6g]
- 脂 エと同じ。[-10g]
- 塩 たまごに下味を付けない。あんはスープ以外半分の量にする。[-0.6g]
- 軟菜食 たけのこ，ねぎを除き，だし汁でのばして茶碗蒸し風にする。

応用メニュー
1 | 中華風親子煮：ゆでたまごと手羽先をしょうゆとみりんと八角で約30分煮込み，白髪ねぎを散らす。2 | エッグコロッケ：粗みじんにしたハムとゆでたまごとパセリ，マッシュしたじゃがいもをマヨネーズで和え，パン粉をつけて揚げる。3 | ぎせい豆腐：せん切りにしたにんじん，しいたけ，絹さやと鶏ひき肉を炒め，絞った豆腐とたまごを合わせ，型に流して焼く。4 | 温泉卵のきのこあんかけ：温泉卵に，薄切りのしいたけとまいたけを煮たあんをかける。

組み合わせ例：はるさめとチンゲンサイのスープ，ひじき煮，ほうれんそうのみぞれ和え

中 にら玉あんかけ

エ 220kcal
た 9.3g
脂 15.4g
塩 2.4g

材料(1人分, g)
- たまご 50 (1単位)
- 塩 0.8g
- こしょう 少々
- にら 30
- あさりのむき身 30 (0.1単位)
- しょうが 2
- 植物油 5 (0.5単位)
- ごま油 5 (0.5単位)
- [あん]
  - 鶏がらスープの素 40ml
  - 砂糖 5 (0.2単位)
  - しょうゆ 5
  - 酢 3
  - かたくり粉 3

作り方
① にらは3cmの長さに切る。しょうがはせん切りにする。
② あさりのむき身は、塩水で振り洗いし水気をきる。
③ たまごを溶きほぐし、塩、こしょうを加え混ぜる。
④ フライパンに植物油、ごま油を入れて熱し、しょうがを香りが出る位まで炒め、あさりのむき身を加え、強火で炒めにらを加えてさっと炒め合わせる。
⑤ ④に③のたまごを流し入れ、外側から大きく混ぜるようにして、半熟になったら器に盛る。
⑥ あんの調味料を煮立て、とろみがついたら、素早く⑤にかける。

和 南禅寺蒸し

エ 137kcal
た 14.2g
脂 6.1g
塩 0.3g

材料(1人分, g)
- もめん豆腐 80 (0.8単位)
- たまご 25 (0.5単位)
- だし汁 25ml
- みりん 1
- えび 20 (0.3単位)
- 鶏ささみ 5
- みつば 3
- [かけ汁]
  - だし汁 50ml
  - みりん 1
  - しょうゆ 1
  - かたくり粉 3
- のり 0.4

作り方
① もめん豆腐は水きりし、裏ごしておく。
② たまごは溶き、冷ましただし汁と合わせておく。
③ ②に①を混ぜ、蒸し器で蒸す。
④ えびは背わたを取りきれいにしておく。
⑤ 鶏ささみは小さめに切っておく。
⑥ 茶碗蒸しの器に④⑤を入れて③を流し込む。
⑦ 上にみつばをのせ、蒸し器で蒸す。
⑧ かけ汁は調味した後、水溶きかたくり粉でとろみをつけ、蒸し物の上にかけ、出来上がりにせん切りのりを散らす。

和 田楽豆腐

エ 119kcal
た 8.9g
脂 5.6g
塩 1.1g

材料(1人分, g)
- もめん豆腐 110 (1.1単位)
- [たれ]
  - 赤みそ 5
  - 砂糖 2
  - みりん 1
  - だし汁 3ml
- [たれ]
  - 白みそ 5
  - 砂糖 1
  - みりん 1
  - だし汁 3ml
- けしの実 0.5
- (季節により木の芽)

作り方
① 豆腐は4つに切り、さらに1/2の厚さになるように切り、ふきんに包んで、軽い重しで水をきる。
② 鉄板に①を並べ、200℃に熱したオーブンで10分ほど焼く。
③ 調味料とだし汁をそれぞれの鍋に入れ、よく練ってみそだれを作る。
④ 器にもめん豆腐を盛り、③のたれをそれぞれかけてけしの実を上から振る。

和 揚げ出し豆腐野菜添え

エ 232kcal
た 8.8g
脂 12.7g
塩 1.2g

材料(1人分, g)
- もめん豆腐 110 (1.1単位)
- かたくり粉 5 (0.2単位)
- 揚げ油(吸油 5) (0.5単位)
- [かけ汁]
  - だし汁 30ml
  - しょうゆ 8
  - みりん 8 (0.3単位)
- だいこん 25
- しょうが 5
- 万能ねぎ 2
- なす 15
- かぼちゃ 25 (0.3単位)
- ピーマン 15 (0.3単位)
- 揚げ油(吸油 3) (0.3単位)

作り方
① 豆腐は傾斜させたまな板とまな板にはさんで水気をきる。② 添えるだいこんはおろしてさっと水気をきる。しょうがもすりおろす。万能ねぎは小口切りにする。③ なすは皮を亀甲に切り、水にさらす。かぼちゃは2〜3cmの厚さに切る。ピーマンは縦割りにして、種を出す。④ だし汁、しょうゆ、みりんを温め、かけ汁を作る。⑤ 180℃の油でなすとかぼちゃ、ピーマンを素揚げにする。水きりした豆腐の表面の水気をふき、かたくり粉をつけ色づくまで揚げる。⑥ 器に豆腐と野菜を盛り、豆腐の上にだいこんおろし、おろししょうが、万能ねぎをおく。

和 白和え

- エ 71kcal
- た 4.1g
- 脂 3.2g
- 塩 1.0g

材料(1人分, g)

- もめん豆腐 50 (0.5単位)
- ごま 2
- [調味料A]
  - だし汁 40ml
  - しょうゆ 1
  - 塩 0.4
  - みりん 1.5
- だし汁 5ml
- こんにゃく 20
- にんじん 20
- 乾しいたけ 1
- [調味料B]
  - 砂糖 2
  - 塩 0.5

作り方

①こんにゃくは熱湯に通し、1cmの短冊に切る。にんじん、もどした乾しいたけも同じ大きさに切る。調味料Aで4～5分やわらかくなるまで煮て冷まし、汁気をきる。
②和え衣を作る。豆腐は熱湯に入れ、2～3分ゆでて、ふきんを敷いたざるに取り、水気を絞る。
③すり鉢に炒ったごまを入れてなめらかになるまですり、水気を絞った豆腐、調味料Bを加えてよくすり、だし汁でかたさを調整する。
④①を③で和える。

和 はす豆腐の黄金焼き

- エ 148kcal
- た 4.7g
- 脂 9.0g
- 塩 0.6g

材料(1人分, g)

- もめん豆腐 25 (0.2単位)
- れんこん 60 (0.5単位)
- [調味料A]
  - しょうゆ 1.5
  - 酒 1
  - 砂糖 0.2
- 卵黄 8 (0.4単位)
- [調味料B]
  - 酒 2
  - 塩 0.3
- だいこん 10
- 万能ねぎ 2
- ししとうがらし 20
- 揚げ油 (吸油 5) (0.5単位)

作り方

①豆腐はまな板とまな板の間にはさんで、しばらくおいて水分をきる。②れんこんは皮をむき5mm厚さの輪切りにして、酢水に漬けてあく抜きをして、水気をきる。③豆腐を鍋に入れ、調味料Aで味を付ける。④②は2枚1組にし、れんこんの穴にかたくり粉をまぶし、その穴の中に味を付けた豆腐を入れる。⑤オーブンを温め、天板にオーブン用シートを敷き、200℃で20分焼く。⑥途中で卵黄に、調味料Bを混ぜたものを塗る。⑦ししとうがらしは、素揚げにする。⑧器に盛り、ししとうがらし、だいこんおろしと万能ねぎの小口切りを添える。

和 豆腐の五目あんかけ

- エ 183kcal
- た 10.9g
- 脂 11.0g
- 塩 1.1g

材料(1人分, g)

- もめん豆腐 100 (1単位)
- 鶏もも肉 20 (0.5単位)
- たまねぎ 10
- にんじん 10
- たけのこ 10
- 生しいたけ 5
- みつば 2
- 植物油 4 (0.4単位)
- だし汁 50ml
- 塩 0.5
- しょうゆ 4
- みりん 5 (0.2単位)
- かたくり粉 2

作り方

①鶏は小さく切る。たまねぎは薄切り、にんじんは短冊に、たけのこは薄く切る。しいたけはせん切りにする。
②みつばは2cmの長さに切る。
③鍋に油を熱し、①の材料を入れ炒める。
④だし汁を加え、煮立ったら4～5分煮て調味し、水溶きかたくり粉でとろみをつけ②を入れる。
⑤豆腐は2つに切り、だし汁で煮て温め器に盛り、④をかける。

和 炒り豆腐

- エ 177kcal
- た 7.6g
- 脂 11.2g
- 塩 1.9g

材料(1人分, g)

- もめん豆腐 75 (0.8単位)
- にんじん 20
- ごぼう 15
- 青ねぎ 5
- きくらげ(乾) 0.5
- たまご 10 (0.2単位)
- 植物油 7 (0.7単位)
- [調味料]
  - しょうゆ 13
  - 砂糖 3 (0.1単位)
  - 酒 4

作り方

①豆腐は軽く水気を絞っておく。
②にんじんは2cmの細せん切り、ごぼうはささがき、ねぎは小口切りにする。
③きくらげは水にもどし、細切りにする。
④鍋に油を熱し、②の材料をよく炒め、その中に③と①の豆腐を入れ、しゃもじでほぐしながら炒りつける。
⑤全体がぽろぽろになったら、合わせた調味料を少しずつ振り入れながら加え、しっとりしてきたら、よくほぐしたたまごを加え、なお炒りつける。

中 にら玉あんかけ

エネルギー：220kcal　たんぱく質：9.3g　脂質：15.4g　塩分：2.4g

臨床栄養へのヒント
- [エ] 植物油、ごま油を1/2量に減らす。[-46kcal]
- [た] たまご40g、あさりのむき身15gに減らす。[-4.4g]
- [脂] 油を1/2量に減らす。[-5.0g]
- [塩] たまごの下味の塩を除く。[-0.8g]
- [軟菜食] あさりのむき身は鶏ひき肉にする。

応用メニュー
1. **かき入りあんかけたまご**：かきのむき身をゆで、たまご、ねぎ、グリンピースで半熟に焼き、器に盛りあんをかける。
2. **五目たまごとじ**：鶏肉、にんじん、たまねぎ、なす、いんげんを炒め、だし、しょうゆ、みりんで味付けしてからたまごで半熟にとじる。

組み合わせ例：レタスとわかめのスープ、たけのことピーマンの辛味炒め

和 南禅寺蒸し

エネルギー：137kcal　たんぱく質：14.2g　脂質：6.1g　塩分：0.3g

臨床栄養へのヒント
- [エ] もめん豆腐を絹ごし豆腐にする。鶏ささみを生しいたけにする。[-16kcal]
- [た] [エ]と同じ。[-2.3g]
- [脂] [エ]と同じ。[-1.0g]
- [塩] えびを1/2量にする。かけ汁を1/2量にする。[-0.1g]
- [軟菜食] えび、みつばを除く。

応用メニュー
1. **揚げ出し豆腐のえびあんかけ**：豆腐は水をきり、小麦粉をつけて揚げ、えび、しいたけのあんを上からかける。
2. **豆腐のおかかステーキ**：豆腐は厚みを半分にし、しょうゆを振り、水で溶いた小麦粉にくぐらせ、削り節をつけ焼く。
3. **すくい豆腐の吉野あん**：豆腐は軽く水気をきり、だし汁の中にもどした乾しいたけの薄切りとしょうゆ、みりんを入れ、くず粉でとろみをつけ、豆腐にかけわさびを添える。
4. **豆腐のサラダ**：ゆでたまご、トマト、レタス、ブロッコリー、えび、豆腐を器に盛り、ドレッシングをかける。

組み合わせ例：やまいものり酢和え、グリーンアスパラガスとハムの春巻き

和 田楽豆腐

エネルギー：119kcal　たんぱく質：8.9g　脂質：5.6g　塩分：1.1g

臨床栄養へのヒント
- [エ] 豆腐を1/2量とし、こんにゃく50g加える。[-36kcal]
- [た] 豆腐を1/2量とし、揚げなす50g加える。[-3.1g]
- [脂] 豆腐を1/2量とし、だいこん50g加える。[-2.2g]
- [塩] 赤みそを白みそにかえ、砂糖を控える。[-0.3g]
- [軟菜食] けしの実を振らない。

応用メニュー
1. **揚げだし豆腐**：豆腐は水きりして、かたくり粉をつけて油で揚げ、しょうが、しょうゆを添える。
2. **煮奴**：豆腐をみりん、しょうゆを入れただし汁で煮含め、花かつおをかける。
3. **炒り豆腐**：にんじん、たまねぎ、生しいたけをせん切りにし、やわらかくなるまで炒め、水きりしてほぐした豆腐を加え、砂糖、しょうゆで調味し、ねぎを加える。
4. **みそ煮**：豚肉と豆腐をみそで煮込み、ねぎを添える。

組み合わせ例：入麺汁、魚の照り焼き、ひじきの煮物

和 揚げ出し豆腐野菜添え

エネルギー：232kcal　たんぱく質：8.8g　脂質：12.7g　塩分：1.2g

臨床栄養へのヒント
- [エ] 豆腐は揚げないで焼く。[-36kcal]
- [た] 豆腐を50gにする。[-4.0kcal]
- [脂] 豆腐は揚げないで焼く。野菜も揚げないでゆでる。[-7.0kcal]
- [塩] しょうゆ4g、みりん2g、酒3gに減らす。[-0.6kcal]
- [軟菜食] しょうがを減らし、野菜は揚げないでやわらかくゆでる。

応用メニュー
1. **ぎせい豆腐**：野菜を細切りにして下煮をして水きりした豆腐、溶きたまごを加える。
2. **豆腐ステーキきのこソース**：豆腐は水きりして油で焼く。ソースはしめじ、しいたけ、えのきだけに調味料を加え豆腐の上にかける。
3. **ヘルシーハンバーグ**：青ばた豆、豆腐、ひじき、豚肉を入れ混ぜ形を整えて焼く。かけ汁はだし汁、しょうゆ、みりんを合わせる。

組み合わせ例：こまつなとひじきのみそ汁、かきなます

和 白和え

エネルギー：71kcal　たんぱく質：4.1g　脂質：3.2g　塩分：1.0g

臨床栄養へのヒント
- エ ごまを除く。[-12kcal]
- た 豆腐の量を20gに減らす。[-2.0g]
- 脂 エと同じ。[-1.1g]
- 塩 和え衣の塩を除く。[-0.5g]
- 軟菜食 野菜はやわらかく火を通す。こんにゃくは除く。

応用メニュー
1. **白酢和え**：白和えに酢をきかせ，魚介類を一緒に和える。
2. 和える具は季節のものを組み合わせる。

組み合わせ例：茶碗蒸し，鶏のつくね焼き

和 はす豆腐の黄金焼き

エネルギー：148kcal　たんぱく質：4.7g　脂質：9.0g　塩分：0.6g

臨床栄養へのヒント
- エ 基本の料理と同じでよい。
- た れんこん，豆腐を1/2量にする。[-1.4g]
- 脂 基本の料理と同じでよい。
- 塩 基本の料理と同じでよい。
- 軟菜食 れんこんのかわりにじゃがいもにする。

応用メニュー
1. **れんこんのはさみ揚げ**：れんこんを薄切りにしてれんこんとれんこんの間に調味したひき肉をはさみ，天ぷらの衣で揚げる。
2. **れんこんのきんぴら**：れんこんは薄切りにしてからごま油で炒め，しょうゆ，さけ，砂糖，水を入れて煮る。
3. **れんこんと目光の南蛮漬け**：れんこんは薄切りにしてからゆでる。目光はから揚げにして，たまねぎ，にんじん，かいわれを南蛮酢に漬ける。

組み合わせ例：どんこ汁，筑前煮，ほうれんそうと黄菊のおひたし

和 豆腐の五目あんかけ

エネルギー：183kcal　たんぱく質：10.9g　脂質：11.0g　塩分：1.1g

臨床栄養へのヒント
- エ もも肉は皮なしを使い，油を除く。[-54kcal]
- た 豆腐の分量を80gに減らす。鶏肉を除く。[-4.5g]
- 脂 豆腐の分量を減らす。もも肉は皮なしを使い，油を除きだし汁で煮る。[-6.8g]
- 塩 あんかけの塩，しょうゆ，みりんの量を2/3にする。[-0.4g]
- 軟菜食 もも肉は皮なし。たけのこは除く。

応用メニュー
1. **ぎせい豆腐**：せん切りのにんじん，しいたけ，砕いてゆでた豆腐を炒め，だし汁，塩，しょうゆ，砂糖で煮たものと，たまご，せん切りのさやいんげんをたまご焼き器で焼く。
2. **凍り豆腐の含め煮**：凍り豆腐は表示に従ってもどし，だし汁，砂糖，みりん，淡口しょうゆを煮立てた中へ入れ10分程煮て，味を含ませる。
3. **油揚げの袋煮**：油揚げを2つに切り，調味した鶏ひき肉，せん切りにしたにんじん，しいたけ，しらたきを詰め，だし汁，みりん，酒，しょうゆで煮る。

組み合わせ例：じゃがいもとわかめのみそ汁，かぼちゃのミルク煮，キャベツとハムのごま酢和え

和 炒り豆腐

エネルギー：177kcal　たんぱく質：7.6g　脂質：11.2g　塩分：1.9g

臨床栄養へのヒント
- エ 炒め油を1/2量に減らす。[-32kcal]
- た 豆腐を2/3量に減らし，たまごは除く。糸こんにゃく25gを加える。[-2.8g]
- 脂 エと同じ。[-3.5g]
- 塩 しょうゆを1/2量に減らす。または減塩しょうゆを使う。[-1.0g]
- 軟菜食 ごぼうのかわりにだいこん，にんじんは薄いいちょう切りにし，さっとゆでておく。合わせて炒めた後，だし汁を多めにして，たまごでとじる。

応用メニュー
1. **炒り豆腐**：材料の野菜を一部パプリカやひき肉にかえ，カレー粉やごま油で調味し，味に変化をつける。
2. **豆腐とえびの炒め物（蝦仁豆腐）**：野菜のかわりに芝えびを用いて炒め，調味は塩味で調え，最後にかたくり粉でとろみをつけ中華風にする。
3. **豆腐ステーキ**：水きりしたもめん豆腐を厚さ1.5cmに切り，小麦粉をまぶし，フライパンに油をひき両面こんがりと焼く。皿に盛り付け，小口切りにしたねぎ，かつお節を上にのせる。

組み合わせ例：かまぼことかいわれ菜のすまし汁，さといものごまみそ煮

洋 豆腐のクリーム煮

エ 218kcal
た 13.0g
脂 13.7g
塩 1.2g

材料（1人分，g）
- もめん豆腐　110（1.1単位）
- 植物油　2（0.2単位）
- キャベツ　30
- ロースハム薄切り　15（0.4単位）
- たまねぎ（みじん）　7
- マッシュルーム（スライス）　10
- ホールコーン（缶詰）　10（0.1単位）
- バター　3（0.3単位）
- 小麦粉　3
- 牛乳　60ml（0.5単位）
- 塩　0.5
- こしょう　少々

作り方
① 豆腐はしっかり水気をきり，2cm角に切る。
② キャベツはゆでて2cm角切り，ハムも同様に切る。
③ たまねぎはみじん切りにする。
④ 鍋にバターを溶かしたまねぎ，小麦粉，牛乳の順に入れてホワイトクリームを作る。
⑤ ④にキャベツ，ハム，マッシュルーム，コーン（汁も利用）を加え，弱火で温めておく。
⑥ フライパンに油を熱し①の豆腐を薄い焼きめがつくまで焼き，⑤に入れて塩，こしょうで調味する。

中 麻婆豆腐

エ 280kcal
た 13.9g
脂 20.5g
塩 2.8g

材料（1人分，g）
- もめん豆腐　100（1単位）
- 豚ひき肉　35（0.9単位）
- 長ねぎ　2
- しょうが　1
- にんにく　3
- 湯（タン）　30
- ごま油　9（0.9単位）
- トウバンジャン　1
- 酒　4，砂糖　2
- 淡口しょうゆ　10，塩　1
- かたくり粉　2
- 植物油　2（0.2単位）

作り方
① 豆腐は1.5cm角に切り，熱湯に通しざるにあげる。
② 温めた中華鍋に油を入れ，ねぎ，しょうが，にんにくのみじん切りを炒める。
③ ②に豚ひき肉を加え，色が変わったら酒を入れ，湯，調味料，①の豆腐を加え，ふたをしてしばらく煮込む。
④ かたくり粉を倍量の水で溶き，③に流し入れとろみがついたら油（焼き油）を加える。

中 豆腐の中華ドレッシングがけ

エ 133kcal
た 8.0g
脂 7.3g
塩 1.2g

材料（1人分，g）
- もめん豆腐　100（1単位）
- トマト　30
- なす　30
- 揚げ油（吸油　3）（0.3単位）
- にんにく　5
- ねぎ　5
- ［ソース］
  - 酢　6
  - しょうゆ　8
  - 砂糖　1

作り方
① 豆腐は湯通しして器に盛る。
② トマトは輪切りにする。
③ なすは拍子木切りにして，油で素揚げする。
④ にんにく，ねぎはみじん切りする。
⑤ 酢，しょうゆ，砂糖と④をよく混ぜ合わせる。
⑥ 豆腐の上にトマトをおき，その上になすをおき，⑤をかける。

和 チャンプルー

エ 243kcal
た 13.6g
脂 19.1g
塩 1.6g

材料（1人分，g）
- 豆腐　75（0.8単位）
- ベーコン　25（1.3単位）
- にら　10
- もやし　75（0.1単位）
- たまご　20（0.4単位）
- 塩　1
- 植物油　3（0.3単位）

作り方
① ベーコンは1cm幅，にらは4cmの長さに切る。
② フライパンに油を熱してベーコンを炒め，皿に取る。豆腐を大きくちぎり入れ，焦げめがつくまで炒める。
③ もやしとにらを加えてさっと炒め合わせ，ベーコンを加えて塩で味を付ける。
④ たまごを割りほぐして流し入れ，全体にからませて半熟程度で火を止める。

中 豆腐のかき油煮

エ 121kcal
た 8.1g
脂 5.6g
塩 1.0g

材料(1人分, g)

- もめん豆腐　110 (1.1単位)
- きくらげ　1
- チンゲンサイ　10
- にんじん　6
- ごま油　1 (0.1単位)
- 湯(タン)　20
- [合わせ調味料]
  - かき油　3 (0.4単位)
  - みりん　6 (0.1単位)
  - しょうゆ　5
  - かたくり粉　2 (水 3)

作り方

① 豆腐は2〜3mmの厚さの色紙切りにする。
② きくらげはもどしていちょう切り、チンゲンサイは3cmにざく切り、にんじんは薄いひし形切りにする。
③ ごま油で②を炒め湯(タン)を加えて沸とうしたら①の豆腐を加え弱火で2分程煮て合わせ調味料を加え、鍋を動かしながら煮汁を豆腐にからめる。

中 テンペの酢豚風

エ 348kcal
た 14.1g
脂 14.4g
塩 2.3g

材料(1人分, g)

- テンペ　70 (1.8単位)
- みりん　2, しょうゆ　2
- 揚げ油(吸油　4) (0.4単位)
- ゆでたけのこ　20
- たまねぎ　40
- にんじん　15
- 乾しいたけ　2
- ピーマン　12
- ラード　3 (0.3単位)
- [合わせ調味料]
  - ブイヨン　30, 砂糖　15 (0.6単位), いちごジャム　5, しょうゆ　14
  - 酢　18, かたくり粉　2
  - ごま油　1 (0.1単位)

作り方

① テンペは1cmの角切りにし、みりん、しょうゆに5分漬ける。
② ①を油で揚げる。
③ 野菜は下処理して大小を整えて乱切りにする。
④ 合わせ調味料を混ぜておく。
⑤ ラードを熱し③の野菜を炒め②を加えて④を入れて材料にからめるように動かしながら調味する。

和 五目煮豆

エ 100kcal
た 4.8g
脂 1.9g
塩 0.7g

材料(1人分, g)

- だいず(乾)　10 (0.5単位)
- ごぼう　15
- にんじん　15
- れんこん　15
- 板こんにゃく　20
- こんぶ　0.5
- 乾しいたけ　1
- [調味料]
  - 砂糖　5 (0.2単位)
  - しょうゆ　5
  - 酒　5
  - だし汁　50ml
  - (しいたけの戻し汁も入れる)

作り方

① だいずはたっぷりの水にひと晩つける。もどしただいずにたっぷりの水を加えてゆでる。弱火でゆっくりゆで、沸とうして2〜3分したら、ざるにあげて水をきる。
② こんぶは水につけてもどす。
③ 野菜類、こんぶは1cm角に切る。
④ ごぼう、れんこんは水にさらしつけておく。
⑤ こんにゃくは1cm角に切り、熱湯でゆで、ざるにあげておく。
⑥ 鍋にだし汁と調味料を入れ材料を入れて途中あくを取りながら煮汁がなくなるまで1時間ほど煮る。

洋 ポークビーンズ

エ 386kcal
た 13.4g
脂 28.1g
塩 0.9g

材料(1人分, g)

- 豚バラ肉　60 (3単位)
- 白いんげん豆水煮　30 (0.5単位)
- たまねぎ　60
- セロリー　20
- にんじん　15
- ベーコン　10 (0.5単位)
- にんにく　0.5
- 植物油　3 (0.3単位)
- ブイヨン　200ml
- トマト水煮(缶詰)　15
- 白ワイン　10
- 塩　0.5
- こしょう　少々
- ローリエ

作り方

① 豚バラ肉は、1〜2cmのさいの目に切り、塩、こしょうをしておく。
② たまねぎ、セロリー、にんじん、ベーコンも1〜2cmのさいの目に切っておく。
③ 鍋に油を入れて熱し、①に軽くこげ色がつくまで炒めたら、②とにんにくを加えてさらに炒める。
④ ③にブイヨン、トマト水煮缶、白ワイン、ローリエを加えて弱火で約30分煮込む。
⑤ 白いんげん豆を加えて少々煮込み、塩、こしょうで味を調える。

洋 豆腐のクリーム煮

エネルギー：218kcal　たんぱく質：13.0g　脂質：13.7g　塩分：1.2g

臨床栄養へのヒント
- エ ロースハムを5gに減らす。[-19kcal]
- た エ と同じ。[-1.7g]
- 脂 牛乳をスキムミルク10gにする。[-2.2g]
- 塩 基本のままでよい。

応用メニュー
1 | 豆腐はそのままにして、洋風のクリームあんかけにする。
2 | 厚揚げ豆腐または焼き豆腐を使ってもよい。
3 | ロースハムのかわりに鶏ささみをゆでてせん切りにしたものにする。
4 | にんじん、グリンピース等の野菜を応用できる。

組み合わせ例：こまつなとしらす干しのサラダ、さつまいもレモン煮

中 麻婆豆腐

エネルギー：280kcal　たんぱく質：13.9g　脂質：20.5g　塩分：2.8g

臨床栄養へのヒント
- エ 豚ひき肉を鶏ひき肉にかえる。[-19kcal]
- た 基本のままでよい。
- 脂 エ と同じ。[-2.4g] 焼き油をやめる。[-2.0g]
- 塩 塩を1/2量にする。[-0.5g]

応用メニュー
1 | 揚げだし豆腐：水きりした豆腐にかたくり粉をまぶし、揚げる。調味しただし汁にだいこんおろしを加え、揚げ豆腐にかける。
2 | 白和え：もめん豆腐は、ゆでて水気を絞り、にんじん、こんにゃく、菊菜などと一緒に和え衣で和える。
3 | 豆腐ステーキ：水きりした豆腐に小麦粉をまぶし、油で焼き、きのこソースをかける。
4 | 炒り豆腐：水きりした豆腐をフライパンで炒り、野菜とともにたまごでとじる。

組み合わせ例：チンゲンサイと貝柱のスープ、なすの酢油がけ（涼拌茄子）

中 豆腐の中華ドレッシングがけ

エネルギー：133kcal　たんぱく質：8.0g　脂質：7.3g　塩分：1.2g

臨床栄養へのヒント
- エ なすを油で揚げずにゆでる。[-28kcal]
- た 基本のままでよい。
- 脂 エ と同じ。[-3.0g]
- 塩 しょうゆを1/2量にし、くし形切りレモンを添える。[-0.6g]
- 軟菜食 トマトは皮をむき、なす、ねぎはゆでる。にんにくを除く。

応用メニュー
1 | 豆腐の和風ドレッシングかけ：にんにく、ねぎのかわりにしその葉2gをせん切りしてソースに混ぜる。
2 | 高野豆腐の中華ドレッシングかけ：高野豆腐を薄味のスープで煮ておく。その上にソースをかける。
3 | 揚げ豆腐の中華ドレッシングかけ：水きりした豆腐にかたくり粉をまぶして油で揚げる。その上にソースをかける。

組み合わせ例：中華おこわ、はくさいと貝柱のスープ（白菜清湯）、セロリーの中華和え（香芹拌菜）

和 チャンプルー

エネルギー：243kcal　たんぱく質：13.6g　脂質：19.1g　塩分：1.6g

臨床栄養へのヒント
- エ ベーコンを除く。[-101kcal]
- た たまごを12gにする [-1.0g]
- 脂 エ と同じ。[-9.8g]
- 塩 エ と同じ。[-0.6g]
- 軟菜食 ベーコンを鶏ひき肉にする。にらともやしは小さく切ってゆでる。だし汁で煮てかたくり粉でとろみをつける。

応用メニュー
1 | ゴーヤチャンプル：にがうりは縦に切って、種を除き薄切りにして塩を振りもむ。鍋に油を熱して、豆腐とにがうりを炒め、塩、こしょうで味を調え、かつお節をかける。
2 | 炒り豆腐：もどした乾しいたけとにんじんのせん切りと、ねぎの薄切りと豚ひき肉を炒め、豆腐を加えて炒め、塩としょうゆで味を調える。
3 | 豆腐ステーキ：豆腐1/2丁は水きりして、フライパンにバター3gを熱し両面焼く。しめじ、えのきだけを炒め、しょうゆ、みりん、だし汁で調味して、豆腐にかける。

組み合わせ例：とうがんと干しえびのスープ、もずくの酢の物、

中 豆腐のかき油煮

エネルギー：121kcal　たんぱく質：8.1g　脂質：5.6g　塩分：1.0g

臨床栄養へのヒント
- エ 基本のままでよい。
- た 基本のままでよい。
- 脂 ごま油を除く。[-1.0g]
- 塩 みりん，しょうゆを除く [-0.8g]
- 軟菜食 きくらげを除き，野菜を小さく切る。

応用メニュー
1 | 豆腐の田楽風：色紙切りの豆腐を焼き，甘みそにかき油を混ぜて豆腐に塗る。
2 | 豆腐を角切りにしてゆでかき油入りの野菜あんをかける。

組み合わせ例：中華風ドライカレー，ザーサイと豚肉のスープ(搾菜肉片湯)

中 テンペの酢豚風

エネルギー：348kcal　たんぱく質：14.1g　脂質：14.4g　塩分：2.3g

臨床栄養へのヒント
- エ 合わせ調味料の砂糖を5gに。テンペは揚げず，オーブンで焼く。[-76kcal]
- た テンペを40gにする。[-4.8g]
- 脂 炒めるラードを1gにする。[-2.0g]
- 塩 テンペのしょうゆを除く。味付けのしょうゆを7gにする。[-1.3g]
- 軟菜食 テンペを薄切りにする。野菜を細かく切りたけのこを除く。

応用メニュー
1 | テンペのおろし和え：テンペはさいの目にして蒸すか揚げてだいこんおろしと三杯酢で和える。しその葉，きゅうり等を加える。
2 | テンペの中華あんかけ：テンペは角切りにして油で焼く。野菜たっぷりの中華あんをかける。
3 | テンペナゲット：テンペを角切りにしてたまごと小麦粉でかための膨化衣(B.P入り)をつけて揚げる。トマトケチャップ，練りがらしを添える。

組み合わせ例：かに入りたまごスープ(桂花蟹美)，こまつなのXO醤炒め

和 五目煮豆

エネルギー：100kcal　たんぱく質：4.8g　脂質：1.9g　塩分：0.7g

臨床栄養へのヒント
- エ 砂糖を入れない。[-19kcal]
- た だいずを5gに減らす。[-1.7g]
- 脂 たと同じ。[-1.0g]
- 塩 しょうゆを2.5gにする。[-0.3g]

応用メニュー
1 | シーチキン入り五目煮豆：シーチキンを加える。
2 | 彩りにグリンピースを加える。
3 | 大豆のサラダ：だいずを軽く炒り煮にしてきゅうり，レタス，トマトを混ぜマヨネーズで和える。

組み合わせ例：わかめとじゃがいものみそ汁，かれいの煮魚，モロヘイヤのおひたし

洋 ポークビーンズ

エネルギー：386kcal　たんぱく質：13.4g　脂質：28.1g　塩分：0.9g

臨床栄養へのヒント
- エ 豚バラ肉とベーコンを豚もも肉脂身なしにかえる。[-169kcal]
- た 豚肉を1/2量にする。[-7.5g]
- 脂 エと同じ。[-20.5g]
- 塩 塩を減らす。[-0.2g]
- 軟菜食 豚肉を入れないで，よく煮込む。

応用メニュー
1 | 豆カレー：みじん切りのにんにく，しょうが，たまねぎ，ひき肉を炒め，他の野菜も加えてスープで煮込む。ゆでたいんげん豆を加え，カレールーを加える。
2 | バターソテー：ゆでたいんげん豆とベーコン，ピーマンをバターでソテーする。
3 | 豆サラダ：定番のグリーンサラダに，塩ゆでしたいんげん豆をのせ，ドレッシングをかける。

組み合わせ例：フランスパン，海藻サラダ，果物

副菜の部｜緑黄色野菜類

□g ＝1単位量

西洋かぼちゃ1/4個　380g（90g）
グリーンアスパラガス3本　60g
こまつな（1株）　60g
しゅんぎく（1株）　40g

チンゲンサイ（1株）　120g
にんじん　160g
パプリカ（1個）　170g
ブロッコリー（1株）　300g

和　かぼちゃのそぼろあんかけ

エ 140kcal
た 6.1g
脂 2.9g
塩 1.2g

材料(1人分, g)
かぼちゃ　80（0.9単位）
だし汁　80ml
砂糖　3（0.1単位）
しょうゆ　4.5
[そぼろあん]
　鶏ひき肉　20（0.4単位）
　植物油　1（0.1単位）
　だし汁　40ml
　しょうゆ　3
　砂糖　1.5（0.1単位）
　かたくり粉　1
しょうが　少々

作り方
①かぼちゃはわたと種を取り、3cmの厚さのくし形に切り、面取りをする。
②鍋にかぼちゃとだし汁を入れて火にかけ、煮立ったら火を弱めて2～3分煮て砂糖を入れる。5～6分たらしょうゆを加え、やわらかくなったら火を止め、煮汁を含ませる。
③別鍋に油を熱し、鶏ひき肉を入れてほぐし、炒める。だし汁、しょうゆ、砂糖を入れ、煮立ったら水溶きかたくり粉を入れて、とろみをつける。
④しょうがをせん切りにして水にさらした針しょうがを作る。
⑤器に②のかぼちゃを盛り、③のあんをかけ、針しょうがをのせる。

洋　野菜の煮込み（ラタトゥユ）

エ 137kcal
た 2.3g
脂 9.9g
塩 0.3g

材料(1人分, g)
かぼちゃ　30（0.3単位）
なす　15
ピーマン（緑）　10
　　　　（赤）　10
ズッキーニ　15
トマト　30
オリーブ油　5（0.6単位）
コンソメの素　0.2
水　20ml
バター　5（0.5単位）
粉チーズ　2（0.1単位）

作り方
①野菜は下処理（かぼちゃは種を除く。ピーマンはへたと種を除く。ズッキーニはへたを除く。トマトは湯むきで皮を取る）し、乱切りにする。
②オリーブ油で①の野菜を炒め、コンソメの素、水を加えて弱火で4～5分煮込む。
③②にバターと粉チーズを加えて器に盛る。

124

中 グリーンアスパラのくず煮

エ 93kcal
た 4.4g
脂 6.3g
塩 1.0g

材料(1人分, g)
グリーンアスパラガス 60
ロースハム 15(0.4単位)
乾しいたけ 2
[調味料]
　湯(タン) 40ml
　塩 0.6, こしょう 少々
　酒 5(0.1単位)
油 3(0.3単位)
[水溶きかたくり粉]
　かたくり粉 1.5(0.1単位)
　水 5ml
ごま油 1(0.1単位)

作り方
①グリーンアスパラガスは、4～5cmの長さに切ってゆでる。ハムは大きめの短冊切り、しいたけはもどして4つ切りにする。
②鍋に油を熱し、ハム、しいたけを炒め、グリーンアスパラガスを加えてさっと炒める。
③調味料を加え、沸とうしたら火を弱め、水溶きかたくり粉を入れる。
④仕上げにごま油を入れ、器に盛る。

中 こまつなのXO醤炒め

エ 41kcal
た 3.5g
脂 2.3g
塩 0.8g

材料(1人分, g)
こまつな 50
生しいたけ 10
干しえび 5(0.2単位)
しょうが 3
植物油 2(0.2単位)
塩 0.3
XO醤 2

作り方
①こまつなは根を取り、大きいものは根元に十文字の切りめを入れて、3cmの長さに切る。
②生しいたけはせん切り、干しえびは水にひたしてもどす。しょうがはせん切りにする。
③鍋を熱し、油を入れしょうがを炒め香りが出たらもどしたえび、しいたけを炒め酒とえびのもどし汁を加える。
④こまつなを加え強火で炒め、塩、XO醤で調味する。

和 しゅんぎくのごま和え

エ 67kcal
た 3.2g
脂 4.5g
塩 0.6g

材料(1人分, g)
しゅんぎく 60
[和え衣]
　白ごま 8(0.6単位)
　しょうゆ 3
　砂糖 1

作り方
①しゅんぎくは水洗いし、かたい茎を切り落とす。
②鍋にたっぷりの湯を沸とうさせて、しゅんぎくを入れて手早くゆで、水にさらす。
③水の中で束ねるようにそろえ、水気を絞って4cmの長さに切る。
④乾いたすり鉢にいった白ごまを入れてすりつぶし調味料を加えてよくすり混ぜる。
⑤しゅんぎくを和え衣で和えて、器に盛る。

和 ししとうがらしの炒め煮

エ 83kcal
た 5.4g
脂 3.4g
塩 1.3g

材料(1人分, g)
ししとうがらし 50
ゆでたけのこ 30
豚肩ロース赤肉(薄切り) 15(0.3単位)
赤とうがらし 少々
ごま油 2(0.2単位)
[調味料]
　しょうゆ 8
　みりん 6(0.2単位)
水 50ml

作り方
①たけのこは薄切りにし、豚肉は3cm位に切る。赤とうがらしは種を取ってみじん切りにする。
②鍋にごま油を熱し、赤とうがらしと豚肉を入れて炒める。肉の色が変わったらししとうがらしとたけのこを加え炒める。
③調味料と水を入れ、味がしみて煮汁がなくなるまで煮る。

基本料理の展開 | 緑黄色野菜類

食品・栄養

　緑黄色野菜は，濃い緑色，黄色および赤色の野菜類で，食用とされる部位で葉菜類(ほうれんそう，しゅんぎく，サラダ菜，こまつな，パセリ)，茎菜類(アスパラガス，葉ねぎ)，根菜類(にんじん)，果菜類(かぼちゃ，ピーマン)，花菜類(ブロッコリー)に分類される。近年，中国野菜の種類，欧州からの輸入野菜の増加に加え，日本各地の伝統野菜(京みず菜など)が見直され多く流通するようになっている。一般に緑黄色野菜はβ-カロテン，他のビタミン類やカルシウム，鉄などのミネラル含有量が高く，同時に食物繊維の供給源である。ほうれんそうのビタミンC含量は旬である冬季と夏季では数倍異なる。こまつな，ほうれんそう，しゅんぎく，かぶ(葉)などの葉菜類はカルシウムや鉄分の供給源となる。かぼちゃは糖質が多く，エネルギーを制限する場合には摂取量に留意する。特に西洋かぼちゃの糖質含量が高い。にんじん，かぼちゃ，葉菜類に多く含まれるβ-カロテンは，がん予防効果や抗酸化作用が期待されている。ブロッコリーに含まれるスルフォラファンやトマトの赤い色素(リコピン)にもがん予防効果が期待されている。

調理

1 | 最も多く含まれるのは水分であり，その重量の80〜90％を占める。そのため調理の際の重量変化や，和え物の調味のタイミング(直前に調味)などに注意する。
2 | 美しい色をもつものが多く，ほうれんそうなどの葉菜類をゆでる時には，塩ゆでし，色素の安定化をはかる。
3 | 野菜には一般にあく(灰汁)が含まれ，味に影響するので，ゆでた後冷水に取り，十分あくを除くと同時に色止めを行う。
4 | カロテンの吸収をよくするためには，ソテーや，揚げ物など油脂を用いた調理をうまく組み合わせる。

大量調理のポイント：1 | 大量調理では洗浄中に長く水につけていることが多く，付着水・吸水が増える可能性がある。余分な水分を持ち込むことになり，その後の調理操作での加熱温度・時間や味に影響するので留意する。
2 | 色よくゆでるため，沸とうを持続させ，一度に投入する菜類の量や，ゆで時間の管理を十分行う。

和 かぼちゃのそぼろあんかけ

エネルギー：140kcal　たんぱく質：6.1g　脂質：2.9g　塩分：1.2g

臨床栄養へのヒント
[エ] ひき肉は皮なしを使い，植物油を除く。[-15kcal]
[た] そぼろあんは除く。[-4.4g]
[脂] [エ]と同じ。[-2.4g]
[塩] かぼちゃはだし汁，みりんで煮て，そぼろあんをかける。[-0.7g]
[軟菜食] ひき肉は皮なし。しょうがを除く。かぼちゃの皮を除く。

応用メニュー
1 | **かぼちゃの含め煮**：煮汁をかつお，鶏がらスープの素にかえて味に変化をつける。2 | **かぼちゃのピリ辛炒め**：薄切りのかぼちゃをねぎ，しょうがと共にごま油で炒め，しょうゆ，トウバンジャンで調理する。3 | **かぼちゃのムニエル**：かぼちゃを大きめに薄切りにして，塩，こしょうし，小麦粉をまぶして植物油で焼く。トマトケチャップを添える。4 | **かぼちゃのベーコン巻き**：細長く切ったかぼちゃをベーコンで巻いて蒸し焼きにする。練りがらしを添える。

組み合わせ例：キャベツと油揚げのみそ汁，いわしのさつま揚げ

洋 野菜の煮込み(ラタトゥユ)

エネルギー：137kcal　たんぱく質：2.3g　脂質：9.9g　塩分：0.3g

臨床栄養へのヒント
[エ] かぼちゃを1/3量にし，きのこ類を加える。[-18kcal]
[た] 基本のままでよい。
[脂] オリーブ油を除きバターを2gにする。[-7.5g]
[塩] 基本のままでよい。
[軟菜食] 野菜を細かくし，ブイヨンを多くして煮込み時間を多く濃度をつける。

応用メニュー
1 | **野菜のカレー煮**：材料の野菜をブイヨンで煮込みカレールーを加える。
2 | **野菜のクリーム煮**：材料の野菜をやや濃いめのホワイトソースで煮込む。
3 | **野菜のオーブン焼き**：野菜類を炒めコキール形に入れてチーズ，パン粉を振ってオーブンで焼く。

組み合わせ例：ミルクピラフ，フルーツサラダ

中 グリーンアスパラのくず煮
エネルギー：93kcal　たんぱく質：4.4g　脂質：6.3g　塩分：1.0g

臨床栄養へのヒント
- エ スープ煮にする。[-28kcal] またはごま油を除く。[-9kcal]
- た ロースハムを除く。[-2.5g]
- 脂 スープ煮にする。[-3.0g] ごま油を除く。[-1.0g]
- 塩 ロースハムを芝えび15gにかえる。[-0.3g]
- 軟菜食 グリーンアスパラガスは皮をむき、2cmの長さの斜め薄切り、ハムは細かく切る。

応用メニュー
1 | グリーンアスパラの梅肉和え：グリーンアスパラガスはゆでて、斜め薄切りにする。梅肉、みりん、しょうゆを混ぜて、和える。
2 | グリーンアスパラのごまみそ和え：グリーンアスパラガスはゆでて、4cmの長さに切る。ごまをすり、赤みそ、砂糖を混ぜて、和える。
3 | グリーンアスパラと桜えびのソテー：ゆでて斜め薄切りにしたグリーンアスパラガス、ねぎ、桜えびを炒め、塩、しょうゆで味付けをする。

組み合わせ例：ワンタンスープ、いかの五目あんかけ、もやしの炒め物

中 こまつなのXO醤炒め
エネルギー：41kcal　たんぱく質：3.5g　脂質：2.3g　塩分：0.8g

臨床栄養へのヒント
- エ 基本のままでよい。
- た 基本のままでよい。
- 脂 基本のままでよい。
- 塩 XO醤のみで調味する。[-0.3g]
- 軟菜食 野菜はやわらかく火を通し、しょうがは量を減らす。

応用メニュー
1 | こまつなの煮びたし：ゆでて切ったこまつなと、薄く輪切りにしたちくわを調味しただし汁でひと煮立ちさせて火を止め仕上げる。
2 | こまつなとあさりの炒め煮：ゆでて切ったこまつなとあさりを炒めてから、だし汁、調味料を加えて煮る。
3 | こまつなと油揚げのさっと煮：だし汁にしょうゆ、みりん、酒を加え煮立ててから細切り油揚げ、しょうが、こまつなを加え、さっと煮て仕上げる。

組み合わせ例：じゃがいもとたまねぎのみそ汁、ぶりの照り焼き

和 しゅんぎくのごま和え
エネルギー：67kcal　たんぱく質：3.2g　脂質：4.5g　塩分：0.6g

臨床栄養へのヒント
- エ しゅんぎくを割りじょうゆで和えて、切りごま3gを振る。[-21kcal]
- た エと同じ。[-0.6g]
- 脂 エと同じ。[-1.6g]
- 塩 エと同じ。[-0.3g]
- 軟菜食 しゅんぎくはやわらかくゆでて細かく切り、衣に豆腐を加えて白和えにする。

応用メニュー
1 | 野菜はこの他に、ほうれんそう、こまつな、チンゲンサイ、さやいんげんなど。
2 | 白和え：白ごまをすり、豆腐を加え砂糖と塩で調味して、ゆでた野菜を和える。
3 | くるみ和え・ピーナッツ和え：すりつぶしたくるみ、またはピーナッツをしょうゆと砂糖で調味し野菜を和える。
4 | ナムル：野菜をゆでてしょうゆ、ごま油、きざみねぎ、みじん切りしたしょうが、赤とうがらしで和える。

組み合わせ例：刺身、肉じゃが、わかめと豆腐のみそ汁

和 ししとうがらしの炒め煮
エネルギー：83kcal　たんぱく質：5.4g　脂質：3.4g　塩分：1.3g

臨床栄養へのヒント
- エ 油を除く。[-18kcal]
- た 豚肉を除く。[-3.0g]
- 脂 エと同じ。[-2.0g]
- 塩 しょうゆを2gに減らし、酢と砂糖を加える。[-0.9g]
- 軟菜食 たけのこ赤とうがらしを除き、ししとうがらしのかわりにさやいんげんにする。

応用メニュー
1 | ししとうがらしときのこのマリネ：ししとうがらしと生しいたけを網で焼き、だし汁、しょうゆ、酢、赤とうがらしの調味液に味がなじむまで漬けておく。2 | ししとうがらしとウインナーのソテー：ししとうがらしは斜め半分に切り、ウインナーは斜め切りにする。油でししとうがらし、ウインナーを炒め、塩、こしょうで調味する。3 | ししとうがらしとちりめんじゃこの炒め物：熱湯をかけたじゃこを油で炒め、酒、水でひと煮し、しょうゆと砂糖を加え、さっとゆでたししとうがらしを入れて仕上げにみりんを加える。

組み合わせ例：さつまいもとねぎのみそ汁、かじきのソテー、だいこんサラダ

チンゲンサイのオイスターソース炒め 中

エ 58kcal
た 0.8g
脂 4.1g
塩 0.7g

材料(1人分, g)

チンゲンサイ 80
にんにく 0.5
植物油 4 (0.5単位)
スープ 40ml
塩 0.1　酒 3
[調味料]
　湯(タン) 30ml
　塩 0.1
　酒 1.5 (0.1単位)
　しょうゆ 1
　オイスターソース 2.4
[水溶きかたくり粉]
　かたくり粉 1.5
　　(0.1単位)
　水 5ml

作り方

①チンゲンサイは、軸に少し切り込みを入れ、縦に4等分に切る。
②鍋に油を入れ、にんにくを炒める。チンゲンサイは茎の方から加えて炒め、湯(タン)、塩、酒を入れ強火でさっと煮て、煮汁をよくきって取り出す。器に並べる。
③②の煮汁に調味料を加え、沸とうしたら火を弱め、水溶きかたくり粉を入れる。
④ひと煮立ちしたら火を止め、チンゲンサイの上にかける。

トマトサラダの冷製 洋

エ 157kcal
た 0.7g
脂 15.1g
塩 0.4g

材料(1人分, g)

トマト 70
たまねぎ 5
サラダ菜 10
[調味料]
　植物油 15 (1.7単位)
　酢 8
　塩 0.4
　こしょう 少々

作り方

①トマトはヘタをくり抜き、皮目十文字の切り込みを入れ、熱湯にさっとつけ、水に取り皮をむき、半分に切ってから5mmの厚さに切り、種を取る。②器に広げて並べ、ラップをして冷蔵庫で冷やしておく。③サラダ菜はよく洗い、たっぷりの水につける。④たまねぎは薄切りにして、水にさらし、水気を絞る。⑤調味料を合わせ、ドレッシングを作り、冷蔵庫で冷やしておく。⑥ガラスの器に、水気をきったサラダ菜を敷いて、よく冷やしておいたトマトを盛り、たまねぎを散らしドレッシングをかける。

にらレバー炒め 中

エ 137kcal
た 10.9g
脂 6.7g
塩 1.7g

材料(1人分, g)

にら 40
レバー(豚) 40 (0.7単位)
[調味料A]
　しょうゆ 5
　酒 5 (0.1単位)
　しょうが汁 3
チンゲンサイ 20
まいたけ 20
にんにく 5
しょうが 5
[調味料B]
　ごま油 5 (0.6単位)
　しょうゆ 6
　砂糖 1

作り方

①にらは洗って3cmの長さに切る。
②レバーは調味料Aに20分程度漬ける。
③チンゲンサイは5cm位の長さ、まいたけを小房にわけ適当に切る。
④みじん切りしたにんにく、しょうがとレバーを炒め焼きし、一度取り出しておく。
⑤①と③の野菜を炒め、④を加えて調味料Bで味を付ける。

にんじんとあさりのサラダ 洋

エ 169kcal
た 2.4g
脂 13.2g
塩 1.8g

材料(1人分, g)

にんじん 70
たまねぎ 15
あさり(むき身) 30 (0.1単位)
パセリ茎 少々
たまねぎ 5
酒 5 (0.1単位)
[フレンチドレッシング]
　ビネガー 7.5
　オリーブ油 13 (1.5単位)
　塩 1
　こしょう 少々
　溶きがらし 0.3
パセリ 少々

作り方

①にんじんは5cmの長さのせん切り、たまねぎはせん切りにして水にさらす。
②あさりは塩水で洗い、水気をきり、薄切りのたまねぎ、パセリの茎、酒を加えてさっと煮て、ざるにあげる。
③フレンチドレッシングを作る。ビネガー、オリーブ油、塩、こしょう、溶きがらしをよく混ぜる。
④ドレッシングの1/2量に②のあさりを漬け込む。
⑤残りのドレッシングで、①のにんじんとたまねぎを和える。
⑥④と⑤を混ぜ合わせて器に盛り、パセリのみじん切りを振る。

洋 パプリカマリネ

- エ 70kcal
- た 0.7g
- 脂 5.2g
- 塩 0.5g

材料(1人分, g)

パプリカ(赤)　30
パプリカ(黄)　30
[マリネ液]
　白ワイン　5 (0.1単位)
　塩　0.5
　ローリエ　1/4枚
　酢　5
　オリーブ油　5
　　(0.5単位)
　こしょう　少々
イタリアンパセリ　5

作り方

①鍋に白ワイン、塩、ローリエを入れ弱火にかけ、塩が溶けたらボウルに入れて冷ます。ローリエを取り出してから、酢を入れる。オリーブ油を少しずつ混ぜ合わせ、こしょうで調味してマリネ液を作る。②2色のピーマンは縦4つ割にし、ヘタと種を除く。③焼き網をじゅうぶん熱し、弱火でピーマンを皮の方から焦げめがつくまで焼く。少し冷めてから薄皮をむき、ひと口大のそぎ切りにする。④マリネ液を③にからませて30分ほど冷蔵庫で冷やす。⑤器に盛り粗みじんのイタリアンパセリを散らす。

和 ブロッコリーのからしごま和え

- エ 51kcal
- た 3.5g
- 脂 3.0g
- 塩 0.9g

材料(1人分, g)

ブロッコリー　50
白ごま　5
[調味料]
　しょうゆ　5
　砂糖　0.5
　だし汁　3
　練りがらし

作り方

①鍋にたっぷりの湯を沸かし、ブロッコリーは小房にわけてゆで、ざるに上げて冷ます。
②白ごまは炒ってすり鉢でする。調味料を加えてさらにすり、①と和える。

和 ほうれんそうの青菜づくし

- エ 47kcal
- た 3.6g
- 脂 2.1g
- 塩 0.8g

材料(1人分, g)

ほうれんそう　20
しゅんぎく　20
にんじん　10
キャベツ　20
しらす干し　4 (0.1単位)
たまご　10 (0.2単位)
植物油　少々
[合わせ調味料]
　淡口しょうゆ　4
　酢　3
　ごま油　0.8 (0.1単位)

作り方

①ほうれんそう、しゅんぎく、キャベツは熱湯で塩ゆで後、冷水に取り、ざるにあげ、じゅうぶん水きりし2～2.5cmの長さに切る。
②にんじんは細せん切り(長さ2～2.5cm)し、さっとゆでておく。しらす干しはさっと熱湯にくぐらせる。
③たまごはよく溶きほぐし薄焼きたまごにし、冷めたら錦糸たまごにする。
④①と②を合わせ鉢に盛り、上に③の錦糸たまごを飾る。
⑤合わせ調味料を食べる直前にまわしかける。

和 わけぎといかのぬた

- エ 116kcal
- た 7.7g
- 脂 1.2g
- 塩 2.1g

材料(1人分, g)

わけぎ　80
いか　25 (0.3単位)
白みそ(米, 淡, 辛)　15
　(0.4単位)
砂糖　8 (0.4単位)
みりん　4
酢　4
溶きがらし　1

作り方

①わけぎはたっぷりの熱湯で、根元から入れ、葉先の方も押し入れて、さっと色よくゆで、広げて手早く冷ます。
②わけぎの葉先を切り、包丁の背でぬめりをとり3cmの長さに切る。
③いかは洗って皮をむき、3cmの長さの拍子木切りにする。熱湯でさっとゆで、冷ます。
④白みそに分量の砂糖、みりんを入れて混ぜ火を通す。
⑤みそが冷めたら酢と溶きがらしを入れて混ぜ、わけぎといかを和える。

中 チンゲンサイのオイスターソース炒め

エネルギー：58kcal　たんぱく質：0.8g　脂質：4.1g　塩分：0.7g

臨床栄養へのヒント
- エ チンゲンサイをゆでる。[-37kcal]
- た 基本のままでよい。
- 脂 エと同じ。[-4.0g]
- 塩 減塩しょうゆを使う。[-0.1g]
- 軟菜食 チンゲンサイの茎は除く。葉は細いせん切りにする。

応用メニュー
1 | **チンゲンサイのごま風味和え**：チンゲンサイは4cmの長さに切り、ゆでて水気をきる。すりごま、しょうゆ、砂糖、酢、ごま油でたれを作って和える。
2 | **チンゲンサイのかに卵白あんかけ**：チンゲンサイは縦4つに切り、ゆでて水気をきって、皿に盛る。スープとかにを煮て、塩、こしょうで味付けし、とろみをつける。卵白を入れて火を通し、上からかける。

組み合わせ例：とうがんのスープ、かにたま、なすの中華風サラダ

洋 トマトサラダの冷製

エネルギー：157kcal　たんぱく質：0.7g　脂質：15.1g　塩分：0.4g

臨床栄養へのヒント
- エ ドレッシングを除く。[-140kcal]
- た 基本のままでよい。
- 脂 エと同じかノンオイルドレッシングにする。[-15g]
- 塩 基本のままでよい。
- 軟菜食 トマトの皮と種を除く。

応用メニュー
1 | **トマトのカップサラダ**：トマトはへたを取り湯むきをして中身をくり抜き、かに(缶詰)、たまねぎ、きゅうりをマヨネーズで和えたものを詰める。2 | **トマトとセロリーのごまじょうゆ**：トマトは湯むきをして3mmの半月切り、セロリーは筋を取り、ごまじょうゆをかける。3 | **トマトとなすのミートグラタン**：トマトは湯むきをして種を取り半分に切ってから5mmの厚さ、なすは輪切りにしてあく抜きをし植物油で炒める。グラタン皿に交互におきミートソースをかけ、溶けるチーズをかけオーブンで焼く。

組み合わせ例：えびドリア、コーンスープ、レモンゼリー

中 にらレバー炒め

エネルギー：137kcal　たんぱく質：10.9g　脂質：6.7g　塩分：1.7g

臨床栄養へのヒント
- エ レバーを30g、ごま油を3gにする。[-31kcal]
- た 基本のままでよい。
- 脂 エと同じ。[-2.4g]
- 塩 レバーの下味にしょうゆを使用せず、しょうが汁を使用する。[-0.7g]
- 軟菜食 レバーはゆでてみじん切りにし、ゆでた野菜とケチャップで味を付ける。

応用メニュー
1 | **にらレバーとささみ炒め**：レバーを減らして、鶏ささみを加えて、味にやわらかみを出す。
2 | **にらレバーケチャップ炒め**：砂糖のかわりにトマトケチャップ10gを使用する。
3 | **和風にらレバー炒め**：にんにくのかわりにみょうが、しその葉をきざんで加える。

組み合わせ例：えびあんかけ焼きそば、果物（レイシー）

洋 にんじんとあさりのサラダ

エネルギー：169kcal　たんぱく質：2.4g　脂質：13.2g　塩分：1.8g

臨床栄養へのヒント
- エ ノンオイルドレッシングにする。[-129kcal]
- た 基本のままでよい。
- 脂 エと同じ。[-13g]
- 塩 基本のままでよい。
- 軟菜食 にんじんのせん切りは熱湯を通してやわらかくする。

応用メニュー
1 | **にんじんとあさりの白和え**：にんじんとあさりを和え種とし、豆腐の和え衣で和える。
2 | **にんじんと貝柱のサラダ**：せん切りにしたにんじんと薄切りにして塩ゆでした貝柱に和風ドレッシングをかける。

組み合わせ例：タンドリーチキン、コールドポテトスープ

洋 パプリカマリネ

エネルギー：70kcal　たんぱく質：0.7g　脂質：5.2g　塩分：0.5g

臨床栄養へのヒント
- エ オリーブ油を1/2量にする。[-23kcal]
- た 基本のままでよい。
- 脂 エと同じ。[-2.5g]
- 塩 基本のままでよい。
- 軟菜食 ピーマンをなす、ズッキーニ、トマト(皮、種除く)にかえる。

応用メニュー
1 | 三色ソテー：赤、緑、黄色のピーマンをせん切りにする。オリーブ油で炒め塩、粗びきこしょうで調味する。にんにくを薄切りにしてオリーブ油でカリカリ炒めて、混ぜる。
2 | ピーマンとちりめんの当座煮：緑のピーマンを縦2つ割にし種を除き、横のせん切りにする。ちりめんはお湯をさっとかけ水気をきっておく。鍋にごま油を熱してピーマンを炒め、ちりめんを加える。酒、砂糖、しょうゆを入れ、汁気がなくなるまで煮る。

組み合わせ例： スペイン風オムレツ、きのこスープ、ヨーグルトサラダ

和 ブロッコリーのからしごま和え

エネルギー：51kcal　たんぱく質：3.5g　脂質：3.0g　塩分：0.9g

臨床栄養へのヒント
- エ ごまを除く。[-30kcal]
- た エと同じ。[-1.0g]
- 脂 エと同じ。[-2.7g]
- 塩 しょうゆの1/2量をだし汁にかえる。[-0.4g]
- 軟菜食 ブロッコリーは小房にわけ、やわらかくゆでる。

応用メニュー
1 | ブロッコリーのグラタン：ゆでたブロッコリーとハムにホワイトソースをかけ、チーズをのせてオーブンで焼く。
2 | ブロッコリーの天ぷら：生のブロッコリーを小房にわけ、天ぷら衣をつけて揚げる。
3 | ブロッコリーの温サラダ：ブロッコリー、にんじん、コーンをゆがき、マヨネーズで和える。
4 | ブロッコリーのポタージュスープ：ブロッコリーは小房と軸をスープと共に煮て、ミキサーにかけ、牛乳を加え塩とこしょうで調味する。

組み合わせ例： さわらのけんちん焼き、みそ汁(ミルク入り)

和 ほうれんそうの青菜づくし

エネルギー：47kcal　たんぱく質：3.6g　脂質：2.1g　塩分：0.8g

臨床栄養へのヒント
- エ 錦糸たまごを除く。ごま油を炒りごまに、砂糖は甘味料(2g)にかえる。[-15kcal]
- た 錦糸たまごを除く。[-1.2g]
- 脂 調味のごま油を除き、炒りごまを最後に振りかける。調味に砂糖を加える。たまごをかにかまぼこ(10g)にかえる。[-1.4g]
- 塩 しょうゆを1/2量に減らすかまたは減塩しょうゆにかえる。しらす干しに熱湯をかけ塩分を除く。[-0.4g]
- 軟菜食 青菜は葉のみ用い茎を除く。キャベツのかわりにはくさいを用い煮びたしにし、錦糸たまごのかわりにたまごでとじる。

応用メニュー
1 | 青菜づくし：合わせ調味料をドレッシングやマヨネーズにかえ洋風にする。またはからしじょうゆで和える。
2 | 青菜の中華サラダ：しらす干しをかにかまぼこにかえ、ごま風味のドレッシングで和える。
3 | 青菜の白和え：和え衣(豆腐、白ごま、砂糖、塩、しょうゆ)で青菜を和える。錦糸たまごは除く。
4 | 牛肉と野菜のすき焼き風：牛肉と野菜をすき焼きのたれで甘辛く煮る。最後にたまごでとじてもよい。

組み合わせ例： あじの塩焼き、だいこんとえのきだけのみそ汁

和 わけぎといかのぬた

エネルギー：116kcal　たんぱく質：7.7g　脂質：1.2g　塩分：2.1g

臨床栄養へのヒント
- エ 基本のままでよい。
- た いかを1/2量にする。[-2.3g]
- 脂 基本のままでよい。
- 塩 減塩みそを使用する。[-0.6g]

応用メニュー
1 | いかはあさり、新鮮な魚(まぐろ、いわし等)の酢漬けなどで代替できる。
2 | わけぎ以外にわかめやきゅうりをかわりに使用。
3 | 甘口みそ(白、江戸、九州)と辛口みそ(信州、東北、八丁)で調合割合は異なる。
4 | わけぎを指に巻きつけて結ぶと盛り付けが楽しい。

組み合わせ例： たけのこご飯、揚げ出し豆腐野菜添え、じゃがいもとわかめのみそ汁

副菜の部 | 淡色野菜類

□g = 1単位量

- キャベツ 1/2個 690g
- きゅうり 80g 
- 水煮たけのこ 1/2本 190g 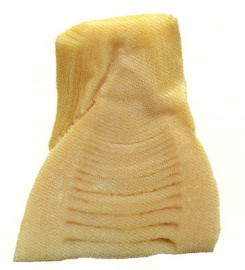
- たまねぎ 200g 
- れんこん 325g（120g） 
- なす（中1本）100g
- もやし 50g 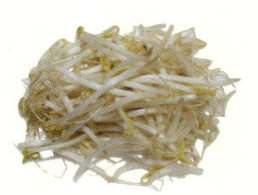

和 カリフラワーの甘酢和え

エ 43kcal
た 1.2g
脂 2.1g
塩 0.8g

材料（1人分, g）
- カリフラワー 25
- にんじん 15
- キャベツ 30
- 塩 0.3
- 赤とうがらし 少々
- ［甘酢］
  - 酢 8
  - 塩 0.5
  - 砂糖 1
  - だし汁 8ml
  - 植物油 2（0.2単位）

作り方
①カリフラワーは小房にわけてゆでる。
②にんじん、キャベツはそれぞれ1～3cm位の薄切りにし、塩を振る。
③赤とうがらしは種を取り小口切りにする。
④だし汁に塩、砂糖を入れ火にかけて溶かす。酢を入れて冷まし、油を入れる。
⑤④の甘酢にカリフラワー、水で洗い絞ったにんじん、キャベツととうがらしを入れて漬け、辛みはとうがらしで調える。

洋 キャベツのロシア風煮込み

エ 271kcal
た 10.2g
脂 19.6g
塩 2.0g

材料（1人分, g）
- キャベツ 100
- たまねぎ 60
- トマト（完熟）50
- 和牛肩ロース赤肉（薄切り）30（1.2単位）
- チーズ（シュレッドタイプ）10（0.4単位）
- バター 10（1単位）
- 牛乳 20ml（0.2単位）
- 塩 1.5
- こしょう 少々

作り方
①ぴったりとふたのできる鍋の底に大きめに切ったキャベツを敷き、その上に薄く半月切りにしたたまねぎ、牛肉を広げてのせ塩、こしょうする。
②薄切りトマトを全体に広げてのせ、その上にチーズとバターを散らしておく。
③ふたをして鍋を強火にかけ、煮立ってきたら中火にして煮込む。
④野菜のかさが半分くらいになったら牛乳をまわし入れてひと煮立ちする。

中 きゅうりの甘酢漬け（酸辣菜 スワヌラアツァイ）

エ 76kcal
た 0.5g
脂 6.1g
塩 0.5g

材料(1人分, g)

きゅうり　50
塩　0.5
赤とうがらし　少々
[調味料]
　植物油　4(0.5単位)
　ごま油　2(0.2単位)
　酢　8
　砂糖　3(0.2単位)

作り方

①きゅうりはまな板にのせ、すりこ木でたたき、4つ割りにし3cmの長さに切る。
②ボールに①を入れ、塩をして混ぜ軽く重しをする。
③鍋に、種をぬいて小口切りにした赤とうがらしと調味料を入れ、煮立てる。
④②のきゅうりがしんなりしたら、水気をきり、熱い③の調味料をかける。
⑤冷めて味がなじんだら、器に盛る。

和 五目きんぴら

エ 110kcal
た 2.3g
脂 5.8g
塩 2.6g

材料(1人分, g)

ごぼう　30
茎わかめ　20
にんじん　20
乾しいたけ　1
しらたき　20
さやえんどう　5
植物油　4(0.5単位)
赤とうがらし　少々
みりん　5(0.2単位)
酒　5(0.1単位)
しょうゆ　6
白ごま　3(0.2単位)

作り方

①茎わかめは水にひたし塩抜きをして5cmの長さの斜めせん切りにする。
②にんじん、ごぼうは皮をむき、5cmの長さのせん切りにして水にさらす。しらたきはゆでて5cmの長さに切る。
③乾しいたけは戻してせん切りにし、さやえんどうはすじを取り、ゆでておく。
④フライパンに油を熱し①を炒めしらたき、ごぼう、しいたけ、にんじんの順に入れて炒め、種を取りみじんにした赤とうがらしを加える。
⑤鍋肌から、しょうゆを入れ全体によく混ぜ、酒、みりんを加え2～3分炒め、白ごまを全体に振り入れ火を止める。

和 筑前煮

エ 80kcal
た 1.9g
脂 3.1g
塩 0.7g

材料(1人分, g)

ごぼう　20
にんじん　20
ゆでたけのこ　20
こんにゃく　20
乾しいたけ　1
さやえんどう　10
植物油　3(0.4単位)
だし汁　50ml
砂糖　4(0.2単位)
酒　2
しょうゆ　4

作り方

①ごぼうは乱切りにし、酢少量を入れた水にひたす。②にんじん、たけのこは乱切りにする。③こんにゃくは熱湯でゆで、乱切りにする。④乾しいたけは水につけてもどし、軸を除いて乱切りにする。⑤さやえんどうは筋を除いてゆで、斜め2つに切る。⑥鍋に油を熱し、水気をきったごぼう、にんじん、たけのこ、こんにゃく、しいたけを入れて炒める。油がまわったらだし汁を加え、落としぶたをして10分煮る。砂糖、酒、しょうゆを加え、野菜がやわらかくなるまで煮、さやえんどうを加えてひと煮立ちする。

和 切り干しだいこんの炒め煮

エ 91kcal
た 1.9g
脂 4.1g
塩 1.7g

材料(1人分, g)

切り干しだいこん　10
ひじき(乾)　5
にんじん　10
さやえんどう　5
ごま油　4(0.5単位)
しょうゆ　9
酒　8(0.1単位)

作り方

①切り干しだいこんとひじきは、たっぷりの水につけてもどす。切り干しだいこんは食べやすい長さに切る。
②にんじん、さやえんどうはせん切りにする。
③鍋にごま油を熱し、切り干しだいこん、ひじきをさっと炒めたら、にんじんとひたひたの水を加え煮る。
④切り干しだいこんが少しやわらかくなったところで、しょうゆ、酒を加え、煮汁がなくなるまで中～弱火で煮る。
⑤最後にさやえんどうを加えひと煮立ちする。

基本料理の展開 | 淡色野菜類

食品・栄養

淡色野菜は，その利用部位から葉菜類(キャベツ,はくさい)，茎菜類(たけのこ,もやし,うど,ふき)，根菜類(ごぼう,だいこん,たまねぎ,百合根)，果菜類(なす,きゅうり)，花菜類(カリフラワー)に分類される。一般に，ビタミン，ミネラル，食物繊維を多く含む。生食できるものも多く，ビタミンCや食物繊維のよい供給源となる。れんこんやとうもろこし，スイートコーン(缶詰)，百合根，銀杏などは糖質を多く含むのでエネルギー制限する場合摂取量に注意する。なすやきゅうりなどの果菜類は低温障害を受けやすく保存温度(7～10℃)に注意する。もやしはたんぱく質含量(固形物の40%)が高いのが特徴である。キャベツ，レタスやセロリーには，胃潰瘍や十二指腸潰瘍を治りやすくする生理活性物質が含まれる。がんを予防する効果が期待されるものに，キャベツやたまねぎの他，香気成分(スルフィド類，チオスルホネート類等)をもつにんにくやセロリー，辛味成分(イソチオシアネート)をもつだいこん，かぶなどがある。またなすの濃紫色素アントシアン(ポリフェノール類)は動脈硬化や脂質の過酸化を防ぐ抗酸化物質として知られている。その他，含硫化合物を含むたまねぎやにんにくは血栓予防効果も期待されている。

調理

1 | キャベツやはくさいは繊維が柔らかくあくがなく，ビタミンCを多く含む。淡白な味で，生食や加熱調理など幅広く利用できる。2 | 一般にカリウムを多く含むので，腎臓病などで高カリウム血症が認められる場合，カリウムの少ない野菜を選び，調理の際にはゆで汁を捨てて使用する。3 | たまねぎの独特の刺激臭と辛味成分の主体は硫化アリルである。加熱により甘味成分(プロピルメルカプタン)に変わる。生食の場合は水にさらして辛味を除く。4 | なすの色は100℃までの加熱では変色または退色する。色を鮮やかにするためには揚げるなどの高温処理を行う。5 | 触感を重視するサラダや和え物では，繊維に沿って切る。また，消化吸収をよくする場合は，繊維に直角に切る。6 | なす，ごぼう，れんこんなどの切り口は空気に触れるとすぐ褐色になるので食塩水や酢水につけ褐変現象(ポリフェノールの酸化)を防ぐ。

大量調理のポイント： 基本的には緑黄色野菜の留意点と同様である。

和 カリフラワーの甘酢和え

エネルギー：43kcal　たんぱく質：1.2g　脂質：2.1g　塩分：0.8g

臨床栄養へのヒント
- エ 植物油を除く。[-18kcal]
- た カリフラワーをきゅうりにかえる。[-0.6g]
- 脂 エと同じ。[-2.0g]
- 塩 漬け汁の塩を半分にし，こしょうを加える。[-0.2g]
- 軟菜食 カリフラワーを除き，かぶにする。キャベツ，にんじんはゆでる。

応用メニュー
1 | 温サラダ：カリフラワー，ブロッコリーは小房に分け，にんじんもひと口大に切りゆでる。ドレッシングで和える。
2 | カリフラワーの肉みそ焼き：ゆでたカリフラワーに，肉を炒め，みそ，しょうゆ，みりん，砂糖で調味した肉みそをかけ，オーブンで焼く。
3 | 酢みそ和え：ごま入りの酢みそを作り，ゆでたカリフラワーを和える。
4 | カリフラワーのスープ：カリフラワー，たまねぎをスープで煮，ミキサーにかけ，牛乳を合わせて味を調える。

組み合わせ例： 牛肉のじゃがいもソース，菊花豆腐としゅんぎくのすまし汁

洋 キャベツのロシア風煮込み

エネルギー：271kcal　たんぱく質：10.2g　脂質：19.6g　塩分：2.0g

臨床栄養へのヒント
- エ バターを1/2量にする。[-38kcal]
- た 牛肉を1/2量にする。[-2.5g]
- 脂 エと同じ。[-4.0g]
- 塩 塩を2/3量にする。[-0.5g]

応用メニュー
1 | 牛肉の代替としてベーコン，ソーセージを使用する。
2 | ロールキャベツ：みじん切りしたたまねぎを炒め，合びき肉に混ぜ，塩，こしょうで味を付ける。ゆでたキャベツでひき肉を包み，スープで煮る。トマトピューレ，トマトケチャップ，塩，こしょうで調理する。

組み合わせ例： ピロシキ，にんじんケーキ

中 きゅうりの甘酢漬け（酸辣菜 スワヌラアツァイ）

エネルギー：76kcal　たんぱく質：0.5g　脂質：6.1g　塩分：0.5g

臨床栄養へのヒント
- [エ] 基本のままでよい。
- [た] 基本のままでよい。
- [脂] 油，ごま油を除き，甘酢和えにする。[-6.0g]
- [塩] 基本のままでよい。
- [軟菜食] きゅうりは皮を取る。赤とうがらしは除く。

応用メニュー
1 | **きゅうりの炒め和え**：小さく乱切りしたきゅうりをごま油で炒め，赤とうがらし，酢，砂糖，しょうゆで調味する
2 | **きゅうりのそぼろあんかけ**：適当な大きさに切ったきゅうりをだし汁，みりん，しょうゆで煮，鶏ひき肉のあんをかける。
3 | **きゅうりとたこのサラダ**：ぶつ切りしたきゅうりとたこをオリーブオイルのドレッシングで和える。

組み合わせ例：白菜と肉団子のスープ，牛肉とだいこんの煮物，炸麻球（ごま団子）

和 五目きんぴら

エネルギー：110kcal　たんぱく質：2.3g　脂質：5.8g　塩分：2.6g

臨床栄養へのヒント
- [エ] 油を使用せず調味液で煮る。[-37kcal]
- [た] 基本のままでよい。
- [脂] エと同じ。[-4.0g]
- [塩] くきわかめを10gにする。[-0.8g]
- [軟菜食] くきわかめ，しらたき，赤とうがらしは除き，炒めずにだし汁と砂糖，しょうゆで煮込む。

応用メニュー
1 | **ごぼうの含め煮**：油で炒めずにだし汁をとって含め煮にする。
2 | **ごぼうサラダ**：ごぼう，にんじんをせん切りし，ゆできゅうり，ハムのせん切りとマヨネーズで和える。
3 | **精進揚げ**：ごぼう，にんじんのせん切りを薄衣で揚げる。
4 | **たたきごぼう**：ごぼうを直径1cm，5〜6cmの長さの拍子木に切りゆでて下味（だし汁，しょうゆ，酒）を付ける。ごまをすりしょうゆ，砂糖で調味し和える。

組み合わせ例：豆腐とわかめのみそ汁，あじの姿焼きししとうがらし添え，あちゃら漬け

和 筑前煮

エネルギー：80kcal　たんぱく質：1.9g　脂質：3.1g　塩分：0.7g

臨床栄養へのヒント
- [エ] 基本のままでよい。
- [た] エと同じ。
- [脂] エと同じ。
- [塩] しょうゆを1/2量にし，上から炒りごまを振る。[-0.3g]
- [軟菜食] ごぼう，たけのこ，こんにゃくのかわりにだいこん，さといも，れんこん団子を用いる。野菜は小さめに切る。

応用メニュー
1 | **鶏肉とさといものうま煮**：こんにゃく，にんじん，しいたけ，鶏肉，さといもを炒め砂糖，しょうゆを加え煮る。最後にさやえんどうを散らす。
2 | **鶏肉と野菜のカレーシチュー**：鶏肉を炒め，小麦粉，カレー粉，トマトピューレ，水，固形スープを加え煮る。さらに，たまねぎ，にんじん，じゃがいもを加え煮る。
3 | **鶏肉と野菜の煮込み**：鍋で鶏肉を炒め，小麦粉，トマトピューレを煮立て，たまねぎ，にんじん，かぶ，じゃがいもをやわらかくなるまで煮る。

組み合わせ例：松風焼き，かまぼことみつばのわさび漬け和え，生麩とみつばのすまし汁

和 切り干しだいこんの炒め煮

エネルギー：91kcal　たんぱく質：1.9g　脂質：4.1g　塩分：1.7g

臨床栄養へのヒント
- [エ] 炒めない。[-37kcal]
- [た] 基本のままでよい。
- [脂] 炒めないでだし汁を加え煮る。[-4g]
- [塩] しょうゆを2/3量にする。[-0.9g]
- [軟菜食] ひじきを除き，やわらかく煮る。

応用メニュー
1 | **だいこんの炒め煮**：切り干しだいこんをせん切りのだいこん，切りこんぶにかえて炒め煮にする。
2 | **切りだいこんと厚揚げの煮物**：厚揚げは熱湯で油抜きし，ひと口大に切る。切り干しだいこんをだし汁でやわらかくなるまで煮て，厚揚げを入れ，しょうゆ，砂糖，みりん（同量）で味付けし，煮立ったら最後に塩で味を調え，20〜30分中火で煮る。

組み合わせ例：かつおの香味揚げ，げそときゅうりの酢じょうゆ和え

和 ふろふきだいこん

- エ 67kcal
- た 2.6g
- 脂 1.4g
- 塩 1.3g

材料(1人分，g)

- だいこん　100
- こめのとぎ汁　適宜
- だし汁　100ml
- [たれ]
  - だし汁　100ml
  - 豆みそ　12(0.3単位)
  - 砂糖　4(0.1単位)
  - みりん　3(0.1単位)
- ゆずの皮　少々

作り方

① だいこんは皮をむき、2cm厚さの輪切り(大きい時は半月切り)にし面取りをする。ゆずの皮はせん切りにする。
② 鍋に①とこめのとぎ汁を入れ、20分ほどゆでて、水洗いをする。さらに、だし汁で15分くらい煮る。竹串がすっと通るほどやわらかく煮る。
③ 鍋にたれの材料を加え、火にかけよく練る。
④ 器にだいこんを盛り、③のたれをかけてゆずのせん切りを上に盛る。

洋 たまねぎのスープ蒸し

- エ 126kcal
- た 3.8g
- 脂 7.9g
- 塩 1.4g

材料(1人分，g)

- たまねぎ　120(小1個)
- ベーコン　20(1単位)
- ブイヨン(チキン)　150ml
- (あるいは固型コンソメの素　1)
- [調味料]
  - 塩　1
  - こしょう　少々
- パセリ　0.5

作り方

① たまねぎは両ヘタを切り落とす。
② たまねぎのまわりをベーコンで巻き、つまようじで止める。
③ ブイヨン(チキン)に②を入れ、塩、こしょうして味を付け、蒸気の上がっている蒸し器で、器ごと20分位蒸す。
④ みじん切りのパセリを散らす。

和 とうがんのあんかけ

- エ 54kcal
- た 2.5g
- 脂 0.1g
- 塩 1.3g

材料(1人分，g)

- とうがん　80
- ほたてがい貝柱(水煮缶詰)　30(固形 10，汁 20)(0.1単位)
- [調味料]
  - 塩　1
  - しょうゆ　2
  - みりん　9(0.3単位)
  - 水　100ml
- [水溶きかたくり粉]
  - かたくり粉　2(0.1単位)
  - 水　5ml
- あさつき　5

作り方

① とうがんは約10cm幅に切り、皮をむき、わたを除いたら、大きめの乱切りにする。
② 鍋にとうがんと調味料、ほたてを汁ごと(約30ml)加え、かぶるくらいの水を加えて煮込む。
③ 10分くらいして火が通ったら、水溶きかたくり粉でとろみをつけ、小口切りのあさつきを散らす。

中 なすの酢油がけ(涼拌茄子 リャンバンチェズ)

- エ 36kcal
- た 1.4g
- 脂 0.6g
- 塩 0.9g

材料(1人分，g)

- なす　80
- ねぎ　6
- しょうが　2
- にんにく　0.3
- [調味料]
  - しょうゆ　5
  - 酢　4
  - 砂糖　1
  - トウバンジャン　0.5
  - ごま油　0.5(0.1単位)
- ねぎ(白い部分)　10

作り方

① なすのヘタを取り、縦に半分に切ってから、さらに縦に4～6等分に切れめを入れ、皮を下にして蒸し、皿に盛り冷ます。
② ねぎ(白い部分)を4cmの筒切りにし、中心まで切れめを入れ、芯を除き、まわり開いて繊維に沿ってせん切りにし、水にさらし、白髪ねぎを作っておく。
③ ねぎ、しょうが、にんにくをみじん切りにし、調味料と合わせ、①にかけ、水気をきった②の白髪ねぎを飾る。

和 はくさいの重ね煮

エ 106kcal
た 3.6g
脂 8.0g
塩 0.7g

材料(1人分, g)

はくさい　120
ベーコン　20(1単位)
ブイヨン　70
赤とうがらし　0.2
塩　0.3
こしょう　少々
[水溶きかたくり粉]
　かたくり粉　2(0.1単位)
　水　2ml
パセリ　1(みじん切り)

作り方

①はくさいは根の部分を離さず縦長に切る。
②ベーコンは2cmの長さに切り①のはくさいの葉の間へはさむ。
③鍋に②を入れて赤とうがらしをそのまま入れ、ブイヨンを加え弱火で落としぶたをして15分位ゆっくり煮込む。塩、こしょうで調味する。
④③のはくさいは食べやすいように切って器に盛り、残りの煮汁に水溶きかたくり粉を加えひと煮立ちさせる。煮汁をかけてパセリを散らす。

中 もやしのナムル

エ 30kcal
た 2.4g
脂 1.1g
塩 1.5g

材料(1人分, g)

もやし　80
塩　0.4
きゅうり　20
塩　0.1
しょうが　1
にんにく　1
白ごま　1(0.1単位)
赤とうがらし　少々
[調味料]
　しょうゆ　6
　ごま油　0.5(0.1単位)

作り方

①もやしはゆでてから、塩で下味をした後、かたく絞る。きゅうりは小口切りにし、塩で下味をしてから絞る。
②しょうが、にんにく、赤とうがらしはみじん切り、ごまは炒り、切りごまにする。
③調味料と①、②をよく混ぜ合わせる。
④器に③を中高く盛る。

洋 グリーンサラダ

エ 79kcal
た 1.2g
脂 7.2g
塩 0.3g

材料(1人分, g)

レタス　20
きゅうり　20
ブロッコリー　20
[フレンチドレッシング]
　酢　4
　塩　0.3
　こしょう　少々
　植物油　7(0.8単位)
　おろしたまねぎ　3
　おろししょうが　0.5
　おろしにんにく　0.3
　レモン汁　2ml

作り方

①レタスは洗ってひと口大にちぎり、たっぷりの水につけてパリッとさせ、きゅうりは小口切りにする。
②ブロッコリーは振り洗いをして、沸とうした湯の中に塩を入れて色よくゆでる。
③乾いたボウルに塩、こしょうを入れ、酢を加え、泡立て器でよく混ぜ合わせる。油を入れ、さらによく混ぜ、おろしたまねぎ、しょうが、にんにく、レモン汁を入れて、フレンチドレッシングを作る。
④器にレタス、きゅうり、ブロッコリーを形よく盛り、供食直前にフレンチドレッシングをかける。

和 れんこんの梅肉和え

エ 48kcal
た 1.1g
脂 0.1g
塩 3.3g

材料(1人分, g)

れんこん　50(0.4単位)
[調味料A]
　だし汁　20ml
　酢　3
　塩　1
梅干し　10
[調味料B]
　砂糖　1
　みりん　3(0.1単位)

作り方

①れんこんは皮をむき、薄切りにして酢水に放ち、あくを抜く。
②鍋に調味料Aを煮立て、れんこんが透きとおる程度にさっと煮る。
③梅干しは種を取り、裏ごしして調味料Bと合わせる。
④れんこんを③で和え、器に盛る。

和 ふろふきだいこん

エネルギー：67kcal　たんぱく質：2.6g　脂質：1.4g　塩分：1.3g

臨床栄養へのヒント
- エ みそあんの砂糖を除く。[-15kcal]
- た みそあんを1/2量にする。[-1.1g]
- 脂 そのままでもよいが，みそあんを1/2量にする。[-0.7g]
- 塩 豆みそを白みそにかえ，砂糖を控える。[-0.8g]
- 軟菜食 そのままでよい。

応用メニュー
1 | みそ煮：だいこんをみそで煮込む。
2 | そぼろあんかけ：みそあんに炒めた鶏ひき肉を加える。
3 | 含め煮：だいこんを砂糖，しょうゆでじっくり煮込む。
4 | ポトフ：コンソメスープでじゃがいも，にんじんなどの野菜と煮込む。

組み合わせ例：ぶりの照り焼き，しゅんぎくのごま和え，のっぺい汁

洋 たまねぎのスープ蒸し

エネルギー：126kcal　たんぱく質：3.8g　脂質：7.9g　塩分：1.4g

臨床栄養へのヒント
- エ ベーコンをボンレスハムにかえる。[-57kcal]
- た ベーコンを1/2量に減らす。[-1.3g]
- 脂 ベーコンを1/2量に減らす。[-3.9g]
- 塩 塩を除く。[-1.0g]
- 軟菜食 ベーコンを豆腐にかえる。

応用メニュー
1 | たまねぎのスープ煮：たまねぎを蒸さずに煮る。
2 | たまねぎのスープあんかけ：スープにかたくり粉10gでとろみをつける。
3 | たまねぎの枝豆スープ煮：枝豆をミキサーにかけてスープに加え，かたくり粉でとろみをつける。
4 | たまねぎと豆腐の合わせスープ煮：角切りの豆腐を加えて栄養価（たんぱく質）を高める。

組み合わせ例：さけとポテトのグラタン，グリーンサラダ

和 とうがんのあんかけ

エネルギー：54kcal　たんぱく質：2.5g　脂質：0.1g　塩分：1.3g

臨床栄養へのヒント
- エ 基本のままでよい。
- た 基本のままでよい。
- 脂 基本のままでよい。
- 塩 あんを2/3量に減らす。[-0.4g]
- 軟菜食 あさつきを除く。

応用メニュー
1 | とうがんの炒め煮：鶏ひき肉ととうがんを炒め，しょうゆ，しょうが汁，みりんで味付けをし，かたくり粉でとじる。
2 | 豆腐と鶏肉のたらこあんかけ：温めた豆腐と，薄切りの鶏肉にかたくり粉をまぶしてゆでたものに，だし汁でのばしたたらこをかたくり粉でとじたあんをかける。
3 | 鶏団子ととうがんのスープ：スープの中に鶏団子，とうがん，はるさめを入れて煮込む。

組み合わせ例：若鶏のから揚げ，ほうれんそうのごま和え

中 なすの酢油がけ（涼拌茄子 リャンバンチェズ）

エネルギー：36kcal　たんぱく質：1.4g　脂質：0.6g　塩分：0.9g

臨床栄養へのヒント
- エ 基本のままでよい。
- た 基本のままでよい。
- 脂 基本のままでよい。
- 塩 しょうゆを2/3量に減らす。[-0.6g]
- 軟菜食 にんにく，トウバンジャン，ねぎは除き，しょうが汁にする。

応用メニュー
1 | 揚げなすのバジルソース：揚げたなすの上に，炒めたにんにく，たまねぎをバジルソースでからめたものをかけ，パルメザンチーズをかける。焼きトマトを添える。
2 | なすとかきのオイスターソース炒め：素揚げしたなす，赤ピーマンとかたくり粉をまぶして焼いたかきを，しょうが，ねぎ，オイスターソース，しょうゆで炒める。
3 | なすとみょうがのみそ汁：だしを入れてみそを溶き，ごま油で炒めたなす，せん切りしたみょうがを加える。

組み合わせ例：酢豚，わかめスープ

和 はくさいの重ね煮

エネルギー：106kcal　たんぱく質：3.6g　脂質：8.0g　塩分：0.7g

臨床栄養へのヒント
- [エ] ベーコンをハムにかえる。[-42kcal]
- [た] ベーコンを1/2量にする。[-1.3g]
- [脂] [エ]と同じ。[-5.0g]
- [塩] ベーコンを豚ロースにかえる。[-0.4g]
- [軟菜食] はくさいは2～3cm長に切って鶏ささみのミンチを入れる。

応用メニュー
1 | はくさいのクリーム煮：重ね煮を牛乳，生クリームで煮込む。
2 | はくさいのたまごスープ：はくさいの量を減らしブイヨンを多くして仕上げに溶きたまごを浮かせてスープ仕立てにする。
3 | はくさいの煮込み中華風あんかけ：はくさいのぶつ切りをブイヨンでゆっくり煮込み，干し貝柱，木くらげ，チンゲンサイ，ごま油を使った中華風あんをかける。

組み合わせ例：さけの包み焼き，ほうれんそうの青葉づくし

中 もやしのナムル

エネルギー：30kcal　たんぱく質：2.4g　脂質：1.1g　塩分：1.5g

臨床栄養へのヒント
- [エ] 基本のままでよい。
- [た] 基本のままでよい。
- [脂] 基本のままでよい。
- [塩] しょうゆを1/2量にする。[-0.5g]
- [軟菜食] もやしは根を取る。しょうが，にんにく，ごまは半量にし，とうがらしは除く。

応用メニュー
1 | もやしの梅肉和え：もやしはゆで，みつばもゆでて3cmの長さに切り，梅肉，しょうゆ，みりんで和える。2 | 蒸しなすの和え物：なすはへたを取って蒸し，手でさく。しょうゆ，砂糖，酢，ごま油を合わせなすにかける。3 | 大根とにんじんのなます：だいこんとにんじんはせん切りにして，塩で軽くもみ水気を絞り，三杯酢で和える。4 | きゅうりとわかめの二杯酢：きゅうりは小口切りにして塩で軽くもむ。わかめはもどし，2cm位に切り，しらす干しは熱湯をまわしかけ，材料を二杯酢で和える。

組み合わせ例：スイートコーンスープ（玉米湯），かに玉，杏仁かん（杏仁豆腐）

洋 グリーンサラダ

エネルギー：79kcal　たんぱく質：1.2g　脂質：7.2g　塩分：0.3g

臨床栄養へのヒント
- [エ] ノンオイルドレッシングにする。野菜スープ10ml，酢4ml，しょうゆ3g，こしょう0.01gとする。[-64kcal]
- [た] 基本のままでよい。
- [脂] [エ]と同じ。[-7.0g]
- [塩] ドレッシングの塩を0.1gに減らす。[-0.2g]
- [軟菜食] 野菜はやわらかくゆでる。

応用メニュー
1 | レタスの炒めもの：レタスは手でちぎり，短冊切りのにんじん，ウィンナーソーセージを油で炒め塩，こしょうをする。
2 | レタスのあんかけ：レタスは洗ってちぎる。鍋にだし汁，しょうが，しょうゆ，さけ，砂糖，鶏ひき肉を入れて煮る。レタスはさっと炒めてその上にあんをかける。
3 | レタスのスープ煮：レタスはちぎり，鶏肉，たまねぎ，にんじん，スープ，白ワイン，塩，こしょうをする。

組み合わせ例：えびピラフ，きのこスープ，ヨーグルトゼリー

和 れんこんの梅肉和え

エネルギー：48kcal　たんぱく質：1.1g　脂質：0.1g　塩分：3.3g

臨床栄養へのヒント
- [エ] 基本のままでよい。
- [た] 基本のままでよい。
- [脂] 基本のままでよい。
- [塩] 梅干しの量を1/2量にし，だし汁を加える。[-1.1g]
- [軟菜食] 基本のままでよい。

応用メニュー
1 | れんこんのきんぴら：薄切りのれんこん，にんじん，赤とうがらしをごま油で炒め，しょうゆ，砂糖，酒で調味する。
2 | れんこんのはさみ揚げ：厚めに切ったれんこんにかたくり粉をまぶし，酒，しょうゆで調味した鶏ひき肉をはさんで衣をつけ油で揚げる。
3 | れんこんのあちゃら：薄切りにしたれんこんを，だし汁，酢，砂糖，塩，酒と小口切りした赤とうがらしを煮立てた中で炒りつけるようにして味をなじませる。

組み合わせ例：あじの姿焼き，かき玉汁，凍豆腐の炊き合わせ，利休まんじゅう

副菜の部 | きのこ類

えのきだけ 50g 　　ぶなしめじ 50g 　　生しいたけ 30g

まいたけ 50g 　　マッシュルーム 30g 　　なめこ 25g

---

和 えのきだけのわさび和え

エ 16kcal
た 1.9g
脂 0.3g
塩 0.9g

材料（1人分、g）
- えのきだけ　50 (0.1単位)
- みつば　4
- 粉わさび　0.6
- しょうゆ　6
- だし汁　3ml

作り方
① えのきだけは石づきを取りさっとゆでて2等分にする。
② みつばを色よくゆでて3cmの長さに切る。
③ わさびを練り、しょうゆとだし汁で溶かす。
④ ①②を混ぜ③で和えて器に盛る。

中 きのこと鶏肉のオイスターソース炒め

エ 110kcal
た 8.3g
脂 6.1g
塩 1.2g

材料（1人分、g）
- 鶏もも肉（皮なし）　30 (0.5単位)
- ぶなしめじ　30
- えのきだけ　25
- 生しいたけ　10
- 赤ピーマン　10
- ねぎ　5、しょうが　2
- にんにく　1
- 植物油　3.5 (0.4単位)
- [調味料]
  - オイスターソース　5
  - しょうゆ　4
  - 湯(タン)　10ml
  - 砂糖　1、こしょう　少々
  - 水溶きかたくり粉　2

作り方
① 鶏肉はひと口大のそぎ切りにし、しめじ、えのきだけは根元を切り落としてほぐす。しいたけは軸を取って半分に切る。赤ピーマンは縦5mm幅、ねぎは1cm幅の斜め切りにする。しょうが、にんにくはみじん切りする。調味料を合わせて混ぜておく。② 1/2量の油を熱してにんにくとしょうがの1/2量を炒め、鶏肉を入れて炒める。肉の色が変わったら皿に取る。③ 鍋を洗って火にかけ、残りの油とにんにくとしょうがを熱し、ねぎときのことピーマンを入れて炒める。鶏肉をもどし入れて調味料をまわし入れ手早く炒め、水溶きかたくり粉でとろみをつける。

きのこサラダ 洋

エ 63kcal
た 2.1g
脂 4.3g
塩 0.8g

材料(1人分, g)
生しいたけ　10
マッシュルーム　10
ぶなしめじ　20
えのきだけ　20
たまねぎ　20
白ワイン　10 (0.1単位)
[ドレッシング]
　植物油　4 (0.5単位)
　レモン汁　2ml
　塩　0.8
　こしょう　少々
　パセリ　少々

作り方
①生しいたけ、マッシュルームは薄切りにし、しめじは石づきを取り、小房にわける。えのきだけは下方を切り長さを半分に切る。たまねぎは薄切りにする。
②①を鍋に入れ、白ワインを加え、蒸し煮する。
③ボウルにドレッシングの材料を入れ、しっかり混ぜて②を入れて和える。

しめじのマリネ 洋

エ 27kcal
た 3.0g
脂 0.4g
塩 0.4g

材料(1人分, g)
ぶなしめじ　80
たまねぎ　10
にんじん　5
パセリ　少々
[マリネ液]
　酢　2
　酒　4 (0.1単位)
　塩　0.4
　こしょう　少々
　白ワイン　2

作り方
①しめじは石づきを取って小房にわけ、たまねぎは薄切り、にんじんはせん切りにする。マリネ液を作る。
②①をさっとゆでて熱いうちにマリネ液に漬ける。
③冷蔵庫で冷やし、器に盛ってパセリのみじん切りを散らす。

なめこのおろし和え 和

エ 17kcal
た 1.2g
脂 0.1g
塩 0.8g

材料(1人分, g)
なめこ　20
だいこん　70
しょうゆ　5

作り方
①なめこはざるに入れ熱湯をかけ、流水にさらしぬめりを取り、水をよくきっておく。
②だいこんは皮をむき、すりおろし水気を少しきる。
③①②を和えて器に盛る。食べる直前にしょうゆをかける。

まいたけの天ぷら 和

エ 139kcal
た 4.5g
脂 7.2g
塩 1.2g

材料(1人分, g)
まいたけ　60
揚げ油 (吸油 6) (0.7単位)
だいこん　25
[衣]
　小麦粉　10 (0.5単位)
　たまご　5 (0.1単位)
　水　15ml
[天つゆ]
　しょうゆ　8
　みりん　8 (0.2単位)
　だし汁　40ml

作り方
①まいたけを適当な大きさの小房にわける。
②天つゆを作り、だいこんをおろしておく。
③揚げ油を170℃に加熱しておく。
④衣を合わせ、①をつけて両面を揚げる。

基本料理の展開 | きのこ類

食品・栄養

　生のきのこ類は高温と乾燥により変質しやすい。その成分は大部分が水分で，糖質，非あるいは難消化性の食物繊維を多く含む。無機質のカリウムが多く，ビタミンB1・B2，ナイアシンも含みビタミンB群の供給源となる。香気成分（しいたけ，まつたけ）や，旨味成分のアミノ酸や核酸（しいたけ，しめじなど）を含有し，独特のテクスチャーをもつ。生しいたけは，体内でビタミンDに変わるプロビタミンD2（エルゴステロール）を多く含有している。プロビタミンDは紫外線照射でビタミンDに変換されるため，生より乾燥の方が多くなる。乾燥すると，リボ核酸が分解されて旨味成分の5´-グアニル酸が生じ，風味が増す。コレステロール低下作用をもつエリタデニン，抗腫瘍作用のあるβ-グルカンやレンチナンを含む。えのきだけは味がよく，歯切れのよさが好まれる。しめじは「ほんしめじ」という商品名で売られ，香りはほとんどないが，味と共に歯ざわりがよく，煮くずれしにくい。マッシュルームはやわらかで歯切れもよく，生食できる。切り口はポリオキシダーゼにより褐変しやすいため，レモン汁や酢をかけると白く保たれる。なめこは特有のぬめりをもち，口当たりがよい。このぬめりは多糖質のムチンで，たんぱく質の消化吸収をよくする作用がある。まいたけは歯切れもよく，味も香りも優れている。

調理

1 ｜ 乾燥品をもどす場合，水温や時間によってもどり状態が異なるが，水やぬるま湯につけてゆっくりもどす。旨味成分はつけ汁に溶出するので，つけ汁ごと利用する。乾燥品は水につけてもどすと重量が増し，例えばしいたけでは約4倍になる。2 ｜ きのこ類は香り，口当たりや歯ごたえなどのテクスチャーを味わうものが多く，その特性を生かした調理法をとる。香りを楽しむ場合は，直火で焼く方法がとられる。味とテクスチャーを味わう場合は，煮物，鍋物，汁物，揚げ物，炒め物など広く用いられている。

大量調理のポイント：急ぐ場合は熱湯に砂糖を少量入れるともどりがよい。もどした後も長く浸漬したままにすると旨味成分と香りが失われるため，水に長時間ひたさない。乾燥品を用いる場合は，使用量に注意する。

和 えのきだけのわさび和え

エネルギー：16kcal　たんぱく質：1.9g　脂質：0.3g　塩分：0.9g

臨床栄養へのヒント
- エ 基本のままでよい。
- た 基本のままでよい。
- 脂 基本のままでよい。
- 塩 しょうゆを1/2量にする。[-0.4g]
- 軟菜食 食物繊維が多いため向かない。

応用メニュー
1 ｜ えのきだけのごま和え：材料の白ごまをすりつぶし三杯酢で和える。
2 ｜ えのきだけとくきわかめのごま風味：下処理したくきわかめをごま油で炒めえのきと共にみりん，しょうゆで調理する。
3 ｜ えのきだけの白和え：豆腐の白和え衣でゆでたえのきだけを和える。

組み合わせ例：さばの竜田揚げ，しめたまごのすまし汁，ふろふきだいこん

中 きのこと鶏肉のオイスターソース炒め

エネルギー：110kcal　たんぱく質：8.3g　脂質：6.1g　塩分：1.2g

臨床栄養へのヒント
- エ 油で炒めずにスープと調味料を煮立て，鶏肉を入れて火が通ったらきのこ野菜を入れて水溶きかたくり粉でとろみをつける。[-32kcal]
- た 鶏肉を除く。[-5.4g]
- 脂 エ と同じ。[-3.5g]
- 軟菜食 鶏肉はひき肉にする。野菜ときのこはやわらかく炒めスープを加えてとろみをつける。

応用メニュー
1 ｜ きのこのオリーブ炒め：オリーブオイルを熱してにんにくのみじん切りととうがらしを炒めて，鶏肉ときのこを炒める。塩，こしょうで調味する。
2 ｜ 牛肉ときのこの炒め物：鶏肉を牛肉の細切りにかえて調理する。

組み合わせ例：中華おこわ，えびのチリソース，スイートコーンスープ（玉米湯）

洋 きのこサラダ

エネルギー：63kcal　たんぱく質：2.1g　脂質：4.3g　塩分：0.8g

臨床栄養へのヒント
- [エ] 植物油を1/3量にする。[-25kcal]
- [た] しめじ、マッシュルームを、しいたけ、えのきだけにかえる。[-0.5g]
- [脂] [エ]と同じ。[-3.0g]
- [塩] 塩を1/2量にする。[-0.4g]
- [軟菜食] きのこは除き、野菜で代用する。ドレッシングの油を控える。

応用メニュー
1 | きのこのバター炒め：きのこをバターで炒め、塩、こしょうで調味する。
2 | きのこの炒り煮：きのこをだし汁、砂糖、しょうゆでさっと煮る。
3 | きのこのチーズ焼き：塩、こしょうで調味したきのこの上にナチュラルチーズをのせ、オーブンで焼く。
4 | きのこのたまごとじ：バターで炒め、塩、こしょうで調味したきのこをたまごでとじる。

組み合わせ例：ミネストローネ、牛こま切れマスタード焼き

洋 しめじのマリネ

エネルギー：27kcal　たんぱく質：3.0g　脂質：0.4g　塩分：0.4g

臨床栄養へのヒント
- [エ] 基本のままでよい。
- [た] 基本のままでよい。
- [脂] 基本のままでよい。
- [塩] 塩を1/2量にする。[-0.2g]
- [軟菜食] しめじを除き、野菜をやわらかめにゆでる。

応用メニュー
1 | きのこスープ：しめじ、えのきだけは小房にわけ、しいたけはせん切りにし、油で炒める。コンソメ、塩、こしょう、水を加えて煮、器に盛り、粉チーズとパセリを振る。
2 | きのこと菊の酢の物：しめじ、まいたけ、えのきだけは塩ゆでし、菊は酢を少々入れた熱湯にさっと通す。酢、砂糖、塩、だし汁を合わせ、きのこ、菊、きゅうりを和える。
3 | きのこの炒め物：ベーコンを油で炒め、みじん切りのねぎとしめじ、まいたけ、しいたけ、ししとうを加えて炒め、塩、こしょうで調味する。

組み合わせ例：クラムチャウダー、鶏肉のきのこソース、トマトのサラダ

和 なめこのおろし和え

エネルギー：17kcal　たんぱく質：1.2g　脂質：0.1g　塩分：0.8g

臨床栄養へのヒント
- [エ] 基本のままでよい。
- [た] 基本のままでよい。
- [脂] 基本のままでよい。
- [塩] しょうゆを減塩しょうゆにする。[-0.3g]
- [軟菜食] なめこを除き、だいこんおろしの甘酢和えにする。

応用メニュー
1 | なめこ汁：なめこ、豆腐、ねぎ入りのみそ汁を作る。
2 | なめこのとろろ和え：おろしたながいもとなめこを和え、わさびしょうゆをかける。
3 | なめことオクラのおろし和え：なめこのおろしあえに、5mmの厚さに切ってゆでたオクラを加える。

組み合わせ例：焼魚、ほうれんそうのごま和え、豆腐のみそ汁

和 まいたけの天ぷら

エネルギー：139kcal　たんぱく質：4.5g　脂質：7.2g　塩分：1.2g

臨床栄養へのヒント
- [エ] まいたけを揚げないで、少量の油で焼く。[-46kcal]
- [た] 衣のたまごを除く。[-0.6g]
- [脂] [エ]と同じ。[-5.0g]
- [塩] 天つゆを半量に減らす。[-0.6g]
- [軟菜食] 食物繊維が多いため向かない。

応用メニュー
1 | まいたけとしらたきの炒り煮：ごま油でまいたけ、しらたき、油揚げを炒めて、しょうゆ、砂糖、だし汁で煮る。
2 | まいたけ入りビーフシチュー：薄切りの牛肉、野菜を炒めてドミグラスソースで煮込み、最後に炒めたまいたけを加える。
3 | まいたけおろしあえ：小房にわけてホイルに包んで焼いたまいたけと、おろしただいこん、酢、塩、みつばを加えて和える。

組み合わせ例：鶏肉の治部煮、れんこんの梅肉和え、みそ汁

副菜の部 ｜ いも類

□g = 1 単位量

- さつまいも 250g （60g）
- じゃがいも 150g （110g）
- さといも（中3個） 140g
- こんにゃく
- ながいも 360g （120g）

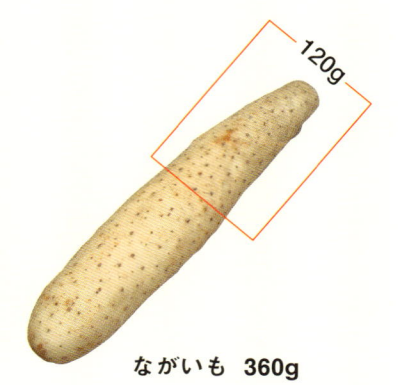

和 さつまいもとえびのかき揚げ

- エ 262kcal
- た 7.2g
- 脂 11.2g
- 塩 0.2g

材料（1人分, g）

- さつまいも 50 (0.8単位)
- 芝えび（むきみ） 25 (0.3単位)
- 酒, 塩 少々
- みつば 5
- ［衣］
  - 小麦粉 20 (0.9単位)
  - 水 50ml
  - 卵黄 2 (0.1単位)
- 揚げ油（吸油 10） (1.2単位)

作り方

① さつまいもは皮をむき1cm角に切り、水にさらしあく抜きをする。衣と混ぜる直前に水気をじゅうぶんとる。みつばは2cmの長さに切る。
② 芝えびに酒、塩をしておく。
③ 衣を作る。
④ 衣に①②の材料を入れさっと混ぜる。
⑤ 種を穴じゃくしですくい、余分の衣をきり、まとめるように油に入れる。
⑥ 油の温度は170～180℃でさっくりと揚げる。

洋 ミニコロッケ

- エ 335kcal
- た 10.8g
- 脂 18.0g
- 塩 0.5g

材料（1人分, g）

- じゃがいも 100 (1単位)
- 牛ひき肉 18 (0.5単位)
- たまねぎ 30
- ウインナー 6 (0.3単位)
- スティックチーズ 6 (0.3単位)
- コーン（缶詰） 5 (0.1単位)
- サラダ菜 10
- ［衣］
  - 小麦粉 5 (0.2単位)
  - たまご 10 (0.2単位)
  - パン粉 10 (0.5単位)
- 揚げ油（吸油 10） (1.2単位)

作り方

① じゃがいもはゆがいてつぶす。
② たまねぎのみじん切りとひき肉を炒め、じゃがいもに混ぜる。
③ 3個に分けて、ウインナー、チーズを芯に俵型に丸める。コーンはじゃがいもに混ぜて俵型に丸める。
④ 小麦粉、溶きたまご、パン粉をつけて揚げる。
⑤ サラダ菜と共に皿に盛る。

洋 マセドアンサラダ

- エ 174kcal
- た 1.7g
- 脂 12.2g
- 塩 0.7g

材料(1人分, g)
- じゃがいも　50（0.5単位）
- にんじん　15
- きゅうり　15, 塩　少々
- りんご　15
- たまねぎ　5, 塩　少々
- レタス　15
- 塩　0.5, こしょう　少々
- グリンピース　3
- [調味料]
  - 酢　2
  - 植物油　3（0.4単位）
- [からしマヨネーズ]
  - マヨネーズ　12（1単位）
  - 洋からし　0.3

作り方
①じゃがいもは1.5cm角に切りゆでる。やわらかくなったらざるに取り冷ます。にんじんは1cm角に切りゆでる。きゅうりも1cm角に切り塩を振り軽く絞る。りんごは1cm角に切り塩水に入れざるに取る。グリンピースは熱湯を通しておく。たまねぎも1cm角切りにし、塩を振ってしばらくおいてからふきんで絞る。
②じゃがいも、にんじんに塩、こしょうをして、きゅうり、たまねぎ、りんご、グリンピースを合わせ、調味料を加え、からしマヨネーズで和える。器にレタスを敷き、盛り付ける。

和 さといものごまみそ煮

- エ 153kcal
- た 4.4g
- 脂 4.7g
- 塩 0.7g

材料(1人分, g)
- さといも　100（0.7単位）
- こんにゃく　50
- だし汁　100ml
- 砂糖　3（0.2単位）
- 酒　7（0.1単位）
- [ごまみそ]
  - 米みそ（甘みそ、白）12（0.4単位）
  - 白ごま　8（0.6単位）（炒っておく）
- ゆずの皮　少々（細かいせん切り）

作り方
①さといもは皮をむき、1個を横半分に切って3分ほどゆで水洗いをして、ぬめりを取る。こんにゃくは湯通しした後、スプーンでひと口大にする。
②鍋に①を入れだし汁を加え強火で煮、煮立ってきたら弱火にする。砂糖、酒を加え落しぶたをして、竹串が通るくらいまで煮る。
③炒りごまをすり鉢で油が出るまですり、みそを加えてさらにすり合わせる。②の煮汁を1/4ほど加えてのばし、②の鍋に入れる。弱火にして、煮詰めて味を含ませる。
④器に盛り煮汁をかけ、ゆずの皮をのせる。

和 オクラのながいもおろし和え

- エ 44kcal
- た 1.7g
- 脂 0.2g
- 塩 0.7g

材料(1人分, g)
- ながいも　30（0.3単位）
- オクラ　30
- わけぎ　2（あさつき）
- [調味料]
  - 白しょうゆ　5
  - みりん　4（0.1単位）
- 焼のり　0.5

作り方
①ながいもは皮をむいて、すりおろす。白しょうゆ、みりんで味を付ける。
②オクラはゆでて、5mmの厚さに切る。
③わけぎは小口切りして水にさらす。
④のりはせん切りする。
⑤小鉢にオクラを盛り、①をかけてわけぎ、のりを添える。

和 こんにゃくのピリ辛煮

- エ 96kcal
- た 1.4g
- 脂 4.5g
- 塩 2.9g

材料(1人分, g)
- こんにゃく　120（0.1単位）
- 赤とうがらし　0.5
- 植物油　4（0.5単位）
- だし汁　75ml
- しょうゆ　18
- 酒　3
- 砂糖　9（0.4単位）
- 白炒りごま　1（0.1単位）

作り方
①こんにゃくは片面に細かく切り込みを入れひと口大に切り、熱湯で2～3分ゆでる。
②赤とうがらしは種を除いて小口切りにする。
③鍋に油を熱して①のこんにゃくを炒める。
④③に②のとうがらし、だし汁、しょうゆ、酒、砂糖を加えて煮立て、①のこんにゃくを入れ、煮汁が沸とうしたら、火を弱めて汁気がなくなるまで煮る。
⑤④を器に盛り、切りごまを振る。

基本料理の展開 | いも類

食品・栄養

いも類は穀類と同様でん粉を主成分とし，エネルギー源として有効である。穀類に比して水分含量が高く，固形分は約20～30％である。たんぱく質は少量含まれるが脂質はほとんど含まれない。ビタミンB1，ビタミンCや食物繊維の供給源である。いも類のビタミンは一般に野菜や果物に含まれるものに比して調理による損失が少ない。じゃがいもの緑変した皮や発芽部分にはアルカロイドの一種ソラニンが含まれ有毒であるが加熱により分解される。さつまいもはβ-アミラーゼを多く含み，緩慢な加熱により，マルトースへの分解が起こり甘味が増す。さつまいもの黄色はカロテンであり，ビタミンAの給源となる。さつまいもは低温障害を起こすので12～13℃で保存する。ヤマノイモの仲間には，じねんじょ，ながいも，いちょういも，つくねいもなどがある。強力なアミラーゼを含むので生食できる。特有の粘質物はグロブリン様たんぱく質に少量のマンナンが結合したものといわれるが，加熱により粘りは無くなる。

さといもは品種が多い。親いもを食べる赤芽，子いもを食べるえびいも，土垂，石川早生，親いもと子いもがひと塊になったやつがしらなどがよく食べられる。

こんにゃくいもはこんにゃくの原材料で主成分である糖質の多くがグルコマンナンで食物繊維の供給源となっており，低エネルギー食品として利用される。

調理

1 | 粉ふきいも，マッシュポテトには粉質の男爵や農林1号，煮物，炒め物，揚げ物には粘質のメークインや紅丸が適する。ポテトチップスには糖質の少ないものが焦げにくく適する。

2 | じゃがいもやさつまいもの切り口は空気に触れると，含まれるポリフェノールが酸化され，褐変現象を起こすのですぐに水に漬ける。

3 | さといもはぬめりがあり，皮をむく時のかゆみのもとでもあるが，煮る時の泡立ちの原因ともなる。煮る前に塩もみをして粘質物を除くか，水洗いしてから調味液で煮る。

大量調理のポイント： 煮る場合，自重による煮くずれが起こりやすいので，深鍋よりも，底面積の大きな平鍋を使用する。

和 さつまいもとえびのかき揚げ
エネルギー：262kcal　たんぱく質：7.2g　脂質：11.2g　塩分：0.2g

臨床栄養へのヒント
- [エ] 衣の小麦粉を1/2量に減らす。[-36kcal]
- [た] えびを除く。衣も2/3量に減らす。[-5.4g]
- [脂] やまいも（10g）をつなぎにしてフライパンでソテーにする。植物油5g，小麦粉10gに減らす。[-2.1g]
- [塩] 基本のままでよい。
- [軟菜食] さつまいもの皮，みつばの軸は除く。芝えびは包丁の背でたたき，団子にする。かき揚げをだいこんおろしと天つゆでおろし煮にする。

組み合わせ例： 菊花豆腐の吸い物，ひじきとれんこんの炒め煮

応用メニュー
1 | さつまいもとシーフードのかき揚げ：芝えびを桜えびやシーフードミックス（いかや貝柱など）にかえる。
2 | さつまいもと切りこんぶの煮物：3cmの輪切りにしたさつまいもと切りこんぶを砂糖，みりん，しょうゆ，塩，水を合わせ煮立て，中火以下で煮崩れないようにコトコト煮る。
3 | かき揚げどんぶり：かき揚げにたまねぎを加えボリュームを出す。丼物にし，食べる直前に天つゆをかける。
4 | さつまいものおろし和え：あられ切りしたさつまいもをから揚げし，だいこんおろしと三杯酢で和える。

洋 ミニコロッケ
エネルギー：335kcal　たんぱく質：10.8g　脂質：18.0g　塩分：0.5g

臨床栄養へのヒント
- [エ] ウインナーを除く。[-19kcal] チーズを除く。[-20kcal] オーブンで空焼きしたパン粉にかえて，油で揚げずにオーブンで焼く。[-92kcal]
- [た] ウインナーを除く。[-0.8g] チーズを除く。[-1.4g]
- [脂] ウインナーを除く。[-1.7g] チーズを除く。[-1.6g] オーブンで空焼きしたパン粉にかえて，油で揚げずにオーブンで焼く。[-10.0g]
- [塩] ウインナーを除く。[-0.1g] チーズを除く。[-0.2g]

組み合わせ例： ブイヤベース，グリーンサラダ

応用メニュー
1 | 肉じゃが：ひき肉を炒め，じゃがいもとにんじんを加えて砂糖，しょうゆ，みりんで調味し煮含める。
2 | じゃがいものチーズ焼き：ゆでたじゃがいもをつぶして，塩，こしょうで下味を付け小判型に成形し，とろけるチーズをのせオーブントースターで焼く。
3 | ポテトサラダ：じゃがいも，にんじんを1cm角切りにし，さやいんげんは1cmの長さに切り，それぞれゆでたものを塩，マヨネーズ，マスタードで調味し和える。

洋 マセドアンサラダ

エネルギー：174kcal　たんぱく質：1.7g　脂質：12.2g　塩分：0.7g

臨床栄養へのヒント
- エ マヨネーズは1/2量に減らす。[-41kcal]
- た 基本のままでよい。
- 脂 エと同じ。[-4.5g]
- 塩 下味の塩を除く。[-0.5g]
- 軟菜食：たまねぎ，グリンピースは除く。

応用メニュー
1 | さやいんげんのサラダ：さやいんげんとにんじんはゆでて，たまねぎはせん切りにしてマヨネーズとトマトの和え衣で和える。
2 | 盛り合わせサラダ：レタス，きゅうり，ゆでたまご，トマトにマヨネーズを添える。
3 | ポテトサラダ：じゃがいもをゆでてマヨネーズで和える。

組み合わせ例：ミートスパゲッティ，コンソメジュリエンヌ

和 さといものごまみそ煮

エネルギー：153kcal　たんぱく質：4.4g　脂質：4.7g　塩分：0.7g

臨床栄養へのヒント
- エ ごまを除く。[-48kcal]
- た エと同じ。[-1.6g]
- 脂 ごまを1/2量にする。[-2.2g]
- 塩 基本のままでよい。
- 軟菜食 こんにゃくを除き，さといもを増やし，みそ煮にする。

応用メニュー
1 | さといものそぼろあんかけ：さといもを含め煮にし，鶏そぼろあんをかける。
2 | さといもの炊き合わせ：さといも，生麩を含め煮にし，色よくゆでたオクラを添える。
3 | さといもとこまつなのごま和え：さといもはゆでて，7mmの厚さに切る。こまつなは塩ゆでし，冷水に取り軽く絞り2cmの長さに切り，しょうゆ，だし汁を振りかける。ごまをすり，砂糖，しょうゆ，だし汁を入れ，ここへさといもとこまつなを加えて和える。

組み合わせ例：かますの幽庵焼，茶碗蒸し，もやしとみつばのおひたし

和 オクラのながいもおろし和え

エネルギー：44kcal　たんぱく質：1.7g　脂質：0.2g　塩分：0.7g

臨床栄養へのヒント
- エ 白しょうゆとみりんをそれぞれ1/2量にする。[-7kcal]
- た 基本のままでよい。
- 脂 基本のままでよい。
- 塩 エと同じ。[-0.4g]
- 軟菜食 オクラをやわらかくゆで，細かく切る。ねぎは湯通しする。のりは除く。

応用メニュー
1 | オクラとながいもの和えもの：ながいもは細めの拍子木切りにして，オクラと和える。
2 | オクラとかに風味和え：かにかまぼこをゆでて縦にさき，オクラと盛り合わせ，おろしたながいもをかける。
3 | オクラとうなぎ和え：白焼きうなぎとオクラを盛り合わせ，おろしたながいもをかける。

組み合わせ例：炊き込みご飯，ささみのすり流し，きすの三色揚げ

和 こんにゃくのピリ辛煮

エネルギー：96kcal　たんぱく質：1.4g　脂質：4.5g　塩分：2.9g

臨床栄養へのヒント
- エ 植物油を使わない。[-37kcal]
- た 基本のままでよい。
- 脂 エと同じ。[-4.0g]
- 塩 基本のままでよい。
- 軟菜食 こんにゃくを薄切りにする。

応用メニュー
1 | こんにゃくのごま煮：ねりごまに砂糖としょうゆを加えてのばし，こんにゃくにからめて煮る。
2 | こんにゃくのおかか煮：とうがらしを使わず煮たこんにゃくに，空炒りして粉状にした削り節をまぶす。
3 | たけのことれんこんのピリ辛煮：こんにゃくをたけのことれんこんにかえて煮る。

組み合わせ例：まぐろの山かけ，かき玉汁

副菜の部 | 海藻類

糸寒天 6g 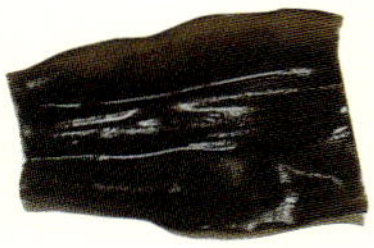　　こんぶ 4g 　　ひじき 5g

もずく 30g 　　乾わかめ 1g 　　生わかめ 20g

---

中　糸寒天の和え物

エ 33kcal
た 2.2g
脂 1.4g
塩 0.8g

材料（1人分, g）

糸寒天　3
きゅうり　10
もやし　20
ロースハム　5（0.1単位）
［合わせ調味料］
　しょうゆ　4
　砂糖　0.5
　酢　4
　ごま油　0.1
白炒りごま　1（0.1単位）

作り方

①糸寒天をもみ洗いして、7分ぐらい水につけてもどし、5cmに切る。
②きゅうりは板ずりして水洗いし、斜め薄切りにして、せん切りにする。
③もやしは、さっとゆでる。
④ロースハムはせん切りにする。
⑤合わせ調味料を作り、すべての材料と和える。
⑥器に盛り白ごまをかける。

和　こんぶとだいずの煮物

エ 123kcal
た 7.2g
脂 4.4g
塩 0.9g

材料（1人分, g）

だいず（乾）　20（1単位）
こんぶ（乾）　2
［調味料］
　しょうゆ　5
　砂糖　5（0.2単位）
　みりん　5（0.1単位）
　だし汁　40ml

作り方

①こんぶは水でもどし3cm角に切る。
②だいずはひと晩水につけ、たっぷりの水で弱火でゆっくり煮る。沸とう後、3分ほど煮る。ざるに取り水気をきっておく。
③鍋に調味料を煮立たせこんぶ、だいずを入れやわらかくなるまで弱火で1時間ほど煮る。

和 ひじきの炒め煮

エ 93kcal
た 3.4g
脂 6.4g
塩 1.3g

材料(1人分, g)
乾ひじき 8
油揚げ 10 (0.5単位)
にんじん 10
植物油 3 (0.3単位)
[調味料]
　だし汁 60ml
　砂糖 2 (0.1単位)
　しょうゆ 7

作り方
①ひじきはじゅうぶんの水でもどし、洗った後、2〜3cmの長さに切る。
②油揚げは熱湯をかけ、短冊に切る。にんじんも短冊に切る。
③鍋に油を熱し、ひじき、にんじんを入れ炒める。
④③に油揚げ、調味料を加え沸とう後、弱火で20分ほど煮る。

和 もずくの酢の物

エ 30kcal
た 2.9g
脂 0.5g
塩 2.0g

材料(1人分, g)
もずく 30
きゅうり 20
しらす干し 5 (0.1単位)
しょうが 1
塩 0.2
[三杯酢]
　酢 5
　砂糖 3 (0.1単位)
　しょうゆ 3

作り方
①もずくは水につけ、塩抜きする。
②きゅうりは輪切りにして塩を振ってしばらくおき、水が出たらかたく絞る。
③三杯酢と針しょうがを作る。
④しらす干しに熱湯をかける。
⑤もずくときゅうり、しらす干しを盛り付け、三杯酢をかけ針しょうがを天盛りにする。

和 わかめの黄身酢和え

エ 56kcal
た 1.6g
脂 2.2g
塩 0.5g

材料(1人分, g)
生わかめ 20
きゅうり 10
[黄身酢]
　卵黄 7 (0.3単位)
　かたくり粉 0.8
　だし汁 8
　酢 8
　みりん 3 (0.1単位)
　砂糖 4 (0.2単位)
　塩 0.1

作り方
①生わかめは洗って2〜3cmに切り熱湯を通し、水気をきっておく。
②きゅうりは小口切りにする。
③酢以外の黄身酢の材料を合わせて加熱し、とろっとしたら火から下ろし酢を手早く混ぜ合わせ冷ます。
④わかめ、きゅうりを器に盛り③の黄身酢をかける。

和 若竹煮

エ 79kcal
た 3.7g
脂 0.2g
塩 2.8g

材料(1人分, g)
ゆでたけのこ(小) 80
乾わかめ 3
砂糖 5 (0.2単位)
塩 1
みりん 10 (0.3単位)
淡口しょうゆ 8
だし汁 75ml
木の芽 適宜

作り方
①たけのこは1cmの厚さの半月切りにし、穂先は縦に4つ切りにする。
②わかめはややかためにもどし、筋のかたい部分を除き3cmの長さに切る。
③鍋にだし汁、たけのこを入れて5分、次に砂糖と塩を加えて15分、みりん、しょうゆを入れて10分、最後にわかめを入れて2〜3分煮て火を止める。たけのことわかめを盛り付け、木の芽を添える。

基本料理の展開 | 海藻類

食品・栄養

　海藻類は色により緑藻類，褐藻類，紅藻類，藍藻類に分けられる。生食できる海藻類もあるが，収穫後すぐに品質が劣化するため直ちに乾燥または塩蔵されるものが多い。独特の歯ざわりが好まれる。主成分は糖質，たんぱく質，ミネラル（ヨウ素，カリウム，鉄，ナトリウムなど）である。カロテン，ビタミンB群などのビタミン類も含んでいる。糖質類は，アルギン酸，カラギーナンなどの非あるいは難消化性の食物繊維が主である。こんぶの旨味物質としてはグルタミン酸が主で，その他にはアスパラギン酸などを含んでいて，日本料理のだしとして用いられる。乾燥品の表面の白い粉はマンニットで甘味がある。わかめは生，素干し，灰干し，塩蔵品などがある。色素としてクロロフィルaやcの他にカロテノイド系のフコキサンチンをもつため，混じって褐色に見えるが，加熱すると本来の橙黄色にもどる。ひじきはカルシウムの補給源として用いることが多く，くせがなくいろいろな料理に使いやすい。のりは他の海藻類よりたんぱく質，ビタミン類に富み，やや青みを帯びた光沢のある漆黒のものが好まれる。寒天はテングサ，オゴノリなどに含まれる多糖類を抽出したものであり，難消化性である。角，粉末，糸などがある。糸寒天は溶解せずに酢の物に用いられることが多い。

調理

1｜乾燥品は水につけてもどすと重量は，例えば干しひじきでは約4倍，干しわかめでは約14倍に増す。また塩蔵わかめは2倍となる。
2｜こんぶのグルタミン酸は5′-イノシン酸（かつお節，煮干し），5′-グアニル酸（干ししいたけ）との相乗効果で特有の旨味を呈するため，混合だしとしてかつお節と共に用いられることが多い。沸とうさせるとこんぶ中のアルギン酸が溶出し粘りが出るため，だしとして用いる場合は，沸とう直前に取り出す。調理の付け合わせや風味付けなどとして用いることが多い。

大量調理のポイント：1｜乾燥品を用いる場合は，使用量に注意する。2｜寒天は吸水膨潤させたあとよく煮溶かすことが必要である。浸漬時間が長いほど早く，よく溶ける。

中 糸寒天の和え物

エネルギー：33kcal　たんぱく質：2.2g　脂質：1.4g　塩分：0.8g

臨床栄養へのヒント

- エ ロースハムは除く。[-10kcal]
- た エ と同じ。[-0.8g]
- 脂 ロースハム，白ごまは除く。[-1.2g]
- 塩 味付けをポン酢にする。[-0.6g]
- 軟菜食 糸寒天は，緑豆はるさめにする。もやしは除く。

応用メニュー

1｜糸寒天と野菜の和えもの：せん切りの野菜とたまご焼きにごまだれを添える。
2｜みそ汁：ふだんのみそ汁に入れる。
3｜糸寒天の黒みつがけ：黒みつをかけ，デザートとして食べる。
4｜海鮮スープ：ほたてやえび，わかめを入れた中華風スープに入れる。

組み合わせ例：あさりの中華炒め，酢味の薄くず汁，杏仁かん（杏仁豆腐）

和 こんぶとだいずの煮物

エネルギー：123kcal　たんぱく質：7.2g　脂質：4.4g　塩分：0.9g

臨床栄養へのヒント

- エ 砂糖を入れない。みりんを1gに減らす。[-21kcal]
- た だいずを10gにする。[-3.3g]
- 脂 た と同じ。[-2.2g]
- 塩 しょうゆを1gにする。[-0.6g]

応用メニュー

1｜じゃこ入りこんぶ煮豆：じゃこを入れてカルシウム補給。しょうゆを1gに減らす。
2｜わかめとだいずの煮つけ：だし汁としょうゆ，みりんでだいずを煮てから最後にわかめを入れさっと煮る。
3｜こんぶの含め煮：結びこんぶを作り，砂糖，しょうゆ，だし汁で煮含める。

組み合わせ例：豚汁，ブロッコリーのからしごま和え

和 ひじきの炒め煮

エネルギー：93kcal　たんぱく質：3.4g　脂質：6.4g　塩分：1.3g

臨床栄養へのヒント
- エ 油揚げをゆでだいず10gにかえ，油を使わない。[-48kcal]
- た 油揚げをしめじ10gにかえる。[-1.5g]
- 脂 油揚げをむきえび10gにかえる。[-3.2g]
- 塩 しょうゆを1/2量にする。[-0.5g]
- 軟菜食 ひじきをチンゲンサイ60gにかえる。

応用メニュー
1 | ひじきとだいずのサラダ：水もどし後，ゆでたひじきと水煮だいず，きゅうり，にんじん等の野菜をマヨネーズ，塩，こしょうで和える。
2 | ひじきのかき揚げ：薄味で煮たひじきを水煮だいず，ささがきごぼうでかき揚げにする。
3 | 和風炒りたまご：薄味で煮たひじき，ゆでてせん切りにしたいんげんとさやいんげんをたまごに入れ，砂糖，淡口しょうゆで調味し，炒りたまごを作る。

組み合わせ例：鶏のみそ焼き，わけぎといかのぬた

和 もずくの酢の物

エネルギー：30kcal　たんぱく質：2.9g　脂質：0.5g　塩分：2.0g

臨床栄養へのヒント
- エ しらす干しを除く。[-9kcal]
- た エと同じ。[-1.9g]
- 脂 しらす干しを除く。[-0.1g]
- 塩 しらす干し，しょうがを除く。[-0.6g]

応用メニュー
1 | いかときゅうりの酢の物：いかはかのこ状に切りめを入れひと口大に切って冷ます。きゅうりはじゃばらに切って塩を振り絞る。もずくは，水につけ塩抜きする。盛り付け三杯酢をかけ，針しょうがを天盛りにする。
2 | ひじきときくらげの炒め煮：ひじきときくらげはそれぞれ水にもどして水気をきる。にらは5mmの長さに切る。油を熱し，しらす干しを軽く炒め，にら，ひじき，きくらげ，しょうゆ，みりんを加えて汁気がなくなったら，すった黒ごまを振る。

組み合わせ例：のっぺい汁，あじのはさみ焼き，こまつなのごま和え

和 わかめの黄身酢和え

エネルギー：56kcal　たんぱく質：1.6g　脂質：2.2g　塩分：0.5g

臨床栄養へのヒント
- エ 黄身酢を三杯酢にかえる。[-38kcal]
- た エと同じ。[-1.1g]
- 脂 エと同じ。[-2.2g]
- 塩 基本のままでよい。
- 軟菜食 わかめを小さく切りやわらかくゆでて黄身酢で和える。

応用メニュー
1 | わかめととろろ和え：わかめときゅうりを盛り，すりおろしたやまいもをかけ，糸かつおを天盛りにする。割じょうゆで食べる。
2 | れんこんとわかめの炒り煮：半月の薄切りれんこんを油で炒めわかめを加えてみりん，しょうゆで調理し，強火で味をからめる。
3 | 炒りたまごとわかめのサラダ風：油を使わず和風の大きめの炒りたまごを作り，わかめと合わせてマヨネーズで和える。

組み合わせ例：たまごの袋煮，さつまいものかき揚げ

和 若竹煮

エネルギー：79kcal　たんぱく質：3.7g　脂質：0.2g　塩分：2.8g

臨床栄養へのヒント
- エ たけのこと調味料を1/2量にする。[-38kcal]
- た エと同じ。[-1.6g]
- 脂 基本のままでよい。
- 塩 わかめを除き，塩を1/2量にする。[-1.0g]

応用メニュー
1 | 木の芽和え：ゆでたけのこ，いかを木の芽みそで和える。
2 | 若竹汁：たけのこをだし汁で煮，芽わかめ，木の芽をあしらう。
3 | たけのこ飯：こめ，だし汁，たけのこ，油揚げ，にんじん，しょうゆ，みりんで炊く。
4 | たけのこのはさみ揚げ：たけのこに味付けした鶏ひき肉，しいたけなどをはさみ衣をつけ揚げる。

組み合わせ例：焼きうどん，サーモンのホイル焼き

果物・デザートの部 | 果物・デザート

☐g ＝ 1 単位量（全て可食量）

- アボカド 40g
- グレープフルーツ 3/4個 200g
- りんご 1/2個 150g
- いちご 250g
- みかん 200g
- バナナ 100g
- メロン中 1/2個 200g
- レモン中 2個（果汁45ml） 150g

洋 アボカドとまぐろのサラダ

- エ 179kcal
- た 15.8g
- 脂 11.3g
- 塩 0.7g

材料（1人分, g）
- きはだまぐろ 60 (0.8単位)
- 塩 0.2
- アボカド 20 (0.5単位)
- たまねぎ 10
- にんにく 2
- マヨネーズ 10 (0.8単位)
- 塩 0.2
- こしょう 少々
- レタス 20

作り方
① 刺身用まぐろはさく取りしたものを求め、1cm角のさいの目切りにして塩を振る。
② アボカドは皮と種を取り、まぐろと同じ大きさの角切りにする。
③ たまねぎはみじん切りにして、水に3分ほどさらし、水気をきる。マヨネーズにたまねぎとにんにくのみじん切りを混ぜる。
④ まぐろとアボカドを③で和え、塩、こしょうで味を調える。
⑤ 器にレタスを敷いて④を盛り付ける。

和 かきなます

- エ 79kcal
- た 1.2g
- 脂 1.2g
- 塩 1.0g

材料（1人分, g）
- 干しがき 10 (0.3単位)
- だいこん 40
- にんじん 10
- 塩 0.5
- みつば 5
- 白ごま 2 (0.2単位)
- ［甘酢］
  - 酢 12
  - 砂糖 7 (0.3単位)
  - 塩 0.4

作り方
① 干しがきは細切りにする。
② だいこんとにんじんは2cmの長さのせん切りにし、塩を振りやわらくして水気をきる。
③ みつばは葉を取り、ゆでて2cmの長さに切る。
④ 甘酢を作り、①〜③の材料と白ごまを和えて、器に盛る。

洋 グレープフルーツとえびのカクテル

- エ 309kcal
- た 9.4g
- 脂 23.8g
- 塩 1.0g

材料(1人分, g)
- グレープフルーツ 80 (0.4単位)
- りんご 50 (0.3単位)
- 芝えび 40 (0.4単位)
- レタス 20
- 生クリーム 20 (1.1単位)
- マヨネーズ 20 (1.7単位)
- 塩 0.3
- こしょう 少々
- かたくり粉 少々
- ミントの葉 適宜 (またはパセリ)

作り方
① グレープフルーツは横半分に切り、1房ずつ身だけをていねいにくり抜く。
② りんごは皮をむき、5mm角に切る。
③ えびは皮をむき、背わたを抜いてかたくり粉をかるくまぶして塩ゆでにする。
④ 生クリームを少し泡立てた後、マヨネーズを合わせて塩、こしょうで味を整え①②③を和える。
⑤ サラダ用のガラスの器にレタスをあしらい、その上に④を盛り合わせ、ミントの葉(またはパセリ)を飾る。

洋 フルーツみつ豆

- エ 125kcal
- た 3.8g
- 脂 0.3g
- 塩 0.1g

材料(1人分, g)
- 粉寒天 0.5
- 水 50ml
- スキムミルク 6 (0.3単位)
- 湯 15ml
- いちご 30 (0.1単位)
- グレープフルーツ 55 (0.2単位)
- あんずのシロップ漬け 15 (0.2単位)
- 赤えんどう豆の塩ゆで 10 (0.2単位)
- ガムシロップ 15 (0.5単位)

作り方
① 鍋に分量の水を入れて粉寒天を振り入れ、よく混ぜてから火にかける。煮立ったら、静かに煮立つ火加減にしてさらに2～3分煮、スキムミルクを湯で溶いて加え混ぜる。
② 荒熱をとり、水でぬらした流し缶に流し、冷蔵庫で冷やし固める。
③ いちごはヘタを取り、グレープフルーツは薄皮を除き、それぞれ食べやすく切る。
④ ②を流し缶から取り出して、1～1.5cm角の大きさに切り器に盛る。赤えんどう豆と③の果物とあんずを飾り、食卓でシロップをかける。

洋 ヨーグルトサラダ

- エ 111kcal
- た 1.6g
- 脂 4.4g
- 塩 0.1g

材料(1人分, g)
- オレンジ 30 (0.1単位)
- りんご 30 (0.2単位)
- キウイフルーツ 20 (0.1単位)
- バナナ 30 (0.3単位)
- [ヨーグルトソース]
  - ヨーグルト 20 (0.2単位)
  - マヨネーズ 5 (0.4単位)
  - 砂糖 0.5

作り方
① 果物は皮をむき、角切りにする。
② ヨーグルトソースで①を和え、器に盛る。

洋 りんごとさつまいもの重ね煮

- エ 139kcal
- た 0.8g
- 脂 2.6g
- 塩 0.1g

材料(1人分, g)
- さつまいも 50 (0.8単位)
- りんご 30 (0.2単位)
- 砂糖 8 (0.4単位)
- バター 3 (0.3単位)
- 水 40ml
- 干しぶどう 3 (0.1単位)

作り方
① さつまいもは6mmの厚さのいちょう切りにし、水につけてあく抜きをする。りんごは6～8等分に縦割りにし、皮をむき、芯を取り、6mmの厚さに切る。
② 鍋にさつまいもとりんごが重なるように並べ、砂糖、バター、水を加えて、煮立ったら弱火にし、ふたをして15分ほどやわらかくなるまで煮る。火を止める前に干しぶどうを加える。

基本料理の展開 | 果物・デザート

食品・栄養

果物類は種類も多く,漿果類(ぶどう,いちじく),仁果類(なし,りんご),柑橘類(みかん,レモン),核果類(もも,うめ),熱帯果実(パインアップル,バナナ,アボカド)などがある。いちご,すいか,メロンなどは果菜類に分類される。季節のもので成熟した新鮮なもので,全般的に形がそろったもの,斑点や虫喰いのない,特有の色と香りのあるものを選ぶ。特徴としては豊かな色彩と芳香,多汁な果肉など,さわやかな食感,固有のテクスチャーをもつ。酸味と甘味を有し,食後のデザートなどのし好的な意味合いがある。果物の甘味は果糖,ぶどう糖,しょ糖が主で,成熟に伴い甘味が増す。果物特有の爽快な酸味はクエン酸,リンゴ酸,コハク酸などの有機酸によるものである。主成分は水分と糖質(10%前後)であるが,ビタミンCやカロテン,さらにはカリウム,糖質,食物繊維,さまざまな酵素や有機酸を多く含む。たんぱく質および脂質は共に少ないが,アボカドは特に脂質が19%とかなり多い。色素にはクロロフィル,カロテノイド,アントシアン,フラボノイドがある。成熟した果物は甘い香りを放つものが多く,主成分はエステル類で,その他にアルコール,アルデヒド類などが含まれる。デザート類には,糖質,脂質を多く含むものが多いため,食べる量には注意する。

調理

1 | 果物類は色彩が豊かで,料理に彩りを添える。生でそのまま味わうほか,ジュースやドライフルーツ,ジャムなどに幅広く利用されている。果汁を作る場合,食塩を加えてビタミンCの酸化を抑制したり,りんごやバナナにレモン汁をかけてポリフェノール酸化酵素の褐変作用を防止する。2 | たんぱく質を分解するプロテアーゼを含むもの(パパイア:パパイン,パイナップル:ブロメリン,キウイフルーツ:アクチニジンなど)があるので,これらを生で使うとゼラチンゼリーが固まらないため,注意する。また,この酵素は肉類を食べた場合には消化を助ける働きをする。3 | 香味付け,臭み消しや薬味などとして,レモン,ゆず,すだちなどの柑橘類が用いられる。

大量調理のポイント:果物を冷やす場合,冷やしすぎると味覚が働かないため,10℃前後が適している。

洋 アボカドとまぐろのサラダ
エネルギー:179kcal　たんぱく質:15.8g　脂質:11.3g　塩分:0.7g

臨床栄養へのヒント
- エ マヨネーズをしょうゆにかえる。[-63kcal]
- た まぐろを1/2量にする。[-7.3g]
- 脂 エと同じ。[-7.3g]
- 塩 基本のままでよい。
- 軟菜食 たまねぎ,にんにく,レタスを除く。

応用メニュー
1 | **まぐろの山かけ**:おろしたやまいもにだし汁と淡口しょうゆで下味をつける。まぐろはさいの目切りにし,わさびじょうゆをからめ,やまいもをかけ細切りのりを天盛りにする。
2 | **まぐろのしぐれ煮**:まぐろは2cm角に切る。酒,みりん,しょうゆ,砂糖を煮立て,しょうがのせん切りとまぐろを加え,汁気がなくなるまで煮る。3 | **まぐろのステーキ**:さく取りのまま塩,酒を振る。焼き網を熱し表面に焼き色をつけ,しょうゆを振りかけひと口大に切る。小口切りの小ねぎを散らし,だいこんおろしを添える。

組み合わせ例:豚汁,こんぶとだいずの煮物,こまつなのおひたし

和 かきなます
エネルギー:79kcal　たんぱく質:1.2g　脂質:1.2g　塩分:1.0g

臨床栄養へのヒント
- エ 基本のままでよい。
- た 基本のままでよい。
- 脂 ごまを除く。[-1.1g]
- 塩 材料をさっとゆがく。[-0.5g]
- 軟菜食 材料はみじん切りにする。

応用メニュー
1 | **かきときゅうりのサラダ**:かきはいちょう切り,きゅうりは小口切りにして塩を振りやわらくして,水気をきる。マヨネーズで和え,レタスと共に盛る。
2 | **かきとかぶの酢の物**:かきはたんざく切り,かぶはいちょう切りにして塩を振りやわらくして,水気をきる。わかめは水でもどし,水気をきる。合わせ酢で和える。
3 | **かきのおろし和え**:りんご(皮つき),かき,きゅうりは1cmのさいの目切りにして,おろしだいこんと和える。だし汁,砂糖,酢を合わせ,調味する。

組み合わせ例:きのこ汁,さばの幽庵焼き,あずきとかぼちゃのいとこ煮

洋 グレープフルーツとえびのカクテル
エネルギー：309kcal　たんぱく質：9.4g　脂質：23.8g　塩分：1.0g

臨床栄養へのヒント
エ 生クリームとマヨネーズをそれぞれ1/2量にする。[-110kcal]
た 芝えびを除く。[-7.5g]
脂 エと同じ。[-11.8g]
塩 エと同じ。[-0.3g]

応用メニュー
1｜**グレープフルーツのゼリー**：グレープフルーツの実をほぐし、ゼラチン液（グレープフルーツジュースで作ったもの）、砂糖を加え、冷やし固める。
2｜**グレープフルーツサンド**：薄切り食パンにバターを塗る。砂糖を入れ、かために泡立てた生クリーム、グレープフルーツの実をはさむ。

組み合わせ例：和風きのこスパゲッティ、ポークビーンズ

洋 フルーツみつ豆
エネルギー：125kcal　たんぱく質：3.8g　脂質：0.3g　塩分：0.1g

臨床栄養へのヒント
エ 赤えんどう豆の塩ゆでを除き、ガムシロップを1/2量にする。[-36kcal]
た 赤えんどう豆の塩ゆでを除く。[-0.9g]
脂 基本のままでよい。
塩 基本のままでよい。
軟菜食 赤えんどう豆の塩ゆでを除く。

応用メニュー
1｜**フルーツポンチ**：りんご、バナナ、メロンは乱切りにし、角切りにした寒天を混ぜ、砂糖と水を煮つめレモン汁を加えたシロップをかける。
2｜**クリームみつ豆**：スキムミルクを除いて寒天を作る。フルーツのかわりにあずきあん、アイスクリームをのせる。

組み合わせ例：ひらめのピカタ、ラタトゥユ

洋 ヨーグルトサラダ
エネルギー：111kcal　たんぱく質：1.6g　脂質：4.4g　塩分：0.1g

臨床栄養へのヒント
エ マヨネーズを1/2量にする。[-17kcal]
た 基本のままでよい。
脂 エと同じ。[-1.8g]
塩 基本のままでよい。
軟菜食 基本のままでよい。

応用メニュー
1｜**ミモザサラダ**：小さくちぎったレタス、薄切りのきゅうり、ラディッシュを器に盛り、裏ごしした卵黄を散らす。フレンチドレッシングを添える。
2｜**コンビネーションサラダ**：きゅうり、トマト、たまねぎをにんにく入りのドレッシングで和え、クレソンを飾る。
3｜**シーズンサラダ**：季節の果物、野菜をマヨネーズソースで和える。
4｜**コールスローサラダ**：せん切りのキャベツ、ハム、にんじんをマスタードを加えたドレッシングで和える。

組み合わせ例：ミネストローネ、生マスのムニエル

洋 りんごとさつまいもの重ね煮
エネルギー：139kcal　たんぱく質：0.8g　脂質：2.6g　塩分：0.1g

臨床栄養へのヒント
エ さつまいもとりんごの量を交換し、砂糖を1/2量とし、バターを除く。[-53kcal]
た さつまいもを使わず、りんごのみにする。[-0.6g]
脂 バターを除く。[-2.4g]
塩 基本のままでよい。
軟菜食 干しぶどうを除く。

応用メニュー
1｜**茶巾絞り**：さつまいもはゆでて、裏ごし、砂糖で調味し、レーズンを加え、ふきんで茶巾型に絞る。2｜**いもようかん**：さつまいもはゆでて、裏ごし、寒天を煮溶かし砂糖を加えた液と混ぜ合わせ、型に流し冷やし固める。3｜**大学いも**：さつまいもは乱切りにし、油で揚げる。鍋に砂糖と少量の水を入れホンダンを作り、油で揚げたさつまいもにからめる。4｜**スイートポテト**：さつまいもはゆでて裏ごし、砂糖、バターで調味し形を整えたのち、卵黄で照りをつけ、オーブンで焼く。

組み合わせ例：ミルクピラフ、鶏肉のロール巻き、たまねぎのスープ蒸し

洋 りんごのコンポート

エ 202kcal
た 0.6g
脂 9.1g
塩 0g

材料(1人分, g)
りんご(紅玉) 100 (0.6単位)
砂糖 15 (0.8単位)
レモン汁 2ml
水 50ml
生クリーム 20 (1.1単位)
砂糖 2 (0.1単位)
ミントの葉

作り方
①りんごは皮をむき半分に切り、芯を取る。
②鍋にりんご、砂糖、レモン汁、水を入れて紙ふたをし、火にかける。煮立ったら火を弱めやわらかくなるまで煮る。
③生クリームは、氷水にうかしたボウルに入れて七分立てし、砂糖は途中で加える。
④器に②を盛り③をかけ、ミントの葉をのせる。

中 杏仁かん(杏仁豆腐) シンレンドウフ

エ 133kcal
た 1.6g
脂 1.4g
塩 0g

材料(1人分, g)
粉寒天 0.7
水 40ml
牛乳 40ml (0.3単位)
杏仁粉 2
水 5ml
フルーツミックス(缶詰) 40 (0.4単位)
メロン 20 (0.1単位)
[シロップ]
　缶汁 20ml (0.2単位)
　水 50
　レモン汁 5ml
　砂糖 15 (0.7単位)

作り方
①寒天と水を鍋に入れ火にかけ、沸とうしたら混ぜながら2〜3分溶かす。そこに牛乳を入れ、70℃ぐらいになったら火を止める。
②杏仁粉を水で溶かし、①の鍋に入れバットに流し入れて冷やし固める。
③水、レモン汁、砂糖を火にかけ、シロップを作り、冷やしておく。
④フルーツミックス缶をあけ、実は器に入れて冷やし、シロップは③と合わせる。メロンはひと口大に切る。
⑤食べる直前に、②を菱形に切って器に入れ、冷やしたフルーツミックス、メロンを上に飾りシロップを注ぐ。

洋 カスタードプリン

エ 145kcal
た 4.1g
脂 5.6g
塩 0.2g

材料(1人分, g)
たまご 20 (0.4単位)
砂糖 10 (0.5単位)
牛乳 55ml (0.4単位)
バニラエッセンス 少々
バター 2 (0.2単位)
[カラメルソース]
　砂糖 7 (0.3単位)
　水 4
　水 1.5

作り方
①プリン型にバターを塗っておく。②たまごを割り、泡が立たないように溶きほぐす。砂糖を入れ混ぜ、牛乳を加えてさらに混ぜる。バニラエッセンスを加える。③カラメルソースを作る。カラメルソースは、鍋に砂糖と水(4g)を入れて中火にかけ、砂糖が溶けて焦げ色がついたら水(1.5g)を加え、ソースがゆるんだら①に注ぎ入れる。
④蒸気のあがった蒸し器に③を入れ中火で2〜3分蒸した後、弱火で15分蒸す。天火の場合は、天板に湯をはって③を入れ弱火で25分焼く。⑤冷めたら型から出して器に盛る。型から抜くときは竹箸を使う。

中 ごま風味団子(芝麻元宵) ツゥマァユアヌシャオ

エ 300kcal
た 5.1g
脂 8.2g
塩 0g

材料(1人分, g)
白玉粉 30 (1.4単位)
[砂糖水]
　水 40ml
　砂糖 5 (0.2単位)
生こしあん 25 (0.5単位)
砂糖 15 (0.7単位)
白ごま 3 (0.2単位)
揚げ油(吸油:6) (0.7単位)

作り方
①水に砂糖を入れて溶かし砂糖水にする。ボールに白玉粉を入れて砂糖水を加えてよくこね、3個にわける。
②生こしあんに砂糖を加えて火にかけて練る。あずきあんを3等分にして丸め、皮となる①を厚めに伸ばして包み、白ごまの上を転がしてまわりにつける。
③130℃の揚げ油の中で揚げ、団子が浮き上がってから160℃にして油切れをよくして引き上げる。

和 長寿しるこ

- エ 295kcal
- た 11.4g
- 脂 9.6g
- 塩 0.2g

材料 (1人分, g)

- 黒豆(乾) 14 (0.7単位)
- あずき(乾) 14 (0.6単位)
- 黒ごま 12 (0.9単位)
- もち 20 (0.6単位)
- 水 120ml＋40ml
- [調味料]
  - 黒砂糖 20 (0.9単位)
  - 塩 0.2

作り方

①黒豆とあずきを洗って水気をきり圧力鍋に入れる。水を120ml加え、強火で加熱し沸とうしたら火を止めふたをして30分位おく。
②①に黒ごまを入れ、圧力鍋のふたをセットして中火にかける。圧がかかったら極弱火で15分加熱し、急冷してふたをあける。
③②と水40mlをミキサーにかけて、鍋にもどし、煮詰めて黒砂糖、塩で味を調える。
④もちを6切れにして焼く。
⑤③を器に盛って、もちを浮かす。

洋 にんじんケーキ

- エ 222kcal
- た 3.1g
- 脂 12.5g
- 塩 0.1g

材料 (1人分, g)

- にんじん 25
- たまご 10 (0.2単位)
- 砂糖 10 (0.5単位)
- 植物油 10 (1.1単位)
- 小麦粉 15 (0.7単位)
- ベーキングパウダー 0.4
- シナモン 0.2
- 塩 0.1
- スライスアーモンド 2 (0.2単位)

作り方

①型(21cm)にバター(分量外)を薄く塗っておく。②小麦粉、ベーキングパウダー、シナモン、塩は合せて2回ふるう。③にんじんは軽くすりおろし、軽く水気を絞る。④ボールにたまごを入れ、50℃の湯せんにかけ砂糖を加えながらじゅうぶん泡立てる。⑤④に油を少しずつ加えながらさらによく混ぜ合せ、③を加え手早く混ぜ、②を加え、さっくりと混ぜる。⑥①に⑤を流し込み、空気を抜いて、アーモンドをのせ、170℃のオーブンで30～40分間焼く。

メモ | この方法で12人分となる。材料を12倍してつくる。

洋 ババロア

- エ 166kcal
- た 4.7g
- 脂 8.8g
- 塩 0.1g

材料 (1人分, g)

- みかん(缶詰) 30 (0.2単位)
- 粉ゼラチン 2
- 水 10ml
- 牛乳 45ml (0.3単位)
- 卵黄 9 (0.4単位)
- 砂糖 10 (0.5単位)
- 生クリーム 10 (0.5単位)
- バニラエッセンス 少々

作り方

①粉ゼラチンを5倍の水に振り入れふやかしておく。
②鍋に牛乳、砂糖、卵黄を入れて弱火で温め、そこに①を入れる。
③②をよく混ぜ、決して沸とうさせない。
④③を冷やし始めると同時に水気のないボウルで生クリームを六分立てに泡立てる。バニラエッセンスを数滴落とす。
⑤材料と生クリームが20℃位の温度になれば切るようにボウルをまわしながら混ぜる。
⑥型に流し込み、みかんを散らして、さらに冷やす。

洋 ブラマンジェ

- エ 135kcal
- た 2.5g
- 脂 2.6g
- 塩 0.1g

材料 (1人分, g)

- 牛乳 80ml (0.6単位)
- コーンスターチ 8 (0.4単位)
- 水 15ml
- 砂糖 8 (0.4単位)
- [ピーチソース]
  - 黄桃(缶詰) 30 (0.3単位)
  - 白ワイン 5
- ミントの葉

作り方

①鍋に牛乳、コーンスターチ、水、砂糖を入れ、弱火にかける。しゃもじで混ぜながらとろりとなったら、水でぬらしたゼリー型に平らに流し入れて冷やす。
②黄桃に白ワインを加え、ミキサーでピーチソースを作る。
③器に①を盛り②をかけ、ミントの葉を飾る。

洋 りんごのコンポート

エネルギー：202kcal　たんぱく質：0.6g　脂質：9.1g　塩分：0g

臨床栄養へのヒント
- エ 生クリームを除く。[−87kcal]
- た エ と同じ。[−0.4g]
- 脂 生クリームを1/2量にする。[−4.5g]
- 塩 基本のままでよい。
- 軟菜食 リンゴを1cm角くらいに切る。

応用メニュー
1 | **フルーツヨーグルトジュース**：りんご，バナナ，いちごは薄く切り，ヨーグルト，砂糖と共にミキサーに入れ，なめらかになるまで撹拌する。
2 | **アップルパイ**：りんごのコンポートをいちょう切りにし，パイ生地で包み，オーブンで焼く。

組み合わせ例：スペイン風オムレツ，クラムチャウダー，トマトサラダの冷製

中 杏仁かん（杏仁豆腐）(シンレンドウフ)

エネルギー：133kcal　たんぱく質：1.6g　脂質：1.4g　塩分：0g

臨床栄養へのヒント
- エ 低脂肪牛乳にかえる。[−13kcal]
- た エ と同じ。[−0.5g]
- 脂 エ と同じ。[−1.0g]
- 塩 基本のままでよい。
- 軟菜食 メロン，フルーツ缶は，ミキサーでソースにする。

応用メニュー
1 | **牛乳かん**：牛乳，寒天，砂糖を煮，型に入れ冷やし固める。
2 | シロップを抹茶ソースや果物のソースにかえてもよい。
3 | **カルピスかん**：牛乳をカルピスにかえる。
4 | **マンゴーかん**：牛乳にマンゴーのペースト，砂糖を入れ固める。

組み合わせ例：鶏肉のパプリカの炒め物，中華サラダ，きのこスープ

洋 カスタードプリン

エネルギー：145kcal　たんぱく質：4.1g　脂質：5.6g　塩分：0.2g

臨床栄養へのヒント
- エ カラメル，バターを除く。[−42kcal]
- た 基本のままでよい。
- 脂 型にバターを塗らない。[−1.6g]
- 塩 無塩バターを使用する。
- 軟菜食 基本のままでよい。

応用メニュー
1 | **チョコレート・プディング**：チョコレートを溶かして加える。
2 | **パン・プディング**：パンを入れる。
3 | **プリン・アラモード**：生クリームやフルーツを飾りアイスクリームを添える。

組み合わせ例：パン，コンソメジュリエンヌ，ステーキ，にんじんグラッセ，ポテトから揚げ，ゆでブロッコリー

中 ごま風味団子（芝麻元宵）(ツゥマァユアヌシャオ)

エネルギー：300kcal　たんぱく質：5.1g　脂質：8.2g　塩分：0g

臨床栄養へのヒント
- エ 油で揚げずに沸とう湯でゆで，シロップをかける。[−55kcal]
- た 白玉粉，生こしあん，砂糖を2/3量にする。[−3.0g]
- 脂 エ と同じ。[−6.0g]
- 塩 基本のままでよい。
- 軟菜食 だんごをゆでて，シロップをかける。

応用メニュー
1 | **蜜汁元宵**：団子をたっぷりの湯で，強火で10分ゆでる。浮いてきたら器に取りシロップをかける。
2 | **フルーツ白玉**：白玉粉に水を加えて練り円形にする。たっぷりの湯で団子をゆで，浮いてきたら水に取る。季節の果物を添え，シロップをかける。
3 | **ココナッツだんご**：白玉粉に砂糖とココナッツミルクを加えて丸め，沸とう水中でゆでる。果物を添える。

組み合わせ例：酢豚(古嚕肉)，はくさい入牛乳スープ(ナイ湯白菜)，豆腐の和えたまご(涼拌豆苗)

和 長寿しるこ

エネルギー：295kcal　たんぱく質：11.4g　脂質：9.6g　塩分：0.2g

臨床栄養へのヒント
- [エ] 黒ごまと黒砂糖を1/2量にする。[−71kcal]
- [た] 黒豆を除く。[−4.9g]
- [脂] 黒ごまを1/2量にする。すりごまにして，盛り付ける時に振りかける。[−3.2g]
- [塩] 基本のままでよい。
- [軟菜食] もちを除く。皮を除いたかぼちゃを加えても美味しい。

応用メニュー
1. **あずきかぼちゃ**：あずきを洗って水，こんぶを加え煮る。あずきがやわらかくなったらかぼちゃ，塩，黒砂糖を入れて煮る。
2. **二色白玉くしだんご**：絹ごし豆腐と白玉粉を混ぜ，丸めて，ゆでる。水にとって冷やし水気をきる。あずきあん，ごまあんをつけてつまようじに1個ずつさす。

組み合わせ例：バラエティ豆腐サラダ，りんごとさつまいもの重ね煮，かぶときゅうりの即席漬け

洋 にんじんケーキ

エネルギー：222kcal　たんぱく質：3.1g　脂質：12.5g　塩分：0.1g

臨床栄養へのヒント
- [エ] 全体量を1/3量にする。[−148kcal]
- [た] 全体量を2/3量にする。[−1.0g]
- [脂] [エ]と同じ。[−8.3g]
- [塩] 基本のままでよい。
- [軟菜食] 基本のままでよい。

応用メニュー
1. **さつまいもケーキ**：にんじんをさつまいもにかえる。
2. **バナナケーキ**：にんじんをバナナにかえる。
3. **かぼちゃケーキ**：にんじんをかぼちゃにかえる。
4. **ズッキーニケーキ**：にんじんをズッキーニにかえる。

組み合わせ例：ラビオリ，グリーンサラダ

洋 ババロア

エネルギー：166kcal　たんぱく質：4.7g　脂質：8.8g　塩分：0.1g

臨床栄養へのヒント
- [エ] 牛乳をスキムミルクに，生クリームを植物性にかえる。[−41kcal]
- [た] 牛乳，生クリーム，卵黄を除き，みかんゼリーにする。[−2.9g]
- [脂] [エ]と同じ。[−3.9g]
- [塩] 基本のままでよい。
- [軟菜食] 基本のままでよい。

応用メニュー
1. **コーヒーババロア**：みかんをコーヒーにかえる。
2. **いちごババロア**：みかんをいちごにかえる。
3. **抹茶ババロア**：みかんを抹茶にかえる。
4. **バナナババロア**：みかんをバナナにし，バナナはつぶしてレモン汁少々をかけ，合わせる。

組み合わせ例：ロールサンド，キャベツのロシア風煮込み

洋 ブラマンジェ

エネルギー：135kcal　たんぱく質：2.5g　脂質：2.6g　塩分：0.1g

臨床栄養へのヒント
- [エ] 砂糖を3g，ピーチソースを1/2量にする。[−33kcal]
- [た] 牛乳を50ml，水を30mlで作る。[−0.9g]
- [脂] 低脂肪牛乳で作る。[−1.4g]
- [塩] 基本のままでよい。
- [軟菜食] 基本のままでよい。

応用メニュー
1. **牛乳ゼリー**：ゼラチンを使用し牛乳ゼリーにする。
2. **コーヒーブラマンジェ**：牛乳にインスタントコーヒーを溶かしてコーヒー風味のブラマンジェを作る。

組み合わせ例：ハンバーガー，パプリカマリネ

参考文献

厚生省健康医療局健康増進栄養課監修『第五次改定 日本人の栄養所要量』第一出版刊, 1994
健康・栄養情報研究会編『第六次改定 日本人の栄養所要量』第一出版刊, 1999
日本糖尿病学会編『糖尿病食事療法のための食品交換表』日本糖尿病協会文光堂刊, 1993
日本糖尿病学会編『糖尿病性腎症の食品交換表』日本糖尿病協会文光堂刊, 1998
科学技術庁資源調査会編『五訂 日本食品標準成分表』大蔵省印刷局発行, 2000
高木節子・加田静子編『調理素材事典』愛智出版刊, 1998
杉田浩一・堤　忠一・他編『新編日本食品事典』医歯薬出版刊, 1983
浅野誠一・吉　利和監修『腎臓病食品交換表』医歯薬出版刊, 1999
長野みさを・他編著『新編調理実習書』学建書院刊, 2000
宮澤節子・他編著『栄養学各論実習書』学建書院刊, 2001
小池五郎監修『栄養ミニバイブル』同文書院刊, 1997
鈴木吉彦監修, 塩澤和子著『毎日の糖尿病献立』主婦の友社刊, 1998
宗像伸子編著『一品料理500選』医歯薬出版刊, 1997
芳本信子『食べ物じてん』学建書院刊, 2001
渡邊　昌監修『美味しく健康をつくる本』日本私立学校振興事業団刊, 1999
全国調理師養成施設協会編『調理用語辞典』調理栄養教育公社刊, 1998
殿塚婦美子編『大量調理』学建書院刊, 2000
木村友子・他編著『楽しく学ぶ 給食経営管理論』建帛社刊, 2001
冨岡和夫編『給食管理論』医歯薬出版刊, 1999
山崎清子・島田キミエ『調理と理論』同文書院刊, 2000
藤沢和恵・他編著『現代調理学』医歯薬出版刊, 2001
小西洋太郎・他編『NEXT 食品学各論』講談社サイエンティフィク刊, 2001
辻　英明・他編『NEXT 食品学総論』講談社サイエンティフィク刊, 2001
佐藤和人・他編『エッセンシャル臨床栄養学』医歯薬出版刊, 2002

メニュー名索引

あ

揚げ出し豆腐野菜添え	116、118
あさりの中華炒め	81、83
あじのはさみ揚げ	57、59
あじのムニエル	57、59
あじの朝鮮焼き	56、58
あじの南蛮漬け	56、58
あずきがゆ	16、18
厚焼きたまご	112、114
アボカドとまぐろのサラダ	152、154
あゆの塩焼き	61、63
アリゾナステーキ	93、95
杏仁かん（杏仁豆腐）	156、158
いかとだいこんの煮物	77、79
いかの天ぷら油淋ソース	77、79
いさきの黄身揚げ	57、59
いさきの中華風あんかけ	57、59
糸寒天の和え物	148、150
炒り豆腐	117、119
いわしのアボカドソース	65、67
いわしの蒲焼き	64、66
いわしのさつま揚げ	65、67
いわしのしょうが煮	64、66
いわしのハーブ焼き	65、67
ウインナーソーセージのスープ煮	109、111
うなぎと加茂なすのはさみ揚げ	65、67
うなぎ丼	68、70
梅しそカツロール	92、94
えのきだけのわさび和え	140、142
えびあんかけ焼きそば	29、31
えびしんじょうの吸い物	32、34
えびチリソース	77、79
えびとはくさいのクリーム煮	76、78
えびとひらめのグラタン	80、82
えびのワンタン揚げ	77、79
えびフライ	76、78
オクラのながいもおろし和え	145、147
お好み焼き	29、31

か

かきとほうれんそうのグラタン	81、83
かきと高野豆腐の揚げ煮	80、82
かきと豆腐のオイスターソース煮	81、83
かきなます	152、154
かきフライ	80、82
カスタードプリン	156、158
かす汁	36、38
かつおのたたき	61、63
かつおの角煮	61、63
かにコロッケ	80、82
かに玉	113、115
かに入りたまごスープ	41、43
かぼちゃのそぼろあんかけ	124、126
カリフラワーの甘酢和え	132、134
かれいのから揚げ	48、50
かれいの煮つけ	48、50
カンヂャヂィクワイ（乾炸鶏塊）	104、106
菊花豆腐としゅんぎくのすまし汁	32、34
きすのフライ	49、51
きすの三色揚げ	49、51
きのこサラダ	141、143
きのこスープ	37、39
きのこと鶏肉のオイスターソース炒め	140、142
キャベツのロシア風煮込み	132、134
きゅうりの甘酢漬け（酸辣菜）	133、135
牛しゃぶサラダ風	89、91
牛肉とピーマンの炒め	88、90
牛肉のじゃがいもソース	85、87
牛肉のビール煮フランドル風	88、90
牛肉の煮込み	85、87
牛肉マスタード焼き	89、91
切り干しだいこんの炒め煮	133、135
グイホワシエゴン（桂花蟹羹）	41、43
クラムチャウダー	40、42
グリーンアスパラのくず煮	125、127
グリーンサラダ	137、139
グレープフルーツとえびのカクテル	153、155
コーンポタージュ	37、39
こまつなのXO醤炒め	125、127
ごま風味団子（芝麻元宵）	156、158
五目きしめん	24、26
五目きんぴら	133、135
五目煮豆	121、123
五目中華めん	28、30
コンソメジュリエンヌ	36、38
こんにゃくのピリ辛煮	145、147
こんぶとだいずの煮物	148、150

さ

ザーサイと豚肉のスープ	40、42
サーモンとポテトのグラタン	56、58
サーモンのオイル焼き	53、55
サーモンのクリームソース	53、55
サーモンのホイル焼き	53、55
サーモンのマヨネーズ焼き	53、55
サーモンのマリネ	56、58
さけの若草焼き	52、54
さけの包み焼き	52、54
ささみのすり流し	33、35
さつまいもご飯	17、19
さつまいもとえびのかき揚げ	144、146
さといものごまみそ煮	145、147
さばのおろし煮	68、70
さばのみそ煮	68、70
さばのラビゴットソース	69、71
さばの竜田揚げ	69、71
ざるそば	25、27
さわらのけんちん焼き	72、74
さわらの香味みそ焼き	72、74
さわらの青菜蒸し	73、75
三色おにぎり	16、18
三色丼	17、19
サンドイッチ	21、23
さんまのトマトソース焼き	72、74
さんまの塩焼き	69、71
さんまの蒲焼丼	69、71

さんまの巻き揚げ	72、74
シーチンタンミェン（什錦湯麺）	28、30
シーチンチャオフェン（什錦炒粉）	29、31
シーチンチャオミェン（什錦炒麺）	29、31
塩さけとしその寿司	17、19
ししとうがらしの炒め煮	125、127
ししゃもの南蛮漬け	61、63
しめさば	68、70
しめじのマリネ	141、143
しめたまごのすまし汁	33、35
シャンユウヂークワイ（香油鶏塊）	101、103
しゅんぎくのごま和え	125、127
白和え	117、119
白身魚のガーリックソテー	49、51
白身魚のグリーンソース	73、75
シンレンドウフ（杏仁豆腐）	156、158
酢味の薄くず汁	41、43
スイートコーンスープ	41、43
すき焼き煮	89、91
酢豚	96、98
スペイン風オムレツ	113、115
スワヌラツァイ（酸辣菜）	133、135
スワヌラアタン（酸辛湯）	41、43

た

たいの潮汁	33、35
たいの重ね蒸し	45、47
たいの信州蒸し	45、47
たいの中華風サラダ	45、47
炊き込みご飯	17、19
たこのトマトソース煮	81、83
たまごの袋煮	112、114
たまねぎのスープ蒸し	136、138
たらのけんちん焼き	44、46
たらのフライタルタルソース	44、46
タンドリーチキン	101、103
チェアツァイロウピエヌタン（搾菜肉片湯）	40、42
筑前煮	133、135
茶碗蒸し	113、115
チャンプルー	120、122
中華おこわ	20、22
中華風かれいの蒸し物	48、50
中華風ドライカレー	20、22
長寿しるこ	157、159
チンゲンサイと貝柱のスープ	40、42
チンゲンサイのオイスターソース炒め	128、130
チンジャオロオスウ（青椒牛肉絲）	88、90
チンジュウワンズ（珍珠丸子）	105、107
ツウマァユアスシャオ（芝麻元宵）	156、158
手羽先の煮込み	104、106
田楽豆腐	116、118
テンペの酢豚風	121、123
とうがんのあんかけ	136、138
豆腐のかき油煮	121、123
豆腐のクリーム煮	120、122
豆腐の五目あんかけ	117、119
豆腐の中華ドレッシングがけ	120、122
トマトサラダの冷製	128、130
トム・ヤン・クン	41、43
鶏肝佃煮風	108、110

鶏ささみの梅焼き	105、107
鶏ささみ中華風ドレッシング	104、106
鶏肉ときのこのトマト煮	101、103
鶏肉のみそ焼き	100、102
鶏肉の治部煮	105、107
鶏肉の中華風照り焼き	101、103
鶏のから揚げ香味ソース	101、103
鶏のぶつ切りから揚げ	104、106
鶏ひき肉の真珠蒸し	105、107

な

なすの酢油がけ（涼拌茄子）	136、138
鍋焼きうどん	24、26
なめこのおろし和え	141、143
南禅寺蒸し	116、118
肉じゃが	89、91
肉団子の甘酢煮	97、99
肉団子の錦たまご蒸し銀あんかけ	97、99
にらレバー炒め	128、130
にら玉あんかけ	116、118
にんじんケーキ	157、159
にんじんとあさりのサラダ	128、130
にんにくの芽と鶏肉の炒め物	104、106
ねぎの牛肉巻き揚げ	88、90
ねぎま	60、62
のっぺい汁	36、38

は

萩卵のあんかけ	113、115
はくさいの重ね煮	137、139
はす豆腐の黄金焼き	117、119
ババロア	157、159
パプリカマリネ	129、131
パンド・ブッフ（牛肉の煮込み）	85、87
ハンバーガー	21、23
ハンバーグ	105、107
ビーフシチュー	88、90
ビーフステーキ	84、86
ビーフストロガノフ	85、87
ピザトースト	21、23
ひじきの炒め煮	149、151
ピビンバ	20、22
冷やしそうめん	25、27
冷やし中華	29、31
ひらめのカルパッチョ	49、51
ひらめのピカタ	48、50
ブイヤベース	40、42
豚バラ角煮	97、99
豚バラ肉とだいずの煮込み	96、98
豚汁	36、38
豚肉とキャベツの辛み炒め	93、95
豚肉とたかな漬けの炒め物	93、95
豚肉のきのこソース	92、94
豚肉のしょうが焼き	93、95
豚肉のパイン煮	96、98
ブラマンジェ	157、159
ぶりだいこん	73、75
ぶりの照焼き	73、75
フルーツみつ豆	153、155

- ブロッコリーのからしごま和え・・・・・・・・・129、131
- ふろふきだいこん・・・・・・・・・・・・・・・・・・・・・136、138
- ほうれんそうの青菜づくし・・・・・・・・・・・129、131
- ポークビーンズ・・・・・・・・・・・・・・・・・・・・・・121、123

ま

- 麻婆豆腐・・・・・・・・・・・・・・・・・・・・・・・・・・・・120、122
- まいたけの天ぷら・・・・・・・・・・・・・・・・・・・141、143
- マカロニグラタン・・・・・・・・・・・・・・・・・・・・・28、30
- まぐろのごま衣焼き・・・・・・・・・・・・・・・・・・60、62
- まぐろのしょうがじょうゆがけ・・・・・・・60、62
- まぐろの山かけ・・・・・・・・・・・・・・・・・・・・・・60、62
- マセドアンサラダ・・・・・・・・・・・・・・・・・・・145、147
- 松風焼き・・・・・・・・・・・・・・・・・・・・・・・・・・・・・・84、86
- ミートスパゲッティ・・・・・・・・・・・・・・・・・・28、30
- みそ汁（ミルク入り）・・・・・・・・・・・・・・・・33、35
- ミニコロッケ・・・・・・・・・・・・・・・・・・・・・・・144、146
- ミネストローネ・・・・・・・・・・・・・・・・・・・・・・37、39
- ミルクピラフ・・・・・・・・・・・・・・・・・・・・・・・・20、22
- もずくの酢の物・・・・・・・・・・・・・・・・・・・・・149、151
- もやしのナムル・・・・・・・・・・・・・・・・・・・・・137、139

や

- 焼きうどん・・・・・・・・・・・・・・・・・・・・・・・・・・・25、27
- 焼きビーフン・・・・・・・・・・・・・・・・・・・・・・・・29、31
- 焼き豚・・・・・・・・・・・・・・・・・・・・・・・・・・・・・・・・96、98
- 野菜の煮込み（ラタトゥユ）・・・・・・・・124、126
- 八幡巻き・・・・・・・・・・・・・・・・・・・・・・・・・・・・・・85、87
- ユイミイタン（玉米湯）・・・・・・・・・・・・・・41、43
- ゆで豚のサラダ風・・・・・・・・・・・・・・・・・・・・97、99
- ヨーグルトサラダ・・・・・・・・・・・・・・・・・・・153、155

ら

- ラビオリ・・・・・・・・・・・・・・・・・・・・・・・・・・・・・・28、30
- リャンバンチェズ（涼拌茄子）・・・・・・・136、138
- リャンバンミェン（涼拌麺）・・・・・・・・・・29、31
- りんごとさつまいもの重ね煮・・・・・・・・153、155
- りんごのコンポート・・・・・・・・・・・・・・・・・156、158
- レバーのカレーソテー・・・・・・・・・・・・・・108、110
- レバーのケチャップ煮・・・・・・・・・・・・・・109、111
- レバーのぶどう酒煮・・・・・・・・・・・・・・・・109、111
- れんこんの梅肉和え・・・・・・・・・・・・・・・・137、139
- ロールキャベツ・・・・・・・・・・・・・・・・・・・・・109、111
- ロールパンサンド・・・・・・・・・・・・・・・・・・・・21、23

わ

- わかさぎのエスカベーシュ・・・・・・・・・・・・45、47
- 若竹煮・・・・・・・・・・・・・・・・・・・・・・・・・・・・・・149、151
- 若鶏の照り焼き・・・・・・・・・・・・・・・・・・・・100、102
- わかめと野菜スープ・・・・・・・・・・・・・・・・・・37、39
- わかめの黄身酢和え・・・・・・・・・・・・・・・・149、151
- わけぎといかのぬた・・・・・・・・・・・・・・・・129、131
- 和風きのこスパゲッティ・・・・・・・・・・・・・25、27

料理形態・主要食材名索引

あ
[範囲]
- あさり・・・・・・・・・・・・・・・・・・・・・・・・・・・・・・・76〜83
- あじ・・・・・・・・・・・・・・・・・・・・・・・・・・・・・・・・・52〜63
- アスパラガス・・・・・・・・・・・・・・・・・・・・・124〜131
- 厚揚げ・・・・・・・・・・・・・・・・・・・・・・・・・・・112〜123
- 油揚げ・・・・・・・・・・・・・・・・・・・・・・・・・・・112〜123
- アボカド・・・・・・・・・・・・・・・・・・・・・・・・・152〜159
- あゆ・・・・・・・・・・・・・・・・・・・・・・・・・・・・・・・・・52〜63
- いか・・・・・・・・・・・・・・・・・・・・・・・・・・・・・・・・・76〜83
- いさき・・・・・・・・・・・・・・・・・・・・・・・・・・・・・・52〜63
- いちご・・・・・・・・・・・・・・・・・・・・・・・・・・・152〜159
- 糸寒天・・・・・・・・・・・・・・・・・・・・・・・・・・・148〜151
- いも類・・・・・・・・・・・・・・・・・・・・・・・・・・・144〜147
- いわし・・・・・・・・・・・・・・・・・・・・・・・・・・・・・64〜75
- ウインナーソーセージ・・・・・・・・・・・・108〜111
- うどん・・・・・・・・・・・・・・・・・・・・・・・・・・・・・・24〜31
- うなぎ・・・・・・・・・・・・・・・・・・・・・・・・・・・・・・64〜75
- えのき・・・・・・・・・・・・・・・・・・・・・・・・・・・140〜143
- えび・・・・・・・・・・・・・・・・・・・・・・・・・・・・・・・・76〜83
- おかゆ・・・・・・・・・・・・・・・・・・・・・・・・・・・・・・16〜23

か
- 海藻類・・・・・・・・・・・・・・・・・・・・・・・・・・・148〜151
- かき・・・・・・・・・・・・・・・・・・・・・・・・・・・・・・・・76〜83
- かつお・・・・・・・・・・・・・・・・・・・・・・・・・・・・・・52〜63
- かぼちゃ・・・・・・・・・・・・・・・・・・・・・・・・・124〜131
- かれい・・・・・・・・・・・・・・・・・・・・・・・・・・・・・・44〜51
- がんもどき・・・・・・・・・・・・・・・・・・・・・・・112〜123
- きす・・・・・・・・・・・・・・・・・・・・・・・・・・・・・・・・44〜51
- きのこ類・・・・・・・・・・・・・・・・・・・・・・・・・140〜143
- キャベツ・・・・・・・・・・・・・・・・・・・・・・・・・132〜139
- 牛肉・・・・・・・・・・・・・・・・・・・・・・・・・・・・・・・・84〜91
- きゅうり・・・・・・・・・・・・・・・・・・・・・・・・・132〜139
- 魚介類・・・・・・・・・・・・・・・・・・・・・・・・・・・・・44〜83
- 果物・・・・・・・・・・・・・・・・・・・・・・・・・・・・・152〜159
- くるまえび・・・・・・・・・・・・・・・・・・・・・・・・76〜83
- グレープフルーツ・・・・・・・・・・・・・・・・152〜159
- 粉類・・・・・・・・・・・・・・・・・・・・・・・・・・・・・・・・24〜31
- こまつな・・・・・・・・・・・・・・・・・・・・・・・・・124〜131
- 小麦粉・・・・・・・・・・・・・・・・・・・・・・・・・・・・・・24〜31
- こんにゃく・・・・・・・・・・・・・・・・・・・・・・・144〜147
- こめ類・・・・・・・・・・・・・・・・・・・・・・・・・・・・・・16〜23
- こんぶ・・・・・・・・・・・・・・・・・・・・・・・・・・・148〜151
- ご飯・・・・・・・・・・・・・・・・・・・・・・・・・・・・・・・・16〜24

さ
- さけ・・・・・・・・・・・・・・・・・・・・・・・・・・・・・・・・52〜63
- さつまいも・・・・・・・・・・・・・・・・・・・・・・・144〜147
- さといも・・・・・・・・・・・・・・・・・・・・・・・・・144〜147
- さば・・・・・・・・・・・・・・・・・・・・・・・・・・・・・・・・64〜75
- さわら・・・・・・・・・・・・・・・・・・・・・・・・・・・・・・64〜75
- さんま・・・・・・・・・・・・・・・・・・・・・・・・・・・・・・64〜75
- しいたけ・・・・・・・・・・・・・・・・・・・・・・・・・140〜143
- ししゃも・・・・・・・・・・・・・・・・・・・・・・・・・・52〜63
- しめじ・・・・・・・・・・・・・・・・・・・・・・・・・・・140〜143

じゃがいも	144〜147
主菜	44〜123
主食	16〜31
しゅんぎく	124〜131
汁物	32〜43
スパゲッティ	24〜31
そうめん	24〜31

た

たい	44〜51
だいず	112〜123
たけのこ	132〜139
たこ	76〜83
だし汁	32
たまご	112〜123
たまねぎ	132〜139
たら	44〜51
淡色野菜類	132〜139
湯（タン）	32
中華めん	24〜31
チンゲンサイ	124〜131
デザート	152〜159
テンペ	112〜123
豆腐	112〜123
鶏肉	100〜107

な

ながいも	144〜147
なす	132〜139
なめこ	140〜143
肉類	84〜111
にんじん	124〜131

は

バナナ	152〜159
パプリカ	124〜131
ハム	108〜111
パン	16〜23
バンズパン	16〜23
パン粉	24〜31
パン類	16〜23
ひじき	148〜151
ひらめ	44〜51
ブイヨン	32
副菜	124〜151
豚肉	92〜99
ぶり	64〜75
ブロッコリー	124〜131

ま

まいたけ	140〜143
マカロニ	24〜31
まぐろ	52〜63
マッシュルーム	140〜143
豆類	112〜123
みかん	152〜159
むきえび	76〜83

メロン	152〜159
めん類	24〜31
もずく	148〜151
もち	16〜23
もやし	132〜139

ら

緑黄色野菜類	124〜131
りんご	152〜159
レバー	108〜111
レモン	152〜159
れんこん	132〜139

わ

わかさぎ	44〜51
わかめ	148〜151

メニューコーディネートのための
食材別料理集

2002年 6 月10日　第一版第 1 刷発行
2003年 4 月 1 日　第二版第 1 刷発行
2006年 4 月 1 日　第三版第 1 刷発行
2022年 3 月31日　第三版第 8 刷発行

編著者　宮澤節子
　　　　太田美穂
　　　　浅野恭代
発行者　宇野文博
発行所　株式会社　同文書院
　　　　〒112-0002
　　　　東京都文京区小石川5-24-3
　　　　TEL (03)3812-7777
　　　　FAX (03)3812-7792
　　　　振替　00100-4-1316
印刷・製本　中央精版印刷株式会社

Ⓒ S. Miyazawa, M. Ohta and Y. Asano et al., 2002
Printed in Japan　ISBN978-4-8103-1263-8
●乱丁・落丁本はお取り替えいたします

日本人の食事摂取基準
2025年版

同文書院

はじめに

1 食事摂取基準の改定の趣旨

食事摂取基準は，健康増進法第 16 条の 2 に基づき厚生労働大臣が定めるものとして，国民の健康の保持・増進，生活習慣病の発症予防を目的として，食事によるエネルギー及び各栄養素の摂取量について，「食事による栄養摂取量の基準」（平成 27 年厚生労働省告示第 199 号）として示すものである。

この食事摂取基準は，科学的根拠に基づく栄養政策を推進する際の基礎となるものとして，また，事業所給食，医療・介護施設等の管理栄養士，医師等が健常者及び傷病者の栄養・食事管理，栄養指導等に活用できるものとして，2005 年版の策定以降，5 年ごとに改定を行ってきた。

厚生労働省は，令和 7 年度から適用する食事摂取基準を策定するため，「日本人の食事摂取基準（2025 年版）」策定検討会及びワーキンググループを設置し，栄養に関する国内外の最新の知見，各種診療ガイドラインの改定内容等を参照しつつ，科学的な検討を重ねてきた。

令和 6 年度から開始した健康日本 21（第三次）では，その方針として，生

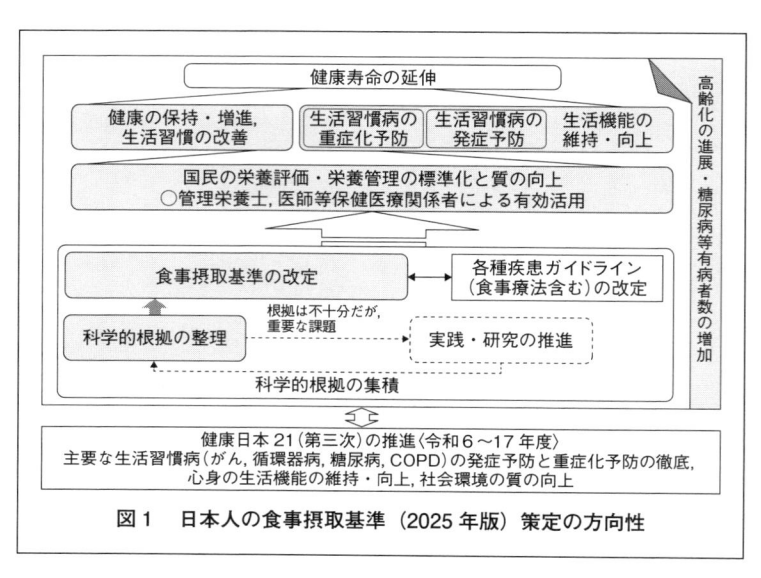

図1　日本人の食事摂取基準（2025 年版）策定の方向性

活習慣の改善，主要な生活習慣病の発症予防・重症化予防の徹底を図るとともに，社会生活を営むために必要な機能の維持・向上等の観点も踏まえた取組を推進することが掲げられている。今回の食事摂取基準は，こうした健康・栄養政策の動向を踏まえた内容としており，この一環として，「生活習慣病及び生活機能の維持・向上に係る疾患等とエネルギー・栄養素との関連」の節では，生活機能の維持・向上の観点から，生活習慣病に加えて，新たに骨粗鬆症とエネルギー・栄養素との関連も整理した。

2 「日本人の食事摂取基準（2025 年版）」策定検討会報告書の活用について

「日本人の食事摂取基準（2025 年版）」策定検討会報告書は，総論と各論で構成される。総論では，食事摂取基準で設定した指標及びその活用に関する基本的な事項を整理した。各論では「エネルギー・栄養素」，「対象特性」及び「生活習慣病及び生活機能の維持・向上に係る疾患等とエネルギー・栄養素との関連」の節から成る。

「エネルギー・栄養素」の節には，エネルギー及び各栄養素の各指標の値を定めるに当たっての定義とその策定方法について示し，最新の知見や今後の改定に向けた課題も整理した。「対象特性」の節には，妊婦・授乳婦，乳児・小児，高齢者の対象者別に，食事摂取基準の活用に当たって特に留意すべき点について記述した。「生活習慣病及び生活機能の維持・向上に係る疾患等とエネルギー・栄養素との関連」の節では，習慣的な栄養素等の摂取量が深く関連し，かつ，現在の日本人にとってその発症予防と重症化予防が特に重要であると考えられる生活習慣病（高血圧・脂質異常症・糖尿病・慢性腎臓病）及び生活機能の維持・向上に係る疾患等（骨粗鬆症）について，エネルギー・栄養素摂取との関連について整理している。今回の改定においては，本節で扱う疾患等の考え方を整理し，それに合致する疾患等として骨粗鬆症を追加した。

食事摂取基準の活用に当たっては，エネルギー及び各栄養素の摂取量について設定された値だけでなく，この「日本人の食事摂取基準（2025 年版）」策定検討会報告書で整理する策定の基本的事項や策定の考え方，留意事項等を十分に理解することが重要である。

3　今後の食事摂取基準の在り方

　我が国の食事摂取基準の改定も回を重ね、指標の考え方や栄養素ごとの策定方法が標準化されてきた。今般の「日本人の食事摂取基準（2025 年度版）」の策定を通して、今後、より標準化された質の高い見直しを行うための課題についても議論を行った。

　その中で、これまで我が国の食事摂取基準については、厚生労働省が行政政策として検討会を設置し、5 年ごとの改定を行ってきたが、社会背景の変化や科学的知見の集積状況等によっては、適切な改定時機が異なる場合も想定される。加えて、今後も引き続き質の高い見直しを行うためには、最新の科学的知見や諸外国の動向等の情報を常時確実に収集・検証することが前提である。必要な時機を逸せずに見直し作業を行うための体制の検討及びその構築が急務であることが指摘された。

　厚生労働省においては、本検討会で示された方向性を踏まえて、次回以降の改定に向けて、上記の指摘について具体の検討が行われることを期待する。

I　総　論
1　策定方針
1-1　対象とする個人及び集団の範囲

　食事摂取基準の対象は、健康な個人及び健康な者を中心として構成されている集団とし、生活習慣病等に関する危険因子を有していたり、また、高齢者においてはフレイルに関する危険因子を有していたりしても、おおむね自立した日常生活を営んでいる者及びこのような者を中心として構成されている集団は含むものとする。具体的には、歩行や家事などの身体活動を行っている者であり、体格〔[body mass index：BMI，体重（kg）÷身長（m）^{2}〕が標準より著しく外れていない者とする。なお、フレイルについては、現在のところ世界的に統一された概念は存在せず、フレイルを健常状態と要介護状態の中間的な段階に位置づける考え方と、ハイリスク状態から重度障害状態までをも含める考え方があるが、食事摂取基準においては、その対象範囲を踏まえ、前者の考え方を採用する。

　また、疾患を有していたり、疾患に関する高いリスクを有していたりする個人及び集団に対して治療を目的とする場合は、食事摂取基準におけるエネルギー及び栄養素の摂取に関する基本的な考え方を必ず理解した上で、その疾患に関連する治療ガイドライン等の栄養管理指針を用いることになる。

1	国民がその健康の保持増進を図る上で摂取することが望ましい**熱量**に関する事項

2	国民がその健康の保持増進を図る上で摂取することが望ましい次に掲げる**栄養素**の量に関する事項

　イ　国民の栄養摂取の状況からみてその欠乏が国民の健康の保持増進に影響を与えているものとして厚生労働省令で定める栄養素
　　・たんぱく質
　　・n-6系脂肪酸, n-3系脂肪酸
　　・炭水化物, 食物繊維
　　・ビタミンA, ビタミンD, ビタミンE, ビタミンK, ビタミンB_1, ビタミンB_2, ナイアシン, ビタミンB_6, ビタミンB_{12}, 葉酸, パントテン酸, ビオチン, ビタミンC
　　・カリウム, カルシウム, マグネシウム, リン, 鉄, 亜鉛, 銅, マンガン, ヨウ素, セレン, クロム, モリブデン
　ロ　国民の栄養摂取の状況からみてその過剰な摂取が国民の健康の保持増進に影響を与えているものとして厚生労働省令で定める栄養素
　　・脂質, 飽和脂肪酸, コレステロール
　　・糖類(単糖類又は二糖類であって, 糖アルコールでないものに限る。)
　　・ナトリウム

図2　健康増進法に基づき定める食事摂取基準

1-2　策定するエネルギー及び栄養素

　食事摂取基準は, 健康増進法に基づき, 厚生労働大臣が定めるものとされている図2に示したエネルギー(熱量)及び栄養素について, その摂取量の基準を策定するものである。

　あわせて, 国民の健康の保持・増進を図る上で重要な栄養素であり, かつ十分な科学的根拠に基づき, 望ましい摂取量の基準を策定できるものがあるかについて, 諸外国の食事摂取基準も参考に検討する。なお, これまでアルコールに関する記述は炭水化物の章に含めていたが, 化学的にも栄養学的にもアルコールは炭水化物とは異なり, 栄養素でもない。このため, 2025年版では, アルコールはエネルギー源になる物質としてエネルギー産生栄養素バランスの章で触れることとした。その健康影響や適切な摂取に関する事項等については他のガイドラインを参照されたい。

1-3　指標の目的と種類
●エネルギーの指標

　エネルギーについては, エネルギー摂取の過不足の回避を目的とする指標を設定する。

```
┌─────────────────────────────────────────────────────────────────┐
│        〈目  的〉              〈指  標〉                         │
│  ┌──────────────┐    ┌────────────────────────┐                 │
│  │  摂取不足の回避  │    │  推定平均必要量,推奨量    │                 │
│  │              │    │ ＊これらを推定できない場合の代替指標：目安量│
│  └──────────────┘    └────────────────────────┘                 │
│  ┌──────────────┐    ┌────────────────────────┐                 │
│  │過剰摂取による健康障害の回避│  │      耐容上限量       │                 │
│  └──────────────┘    └────────────────────────┘                 │
│  ┌──────────────┐    ┌────────────────────────┐                 │
│  │  生活習慣病の発症予防  │    │       目標量         │                 │
│  └──────────────┘    └────────────────────────┘                 │
└─────────────────────────────────────────────────────────────────┘
```

図3 栄養素の指標の目的と種類

※ 十分な科学的根拠がある栄養素については,上記の指標とは別に,生活習慣病の重症化予防及びフレイル予防を目的とした量を設定

●栄養素の指標

　栄養素の指標は,3つの目的からなる5つの指標で構成する。具体的には,摂取不足の回避を目的とする3種類の指標,過剰摂取による健康障害の回避を目的とする指標及び生活習慣病の発症予防を目的とする指標から構成する（図3）。なお,食事摂取基準で扱う生活習慣病は,高血圧,脂質異常症,糖尿病及び慢性腎臓病（chronic kidney disease：CKD）を基本とするが,我が国において大きな健康課題であり,栄養素との関連が明らかであるとともに栄養疫学的に十分な科学的根拠が存在する場合には,その他の疾患も適宜含める。また,脳血管疾患及び虚血性心疾患は,生活習慣病の重症化に伴って生じると考え,重症化予防の観点から扱うこととする。

　摂取不足の回避を目的として,「推定平均必要量」（estimated average requirement：EAR）を設定する。推定平均必要量は,半数の者が必要量を満たす量である。推定平均必要量を補助する目的で「推奨量」（recommended dietary allowance：RDA）を設定する。推奨量は,ほとんどの者が充足している量である。

　十分な科学的根拠が得られず,推定平均必要量と推奨量が設定できない場合は,「目安量」（adequate intake：AI）を設定する。目安量は,一定の栄養状態を維持するのに十分な量であり,目安量以上を摂取している場合は不足のリスクはほとんどない。

　過剰摂取による健康障害の回避を目的として,「耐容上限量」（tolerable upper intake level：UL）を設定する。十分な科学的根拠が得られない栄養素については設定しない。

　一方,生活習慣病の発症予防を目的として食事摂取基準を設定する必要のあ

る栄養素が存在する。しかしながら、そのための方法論に関する議論はまだ十分ではない。そこで、これらの栄養素に関して、「生活習慣病の発症予防のために現在の日本人が当面の目標とすべき摂取量」として「目標量」(tentative dietary goal for preventing life-style related diseases:DG) を設定する。なお、生活習慣病の重症化予防及びフレイル予防を目的として摂取量の基準を設定できる栄養素については、発症予防を目的とした量（目標量）とは区別して示す。

1-4　年齢区分

乳児については、前回と同様に、「出生後6か月未満（0～5か月）」と「6か月以上1歳未満（6～11か月）」の2つに区分することとし、特に成長に合わせてより詳細な年齢区分設定が必要と考えられる場合には、「出生後6か月未満（0～5か月）」及び「6か月以上9か月未満（6～8か月）」、「9か月以上1歳未満（9～11か月）」の3つの区分とする。

また、1～17歳を小児、18歳以上を成人とする。高齢者については、65～74歳、75歳以上の2つの区分とする。

2　策定の基本的事項
2-1　指標の概要
2-1-1　エネルギーの指標

エネルギーについては、エネルギーの摂取量及び消費量のバランス（エネルギー収支バランス）の維持を示す指標として、BMIを用いた。このため、成人における観察疫学研究において報告された総死亡率及び身体機能障害の発生が最も低かったBMIの範囲、日本人のBMIの実態などを総合的に検証し、目標とするBMIの範囲を提示した。なお、BMIは、健康の保持・増進、生活習慣病の発症予防、さらには、加齢によるフレイルや身体機能障害を回避するための複数ある要素のうちの1つとして扱うことに留めるべきである。

エネルギー必要量については、無視できない個人間差が要因として多数存在するため、性・年齢区分・身体活動レベル別に単一の値として示すのは困難である。しかしながら、エネルギー必要量の概念は重要であること、目標とするBMIの提示が成人に限られていること、エネルギー必要量に依存することが知られている栄養素の推定平均必要量の算出に当たってエネルギー必要量の概数が必要となることなどから、参考資料としてエネルギー必要量の基本的事項や測定方法、推定方法を記述するとともに、併せて推定エネルギー必要量を参

考表として示した。さらに，体重当たりの推定エネルギー必要量も参考表として示しているが，この値と対象者の実体重を用いて推定エネルギー必要量を計算する場合，体重の小さなものでは過小に，体重の大きなものでは過大に推定エネルギー必要量が算出されることに注意が必要である。

2−1−2　栄養素の指標

●推定平均必要量（estimated average requirement：EAR）

　ある対象集団において測定された必要量の分布に基づき，母集団（例えば，30 〜 49 歳の男性）における必要量の平均値の推定値を示すものとして「推定平均必要量」を定義する。つまり，当該集団に属する 50％の者が必要量を満たす（同時に，50％の者が必要量を満たさない）と推定される摂取量として定義される。

　推定平均必要量は，摂取不足の回避が目的だが，ここでいう「不足」とは，必ずしも単独の栄養素の摂取量が不十分であることによる欠乏症が生じることだけを意味するものではなく，その定義は栄養素によって異なる。最近では個々の栄養素の摂取量や生体内での当該栄養素の機能状態などを示す生体指標（血液中や尿中で測定される物質等。バイオマーカーとも呼ばれる。）が複数使用可能となっており，各栄養素の摂取量の変動や生理機能に特異的な生体指標に基づいた推定平均必要量の見直しも行った。なお，食事摂取基準において，原則として「欠乏」とは当該栄養素の体内量が必要量を下回ることを要因として不可避の病態が現れる状態を指し，「不足」とは当該栄養素の摂取量が必要量を下回ることを要因としてある病態のリスクが生じる状態を指す。生体指標は直接的に欠乏症の発症率と関連する場合もあるが，特に「不足」の指標として用いる場合には疾病発症リスクを正確に見積もることは難しい場合が多い。それぞれの栄養素で用いられた推定平均必要量の定義については，本章の**表4**及び各論を参照されたい。

●推奨量（recommended dietary allowance：RDA）

　ある対象集団において測定された必要量の分布に基づき，母集団に属するほとんどの者（97 〜 98％）が充足している量として「推奨量」を定義する。推奨量は，推定平均必要量が与えられる栄養素に対して設定され，推定平均必要量を用いて算出される。

　推奨量は，実験等において観察された必要量の個人間変動の標準偏差を，母

集団における必要量の個人間変動の標準偏差の推定値として用いることにより，理論的には，「推定必要量の平均値＋2×推定必要量の標準偏差」として算出される。しかし，実際には推定必要量の標準偏差が実験から正確に与えられることはまれである。そのため，多くの場合，推定値を用いざるを得ない。

したがって，

推奨量＝推定平均必要量×（1＋2×変動係数）＝推定平均必要量×推奨量算定係数

として，推奨量を求めた。

●目安量（adequate intake：AI）

特定の集団における，ある一定の栄養状態を維持するのに十分な量として「目安量」を定義する。目安量は，十分な科学的根拠が得られず「推定平均必要量」が算定できない場合に算定するものとする。実際には，特定の集団において不足状態を示す者がほとんど観察されない量として与えられ，基本的には，健康な多数の者を対象として，栄養素摂取量を観察した疫学的研究によって得られる。

目安量は，次の3つの概念のいずれかに基づく値である。どの概念に基づくものであるかは，栄養素や性・年齢区分によって異なる。

① 特定の集団において，生体指標等を用いた健康状態の確認と当該栄養素摂取量の調査を同時に行い，その結果から不足状態を示す者がほとんど存在しない摂取量を推測し，その値を用いる場合：対象集団で不足状態を示す者がほとんど存在しない場合には栄養素摂取量の中央値を用いる。
② 生体指標等を用いた健康状態の確認ができないが，健康な日本人を中心として構成されている集団の代表的な栄養素摂取量の分布が得られる場合：原則，栄養素摂取量の中央値を用いる。
③ 母乳で保育されている健康な乳児の摂取量に基づく場合：母乳中の栄養素濃度と哺乳量との積を用いる。

●耐容上限量（tolerable upper intake level：UL）

健康障害をもたらすリスクがないとみなされる習慣的な摂取の上限として「耐容上限量」を定義する。これを超えて摂取すると，過剰摂取によって生じる潜在的な健康障害のリスクが高まると考える。

理論的には，「耐容上限量」は，「健康障害が発現しないことが知られている習慣的な摂取量」の最大値（健康障害非発現量，no observed adverse effect level：NOAEL）と「健康障害が発現したことが知られている習慣的な摂取量」の最小値（最低健康障害発現量，lowest observed adverse effect level：LOAEL）との間に存在する。しかし，これらの報告は少なく，特殊な集団を対象としたものに限られること，さらには，動物実験や in vitro など人工的に構成された条件下で行われた実験で得られた結果に基づかねばならない場合もあることから，得られた数値の不確実性と安全の確保に配慮して，NOAEL 又は LOAEL を「不確実性因子」（uncertain factor：UF）で除した値を耐容上限量とした。具体的には，次のようにして耐容上限量を算定した。

・ヒトを対象として通常の食品を摂取した報告に基づく場合：

　　UL ＝ NOAEL ÷ UF （UF には1から5の範囲で適当な値を用いた）

・ヒトを対象としてサプリメントを摂取した報告に基づく場合又は動物実験や in vitro の実験に基づく場合：

　　UL ＝ LOAEL ÷ UF （UF には 10 を用いた）

●**目標量**（tentative dietary goal for preventing life-style related diseases：DG）

　生活習慣病の発症予防を目的として，特定の集団において，その疾患のリスクや，その代理指標となる生体指標の値が低くなると考えられる栄養状態が達成できる量として算定し，現在の日本人が当面の目標とすべき摂取量として「目標量」を設定する。これは，疫学研究によって得られた知見を中心とし，実験栄養学的な研究による知見を加味して策定されるものである。しかし，栄養素摂取量と生活習慣病のリスクとの関連は連続的であり，かつ，閾値が存在しない場合が多い（図4）。このような場合には，好ましい摂取量として，ある値又は範囲を提唱することは困難である。そこで，諸外国の食事摂取基準や疾病予防ガイドライン，現在の日本人の摂取量・食品構成・嗜好などを考慮し，実行可能性を重視して設定することとした。また，生活習慣病の重症化予防及びフレイル予防を目的とした量を設定できる場合は，発症予防を目的とした量（目標量）とは区別して示すこととした。

　各栄養素の特徴を考慮して，基本的には次の3種類の算定方法を用いた。なお，次の算定方法に該当しない場合でも，栄養政策上，目標量の設定の重要性を認める場合は基準を策定することとした。

・望ましいと考えられる摂取量よりも現在の日本人の摂取量が少ない場合：範囲の下の値だけを算定する。食物繊維とカリウムが相当する。これらの値は，実現可能性を考慮し，望ましいと考えられる摂取量と現在の摂取量（中央値）

との中間値を用いた。小児については，目安量で用いたものと同じ外挿方法（参照体重を用いる方法）を用いた。ただし，この方法で算出された摂取量が現在の摂取量（中央値）よりも多い場合は，現在の摂取量（中央値）を目標量とした。
・望ましいと考えられる摂取量よりも現在の日本人の摂取量が多い場合：範囲の上の値だけを算定する。飽和脂肪酸，ナトリウム（食塩相当量）が相当する。これらの値は，最近の摂取量の推移と実現可能性を考慮して算定した。小児のナトリウム（食塩相当量）については，推定エネルギー必要量を用いて外挿し，実現可能性を考慮して算定した。
・生活習慣病の発症予防を目的とした複合的な指標：目標とする構成比率を算定する。エネルギー産生栄養素バランス（たんぱく質，脂質，炭水化物（総エネルギー摂取量の計算上はアルコールを含む），が，総エネルギー摂取量に占めるべき割合）がこれに相当する。

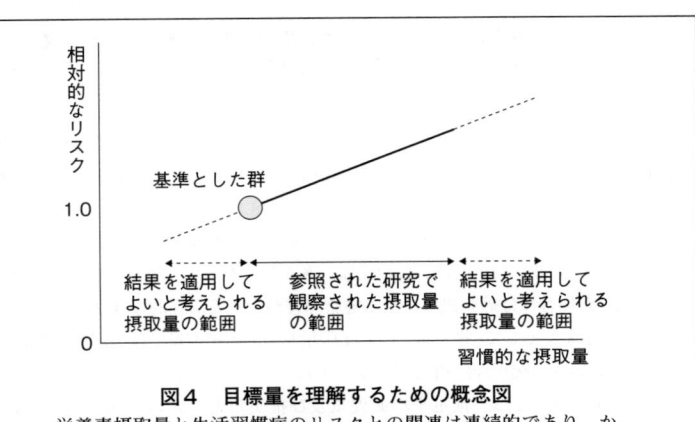

図4 目標量を理解するための概念図

栄養素摂取量と生活習慣病のリスクとの関連は連続的であり，かつ，閾値が存在しない場合が多い。関連が直線的で閾値のない典型的な例を図に示した。実際には，不明確ながら閾値が存在すると考えられるものや関連が曲線的なものも存在する。

参考　1　食事摂取基準の各指標を理解するための概念

　推定平均必要量や耐容上限量などの指標を理解するための概念図を図5に示す。この図は，単独の栄養素の習慣的な摂取量と摂取不足又は過剰摂取に由来する健康障害のリスク，すなわち，健康障害が生じる確率との関係を概念的に示している。この概念を集団に当てはめると，摂取不足を生じる者の割合又は過剰摂取によって健康障害を生じる者の割合を示す図として理解することもできる。

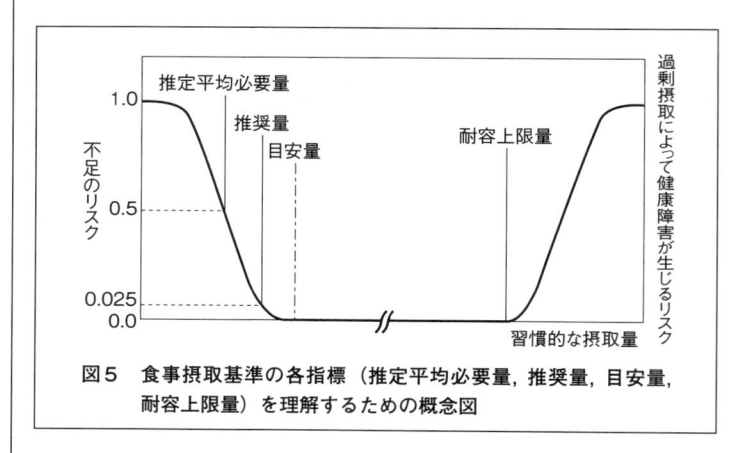

図5　食事摂取基準の各指標（推定平均必要量，推奨量，目安量，耐容上限量）を理解するための概念図

　縦軸は，個人の場合は不足又は過剰によって健康障害が生じる確率を，集団の場合は不足状態にある者又は過剰摂取によって健康障害を生じる者の割合を示す。

　不足の確率が推定平均必要量では 0.5（50%）あり，推奨量では 0.02〜0.03（中間値として 0.025）（2〜3% 又は 2.5%）あることを示す。耐容上限量以上の量を摂取した場合には過剰摂取による健康障害が生じる潜在的なリスクが存在することを示す。そして，推奨量と耐容上限量との間の摂取量では，不足のリスク，過剰摂取による健康障害が生じるリスク共に 0（ゼロ）に近いことを示す。

　目安量については，推定平均必要量及び推奨量と一定の関係を持たない。しかし，推奨量と目安量を同時に算定することが可能であれば，目安量は推奨量よりも大きい（図では右方）と考えられるため，参考として付記した。

　目標量は，ここに示す概念や方法とは異なる性質のものであることから，ここには図示できない。

2−2　レビューの方法

　可能な限り科学的根拠に基づいた策定を行うことを基本とした。システマティック・レビューの手法を用いて，国内外の学術論文や入手可能な学術資料を最大限に活用することにした。

　エネルギー及び栄養素についての基本的なレビューにおいては，「日本人の食事摂取基準（2020年版）」の策定において課題となっていた部分について特に重点的にレビューを行った。あわせて，高齢者，乳児等の対象特性についてのレビューを行った。エネルギー及び栄養素と生活習慣病等の発症予防・重症化予防との関係についてのレビューは，高血圧，脂質異常，高血糖，腎機能低下，フレイル及び骨粗鬆症に関するリサーチクエスチョンの定式化を行うため，可能な限り PICO 形式を用いてレビューした。このほか，栄養素摂取量との数量的関連が多数の研究によって明らかにされ，その予防が日本人にとって重要であると考えられている疾患に限ってレビューの対象とした。この際，研究対象者の健康状態や重症度の分類に留意して検討することとした。これらのレビューは，令和4～5年度厚生労働行政推進調査事業費補助金（循環器疾患・糖尿病等生活習慣病対策総合研究事業）の「日本人の食事摂取基準（2025年版）の策定に資する各栄養素等の最新知見の評価及び代謝性疾患等の栄養評価に関する研究」を中心に行った。こうしたレビューの方法については，今後，その標準化を図っていく必要がある。特に，摂取量の基準となる数値の算定を目的とする食事摂取基準で求められるレビューの方法は，定性的な予防及び治療指針の策定を目的とする他のガイドラインで求められるレビューの方法とは異なるため，食事摂取基準に特化したレビュー方法の開発，向上及びその標準化を図る必要がある。

　なお，前回の策定までに用いられた論文や資料についても必要に応じて再検討を行った。ただし，他の医療分野と異なり，エビデンスレベルを判断し明示する方法は，人間栄養学，公衆栄養学及び予防栄養学では十分に確立していない。加えて，得られるエビデンスレベルは，栄養素間でばらつきが生じる。

　こういった実情を踏まえ，メタ・アナリシスなど，情報の統合が定量的に行われている場合には，基本的にはそれを優先的に参考にすることとした。実際には，それぞれの研究の内容を詳細に検討し，現時点で利用可能な情報で最も信頼度の高い情報を用いるように留意した。さらに，食事摂取基準のように，「定性的な文章」ではなく，「量」の算定を目的とするガイドラインにおいては，通常のメタ・アナリシスよりも量・反応関係メタ・アナリシス（dose-response meta-analysis）から得られる情報の利用価値が高い。そこで，目標量に限って，**表1**のような基準でエビデンスレベルを付すことにした。

表1 目標量の算定に付したエビデンスレベル [1, 2]

エビデンスレベル	数値の算定に用いられた根拠	栄養素
D1	介入研究又はコホート研究のメタ・アナリシス、並びにその他の介入研究又はコホート研究に基づく。	飽和脂肪酸、食物繊維、ナトリウム（食塩相当量）、カリウム
D2	複数の介入研究又はコホート研究に基づく。	たんぱく質
D3	日本人の摂取量等分布に関する観察研究（記述疫学研究）に基づく。	脂質
D4	他の国・団体の食事摂取基準又はそれに類似する基準に基づく。	—
D5	その他	炭水化物 [3]

[1] 複数のエビデンスレベルが該当する場合は上位のレベルとする。
[2] 目標量は食事摂取基準として十分な科学的根拠がある栄養素について策定するものであり、エビデンスレベルはあくまでも参考情報である点に留意すべきである。
[3] 炭水化物の目標量は、総エネルギー摂取量（100%エネルギー）のうち、たんぱく質及び脂質が占めるべき割合を差し引いた値である。

2－3 指標及び基準改定の採択方針

●推定平均必要量（estimated average requirement：EAR）
・十分な科学的根拠が得られたものについては、推定平均必要量を設定する。
・推定平均必要量の算定において、身体的エンドポイント（生体指標の変動及び臨床的アウトカムを含む）を変更した場合には、その根拠に基づき推定平均必要量の値を変更する。
・参照体位の変更に伴い、必要に応じて推定平均必要量の値を変更する。

●推奨量（recommended dietary allowance：RDA）
・推定平均必要量を設定したものについては、推奨量を設定する。
・変動係数の変更が必要と判断される明確な根拠が得られ、変動係数を変更したものについては、推奨量を変更する。

●目安量（adequate intake：AI）
・栄養素の不足状態を示す者がほとんど存在しない集団で、日本人の代表的な栄養素摂取量の分布が得られる場合は、その中央値とする。この場合、複数の報告において、最も摂取量が少ない集団の中央値を用いることが望ましい。
　また、目安量の策定に当たっては、栄養素の不足状態を示さない「十分な量」の程度に留意する必要があることから、その取扱いは以下のとおりとする。
① 他国の食事摂取基準や国際的なガイドライン・調査データ等を参考に判

断できる場合には，中央値にこだわらず，適切な値を選択する。
② 得られる日本人の代表的な栄養摂取量のデータが限定的かつ参考となる情報が限定的で「十分な量」の程度の判断が困難な場合には，そのことを記述の上，得られるデータの中央値を選択しても差し支えない。

●**耐容上限量**（tolerable upper intake level：UL）
・十分な科学的根拠が得られたものについては，耐容上限量を設定する。
・新たな知見により，健康障害発現量を見直す必要が生じた場合には，耐容上限量を変更する。
・不確実性要因の決定において変更が必要な知見が新たに得られた場合には，不確実性因子（UF）を変更する。

●**目標量**（tentative dietary goal for preventing life-style related diseases：DG）
・値を設定するに十分な科学的根拠を有し，かつ現在の日本人において，食事による摂取と生活習慣病との関連での優先度が高いものについては，目標量を設定する。
・十分な科学的根拠により導き出された値が，国民の摂取実態と大きく乖離している場合は，当面摂取を目標とする量として目標量を設定する。
・なお，生活習慣病の重症化予防及びフレイル予防を目的として摂取量の基準を設定できる栄養素については，発症予防を目的とした量（目標量）とは区別して設定し，食事摂取基準の各表の脚注に示す。

2－4　年齢区分

表2に示した年齢区分を用いることとした。乳児については，前回と同様に，「出生後6か月未満（0〜5か月）」と「6か月以上1歳未満（6〜11か月）」の2つに区分することとしたが，特に成長に合わせてより詳細な年齢区分設定が必要と考えられたエネルギー及びたんぱく質については，「出生後6か月未満（0〜5か月）」及び「6か月以上9か月未満（6〜8か月）」，「9か月以上1歳未満（9〜11か月）」の3つの区分で表した。なお，エネルギー及びたんぱく質以外の栄養素でも詳細な月齢区分の設定が必

表2　年齢区分

年齢等
0〜5　（月）*
6〜11（月）*
1〜2　（歳）
3〜5　（歳）
6〜7　（歳）
8〜9　（歳）
10〜11（歳）
12〜14（歳）
15〜17（歳）
18〜29（歳）
30〜49（歳）
50〜64（歳）
65〜74（歳）
75以上（歳）

*エネルギー及びたんぱく質については，「0〜5か月」，「6〜8か月」，「9〜11か月」の3つの区分で表した。

要と考えられるが，母乳中の栄養素濃度や乳児の離乳食に関して信頼度の高い新たな知見が得られなかったことから，今後の課題とする。

1～17歳を小児，18歳以上を成人とした。なお，高齢者については，65歳以上とし，年齢区分については，65～74歳，75歳以上の2つの区分を設けた。ただし，栄養素等によっては，高齢者における各年齢区分のエビデンスが必ずしも十分ではない点には留意すべきである。

2−5　参照体位
2−5−1　目的
食事摂取基準の策定において参照する体位（身長・体重）は，性及び年齢区分に応じ，日本人として平均的な体位を持った者を想定し，健全な発育及び健康の保持・増進，生活習慣病等の予防を考える上での参照値として提示し，これを参照体位（参照身長，参照体重）と呼ぶこととする（**表**3）。

2−5−2　基本的な考え方
乳児・小児については，日本小児内分泌学会・日本成長学会合同標準値委員会による小児の体格評価に用いる身長，体重の標準値を参照体位とした。

一方，成人・高齢者については，現時点では，性別及び年齢区分ごとの標準値となり得る理想の体位が不明なことから，これまでの日本人の食事摂取基準での方針を踏襲し，原則として利用可能な直近のデータを現況値として用い，性別及び年齢区分ごとに1つの代表値を算定することとした。

なお，現況において，肥満の成人の割合が男性約3割，女性約2割である一方，20歳代女性ではやせの者の割合が2割程度見られる。また，高齢者においては，身長，体重の測定上の課題を有している。今後，こうした点を踏まえ，望ましい体位についての検証が必要である。

2−5−3　算出方法等
●乳児・小児

日本小児内分泌学会・日本成長学会合同標準値委員会による小児の体格評価に用いる身長，体重の標準値を基に，年齢区分に応じて，当該月齢及び年齢区分の中央時点における中央値を引用した。ただし，公表数値が年齢区分と合致しない場合は，同様の方法で算出した値を用いた。

表3　参照体位（参照身長，参照体重）[1]

性　別	男　性		女　性[2]	
年齢等	参照身長(cm)	参照体重(kg)	参照身長(cm)	参照体重(kg)
0 〜 5　（月）	61.5	6.3	60.1	5.9
6 〜 11（月）	71.6	8.8	70.2	8.1
6 〜 8　（月）	69.8	8.4	68.3	7.8
9 〜 11（月）	73.2	9.1	71.9	8.4
1 〜 2　（歳）	85.8	11.5	84.6	11.0
3 〜 5　（歳）	103.6	16.5	103.2	16.1
6 〜 7　（歳）	119.5	22.2	118.3	21.9
8 〜 9　（歳）	130.4	28.0	130.4	27.4
10 〜 11（歳）	142.0	35.6	144.0	36.3
12 〜 14（歳）	160.5	49.0	155.1	47.5
15 〜 17（歳）	170.1	59.7	157.7	51.9
18 〜 29（歳）	172.0	63.0	158.0	51.0
30 〜 49（歳）	171.8	70.0	158.5	53.3
50 〜 64（歳）	169.7	69.1	156.4	54.0
65 〜 74（歳）	165.3	64.4	152.2	52.6
75 以上（歳）	162.0	61.0	148.3	49.3
18 以上（歳）[3]	（男女計）参照身長 161.0 cm，参照体重 58.6 kg			

[1] 0〜17歳は、日本小児内分泌学会・日本成長学会合同標準値委員会による小児の体格評価に用いる身長、体重の標準値を基に、年齢区分に応じて、当該月齢及び年齢区分の中央時点における中央値を引用した。ただし、公表数値が年齢区分と合致しない場合は、同様の方法で算出した値を用いた。18歳以上は、平成30・令和元年国民健康・栄養調査の2か年における当該の性及び年齢区分における身長・体重の中央値を用いた。
[2] 妊婦、授乳婦を除く。
[3] 18歳以上成人、男女合わせた参照身長及び参照体重として、平成30・令和元年の2か年分の人口推計を用い、「地域ブロック・性・年齢階級別人口÷地域ブロック・性・年齢階級別　国民健康・栄養調査解析対象者数」で重み付けをして、地域ブロック・性・年齢区分を調整した身長・体重の中央値を算出した。

●成人・高齢者（18歳以上）

　平成30・令和元年国民健康・栄養調査の2か年における当該の性・年齢区分における身長・体重の 中央値とし，女性については，妊婦，授乳婦を除いて算出した。18歳以上の成人全体を代表する参照体位については，平成30・令和元年の2か年分の人口推計（総務省）を用い，「地域ブロック・性・年齢階級別人口÷地域ブロック・性・年齢階級別 国民健康・栄養調査解析対象者数」で重み付けをして，地域ブロック・性・年齢区分を調整した身長・体重の中央値を算出した。なお，地域ブロックは 国民健康・栄養調査で使用されている地域ブロックを指す。また，人口推計からは 18〜29 歳の年齢区分は設定できないため，15〜19，20〜24，24〜29 歳の年齢階級を使用し，その際に

15〜19歳の年齢階級については人口に2/5を乗じて18〜29歳の年齢区分の人口に含めた。

参考資料として，分布を示す統計量を以下に示す(**参考表1，2**)。

参考表1 身長(cm)の分布(25, 50, 75パーセンタイル)(性, 年齢区分別)[1]

年　齢(歳)		パーセンタイル		
		25	50	75
男性	18〜29（歳）	167.7	172.0	175.0
	30〜49（歳）	168.0	171.8	175.5
	50〜64（歳）	165.9	169.7	173.5
	65〜74（歳）	161.8	165.3	169.8
	75以上（歳）	157.6	162.0	166.0
女性[2]	18〜29（歳）	154.0	158.0	162.0
	30〜49（歳）	154.8	158.5	162.0
	50〜64（歳）	153.0	156.4	160.0
	65〜74（歳）	148.3	152.2	156.0
	75以上（歳）	143.8	148.3	152.2

[1] 平成30・令和元年国民健康・栄養調査の2か年における当該の性及び年齢区分における身長の分布。
[2] 妊婦，授乳婦を除く。

参考表2 体重(kg)の分布(25, 50, 75パーセンタイル)(性, 年齢区分別)[1]

年　齢(歳)		パーセンタイル		
		25	50	75
男性	18〜29（歳）	58.0	63.0	71.0
	30〜49（歳）	63.0	70.0	78.0
	50〜64（歳）	62.4	69.1	76.4
	65〜74（歳）	59.0	64.4	70.3
	75以上（歳）	55.0	61.0	67.6
女性[2]	18〜29（歳）	46.4	51.0	55.7
	30〜49（歳）	48.3	53.3	59.7
	50〜64（歳）	48.6	54.0	60.5
	65〜74（歳）	47.7	52.6	58.6
	75以上（歳）	44.0	49.3	55.1

[1] 平成30・令和元年国民健康・栄養調査の2か年における当該の性及び年齢区分における身長の分布。
[2] 妊婦，授乳婦を除く。

2−6　策定した食事摂取基準

1歳以上について基準を策定した栄養素と指標を**表4**に示す。

なお，健康増進法に基づき厚生労働大臣が定めるものとされている栄養素の摂取量の基準について参考情報がある場合は，原則として，該当栄養素の摂取量の基準に係る表の脚注に記載する。

表4 基準を策定した栄養素と指標[1]（1歳以上）

栄養素		推定平均必要量(EAR)	推奨量(RDA)	目安量(AI)	耐容上限量(UL)	目標量(DG)
たんぱく質[2]		○b	○b	—	—	○[3]
脂質	脂　質	—	—	—	—	○[3]
	飽和脂肪酸[4]	—	—	—	—	○[3]
	n−6系脂肪酸	—	—	○	—	—
	n−3系脂肪酸	—	—	○	—	—
	コレステロール[5]	—	—	—	—	—
炭水化物	炭水化物	—	—	—	—	○[3]
	食物繊維	—	—	—	—	○
	糖類	—	—	—	—	—
エネルギー産生栄養素バランス[2]		—	—	—	—	○[3]
ビタミン	脂溶性	ビタミンA	○a	○a	—	○	—
		ビタミンD[2]	—	—	○	○	—
		ビタミンE	—	—	○	○	—
		ビタミンK	—	—	○	—	—
	水溶性	ビタミンB$_1$	○a	○a	—	—	—
		ビタミンB$_2$	○c	○c	—	—	—
		ナイアシン	○a	○a	—	○	—
		ビタミンB$_6$	○b	○b	—	○	—
		ビタミンB$_{12}$	○a	○a	—	—	—
		葉酸	○a	○a	—	○[7]	—
		パントテン酸	—	—	○	—	—
		ビオチン	—	—	○	—	—
		ビタミンC	○b	○b	—	—	—
ミネラル	多量	ナトリウム[6]	○a	—	—	—	○
		カリウム	—	—	○	—	○
		カルシウム	○b	○b	—	○	—
		マグネシウム	○b	○b	—	○[7]	—
		リン	—	—	○	○	—
	微量	鉄	○b	○b	—	○	—
		亜鉛	○b	○b	—	○	—
		銅	○b	○b	—	○	—
		マンガン	—	—	○	○	—
		ヨウ素	○b	○b	—	○	—
		セレン	○a	○a	—	○	—
		クロム	—	—	○	○	—
		モリブデン	○b	○b	—	○	—

[1] 一部の年齢区分についてのみ設定した場合も含む。
[2] フレイル予防を図る上での留意事項を表の脚注として記載。
[3] 総エネルギー摂取量に占めるべき割合（％エネルギー）。
[4] 脂質異常症の重症化予防を目的としたコレステロールの量と，トランス脂肪酸の摂取に関する参考情報を表の脚注として記載。
[5] 脂質異常症の重症化予防を目的とした量を飽和脂肪酸の表の脚注に記載。
[6] 高血圧及び慢性腎臓病（CKD）の重症化予防を目的とした量を表の脚注として記載。
[7] 通常の食品以外の食品からの摂取について定めた。
a 集団内の半数の者に不足又は欠乏の症状が現れ得る摂取量をもって推定平均必要量とした栄養素。
b 集団内の半数の者で体内量が維持される摂取量をもって推定平均必要量とした栄養素。
c 集団内の半数の者で体内量が飽和している摂取量をもって推定平均必要量とした栄養素。

エネルギーの食事摂取基準：推定エネルギー必要量 (kcal/日)

性　別	男性			女性		
身体活動レベル[1]	低い	ふつう	高い	低い	ふつう	高い
0 〜 5 （月）	—	550	—	—	500	—
6 〜 8 （月）	—	650	—	—	600	—
9 〜 11 （月）	—	700	—	—	650	—
1 〜 2 （歳）	—	950	—	—	900	—
3 〜 5 （歳）	—	1,300	—	—	1,250	—
6 〜 7 （歳）	1,350	1,550	1,750	1,250	1,450	1,650
8 〜 9 （歳）	1,600	1,850	2,100	1,500	1,700	1,900
10 〜 11 （歳）	1,950	2,250	2,500	1,850	2,100	2,350
12 〜 14 （歳）	2,300	2,600	2,900	2,150	2,400	2,700
15 〜 17 （歳）	2,500	2,850	3,150	2,050	2,300	2,550
18 〜 29 （歳）	2,250	2,650	3,000	1,700	1,950	2,250
30 〜 49 （歳）	2,350	2,750	3,150	1,750	2,050	2,350
50 〜 64 （歳）	2,250	2,650	3,000	1,700	1,950	2,250
65 〜 74 （歳）	2,100	2,350	2,650	1,650	1,850	2,050
75 以上 （歳）[2]	1,850	2,250	—	1,450	1,750	—
妊婦 (付加量)[3] 初期				+50		
中期				+250		
後期				+450		
授乳婦 （付加量）				+350		

[1] 身体活動レベルは，「低い」，「ふつう」，「高い」の3つのカテゴリーとした。

[2] 「ふつう」は自立している者，「低い」は自宅にいてほとんど外出しない者に相当する。「低い」は高齢者施設で自立に近い状態で過ごしている者にも適用できる値である。

[3] 妊婦個々の体格や妊娠中の体重増加量及び胎児の発育状況の評価を行うことが必要である。

注1：活用に当たっては，食事評価，体重及びBMIの把握を行い，エネルギーの過不足は体重の変化又はBMIを用いて評価すること。

注2：身体活動レベルが「低い」に該当する場合，少ないエネルギー消費量に見合った少ないエネルギー摂取量を維持することになるため，健康の保持・増進の観点からは，身体活動量を増加させる必要がある。

たんぱく質の食事摂取基準

(推定平均必要量,推奨量,目安量:g/日,目標量:%エネルギー)

性別	男性				女性			
年齢等	推定平均必要量	推奨量	目安量	目標量[1]	推定平均必要量	推奨量	目安量	目標量[1]
0〜5(月)	—	—	10	—	—	—	10	—
6〜8(月)	—	—	15	—	—	—	15	—
9〜11(月)	—	—	25	—	—	—	25	—
1〜2(歳)	15	20	—	13〜20	15	20	—	13〜20
3〜5(歳)	20	25	—	13〜20	20	25	—	13〜20
6〜7(歳)	25	30	—	13〜20	25	30	—	13〜20
8〜9(歳)	30	40	—	13〜20	30	40	—	13〜20
10〜11(歳)	40	45	—	13〜20	40	50	—	13〜20
12〜14(歳)	50	60	—	13〜20	45	55	—	13〜20
15〜17(歳)	50	65	—	13〜20	45	55	—	13〜20
18〜29(歳)	50	65	—	13〜20	40	50	—	13〜20
30〜49(歳)	50	65	—	13〜20	40	50	—	13〜20
50〜64(歳)	50	65	—	14〜20	40	50	—	14〜20
65〜74(歳)[2]	50	60	—	15〜20	40	50	—	15〜20
75以上(歳)[2]	50	60	—	15〜20	40	50	—	15〜20
妊婦(付加量)初期					+0	+0	—	—[3]
中期					+5	+5	—	—[3]
後期					+20	+25	—	—[4]
授乳婦(付加量)					+15	+20	—	—[4]

[1] 範囲に関しては,おおむねの値を示したものであり,弾力的に運用すること。
[2] 65歳以上の高齢者について,フレイル予防を目的とした量を定めることは難しいが,身長・体重が参照体位に比べて小さい者や,特に75歳以上であって加齢に伴い身体活動量が大きく低下した者など,必要エネルギー摂取量が低い者では,下限が推奨量を下回る場合があり得る。この場合でも,下限は推奨量以上とすることが望ましい。
[3] 妊婦(初期・中期)の目標量は,13〜20%エネルギーとした。
[4] 妊婦(後期)及び授乳婦の目標量は,15〜20%エネルギーとした。

脂質の食事摂取基準（％エネルギー）

性　別	男　性		女　性	
年齢等	目安量	目標量[1]	目安量	目標量[1]
0 〜 5 （月）	50	—	50	—
6 〜 11 （月）	40	—	40	—
1 〜 2 （歳）	—	20〜30	—	20〜30
3 〜 5 （歳）	—	20〜30	—	20〜30
6 〜 7 （歳）	—	20〜30	—	20〜30
8 〜 9 （歳）	—	20〜30	—	20〜30
10 〜 11 （歳）	—	20〜30	—	20〜30
12 〜 14 （歳）	—	20〜30	—	20〜30
15 〜 17 （歳）	—	20〜30	—	20〜30
18 〜 29 （歳）	—	20〜30	—	20〜30
30 〜 49 （歳）	—	20〜30	—	20〜30
50 〜 64 （歳）	—	20〜30	—	20〜30
65 〜 74 （歳）	—	20〜30	—	20〜30
75 以上 （歳）	—	20〜30	—	20〜30
妊　婦			—	20〜30
授乳婦			—	20〜30

[1] 範囲に関しては，おおむねの値を示したものである。

飽和脂肪酸の食事摂取基準 （％エネルギー）[1,2]

性　別	男　性	女　性
年齢等	目標量	目標量
0 〜 5　（月）	―	―
6 〜 11（月）	―	―
1 〜 2　（歳）	―	―
3 〜 5　（歳）	10以下	10以下
6 〜 7　（歳）	10以下	10以下
8 〜 9　（歳）	10以下	10以下
10 〜 11（歳）	10以下	10以下
12 〜 14（歳）	10以下	10以下
15 〜 17（歳）	9以下	9以下
18 〜 29（歳）	7以下	7以下
30 〜 49（歳）	7以下	7以下
50 〜 64（歳）	7以下	7以下
65 〜 74（歳）	7以下	7以下
75 以上（歳）	7以下	7以下
妊　婦		7以下
授乳婦		7以下

[1] 飽和脂肪酸と同じく、脂質異常症及び循環器疾患に関与する栄養素としてコレステロールがある。コレステロールに目標量は設定しないが、これは許容される摂取量に上限が存在しないことを保証するものではない。また、脂質異常症の重症化予防の目的からは、200mg/日未満に留めることが望ましい。

[2] 飽和脂肪酸と同じく、冠動脈疾患に関与する栄養素としてトランス脂肪酸がある。日本人の大多数は、トランス脂肪酸に関する世界保健機関（WHO）の目標（1％エネルギー未満）を下回っており、トランス脂肪酸の摂取による健康への影響は、飽和脂肪酸の摂取によるものと比べて小さいと考えられる。ただし、脂質に偏った食事をしている者では、留意する必要がある。トランス脂肪酸は人体にとって不可欠な栄養素ではなく、健康の保持・増進を図る上で積極的な摂取は勧められないことから、その摂取量は1％エネルギー未満に留めることが望ましく、1％エネルギー未満でもできるだけ低く留めることが望ましい。

n－6系脂肪酸の食事摂取基準 (g/日)

性　別	男　性	女　性
年齢等	目安量	目安量
0 〜 5 （月）	4	4
6 〜 11 （月）	4	4
1 〜 2 （歳）	4	4
3 〜 5 （歳）	6	6
6 〜 7 （歳）	8	7
8 〜 9 （歳）	8	8
10 〜 11 （歳）	9	9
12 〜 14 （歳）	11	11
15 〜 17 （歳）	13	11
18 〜 29 （歳）	12	9
30 〜 49 （歳）	11	9
50 〜 64 （歳）	11	9
65 〜 74 （歳）	10	9
75 以上 （歳）	9	8
妊　婦		9
授乳婦		9

n－3系脂肪酸の食事摂取基準 (g/日)

性　別	男　性	女　性
年齢等	目安量	目安量
0 〜 5 （月）	0.9	0.9
6 〜 11 （月）	0.8	0.8
1 〜 2 （歳）	0.7	0.7
3 〜 5 （歳）	1.2	1.0
6 〜 7 （歳）	1.4	1.2
8 〜 9 （歳）	1.5	1.4
10 〜 11 （歳）	1.7	1.7
12 〜 14 （歳）	2.2	1.7
15 〜 17 （歳）	2.2	1.7
18 〜 29 （歳）	2.2	1.7
30 〜 49 （歳）	2.2	1.7
50 〜 64 （歳）	2.3	1.9
65 〜 74 （歳）	2.3	2.0
75 以上 （歳）	2.3	2.0
妊　婦		1.7
授乳婦		1.7

炭水化物の食事摂取基準 (%エネルギー)

性　別	男　性	女　性
年齢等	目標量[1,2]	目標量[1,2]
0～ 5　（月）	—	—
6～11　（月）	—	—
1～ 2　（歳）	50～65	50～65
3～ 5　（歳）	50～65	50～65
6～ 7　（歳）	50～65	50～65
8～ 9　（歳）	50～65	50～65
10～11　（歳）	50～65	50～65
12～14　（歳）	50～65	50～65
15～17　（歳）	50～65	50～65
18～29　（歳）	50～65	50～65
30～49　（歳）	50～65	50～65
50～64　（歳）	50～65	50～65
65～74　（歳）	50～65	50～65
75 以上　（歳）	50～65	50～65
妊　婦		50～65
授乳婦		50～65

[1] 範囲に関しては，おおむねの値を示したものである。
[2] エネルギー計算上，アルコールを含む。ただし，アルコールの摂取を勧めるものではない。

食物繊維の食事摂取基準 (g/日)

性　別	男　性	女　性
年齢等	目標量	目標量
0～ 5　（月）	—	—
6～11　（月）	—	—
1～ 2　（歳）	—	—
3～ 5　（歳）	8以上	8以上
6～ 7　（歳）	10以上	9以上
8～ 9　（歳）	11以上	11以上
10～11　（歳）	13以上	13以上
12～14　（歳）	17以上	16以上
15～17　（歳）	19以上	18以上
18～29　（歳）	20以上	18以上
30～49　（歳）	22以上	18以上
50～64　（歳）	22以上	18以上
65～74　（歳）	21以上	18以上
75 以上　（歳）	20以上	17以上
妊　婦		18以上
授乳婦		18以上

ビタミンAの食事摂取基準（μgRAE/日）[1]

性別	男性				女性			
年齢等	推定平均必要量[2]	推奨量[2]	目安量[3]	耐容上限量[3]	推定平均必要量[2]	推奨量[2]	目安量[3]	耐容上限量[3]
0～5 （月）	—	—	300	600	—	—	300	600
6～11 （月）	—	—	400	600	—	—	400	600
1～2 （歳）	300	400	—	600	250	350	—	600
3～5 （歳）	350	500	—	700	350	500	—	700
6～7 （歳）	350	500	—	950	350	500	—	950
8～9 （歳）	350	500	—	1,200	350	500	—	1,200
10～11 （歳）	450	600	—	1,500	400	600	—	1,500
12～14 （歳）	550	800	—	2,100	500	700	—	2,100
15～17 （歳）	650	900	—	2,600	500	650	—	2,600
18～29 （歳）	600	850	—	2,700	450	650	—	2,700
30～49 （歳）	650	900	—	2,700	500	700	—	2,700
50～64 （歳）	650	900	—	2,700	500	700	—	2,700
65～74 （歳）	600	850	—	2,700	500	700	—	2,700
75 以上 （歳）	550	800	—	2,700	450	650	—	2,700
妊婦(付加量)初期					＋0	＋0	—	—
中期					＋0	＋0	—	—
後期					＋60	＋80	—	—
授乳婦(付加量)					＋300	＋450	—	—

[1] レチノール活性当量（μgRAE）＝レチノール（μg）＋β-カロテン（μg）×1/12
　　　　　　　　　　　　　　　＋α-カロテン（μg）×1/24
　　　　　　　　　　　　　　　＋β-クリプトキサンチン（μg）×1/24
　　　　　　　　　　　　　　　＋その他のプロビタミンAカロテノイド（μg）×1/24
[2] プロビタミンAカロテノイドを含む。
[3] プロビタミンAカロテノイドを含まない。

ビタミンDの食事摂取基準 （μg/日）[1]

性　別	男　性		女　性	
年齢等	目安量	耐容上限量	目安量	耐容上限量
0 ～ 5 （月）	5.0	25	5.0	25
6 ～ 11 （月）	5.0	25	5.0	25
1 ～ 2 （歳）	3.5	25	3.5	25
3 ～ 5 （歳）	4.5	30	4.5	30
6 ～ 7 （歳）	5.5	40	5.5	40
8 ～ 9 （歳）	6.5	40	6.5	40
10 ～ 11 （歳）	8.0	60	8.0	60
12 ～ 14 （歳）	9.0	80	9.0	80
15 ～ 17 （歳）	9.0	90	9.0	90
18 ～ 29 （歳）	9.0	100	9.0	100
30 ～ 49 （歳）	9.0	100	9.0	100
50 ～ 64 （歳）	9.0	100	9.0	100
65 ～ 74 （歳）	9.0	100	9.0	100
75 以上 （歳）	9.0	100	9.0	100
妊　婦			9.0	－
授乳婦			9.0	－

[1] 日照により皮膚でビタミンDが産生されることを踏まえ，フレイル予防を図る者はもとより，全年齢区分を通じて，日常生活において可能な範囲内での適度な日光浴を心掛けるとともに，ビタミンDの摂取については，日照時間を考慮に入れることが重要である。

ビタミンEの食事摂取基準 （mg/日）[1]

性　別	男　性		女　性	
年齢等	目安量	耐容上限量	目安量	耐容上限量
0 ～ 5 （月）	3.0	－	3.0	－
6 ～ 11 （月）	4.0	－	4.0	－
1 ～ 2 （歳）	3.0	150	3.0	150
3 ～ 5 （歳）	4.0	200	4.0	200
6 ～ 7 （歳）	4.5	300	4.0	300
8 ～ 9 （歳）	5.0	350	5.0	350
10 ～ 11 （歳）	5.0	450	5.5	450
12 ～ 14 （歳）	6.5	650	6.0	600
15 ～ 17 （歳）	7.0	750	6.0	650
18 ～ 29 （歳）	6.5	800	5.0	650
30 ～ 49 （歳）	6.5	800	6.0	700
50 ～ 64 （歳）	6.5	800	6.0	700
65 ～ 74 （歳）	7.5	800	7.0	700
75 以上 （歳）	7.0	800	6.0	650
妊　婦			5.5	－
授乳婦			5.5	－

[1] α-トコフェロールについて算定した。α-トコフェロール以外のビタミンEは含まない。

ビタミンKの食事摂取基準 (μg/日)

性　別	男　性	女　性
年齢等	目安量	目安量
0～5　（月）	4	4
6～11　（月）	7	7
1～2　（歳）	50	60
3～5　（歳）	60	70
6～7　（歳）	80	90
8～9　（歳）	90	110
10～11　（歳）	110	130
12～14　（歳）	140	150
15～17　（歳）	150	150
18～29　（歳）	150	150
30～49　（歳）	150	150
50～64　（歳）	150	150
65～74　（歳）	150	150
75以上　（歳）	150	150
妊　婦		150
授乳婦		150

ビタミンB_1の食事摂取基準 (mg/日)[1,2]

性　別	男　性			女　性		
年齢等	推定平均必要量	推奨量	目安量	推定平均必要量	推奨量	目安量
0～5　（月）	—	—	0.1	—	—	0.1
6～11　（月）	—	—	0.2	—	—	0.2
1～2　（歳）	0.3	0.4	—	0.3	0.4	—
3～5　（歳）	0.4	0.5	—	0.4	0.5	—
6～7　（歳）	0.5	0.7	—	0.4	0.6	—
8～9　（歳）	0.6	0.8	—	0.5	0.7	—
10～11　（歳）	0.7	0.9	—	0.6	0.9	—
12～14　（歳）	0.8	1.1	—	0.7	1.0	—
15～17　（歳）	0.9	1.2	—	0.7	1.0	—
18～29　（歳）	0.8	1.1	—	0.6	0.8	—
30～49　（歳）	0.8	1.2	—	0.6	0.9	—
50～64　（歳）	0.8	1.1	—	0.6	0.8	—
65～74　（歳）	0.7	1.0	—	0.6	0.8	—
75以上　（歳）	0.7	1.0	—	0.5	0.7	—
妊　婦（付加量）				＋0.1	＋0.2	—
授乳婦（付加量）				＋0.2	＋0.2	—

[1] チアミン塩化物塩酸塩（分子量=337.3）相当量として示した。
[2] 身体活動レベル「ふつう」の推定エネルギー必要量を用いて算定した。

ビタミンB_2の食事摂取基準 (mg/日)[1]

性　別	男　性			女　性		
年齢等	推定平均必要量	推奨量	目安量	推定平均必要量	推奨量	目安量
0～5　（月）	—	—	0.3	—	—	0.3
6～11（月）	—	—	0.4	—	—	0.4
1～2　（歳）	0.5	0.6	—	0.5	0.5	—
3～5　（歳）	0.7	0.8	—	0.6	0.8	—
6～7　（歳）	0.8	0.9	—	0.7	0.9	—
8～9　（歳）	0.9	1.1	—	0.9	1.0	—
10～11（歳）	1.1	1.4	—	1.1	1.3	—
12～14（歳）	1.3	1.6	—	1.2	1.4	—
15～17（歳）	1.4	1.7	—	1.2	1.4	—
18～29（歳）	1.3	1.6	—	1.0	1.2	—
30～49（歳）	1.4	1.7	—	1.0	1.2	—
50～64（歳）	1.3	1.6	—	1.0	1.2	—
65～74（歳）	1.2	1.4	—	0.9	1.1	—
75以上（歳）	1.1	1.4	—	0.9	1.1	—
妊　婦（付加量）				＋0.2	＋0.3	—
授乳婦（付加量）				＋0.5	＋0.6	—

[1] 身体活動レベル「ふつう」の推定エネルギー必要量を用いて算定した。

特記事項：推定平均必要量は，ビタミン B_2 の欠乏症である口唇炎，口角炎，舌炎などの皮膚炎を予防するに足る最小量からではなく，尿中にビタミン B_2 の排泄量が増大し始める摂取量（体内飽和量）から算定。

ナイアシンの食事摂取基準 (mgNE/日)[1,2]

性　別	男　性				女　性			
年齢等	推定平均必要量	推奨量	目安量	耐容上限量[3]	推定平均必要量	推奨量	目安量	耐容上限量[3]
0〜5 （月）[4]	—	—	2	—	—	—	2	—
6〜11 （月）	—	—	3	—	—	—	3	—
1〜2 （歳）	5	6	—	60(15)	4	5	—	60(15)
3〜5 （歳）	6	8	—	80(20)	6	7	—	80(20)
6〜7 （歳）	7	9	—	100(30)	7	8	—	100(30)
8〜9 （歳）	9	11	—	150(35)	8	10	—	150(35)
10〜11 （歳）	11	13	—	200(45)	10	12	—	200(45)
12〜14 （歳）	12	15	—	250(60)	12	14	—	250(60)
15〜17 （歳）	14	16	—	300(70)	11	13	—	250(65)
18〜29 （歳）	13	15	—	300(80)	9	11	—	250(65)
30〜49 （歳）	13	16	—	350(85)	10	12	—	250(65)
50〜64 （歳）	13	15	—	350(85)	9	11	—	250(65)
65〜74 （歳）	12	14	—	300(80)	9	11	—	250(65)
75以上 （歳）	11	13	—	300(75)	8	10	—	250(60)
妊　婦(付加量)					+0	+0	—	—
授乳婦(付加量)					+3	+3	—	—

[1] ナイアシン当量 (NE) ＝ナイアシン＋1/60 トリプトファンで示した。
[2] 身体活動レベル「ふつう」の推定エネルギー必要量を用いて算定した。
[3] ニコチンアミドの重量 (mg/日)，( ) 内はニコチン酸の重量 (mg/日)。
[4] 単位はmg/日。

ビタミンB₆の食事摂取基準 (mg/日)[1]

性 別	男 性				女 性			
年齢等	推定平均必要量	推奨量	目安量	耐容上限量[2]	推定平均必要量	推奨量	目安量	耐容上限量[2]
0～5 (月)	—	—	0.2	—	—	—	0.2	—
6～11 (月)	—	—	0.3	—	—	—	0.3	—
1～2 (歳)	0.4	0.5	—	10	0.4	0.5	—	10
3～5 (歳)	0.5	0.6	—	15	0.5	0.6	—	15
6～7 (歳)	0.6	0.7	—	20	0.6	0.7	—	20
8～9 (歳)	0.8	0.9	—	25	0.8	0.9	—	25
10～11 (歳)	0.9	1.0	—	30	1.0	1.2	—	30
12～14 (歳)	1.2	1.4	—	40	1.1	1.3	—	40
15～17 (歳)	1.2	1.5	—	50	1.1	1.3	—	45
18～29 (歳)	1.2	1.5	—	55	1.0	1.2	—	45
30～49 (歳)	1.2	1.5	—	60	1.0	1.2	—	45
50～64 (歳)	1.2	1.5	—	60	1.0	1.2	—	45
65～74 (歳)	1.2	1.4	—	55	1.0	1.2	—	45
75以上 (歳)	1.2	1.4	—	50	1.0	1.2	—	40
妊 婦 (付加量)					+0.2	+0.2	—	—
授乳婦 (付加量)					+0.3	+0.3	—	—

[1] たんぱく質の推奨量を用いて算定した（妊婦・授乳婦の付加量は除く）。
[2] ピリドキシン（分子量=169.2）相当量として示した。

ビタミンB₁₂の食事摂取基準 (μg/日)[1]

性 別	男 性	女 性
年齢等	目安量	目安量
0～5 (月)	0.4	0.4
6～11 (月)	0.9	0.9
1～2 (歳)	1.5	1.5
3～5 (歳)	1.5	1.5
6～7 (歳)	2.0	2.0
8～9 (歳)	2.5	2.5
10～11 (歳)	3.0	3.0
12～14 (歳)	4.0	4.0
15～17 (歳)	4.0	4.0
18～29 (歳)	4.0	4.0
30～49 (歳)	4.0	4.0
50～64 (歳)	4.0	4.0
65～74 (歳)	4.0	4.0
75以上 (歳)	4.0	4.0
妊 婦		4.0
授乳婦		4.0

[1] シアノコバラミン（分子量=1,355.4）相当量として示した。

葉酸の食事摂取基準 （μg/日）[1]

性別	男性				女性			
年齢等	推定平均必要量	推奨量	目安量	耐容上限量[2]	推定平均必要量	推奨量	目安量	耐容上限量[2]
0〜5（月）	—	—	40	—	—	—	40	—
6〜11（月）	—	—	70	—	—	—	70	—
1〜2（歳）	70	90	—	200	70	90	—	200
3〜5（歳）	80	100	—	300	80	100	—	300
6〜7（歳）	110	130	—	400	110	130	—	400
8〜9（歳）	130	150	—	500	130	150	—	500
10〜11（歳）	150	180	—	700	150	180	—	700
12〜14（歳）	190	230	—	900	190	230	—	900
15〜17（歳）	200	240	—	900	200	240	—	900
18〜29（歳）	200	240	—	900	200	240	—	900
30〜49（歳）	200	240	—	1,000	200	240	—	1,000
50〜64（歳）	200	240	—	1,000	200	240	—	1,000
65〜74（歳）	200	240	—	900	200	240	—	900
75以上（歳）	200	240	—	900	200	240	—	900
妊婦(付加量)[3] 初期					+0	+0	—	—
中期・後期					+200	+240	—	—
授乳婦（付加量）					+80	+100	—	—

[1] 葉酸（プテロイルモノグルタミン酸，分子量=441.4）相当量として示した。
[2] 通常の食品以外の食品に含まれる葉酸に適用する。
[3] 妊娠を計画している女性，妊娠の可能性がある女性及び妊娠初期の妊婦は，胎児の神経管閉鎖障害のリスク低減のために，通常の食品以外の食品に含まれる葉酸を400μg/日摂取することが望まれる。

パントテン酸の食事摂取基準 (mg/日)

性　別	男　性	女　性
年齢等	目安量	目安量
0〜5 (月)	4	4
6〜11 (月)	3	3
1〜2 (歳)	3	3
3〜5 (歳)	4	4
6〜7 (歳)	5	5
8〜9 (歳)	6	6
10〜11 (歳)	6	6
12〜14 (歳)	7	6
15〜17 (歳)	7	6
18〜29 (歳)	6	5
30〜49 (歳)	6	5
50〜64 (歳)	6	5
65〜74 (歳)	6	5
75以上 (歳)	6	5
妊　婦		5
授乳婦		6

ビオチンの食事摂取基準 (μg/日)

性　別	男　性	女　性
年齢等	目安量	目安量
0〜5 (月)	4	4
6〜11 (月)	10	10
1〜2 (歳)	20	20
3〜5 (歳)	20	20
6〜7 (歳)	30	30
8〜9 (歳)	30	30
10〜11 (歳)	40	40
12〜14 (歳)	50	50
15〜17 (歳)	50	50
18〜29 (歳)	50	50
30〜49 (歳)	50	50
50〜64 (歳)	50	50
65〜74 (歳)	50	50
75以上 (歳)	50	50
妊　婦		50
授乳婦		50

ビタミンCの食事摂取基準 (mg/日)[1]

性　別	男　性			女　性		
年齢等	推定平均必要量	推奨量	目安量	推定平均必要量	推奨量	目安量
0 ～ 5 (月)	—	—	40	—	—	40
6 ～ 11 (月)	—	—	40	—	—	40
1 ～ 2 (歳)	30	35	—	30	35	—
3 ～ 5 (歳)	35	40	—	35	40	—
6 ～ 7 (歳)	40	50	—	40	50	—
8 ～ 9 (歳)	50	60	—	50	60	—
10 ～ 11 (歳)	60	70	—	60	70	—
12 ～ 14 (歳)	75	90	—	75	90	—
15 ～ 17 (歳)	80	100	—	80	100	—
18 ～ 29 (歳)	80	100	—	80	100	—
30 ～ 49 (歳)	80	100	—	80	100	—
50 ～ 64 (歳)	80	100	—	80	100	—
65 ～ 74 (歳)	80	100	—	80	100	—
75 以上 (歳)	80	100	—	80	100	—
妊　婦 (付加量)				+10	+10	—
授乳婦 (付加量)				+40	+45	—

[1] L-アスコルビン酸（分子量=176.1）相当量として示した。

特記事項：推定平均必要量は，ビタミンCの欠乏症である壊血病を予防するに足る最小量からではなく，良好なビタミンCの栄養状態の確実な維持の観点から算定。

ナトリウムの食事摂取基準 (mg/日, ( ) は食塩相当量 [g/日])[1]

性別	男性			女性		
年齢等	推定平均必要量	目安量	目標量	推定平均必要量	目安量	目標量
0～5 (月)	—	100(0.3)	—	—	100(0.3)	—
6～11 (月)	—	600(1.5)	—	—	600(1.5)	—
1～2 (歳)	—	—	(3.0 未満)	—	—	(2.5 未満)
3～5 (歳)	—	—	(3.5 未満)	—	—	(3.5 未満)
6～7 (歳)	—	—	(4.5 未満)	—	—	(4.5 未満)
8～9 (歳)	—	—	(5.0 未満)	—	—	(5.0 未満)
10～11 (歳)	—	—	(6.0 未満)	—	—	(6.0 未満)
12～14 (歳)	—	—	(7.0 未満)	—	—	(6.5 未満)
15～17 (歳)	—	—	(7.5 未満)	—	—	(6.5 未満)
18～29 (歳)	600(1.5)	—	(7.5 未満)	600(1.5)	—	(6.5 未満)
30～49 (歳)	600(1.5)	—	(7.5 未満)	600(1.5)	—	(6.5 未満)
50～64 (歳)	600(1.5)	—	(7.5 未満)	600(1.5)	—	(6.5 未満)
65～74 (歳)	600(1.5)	—	(7.5 未満)	600(1.5)	—	(6.5 未満)
75 以上 (歳)	600(1.5)	—	(7.5 未満)	600(1.5)	—	(6.5 未満)
妊婦				600(1.5)	—	(6.5 未満)
授乳婦				600(1.5)	—	(6.5 未満)

[1] 高血圧及び慢性腎臓病 (CKD) の重症化予防のための食塩相当量の量は, 男女とも 6.0g/日未満とした。

カリウムの食事摂取基準 (mg/日)

性別	男性		女性	
年齢等	目安量	目標量	目安量	目標量
0～5 (月)	400	—	400	—
6～11 (月)	700	—	700	—
1～2 (歳)	—	—	—	—
3～5 (歳)	1,100	1,600 以上	1,000	1,400 以上
6～7 (歳)	1,300	1,800 以上	1,200	1,600 以上
8～9 (歳)	1,600	2,000 以上	1,400	1,800 以上
10～11 (歳)	1,900	2,200 以上	1,800	2,000 以上
12～14 (歳)	2,400	2,600 以上	2,200	2,400 以上
15～17 (歳)	2,800	3,000 以上	2,000	2,600 以上
18～29 (歳)	2,500	3,000 以上	2,000	2,600 以上
30～49 (歳)	2,500	3,000 以上	2,000	2,600 以上
50～64 (歳)	2,500	3,000 以上	2,000	2,600 以上
65～74 (歳)	2,500	3,000 以上	2,000	2,600 以上
75 以上 (歳)	2,500	3,000 以上	2,000	2,600 以上
妊婦			2,000	2,600 以上
授乳婦			2,200	2,600 以上

カルシウムの食事摂取基準 (mg/日)

性　別	男　性				女　性			
年齢等	推定平均必要量	推奨量	目安量	耐容上限量	推定平均必要量	推奨量	目安量	耐容上限量
0～5　（月）	—	—	200	—	—	—	200	—
6～11（月）	—	—	250	—	—	—	250	—
1～2　（歳）	350	450	—	—	350	400	—	—
3～5　（歳）	500	600	—	—	450	550	—	—
6～7　（歳）	500	600	—	—	450	550	—	—
8～9　（歳）	550	650	—	—	600	750	—	—
10～11（歳）	600	700	—	—	600	750	—	—
12～14（歳）	850	1,000	—	—	700	800	—	—
15～17（歳）	650	800	—	—	550	650	—	—
18～29（歳）	650	800	—	2,500	550	650	—	2,500
30～49（歳）	650	750	—	2,500	550	650	—	2,500
50～64（歳）	600	750	—	2,500	550	650	—	2,500
65～74（歳）	600	750	—	2,500	550	650	—	2,500
75以上（歳）	600	750	—	2,500	500	600	—	2,500
妊　婦（付加量）					+0	+0	—	—
授乳婦（付加量）					+0	+0	—	—

マグネシウムの食事摂取基準 (mg/日)

性　別	男　性				女　性			
年齢等	推定平均必要量	推奨量	目安量	耐容上限量[1]	推定平均必要量	推奨量	目安量	耐容上限量[1]
0～5　（月）	—	—	20	—	—	—	20	—
6～11（月）	—	—	60	—	—	—	60	—
1～2　（歳）	60	70	—	—	60	70	—	—
3～5　（歳）	80	100	—	—	80	100	—	—
6～7　（歳）	110	130	—	—	110	130	—	—
8～9　（歳）	140	170	—	—	140	160	—	—
10～11（歳）	180	210	—	—	180	220	—	—
12～14（歳）	250	290	—	—	240	290	—	—
15～17（歳）	300	360	—	—	260	310	—	—
18～29（歳）	280	340	—	—	230	280	—	—
30～49（歳）	320	380	—	—	240	290	—	—
50～64（歳）	310	370	—	—	240	290	—	—
65～74（歳）	290	350	—	—	240	280	—	—
75以上（歳）	270	330	—	—	220	270	—	—
妊　婦（付加量）					+30	+40	—	—
授乳婦（付加量）					+0	+0	—	—

[1] 通常の食品以外からの摂取量の耐容上限量は，成人の場合350mg/日，小児では5mg/kg体重/日とした。それ以外の通常の食品からの摂取の場合，耐容上限量は設定しない。

リンの食事摂取基準 (mg/日)

性　別	男　性		女　性	
年齢等	目安量	耐容上限量	目安量	耐容上限量
0～5　（月）	120	—	120	—
6～11（月）	260	—	260	—
1～2　（歳）	600	—	500	—
3～5　（歳）	700	—	700	—
6～7　（歳）	900	—	800	—
8～9　（歳）	1,000	—	900	—
10～11（歳）	1,100	—	1,000	—
12～14（歳）	1,200	—	1,100	—
15～17（歳）	1,200	—	1,000	—
18～29（歳）	1,000	3,000	800	3,000
30～49（歳）	1,000	3,000	800	3,000
50～64（歳）	1,000	3,000	800	3,000
65～74（歳）	1,000	3,000	800	3,000
75以上（歳）	1,000	3,000	800	3,000
妊　婦			800	—
授乳婦			800	—

鉄の食事摂取基準 (mg/日)

性別	男性				女性					
年齢等	推定平均必要量	推奨量	目安量	耐容上限量	月経なし		月経あり		目安量	耐容上限量
					推定平均必要量	推奨量	推定平均必要量	推奨量		
0〜5 (月)	—	—	0.5	—	—	—	—	—	0.5	—
6〜11 (月)	3.5	4.5	—	—	3.0	4.5	—	—	—	—
1〜2 (歳)	3.0	4.0	—	—	3.0	4.0	—	—	—	—
3〜5 (歳)	3.5	5.0	—	—	3.5	5.0	—	—	—	—
6〜7 (歳)	4.5	6.0	—	—	4.5	6.0	—	—	—	—
8〜9 (歳)	5.5	7.5	—	—	6.0	8.0	—	—	—	—
10〜11 (歳)	6.5	9.5	—	—	6.5	9.0	8.5	12.5	—	—
12〜14 (歳)	7.5	9.0	—	—	6.5	8.0	9.0	12.5	—	—
15〜17 (歳)	7.5	9.0	—	—	5.5	6.5	7.5	11.0	—	—
18〜29 (歳)	5.5	7.0	—	—	5.0	6.0	7.0	10.0	—	—
30〜49 (歳)	6.0	7.5	—	—	5.0	6.0	7.5	10.5	—	—
50〜64 (歳)	6.0	7.0	—	—	5.0	6.0	7.5	10.5	—	—
65〜74 (歳)	5.5	7.0	—	—	5.0	6.0	—	—	—	—
75以上 (歳)	5.5	6.5	—	—	4.5	5.5	—	—	—	—
妊婦(付加量)初期					+2.0	+2.5	—	—	—	—
中期・後期					+7.0	+8.5	—	—	—	—
授乳婦 (付加量)					+1.5	+2.0	—	—	—	—

亜鉛の食事摂取基準 (mg/日)

性　別	男　性				女　性			
年齢等	推定平均必要量	推奨量	目安量	耐容上限量	推定平均必要量	推奨量	目安量	耐容上限量
0～5　（月）	—	—	1.5	—	—	—	1.5	—
6～11（月）	—	—	2.0	—	—	—	2.0	—
1～2　（歳）	2.5	3.5	—	—	2.0	3.0	—	—
3～5　（歳）	3.0	4.0	—	—	2.5	3.5	—	—
6～7　（歳）	3.5	5.0	—	—	3.0	4.5	—	—
8～9　（歳）	4.0	5.5	—	—	4.0	5.5	—	—
10～11（歳）	5.5	8.0	—	—	5.5	7.5	—	—
12～14（歳）	7.0	8.5	—	—	6.5	8.5	—	—
15～17（歳）	8.5	10.0	—	—	6.0	8.0	—	—
18～29（歳）	7.5	9.0	—	40	6.0	7.5	—	35
30～49（歳）	8.0	9.5	—	45	6.5	8.0	—	35
50～64（歳）	8.0	9.5	—	45	6.5	8.0	—	35
65～74（歳）	7.5	9.0	—	45	6.5	7.5	—	35
75以上（歳）	7.5	9.0	—	40	6.0	7.0	—	35
妊婦(付加量)初期					+0.0	+0.0	—	—
中期・後期					+2.0	+2.0	—	—
授乳婦(付加量)					+2.5	+3.0	—	—

銅の食事摂取基準 (mg/日)

性　別	男　性				女　性			
年齢等	推定平均必要量	推奨量	目安量	耐容上限量	推定平均必要量	推奨量	目安量	耐容上限量
0～5　（月）	—	—	0.3	—	—	—	0.3	—
6～11（月）	—	—	0.4	—	—	—	0.4	—
1～2　（歳）	0.3	0.3	—	—	0.2	0.3	—	—
3～5　（歳）	0.3	0.4	—	—	0.3	0.3	—	—
6～7　（歳）	0.4	0.4	—	—	0.4	0.4	—	—
8～9　（歳）	0.4	0.5	—	—	0.4	0.5	—	—
10～11（歳）	0.5	0.6	—	—	0.5	0.6	—	—
12～14（歳）	0.7	0.8	—	—	0.6	0.8	—	—
15～17（歳）	0.8	0.9	—	—	0.6	0.7	—	—
18～29（歳）	0.7	0.8	—	7	0.6	0.7	—	7
30～49（歳）	0.8	0.9	—	7	0.6	0.7	—	7
50～64（歳）	0.7	0.9	—	7	0.6	0.7	—	7
65～74（歳）	0.7	0.8	—	7	0.6	0.7	—	7
75以上（歳）	0.7	0.8	—	7	0.6	0.7	—	7
妊　婦(付加量)					+0.1	+0.1	—	—
授乳婦(付加量)					+0.5	+0.6	—	—

マンガンの食事摂取基準 (mg/日)

性別	男性		女性	
年齢等	目安量	耐容上限量	目安量	耐容上限量
0～5 (月)	0.01	—	0.01	—
6～11 (月)	0.5	—	0.5	—
1～2 (歳)	1.5	—	1.5	—
3～5 (歳)	2.0	—	2.0	—
6～7 (歳)	2.0	—	2.0	—
8～9 (歳)	2.5	—	2.5	—
10～11 (歳)	3.0	—	3.0	—
12～14 (歳)	3.5	—	3.0	—
15～17 (歳)	3.5	—	3.0	—
18～29 (歳)	3.5	11	3.0	11
30～49 (歳)	3.5	11	3.0	11
50～64 (歳)	3.5	11	3.0	11
65～74 (歳)	3.5	11	3.0	11
75以上 (歳)	3.5	11	3.0	11
妊婦			3.0	—
授乳婦			3.0	—

ヨウ素の食事摂取基準 (μg/日)

性別	男性				女性			
年齢等	推定平均必要量	推奨量	目安量	耐容上限量	推定平均必要量	推奨量	目安量	耐容上限量
0～5 (月)	—	—	100	250	—	—	100	250
6～11 (月)	—	—	130	350	—	—	130	350
1～2 (歳)	35	50	—	600	35	50	—	600
3～5 (歳)	40	60	—	900	40	60	—	900
6～7 (歳)	55	75	—	1,200	55	75	—	1,200
8～9 (歳)	65	90	—	1,500	65	90	—	1,500
10～11 (歳)	75	110	—	2,000	75	110	—	2,000
12～14 (歳)	100	140	—	2,500	100	140	—	2,500
15～17 (歳)	100	140	—	3,000	100	140	—	3,000
18～29 (歳)	100	140	—	3,000	100	140	—	3,000
30～49 (歳)	100	140	—	3,000	100	140	—	3,000
50～64 (歳)	100	140	—	3,000	100	140	—	3,000
65～74 (歳)	100	140	—	3,000	100	140	—	3,000
75以上 (歳)	100	140	—	3,000	100	140	—	3,000
妊婦 (付加量)					+75	+110	—	—[1]
授乳婦 (付加量)					+100	+140	—	—[1]

[1] 妊婦及び授乳婦の耐容上限量は，2,000μg/日とした。

セレンの食事摂取基準 （μg/日）

性　別	男　性				女　性			
年齢等	推定平均必要量	推奨量	目安量	耐容上限量	推定平均必要量	推奨量	目安量	耐容上限量
0～5　（月）	—	—	15	—	—	—	15	—
6～11（月）	—	—	15	—	—	—	15	—
1～2　（歳）	10	10	—	100	10	10	—	100
3～5　（歳）	10	15	—	100	10	10	—	100
6～7　（歳）	15	15	—	150	15	15	—	150
8～9　（歳）	15	20	—	200	15	20	—	200
10～11（歳）	20	25	—	250	20	25	—	250
12～14（歳）	25	30	—	350	25	30	—	300
15～17（歳）	30	35	—	400	20	25	—	350
18～29（歳）	25	30	—	400	20	25	—	350
30～49（歳）	25	35	—	450	20	25	—	350
50～64（歳）	25	30	—	450	20	25	—	350
65～74（歳）	25	30	—	450	20	25	—	350
75以上（歳）	25	30	—	400	20	25	—	350
妊　婦（付加量）					+5	+5	—	—
授乳婦（付加量）					+15	+20	—	—

クロムの食事摂取基準 （μg/日）

性　別	男　性		女　性	
年齢等	目安量	耐容上限量	目安量	耐容上限量
0～5　（月）	0.8	—	0.8	—
6～11（月）	1.0	—	1.0	—
1～2　（歳）	—	—	—	—
3～5　（歳）	—	—	—	—
6～7　（歳）	—	—	—	—
8～9　（歳）	—	—	—	—
10～11（歳）	—	—	—	—
12～14（歳）	—	—	—	—
15～17（歳）	—	—	—	—
18～29（歳）	10	500	10	500
30～49（歳）	10	500	10	500
50～64（歳）	10	500	10	500
65～74（歳）	10	500	10	500
75以上（歳）	10	500	10	500
妊　婦			10	—
授乳婦			10	—

モリブデンの食事摂取基準（μg/日）

性　別	男　性				女　性			
年齢等	推定平均必要量	推奨量	目安量	耐容上限量	推定平均必要量	推奨量	目安量	耐容上限量
0～5（月）	—	—	2.5	—	—	—	2.5	—
6～11（月）	—	—	3.0	—	—	—	3.0	—
1～2（歳）	10	10	—	—	10	10	—	—
3～5（歳）	10	10	—	—	10	10	—	—
6～7（歳）	10	15	—	—	10	15	—	—
8～9（歳）	15	20	—	—	15	15	—	—
10～11（歳）	15	20	—	—	15	20	—	—
12～14（歳）	20	25	—	—	20	25	—	—
15～17（歳）	25	30	—	—	20	25	—	—
18～29（歳）	20	30	—	600	20	25	—	500
30～49（歳）	25	30	—	600	20	25	—	500
50～64（歳）	25	30	—	600	20	25	—	500
65～74（歳）	20	30	—	600	20	25	—	500
75以上（歳）	20	25	—	600	20	25	—	500
妊　婦（付加量）					+0	+0	—	—
授乳婦（付加量）					+2.5	+3.5	—	—

乳児の食事摂取基準

エネルギー・栄養素			月齢 策定項目	0〜5(月) 男児	0〜5(月) 女児	6〜8(月) 男児	6〜8(月) 女児	9〜11(月) 男児	9〜11(月) 女児
エネルギー (kcal/日)			推定エネルギー必要量	550	500	650	600	700	650
たんぱく質 (g/日)			目安量	10		15		25	
脂質	脂質 (%エネルギー)		目安量	50		40			
	飽和脂肪酸 (%エネルギー)		—	—		—			
	n-6系脂肪酸 (g/日)		目安量	4		4			
	n-3系脂肪酸 (g/日)		目安量	0.9		0.8			
炭水化物	炭水化物 (%エネルギー)		—	—		—			
	食物繊維 (g/日)		—	—		—			
ビタミン	脂溶性	ビタミンA (μgRAE/日)[1]	目安量	300		400			
			耐容上限量	600		600			
		ビタミンD (μg/日)	目安量	5.0		5.0			
			耐容上限量	25		25			
		ビタミンE (mg/日)	目安量	3.0		4.0			
		ビタミンK (μg/日)	目安量	4		7			
	水溶性	ビタミンB$_1$ (mg/日)	目安量	0.1		0.2			
		ビタミンB$_2$ (mg/日)	目安量	0.3		0.4			
		ナイアシン (mgNE/日)[2]	目安量	2		3			
		ビタミンB$_6$ (mg/日)	目安量	0.2		0.3			
		ビタミンB$_{12}$ (μg/日)	目安量	0.4		0.9			
		葉酸 (μg/日)	目安量	40		70			
		パントテン酸 (mg/日)	目安量	4		3			
		ビオチン (μg/日)	目安量	4		10			
		ビタミンC (mg/日)	目安量	40		40			
ミネラル	多量	ナトリウム (mg/日)	目安量	100		600			
		(食塩相当量) (g/日)	目安量	0.3		1.5			
		カリウム (mg/日)	目安量	400		700			
		カルシウム (mg/日)	目安量	200		250			
		マグネシウム (mg/日)	目安量	20		60			
		リン (mg/日)	目安量	120		260			
	微量	鉄 (mg/日)[3]	目安量	0.5		—			
			推定平均必要量	—		3.5	3.0	3.5	3.0
			推奨量	—		4.5	4.5	4.5	4.5
		亜鉛 (mg/日)	目安量	1.5		2.0			
		銅 (mg/日)	目安量	0.3		0.4			
		マンガン (mg/日)	目安量	0.01		0.5			
		ヨウ素 (μg/日)	目安量	100		130			
			耐容上限量	250		350			
		セレン (μg/日)	目安量	15		15			
		クロム (μg/日)	目安量	0.8		1.0			
		モリブデン (μg/日)	目安量	2.5		3.0			

[1] プロビタミンAカロテノイドを含まない。
[2] 0〜5か月児の目安量の単位はmg/日。
[3] 6〜11か月は一つの月齢区分として男女別に算定した。

小児（1〜2歳）の推定エネルギー必要量

身体活動レベル	男児			女児		
	低い	ふつう	高い	低い	ふつう	高い
エネルギー（kcal/日）	—	950	—	—	900	—

小児（1〜2歳）の食事摂取基準

栄養素			男児				女児				
			推定平均必要量	推奨量	目安量	耐容上限量	目標量	推定平均必要量	推奨量	目安量	耐容上限量	目標量
たんぱく質		（g/日）	15	20	—	—	—	15	20	—	—	—
		（％エネルギー）	—	—	—	—	13〜20[1]	—	—	—	—	13〜20[1]
脂質	脂質	（％エネルギー）	—	—	—	—	20〜30[1]	—	—	—	—	20〜30[1]
	飽和脂肪酸	（％エネルギー）	—	—	—	—	—	—	—	—	—	—
	n-6系脂肪酸	（g/日）	—	—	4	—	—	—	—	4	—	—
	n-3系脂肪酸	（g/日）	—	—	0.7	—	—	—	—	0.7	—	—
炭水化物	炭水化物	（％エネルギー）	—	—	—	—	50〜65[1]	—	—	—	—	50〜65[1]
	食物繊維	（g/日）	—	—	—	—	—	—	—	—	—	—
ビタミン	脂溶性	ビタミンA（μgRAE/日）[2]	300	400	—	600	—	250	350	—	600	—
		ビタミンD（μg/日）	—	—	3.5	25	—	—	—	3.5	25	—
		ビタミンE（mg/日）[3]	—	—	3.0	150	—	—	—	3.0	150	—
		ビタミンK（μg/日）	—	—	50	—	—	—	—	60	—	—
	水溶性	ビタミンB_1（mg/日）	0.3	0.4	—	—	—	0.3	0.4	—	—	—
		ビタミンB_2（mg/日）	0.5	0.6	—	—	—	0.5	0.5	—	—	—
		ナイアシン（mgNE/日）[4]	5	6	—	60(15)	—	4	5	—	60(15)	—
		ビタミンB_6（mg/日）	0.4	0.5	—	10	—	0.4	0.5	—	10	—
		ビタミンB_{12}（μg/日）	—	—	1.5	—	—	—	—	1.5	—	—
		葉酸（μg/日）	70	90	—	200	—	70	90	—	200	—
		パントテン酸（mg/日）	—	—	3	—	—	—	—	3	—	—
		ビオチン（μg/日）	—	—	20	—	—	—	—	20	—	—
		ビタミンC（mg/日）	30	35	—	—	—	30	35	—	—	—
ミネラル	多量	ナトリウム（mg/日）	—	—	—	—	—	—	—	—	—	—
		（食塩相当量）（g/日）	—	—	—	—	3.0未満	—	—	—	—	2.5未満
		カリウム（mg/日）	—	—	—	—	—	—	—	—	—	—
		カルシウム（mg/日）	350	450	—	—	—	350	400	—	—	—
		マグネシウム（mg/日）[5]	60	70	—	—	—	60	70	—	—	—
		リン（mg/日）	—	—	600	—	—	—	—	500	—	—
	微量	鉄（mg/日）	3.0	4.0	—	—	—	3.0	4.0	—	—	—
		亜鉛（mg/日）	2.5	3.5	—	—	—	2.0	3.0	—	—	—
		銅（mg/日）	0.3	0.3	—	—	—	0.2	0.3	—	—	—
		マンガン（mg/日）	—	—	1.5	—	—	—	—	1.5	—	—
		ヨウ素（μg/日）	35	50	—	600	—	35	50	—	600	—
		セレン（μg/日）	10	10	—	100	—	10	10	—	100	—
		クロム（μg/日）	—	—	—	—	—	—	—	—	—	—
		モリブデン（μg/日）	10	10	—	—	—	10	10	—	—	—

[1] 範囲に関しては、おおむねの値を示したものであり、弾力的に運用すること。
[2] 推定平均必要量、推奨量はプロビタミンAカロテノイドを含む。耐容上限量は、プロビタミンAカロテノイドを含まない。
[3] α-トコフェロールについて算定した。α-トコフェロール以外のビタミンEは含まない。
[4] 耐容上限量は、ニコチンアミドの重量（mg/日）、（ ）内はニコチン酸の重量（mg/日）。
[5] 通常の食品以外からの摂取量の耐容上限量は、小児では5mg/kg体重/日とした。通常の食品からの摂取の場合、耐容上限量は設定しない。

小児（3～5歳）の推定エネルギー必要量

身体活動レベル	男児			女児		
	低い	ふつう	高い	低い	ふつう	高い
エネルギー （kcal/日）	—	1,300	—	—	1,250	—

小児（3～5歳）の食事摂取基準

栄養素		男児					女児				
		推定平均必要量	推奨量	目安量	耐容上限量	目標量	推定平均必要量	推奨量	目安量	耐容上限量	目標量
たんぱく質	（g/日）	20	25	—	—	—	20	25	—	—	—
	（%エネルギー）	—	—	—	—	13～20[1]	—	—	—	—	13～20[1]
脂質	脂質 （%エネルギー）	—	—	—	—	20～30[1]	—	—	—	—	20～30[1]
	飽和脂肪酸（%エネルギー）	—	—	—	—	10以下[1]	—	—	—	—	10以下[1]
	n-6系脂肪酸 （g/日）	—	—	6	—	—	—	—	6	—	—
	n-3系脂肪酸 （g/日）	—	—	1.2	—	—	—	—	1.0	—	—
炭水化物	炭水化物 （%エネルギー）	—	—	—	—	50～65[1]	—	—	—	—	50～65[1]
	食物繊維	—	—	—	—	8以上	—	—	—	—	8以上
ビタミン	脂溶性	ビタミンA （μgRAE/日）[2]	350	500	—	700	—	350	500	—	700	—
		ビタミンD （μg/日）	—	—	4.5	30	—	—	—	4.5	30	—
		ビタミンE （mg/日）[3]	—	—	4.0	200	—	—	—	4.0	200	—
		ビタミンK （μg/日）	—	—	60	—	—	—	—	70	—	—
	水溶性	ビタミンB_1 （mg/日）	0.4	0.5	—	—	—	0.4	0.5	—	—	—
		ビタミンB_2 （mg/日）	0.7	0.8	—	—	—	0.6	0.8	—	—	—
		ナイアシン （mgNE/日）[4]	6	8	—	80(20)	—	6	7	—	80(20)	—
		ビタミンB_6 （mg/日）	0.5	0.6	—	15	—	0.5	0.6	—	15	—
		ビタミンB_{12} （μg/日）	—	—	1.5	—	—	—	—	1.5	—	—
		葉酸 （μg/日）	80	100	—	300	—	80	100	—	300	—
		パントテン酸 （mg/日）	—	—	4	—	—	—	—	4	—	—
		ビオチン （μg/日）	—	—	20	—	—	—	—	20	—	—
		ビタミンC （mg/日）	35	40	—	—	—	35	40	—	—	—
ミネラル	多量	ナトリウム （mg/日）	—	—	—	—	—	—	—	—	—	—
		（食塩相当量）（g/日）	—	—	—	—	3.5未満	—	—	—	—	3.5未満
		カリウム （mg/日）	—	—	1,100	—	1,600以上	—	—	1,000	—	1,400以上
		カルシウム （mg/日）	500	600	—	—	—	450	550	—	—	—
		マグネシウム （mg/日）[5]	80	100	—	—	—	80	100	—	—	—
		リン （mg/日）	—	—	700	—	—	—	—	700	—	—
	微量	鉄 （mg/日）	3.5	5.0	—	—	—	3.5	5.0	—	—	—
		亜鉛 （mg/日）	3.0	4.0	—	—	—	2.5	3.0	—	—	—
		銅 （mg/日）	0.3	0.4	—	—	—	0.3	0.3	—	—	—
		マンガン （mg/日）	—	—	2.0	—	—	—	—	2.0	—	—
		ヨウ素 （μg/日）	40	60	—	900	—	40	60	—	900	—
		セレン （μg/日）	10	15	—	100	—	10	10	—	100	—
		クロム （μg/日）	—	—	—	—	—	—	—	—	—	—
		モリブデン （μg/日）	10	10	—	—	—	10	10	—	—	—

[1] 範囲に関しては、おおむねの値を示したものであり、弾力的に運用すること。
[2] 推定平均必要量、推奨量はプロビタミンAカロテノイドを含む。耐容上限量は、プロビタミンAカロテノイドを含まない。
[3] α-トコフェロールについて算定した。α-トコフェロール以外のビタミンEは含まない。
[4] 耐容上限量は、ニコチンアミドの重量（mg/日）、（ ）内はニコチン酸の重量（mg/日）。
[5] 通常の食品以外からの摂取量の耐容上限量は、小児では5mg/kg 体重/日とした。通常の食品からの摂取の場合、耐容上限量は設定しない。

小児（6〜7歳）の推定エネルギー必要量

身体活動レベル	男児			女児		
	低い	ふつう	高い	低い	ふつう	高い
エネルギー (kcal/日)	1,350	1,550	1,750	1,250	1,450	1,650

小児（6〜7歳）の食事摂取基準

栄養素			男児					女児				
			推定平均必要量	推奨量	目安量	耐容上限量	目標量	推定平均必要量	推奨量	目安量	耐容上限量	目標量
たんぱく質		(g/日)	25	30	—	—	—	25	30	—	—	—
		(%エネルギー)	—	—	—	—	13〜20[1]	—	—	—	—	13〜20[1]
脂質	脂質	(%エネルギー)	—	—	—	—	20〜30[1]	—	—	—	—	20〜30[1]
	飽和脂肪酸	(%エネルギー)	—	—	—	—	10以下[1]	—	—	—	—	10以下[1]
	n-6系脂肪酸	(g/日)	—	—	8	—	—	—	—	7	—	—
	n-3系脂肪酸	(g/日)	—	—	1.4	—	—	—	—	1.2	—	—
炭水化物	炭水化物	(%エネルギー)	—	—	—	—	50〜65[1]	—	—	—	—	50〜65[1]
	食物繊維	(g/日)	—	—	—	—	10以上	—	—	—	—	9以上
ビタミン	脂溶性	ビタミンA (μgRAE/日)[2]	350	500	—	950	—	350	500	—	950	—
		ビタミンD (μg/日)	—	—	5.5	40	—	—	—	5.5	40	—
		ビタミンE (mg/日)[3]	—	—	4.5	300	—	—	—	4.0	300	—
		ビタミンK (μg/日)	—	—	80	—	—	—	—	90	—	—
	水溶性	ビタミンB_1 (mg/日)	0.5	0.7	—	—	—	0.4	0.6	—	—	—
		ビタミンB_2 (mg/日)	0.8	0.9	—	—	—	0.7	0.9	—	—	—
		ナイアシン (mgNE/日)[4]	7	9	—	100(30)	—	7	8	—	100(30)	—
		ビタミンB_6 (mg/日)	0.6	0.7	—	20	—	0.6	0.7	—	20	—
		ビタミンB_{12} (μg/日)	—	—	2.0	—	—	—	—	2.0	—	—
		葉酸 (μg/日)	110	130	—	400	—	110	130	—	400	—
		パントテン酸 (mg/日)	—	—	5	—	—	—	—	5	—	—
		ビオチン (μg/日)	—	—	30	—	—	—	—	30	—	—
		ビタミンC (mg/日)	40	50	—	—	—	40	50	—	—	—
ミネラル	多量	ナトリウム (mg/日)	—	—	—	—	—	—	—	—	—	—
		(食塩相当量) (g/日)	—	—	—	—	4.5未満	—	—	—	—	4.5未満
		カリウム (mg/日)	—	—	1,300	—	1,800以上	—	—	1,200	—	1,600以上
		カルシウム (mg/日)	500	600	—	—	—	450	550	—	—	—
		マグネシウム (mg/日)[5]	110	130	—	—	—	110	130	—	—	—
		リン (mg/日)	—	—	900	—	—	—	—	800	—	—
	微量	鉄 (mg/日)	4.5	6.0	—	—	—	4.5	6.0	—	—	—
		亜鉛 (mg/日)	3.5	5.0	—	—	—	3.0	4.5	—	—	—
		銅 (mg/日)	0.4	0.4	—	—	—	0.4	0.4	—	—	—
		マンガン (mg/日)	—	—	2.0	—	—	—	—	2.0	—	—
		ヨウ素 (μg/日)	55	75	—	1,200	—	55	75	—	1,200	—
		セレン (μg/日)	15	15	—	150	—	15	15	—	150	—
		クロム (μg/日)	—	—	—	—	—	—	—	—	—	—
		モリブデン (μg/日)	10	15	—	—	—	10	15	—	—	—

[1] 範囲に関しては、おおむねの値を示したものであり、弾力的に運用すること。
[2] 推定平均必要量、推奨量はプロビタミンAカロテノイドを含む。耐容上限量は、プロビタミンAカロテノイドを含まない。
[3] α-トコフェロールについて算定した。α-トコフェロール以外のビタミンEは含まない。
[4] 耐容上限量は、ニコチンアミドの重量 (mg/日)、( ) 内はニコチン酸の重量 (mg/日)。
[5] 通常の食品以外からの摂取量の耐容上限量は、小児では5mg/kg体重/日とした。通常の食品からの摂取の場合、耐容上限量は設定しない。

小児（8～9歳）の推定エネルギー必要量

身体活動レベル	男児			女児		
	低い	ふつう	高い	低い	ふつう	高い
エネルギー (kcal/日)	1,600	1,850	2,100	1,500	1,700	1,900

小児（8～9歳）の食事摂取基準

栄養素			男児					女児				
			推定平均必要量	推奨量	目安量	耐容上限量	目標量	推定平均必要量	推奨量	目安量	耐容上限量	目標量
たんぱく質		(g/日)	30	40	—	—	—	30	40	—	—	—
		(%エネルギー)	—	—	—	—	13～20[1]	—	—	—	—	13～20[1]
脂質	脂質	(%エネルギー)	—	—	—	—	20～30[1]	—	—	—	—	20～30[1]
	飽和脂肪酸	(%エネルギー)	—	—	—	—	10以下[1]	—	—	—	—	10以下[1]
	n-6系脂肪酸	(g/日)	—	—	8	—	—	—	—	8	—	—
	n-3系脂肪酸	(g/日)	—	—	1.5	—	—	—	—	1.4	—	—
炭水化物	炭水化物	(%エネルギー)	—	—	—	—	50～65[1]	—	—	—	—	50～65[1]
	食物繊維	(g/日)	—	—	—	—	11以上	—	—	—	—	11以上
ビタミン	脂溶性	ビタミンA (μgRAE/日)[2]	350	500	—	1,200	—	350	500	—	1,200	—
		ビタミンD (μg/日)	—	—	6.5	40	—	—	—	6.5	40	—
		ビタミンE (mg/日)[3]	—	—	5.0	350	—	—	—	5.0	350	—
		ビタミンK (μg/日)	—	—	90	—	—	—	—	110	—	—
	水溶性	ビタミンB₁ (mg/日)	0.6	0.8	—	—	—	0.5	0.7	—	—	—
		ビタミンB₂ (mg/日)	0.9	1.1	—	—	—	0.9	1.0	—	—	—
		ナイアシン (mgNE/日)[4]	9	11	—	150(35)	—	8	10	—	150(35)	—
		ビタミンB₆ (mg/日)	0.8	0.9	—	25	—	0.8	0.9	—	25	—
		ビタミンB₁₂ (μg/日)	—	—	2.5	—	—	—	—	2.5	—	—
		葉酸 (μg/日)	130	150	—	500	—	130	150	—	500	—
		パントテン酸 (mg/日)	—	—	6	—	—	—	—	6	—	—
		ビオチン (μg/日)	—	—	30	—	—	—	—	30	—	—
		ビタミンC (mg/日)	50	60	—	—	—	50	60	—	—	—
ミネラル	多量	ナトリウム (mg/日)	—	—	—	—	—	—	—	—	—	—
		(食塩相当量) (g/日)	—	—	—	—	5.0未満	—	—	—	—	5.0未満
		カリウム (mg/日)	—	—	1,600	—	2,000以上	—	—	1,400	—	1,800以上
		カルシウム (mg/日)	550	650	—	—	—	600	750	—	—	—
		マグネシウム (mg/日)[5]	140	170	—	—	—	140	160	—	—	—
		リン (mg/日)	—	—	1,000	—	—	—	—	900	—	—
	微量	鉄 (mg/日)	5.5	7.5	—	—	—	6.0	8.0	—	—	—
		亜鉛 (mg/日)	4.0	5.5	—	—	—	4.0	5.5	—	—	—
		銅 (mg/日)	0.4	0.5	—	—	—	0.4	0.5	—	—	—
		マンガン (mg/日)	—	—	2.5	—	—	—	—	2.5	—	—
		ヨウ素 (μg/日)	65	90	—	1,500	—	65	90	—	1,500	—
		セレン (μg/日)	15	20	—	200	—	15	20	—	200	—
		クロム (μg/日)	—	—	—	—	—	—	—	—	—	—
		モリブデン (μg/日)	15	20	—	—	—	15	15	—	—	—

[1] 範囲に関しては、おおむねの値を示したものであり、弾力的に運用すること。
[2] 推定平均必要量、推奨量はプロビタミンAカロテノイドを含む。耐容上限量は、プロビタミンAカロテノイドを含まない。
[3] α-トコフェロールについて算定した。α-トコフェロール以外のビタミンEは含まない。
[4] 耐容上限量は、ニコチンアミドの重量 (mg/日)、( ) 内はニコチン酸の重量 (mg/日)。
[5] 通常の食品以外からの摂取量の耐容上限量は、小児では5mg/kg体重/日とした。通常の食品からの摂取の場合、耐容上限量は設定しない。

妊婦の食事摂取基準

エネルギー		推定エネルギー必要量[1,2]
エネルギー (kcal/日)	(初期)	+50
	(中期)	+250
	(後期)	+450

栄養素			推定平均必要量[3]	推奨量[3]	目安量	目標量
たんぱく質 (g/日)		(初期)	+0	+0	—	—
		(中期)	+5	+5	—	—
		(後期)	+20	+25	—	—
	(%エネルギー)	(初期)	—	—	—	13～20[4]
		(中期)	—	—	—	13～20[4]
		(後期)	—	—	—	15～20[4]
脂質	脂　質	(%エネルギー)	—	—	—	20～30[4]
	飽和脂肪酸	(%エネルギー)	—	—	—	7以下[4]
	n-6系脂肪酸	(g/日)	—	—	9	—
	n-3系脂肪酸	(g/日)	—	—	1.7	—
炭水化物	炭水化物	(%エネルギー)	—	—	—	50～65[4]
	食物繊維	(g/日)	—	—	—	18以上
ビタミン	脂溶性	ビタミンA (μgRAE/日)[5] (初期・中期)	+0	+0	—	—
		(後期)	+60	+80	—	—
		ビタミンD　　　　　(μg/日)	—	—	9.0	—
		ビタミンE　　　　　(mg/日)[6]	—	—	5.5	—
		ビタミンK　　　　　(μg/日)	—	—	150	—
	水溶性	ビタミンB₁　　　　(mg/日)	+0.1	+0.2	—	—
		ビタミンB₂　　　　(mg/日)	+0.2	+0.3	—	—
		ナイアシン　　　(mgNE/日)	+0	+0	—	—
		ビタミンB₆　　　　(mg/日)	+0.2	+0.2	—	—
		ビタミンB₁₂　　　　(μg/日)	—	—	4.0	—
		葉　酸 (μg/日)[7] (初期)	+0	+0	—	—
		(中期・後期)	+200	+240	—	—
		パントテン酸	—	—	5	—
		ビオチン　　　　　 (μg/日)	—	—	50	—
		ビタミンC　　　　　(mg/日)	+10	+10	—	—
ミネラル	多量	ナトリウム　　　　(mg/日)	600	—	—	—
		(食塩相当量)　　　(g/日)	1.5	—	—	6.5未満
		カリウム　　　　　(mg/日)	—	—	2,000	2,600以上
		カルシウム　　　　(mg/日)	+0	+0	—	—
		マグネシウム　　　(mg/日)	+30	+40	—	—
		リン　　　　　　　(mg/日)	—	—	800	—
	微量	鉄 (mg/日) (初期)	+2.0	+2.5	—	—
		(中期・後期)	+7.0	+8.5	—	—
		亜鉛 (mg/日) (初期)	+0	+0	—	—
		(中期・後期)	+2.0	+2.0	—	—
		銅　　　　　　　　(mg/日)	+0.1	+0.1	—	—
		マンガン　　　　　(mg/日)	—	—	3.0	—
		ヨウ素　　　　　 (μg/日)[8]	+75	+110	—	—
		セレン　　　　　　(μg/日)	+5	+5	—	—
		クロム　　　　　　(μg/日)	—	—	10	—
		モリブデン　　　　(μg/日)	+0	+0	—	—

[1] エネルギーの項の参考表に示した付加量である。
[2] 妊婦個々の体格や妊娠中の体重増加量及び胎児の発育状況の評価を行うことが必要である。
[3] ナトリウム（食塩相当量）を除き、付加量である。
[4] 範囲に関しては、おおむねの値を示したものであり、弾力的に運用すること。
[5] プロビタミンAカロテノイドを含む。
[6] α-トコフェロールについて算定した。α-トコフェロール以外のビタミンEは含まない。
[7] 妊娠を計画している女性、妊娠の可能性がある女性及び妊娠初期の妊婦は、胎児の神経管閉鎖障害のリスク低減のために、通常の食品以外の食品に含まれる葉酸（狭義の葉酸）を400μg/日摂取することが望まれる。
[8] 妊婦及び授乳婦の耐容上限量は、2,000μg/日とした。

授乳婦の食事摂取基準

エネルギー		推定エネルギー必要量[1]			
エネルギー	(kcal/日)	+350			
栄養素		推定平均必要量[2]	推奨量[2]	目安量	目標量
たんぱく質	(g/日)	+15	+20	—	—
	(%エネルギー)	—	—	—	15〜20[3]
脂質	脂質 (%エネルギー)	—	—	—	20〜30[3]
	飽和脂肪酸 (%エネルギー)	—	—	—	7以下[3]
	n-6系脂肪酸 (g/日)	—	—	9	—
	n-3系脂肪酸 (g/日)	—	—	1.7	—
炭水化物	炭水化物 (%エネルギー)	—	—	—	50〜65[3]
	食物繊維 (g/日)	—	—	—	18以上
ビタミン 脂溶性	ビタミンA (μgRAE/日)[4]	+300	+450	—	—
	ビタミンD (μg/日)	—	—	9.0	—
	ビタミンE (mg/日)[5]	—	—	5.5	—
	ビタミンK (μg/日)	—	—	150	—
ビタミン 水溶性	ビタミンB_1 (mg/日)	+0.2	+0.2	—	—
	ビタミンB_2 (mg/日)	+0.5	+0.6	—	—
	ナイアシン (mgNE/日)	+3	+3	—	—
	ビタミンB_6 (mg/日)	+0.3	+0.3	—	—
	ビタミンB_{12} (μg/日)	—	—	4.0	—
	葉酸 (μg/日)	+80	+100	—	—
	パントテン酸 (mg/日)	—	—	6	—
	ビオチン (μg/日)	—	—	50	—
	ビタミンC (mg/日)	+40	+45	—	—
ミネラル 多量	ナトリウム (mg/日)	600	—	—	—
	(食塩相当量) (g/日)	1.5	—	—	6.5未満
	カリウム (mg/日)	—	—	2,000	2,600以上
	カルシウム (mg/日)	+0	+0	—	—
	マグネシウム (mg/日)	+0	+0	—	—
	リン (mg/日)	—	—	800	—
ミネラル 微量	鉄 (mg/日)	+1.5	+2.0	—	—
	亜鉛 (mg/日)	+2.5	+3.0	—	—
	銅 (mg/日)	+0.5	+0.6	—	—
	マンガン (mg/日)	—	—	3.0	—
	ヨウ素 (μg/日)[6]	+100	+140	—	—
	セレン (μg/日)	+15	+20	—	—
	クロム (μg/日)	—	—	10	—
	モリブデン (μg/日)	+2.5	+3.5	—	—

[1] エネルギーの項の参考表に示した付加量である。
[2] ナトリウム（食塩相当量）を除き、付加量である。
[3] 範囲に関しては、おおむねの値を示したものであり、弾力的に運用すること。
[4] プロビタミンAカロテノイドを含む。
[5] α-トコフェロールについて算定した。α-トコフェロール以外のビタミンEは含まない。
[6] 妊婦及び授乳婦の耐容上限量は、2,000μg/日とした。

高齢者（65～74歳）の推定エネルギー必要量

身体活動レベル[1]	男　性			女　性		
	低い	ふつう	高い	低い	ふつう	高い
エネルギー（kcal/日）	2,100	2,350	2,650	1,650	1,850	2,050

[1] 「ふつう」は自立している者，「低い」は自宅にいてほとんど外出しない者に相当する。「低い」は高齢者施設で自立に近い状態で過ごしている者にも適用できる値である。

高齢者（65～74歳）の食事摂取基準

栄養素		男　性					女　性				
		推定平均必要量	推奨量	目安量	耐容上限量	目標量	推定平均必要量	推奨量	目安量	耐容上限量	目標量
たんぱく質　　　　（g/日）[1]		50	60	—	—	—	40	50	—	—	—
（％エネルギー）		—	—	—	—	15～20[2]	—	—	—	—	15～20[2]
脂質	脂　質（％エネルギー）	—	—	—	—	20～30[2]	—	—	—	—	20～30[2]
	飽和脂肪酸（％エネルギー）	—	—	—	—	7以下[2]	—	—	—	—	7以下[2]
	n-6系脂肪酸　　（g/日）	—	—	10	—	—	—	—	9	—	—
	n-3系脂肪酸　　（g/日）	—	—	2.3	—	—	—	—	2.0	—	—
炭水化物	炭水化物（％エネルギー）	—	—	—	—	50～65[2]	—	—	—	—	50～65[2]
	食物繊維　　　　（g/日）	—	—	—	—	21以上	—	—	—	—	18以上
ビタミン	脂溶性	ビタミンA（μgRAE/日）[3]	600	850	—	2,700	—	500	700	—	2,700	—
		ビタミンD　　（μg/日）	—	—	9.0	100	—	—	—	9.0	100	—
		ビタミンE　　（mg/日）[4]	—	—	7.5	800	—	—	—	7.0	700	—
		ビタミンK　　（μg/日）	—	—	150	—	—	—	—	150	—	—
	水溶性	ビタミンB$_1$　　（mg/日）	0.7	1.0	—	—	—	0.6	0.8	—	—	—
		ビタミンB$_2$　　（mg/日）	1.2	1.4	—	—	—	0.9	1.1	—	—	—
		ナイアシン（mgNE/日）[5]	11	14	—	300(80)	—	9	11	—	250(65)	—
		ビタミンB$_6$　　（mg/日）	1.2	1.4	—	55	—	1.0	1.2	—	45	—
		ビタミンB$_{12}$　　（μg/日）	—	—	4.0	—	—	—	—	4.0	—	—
		葉　酸　　　　（μg/日）	200	240	—	900	—	200	240	—	900	—
		パントテン酸　（mg/日）	—	—	6	—	—	—	—	5	—	—
		ビオチン　　　（μg/日）	—	—	50	—	—	—	—	50	—	—
		ビタミンC　　（mg/日）	80	100	—	—	—	80	100	—	—	—
ミネラル	多量	ナトリウム　　（mg/日）	600	—	—	—	—	600	—	—	—	—
		（食塩相当量）（g/日）	1.5	—	—	—	7.5未満	1.5	—	—	—	6.5未満
		カリウム　　　（mg/日）	—	—	2,500	—	3,000以上	—	—	2,000	—	2,600以上
		カルシウム　　（mg/日）	600	750	—	2,500	—	550	650	—	2,500	—
		マグネシウム　（mg/日）[6]	290	350	—	—	—	240	280	—	—	—
		リン　　　　　（mg/日）	—	—	1,000	3,000	—	—	—	800	3,000	—
	微量	鉄　　　　　　（mg/日）	5.5	7.0	—	50	—	5.0	6.0	—	—	—
		亜　鉛　　　　（mg/日）	7.5	9.0	—	45	—	6.5	7.5	—	35	—
		銅　　　　　　（mg/日）	0.7	0.8	—	7	—	0.6	0.7	—	7	—
		マンガン　　　（mg/日）	—	—	3.5	11	—	—	—	3.0	11	—
		ヨウ素　　　　（μg/日）	100	140	—	3,000	—	100	140	—	3,000	—
		セレン　　　　（μg/日）	25	30	—	450	—	20	25	—	350	—
		クロム　　　　（μg/日）	—	—	10	500	—	—	—	10	500	—
		モリブデン　　（μg/日）	20	30	—	600	—	20	25	—	500	—

[1] 65歳以上の高齢者について，フレイル予防を目的とした量を定めることは難しいが，身長・体重が参照体位に比べて小さい者や，特に75歳以上であって加齢に伴い身体活動量が大きく低下した者など，必要エネルギー摂取量が低い者では，下限が推奨量を下回る場合があり得る。この場合でも，下限は推奨量以上とすることが望ましい。
[2] 範囲に関しては，おおむねの値を示したものであり，弾力的に運用すること。
[3] 推定平均必要量，推奨量はプロビタミンAカロテノイドを含む。耐容上限量は，プロビタミンAカロテノイドを含まない。
[4] α-トコフェロールについて算定した。α-トコフェロール以外のビタミンEは含まない。
[5] 耐容上限量は，ニコチンアミドの重量（mg/日），（　）内はニコチン酸の重量（mg/日）。
[6] 通常の食品以外からの摂取の耐容上限量は，成人の場合350mg/日とした。通常の食品からの摂取の場合，耐容上限量は設定しない。

高齢者（75歳以上）の推定エネルギー必要量[1]

身体活動レベル[1]	男 性			女 性		
	低い	ふつう	高い	低い	ふつう	高い
エネルギー (kcal/日)	1,850	2,250	—	1,450	1,750	—

[1] 「ふつう」は自立している者、「低い」は自宅にいてほとんど外出しない者に相当する。「低い」は高齢者施設で自立に近い状態で過ごしている者にも適用できる値である。

高齢者（75歳以上）の食事摂取基準

栄養素			男 性					女 性				
			推定平均必要量	推奨量	目安量	耐容上限量	目標量	推定平均必要量	推奨量	目安量	耐容上限量	目標量
たんぱく質		(g/日)[1]	50	60	—	—	—	40	50	—	—	—
		(%エネルギー)	—	—	—	—	15〜20[2]	—	—	—	—	15〜20[2]
脂質	脂 質	(%エネルギー)	—	—	—	—	20〜30[2]	—	—	—	—	20〜30[2]
	飽和脂肪酸	(%エネルギー)	—	—	—	—	7以下[2]	—	—	—	—	7以下[2]
	n-6系脂肪酸	(g/日)	—	—	9	—	—	—	—	8	—	—
	n-3系脂肪酸	(g/日)	—	—	2.3	—	—	—	—	2.0	—	—
炭水化物	炭水化物	(%エネルギー)	—	—	—	—	50〜65[2]	—	—	—	—	50〜65[2]
	食物繊維	(g/日)	—	—	—	—	20以上	—	—	—	—	17以上
ビタミン	脂溶性	ビタミンA (μgRAE/日)[3]	550	800	—	2,700	—	450	650	—	2,700	—
		ビタミンD (μg/日)	—	—	9.0	100	—	—	—	9.0	100	—
		ビタミンE (mg/日)[4]	—	—	7.0	800	—	—	—	6.0	650	—
		ビタミンK (μg/日)	—	—	150	—	—	—	—	150	—	—
	水溶性	ビタミンB₁ (mg/日)	0.7	1.0	—	—	—	0.5	0.7	—	—	—
		ビタミンB₂ (mg/日)	1.1	1.4	—	—	—	0.9	1.1	—	—	—
		ナイアシン (mgNE/日)[5]	11	13	—	300(75)	—	8	10	—	250(60)	—
		ビタミンB₆ (mg/日)	1.2	1.4	—	50	—	1.0	1.2	—	40	—
		ビタミンB₁₂ (μg/日)	—	—	4.0	—	—	—	—	4.0	—	—
		葉酸 (μg/日)	200	240	—	900	—	200	240	—	900	—
		パントテン酸 (mg/日)	—	—	6	—	—	—	—	5	—	—
		ビオチン (μg/日)	—	—	50	—	—	—	—	50	—	—
		ビタミンC (mg/日)	80	100	—	—	—	80	100	—	—	—
ミネラル	多量	ナトリウム (mg/日)	600	—	—	—	—	600	—	—	—	—
		(食塩相当量) (g/日)	1.5	—	—	—	7.5未満	1.5	—	—	—	6.5未満
		カリウム (mg/日)	—	—	2,500	—	3,000以上	—	—	2,000	—	2,600以上
		カルシウム (mg/日)	600	750	—	2,500	—	500	600	—	2,500	—
		マグネシウム (mg/日)[6]	270	330	—	—	—	220	270	—	—	—
		リン (mg/日)	—	—	1,000	3,000	—	—	—	800	3,000	—
	微量	鉄 (mg/日)	5.5	6.5	—	—	—	4.5	5.5	—	—	—
		亜鉛 (mg/日)	7.5	9.0	—	40	—	6.0	7.0	—	30	—
		銅 (mg/日)	0.7	0.8	—	7	—	0.6	0.7	—	7	—
		マンガン (mg/日)	—	—	3.5	11	—	—	—	3.0	11	—
		ヨウ素 (μg/日)	100	140	—	3,000	—	100	140	—	3,000	—
		セレン (μg/日)	25	30	—	400	—	20	25	—	350	—
		クロム (μg/日)	—	—	10	500	—	—	—	10	500	—
		モリブデン (μg/日)	20	25	—	600	—	20	25	—	500	—

[1] 65歳以上の高齢者について、フレイル予防を目的とした量を定めることは難しいが、身長・体重が参照体位に比べて小さい者や、特に75歳以上であって加齢に伴い身体活動量が大きく低下した者など、必要エネルギー摂取量が低い者では、下限が推奨量を下回る場合があり得る。この場合でも、下限は推奨量以上とすることが望ましい。
[2] 範囲に関しては、おおむねの値を示したものであり、弾力的に運用すること。
[3] 推定平均必要量、推奨量はプロビタミンAカロテノイドを含む。耐容上限量は、プロビタミンAカロテノイドを含まない。
[4] α-トコフェロールについて算定した。α-トコフェロール以外のビタミンEは含まない。
[5] 耐容上限量は、ニコチンアミドの重量（mg/日）、（ ）内はニコチン酸の重量（mg/日）。
[6] 通常の食品以外からの摂取量の耐容上限量は、成人の場合350mg/日とした。通常の食品からの摂取の場合、耐容上限量は設定しない。

※本小冊子は，2024年12月9日に最終更新された「日本人の食事摂取基準（2025年版）策定検討会」（座長 佐々木敏 東京大学名誉教授）による報告書の概要である。

2025年3月

日本人の食事摂取基準 (2025年版)

発行　株式会社　同文書院
112-0002
東京都文京区小石川5-24-3
TEL 03-3812-7777　FAX 03-3812-7792